*Finance*

21 世纪高等学校
金融学系列教材

# 金融市场学

## Financial Markets

王庆安 ◇ 主编

罗蓉 ◇ 副主编

人民邮电出版社

北 京

**图书在版编目（CIP）数据**

金融市场学 / 王庆安主编. -- 北京：人民邮电出
版社，2014.9（2019.3重印）
21世纪高等学校金融学系列教材
ISBN 978-7-115-36168-4

Ⅰ. ①金… Ⅱ. ①王… Ⅲ. ①金融市场－经济理论－
高等学校－教材 Ⅳ. ①F830.9

中国版本图书馆CIP数据核字(2014)第169138号

## 内 容 提 要

　　本书内容分为四个部分。第一部分即第一章为金融市场概述，简要概述金融市场的基本概念、运行机制、金融创新以及金融市场发展趋势。第二部分为债务证券市场。其中第二章介绍货币市场主要工具，包括同业拆借、证券回购、银行承兑汇票、商业票据、大额可转让定期存单和货币市场基金。第三章、第四章介绍债券发行市场和流通市场，以及不同债券价值分析和收益率的计算方法。第三部分为权益证券市场。其中第五章重点介绍股票及其股票的基本概念、股票市场的特征、运行机制、定价原理及证券投资基金运作等。第六章介绍基于收入资本法的股息贴现模型和相对估值法中的市盈率、市净率、自由现金流分析法。第七章、第八章分别介绍衍生证券市场和资产证券化。第四部分即第九章、第十章，为金融市场基本理论，包括基本的效率市场理论、利率、风险与组合投资理论，以及现代金融市场理论及其发展，主要介绍期货期权定价模型、连续时间金融模型和行为金融理论。

　　本书浅显易懂、实用，适宜于金融、会计、财务管理等本科专业教学以及相关的职业培训和职业资格证考试。

　◆　主　　编　王庆安

　　　副主编　罗　蓉

　　　责任编辑　武恩玉

　　　责任印制　彭志环　焦志炜

　◆　人民邮电出版社出版发行　　北京市丰台区成寿寺路11号

　　　邮编　100164　　电子邮件　315@ptpress.com.cn

　　　网址　http://www.ptpress.com.cn

　　　固安县铭成印刷有限公司印刷

　◆　开本：787×1092　1/16

　　　印张：19.75　　　　　　　　　2014年9月第1版

　　　字数：457千字　　　　　　　2019年3月河北第9次印刷

　　　　　　　　　　定价：42.00 元

**读者服务热线：(010)81055256　印装质量热线：(010)81055316**
**反盗版热线：(010)81055315**
**广告经营许可证：京东工商广登字 20170147 号**

# 前 言 FOREWORD

金融知识渗透到社会经济生活的各个层面，成为现代经济的核心。经济的发展依赖于资源的合理配置，而资源的合理配置主要靠市场机制的运行来实现。金融市场在市场机制中占据主导的地位，发挥着极为关键的作用。"后金融危机"时代背景下，金融创新日新月异，金融运行的风险也随之增加，保证金融安全、高效、稳定运行，成为各国特别是发展中国家面临的重要而急迫的任务。改革开放以来，我国逐步建立了多层次金融市场体系，各层次金融市场初具规模，金融服务业呈现出多样化和专业化发展的态势，金融市场的广度、深度和弹性都有一定程度的提升。

金融市场学是研究市场经济条件下金融市场运行机制及各主体行为规律的一门科学，在我国它是伴随着改革开放和市场经济体系发展而演化形成的一门新兴学科，它是研究金融市场运行机制及其各主体行为规律的科学。金融的重要性还体现在，无论你今后从事银行、保险、证券等金融职业，还是寻常百姓生活，都需要懂得金融知识，学习基本的投资理财方法。本书是在参阅了很多金融学、投资学与金融市场学教材，以及前沿的中外专著的基础上，去粗取精，兼顾深度和实践性，精心编写的适合作为高等院校金融学专业的教材。

本教材具有四个特征：前沿性、严谨性、适用性和可读性。

第一，知识的动态性与前沿性。伴随着经济全球化的发展，经济金融化的趋势越来越明显：经济关系金融化、资产证券化、融资证券化，金融市场发展的影响已不仅仅局限于产业内部，而且涉及社会经济生活的各个层面。面对不断变幻的金融市场，课程内容更新，紧跟金融市场快速发展的步伐显得十分迫切和必要。本书追踪世界金融市场最新发展动态，介绍最新发展的金融市场理论、金融工具、金融机构，动态地分析国际国内金融市场发展现状及趋势，力争在教学过程中使读者在最快的时间内完成知识更新，获得最前沿的理论与实践知识。

第二，语言精练、结构严谨。新兴经济体的崛起，对国际国内金融市场发展的影响非常大，无论是宏观格局还是微观结构随时都在发生变化。本书特别注重以最新数据为依据，准确把握金融市场发展最新动态。另外，在本书编写的过程中还注重内容的准确性和体系结构的逻辑严谨，无论是对基本概念的表述、理论介绍，还是案例节选，力求简练准确，内容系统、结构严谨。

第三，具有普遍适用性。金融市场学是一门理论和实践结合十分紧密的课程，在本书编写的过程中，编者力求做到三个结合，即理论与实践相结合、定量分析与定性分析相结合、综合练习与实验实训相结合。其适用性主要体现在三个方面：首先，体量适当、难度适中。鉴于课时有限，本书摒弃了一般教材内容繁杂、冗长的体例，兼顾金融专业整个课程体系的合理安排，选择内容合理、难度适中。其次，使用了比较通俗的语言，一环扣一环地进行逻辑推导和说明，注重普及性和学习对象的层次性需求，避免了过多过高要求的数学语言，做到了通俗易懂。再次，在突出教材特色的同时，编者注重体例结构设计，每章内容包括导读、案例、知识拓展、综合训练，便于读者准确熟练地掌握教材内容；在本书推出的同时，准备了电子教案、多媒体、教辅等支撑材料，以利于专业教师即选即用。

第四，可读性。每一章设有开篇案例、案例分析与导读，重要的知识点安排了专栏介绍相关知识，每一章最后设计了经典案例及专题讨论，以启发学生思维，开阔学生眼界，有利于读者融会贯通，把握和加深对基础理论的理解，提升读者学习兴趣、扩充知识面。

编者

2014 年 6 月

# 目录 CONTENTS

# 第三部分 权益证券市场

# 第四部分 金融市场基本理论

# 第一部分

# 金融市场总述

　　成熟的金融市场也是中国全面发展的必要前提——推动中国走向更加平衡、和谐、以创新为本及环境可持续发展的目标。高效成熟的资本市场将更有效和高效地配置资源，为中国持续健康地发展创造条件，同时带动经济各领域繁荣，给中国百姓的储蓄和投资一个更好的回报。中国的发展在区域、家庭和行业间越来越不平衡，经济结构的不平衡和收入的不平等，使中国目前面临与过去几十年不同的发展挑战。中国经济的长期繁荣需要发展多元化经济，高附加值生产和世界一流的服务业，包括金融服务业。

　　虽然从规模上来讲我国资本市场已经处于世界第三位，基本上和我国经济在全球地位相匹配，但从金融市场技术、制度、结构、作用等方面来看，我国金融市场的发展仍然任重道远。

# 第一章 金融市场概述

## 开篇案例

### 中国私人可投资资产总额将超 73 万亿元

波士顿咨询公司和中国建设银行私人银行联合发布《2012 年中国财富报告》。2012 年中国私人可投资资产总额将超过 73 万亿元人民币，较上年增长 14%。截至 2012 年年底，预计高净值家庭数量将达到 174 万户，较 2011 年有 17%的增长。高净值家庭普遍分布在东部沿海地区，广东、北京、上海、江苏和浙江总量都在 10 万户以上。

报告分析，从个人可投资资产结构角度看，2009～2011 年在 3 年间，基金和股票净值占比年均复合增长率分别下滑 7%和 5%，而居民银行理财和信托资产年均复合增长率达到 78%和 60%。

## 案例导读

改革开放 30 多年来，我国国民财富快速增长，居民可用投资资产大幅上升，金融市场供给增加。我国金融市场在 30 余年来虽然也已经取得长足进步，但相对于财富增长和居民投资需求增长，金融市场的发展明显滞后，包括金融市场的规模、结构，金融技术、投融资理念与法律法规等金融生态。随着我国经济的持续稳定增长，金融市场健康稳定发展，成为我国当前金融发展的主要任务。

# 第一节 金融市场定义与要素

## 一、金融资产与金融产品

### （一）金融资产

#### 1．金融资产的概念

资产（Asset），广义地说就是一种在交易中具有价值的所有权。资产可以分成有形资产和无形资产，有形资产的价值依赖于其具有的特殊物质属性，比如楼房、土地或机器等。无形资产代表的是对未来利益的诉求，这种诉求被记录在册，其价值不依赖于资产的形状、物质或其他的关联。

金融资产是指一切代表未来收益与资产合法权益的要求权的凭证，是一种索取实物资产的权利。金融资产是无形资产，无形的金融资产与有形资产是相连的，有形资产的所有者通过发行一些债务工具或权益工具等金融资产来筹资，金融资产的最终现金流仍然是由有形资产产生的。无形的金融资产与经济实体所购买的厂房、机器装备等有形资产有一个共同的特征，即它们都被期望在未来为所有者提供现金流。

### 2. 金融资产的价格与风险

古典经济理论认为，金融资产的价格基于其期望现金流的现值，这里所讲的现金流是期限内所支付的现金流，我们将在随后的章节中阐述详细的定价机制及原理。

与金融资产价格直接相关的是其期望回报率，一旦给出了金融资产的期望现金流与价格，我们就可以确定其期望回报率。比如，如果金融资产的价格是 100 元，一年以后的现金流是 105 元，则其期望回报率就是 5%。

无论是债务工具还是权益工具，金融资产发行人的特征都决定了期望现金流的确定性程度。比如，假定财政部发行债券时从来不违约，这种政府债券的现金流就是确定性的。然而，什么是不确定性呢？那就是所得到的现金流的购买力是不确定的。这就是金融资产所面临的风险。

金融资产的风险主要有三种：①购买力风险，或者说通货膨胀风险，即潜在期望现金流购买力的不确定性。②信用风险，或者说违约风险，即证券发行人与借款人无法履约的风险。③汇率风险，即汇率变动导致金融资产价值的不确定性，它包括交易风险和折算风险，前者是指汇率变动对日常交易价格的影响，后者是指汇率变动对资产负债表中资产价值和负债成本的影响。

### 3. 金融资产的作用

金融资产有两个基本经济功能。第一是将部分人手中多余的资金转移到那些需要资金的投资者手中，促进资本形成；第二是将有形资产产生的风险在资金供求双方间重新配置。但是，一般来说，金融资产持有者的要求权与资金最终需求者所发行的要求权会存在不一致，这种不一致是由金融中介的行为所导致，在市场中，将以中介负债的方式转变为公众所偏好的金融资产。

### 4. 金融资产的分类

金融资产可以划分为基础性金融资产与衍生性金融资产两大类。前者主要包括债务性资产（如债券和存款单）和权益性资产（如股票、期货、期权和互换等）。

### （二）金融产品

金融产品指资金融通过程中的各种载体，它包括货币、黄金、外汇、有价证券等。也就是说，金融产品是金融市场的买卖对象，供求双方通过市场竞争原则形成金融产品价格，如利率或收益率，最终完成交易，达到转移资金的目的。金融产品也叫金融工具、有价证券。

金融产品通常是由金融机构发行、具有较高信用、有一定期限的标准化产品，这是其区别于金融资产的主要特征。而那些不是由金融机构设计发行的非标准化的债权债务关系，譬如，亲朋之间的借贷收据，虽然也是金融资产，但不能称作金融产品。

尽管在很多时候，人们没有将金融工具与金融产品进行区分，但严格来说，金融工具只是金融产品的一种，它的样式、内容以及法律要件都是规范的、标准的与统一的，方式简便，容易获得市场的普遍接受，因此有较好的流动性，交易成本较低，有一个活跃的二级市场；而金融产品中可能还包括那些不能交易的，或没有二级市场的金融资产。所以，标准化和可交易性是识别金融产品与金融工具的两个十分重要的指标。在我们的金融市场的学习中，主要的研究对象是金融工具。

## 二、金融市场

市场是提供资源流动和资源配置的场所。市场依靠价格信号，引领资源在不同部门之间流动，从而实现资源配置。一个有效的市场可以帮助社会实现资源的最佳配置。金融市场是配置资金这种社会稀缺资源的场所，是货币资金融通的市场，它使资金从没有生产机会的人流向有这种机会的人手中，提高了整个社会的经济和社会效益。

### （一）金融市场的定义

金融市场是指以金融资产为交易对象而形成的供求关系及其机制的总和[①]。这个定义有三个层面的含义：第一，金融市场交易的是金融资产而非其他资产，金融工具也是金融资产的一种；第二，它反映了整个社会经济体系对金融资产的供求关系；第三，它包含了金融资产交易过程中所产生的运行机制，其中最主要的是价格（包括利率、汇率以及各种证券价格）机制。

进一步来看，金融市场不仅仅是指金融资产的交易场所，还涵盖了一切由于金融交易而产生的关系。其中最主要的是金融资产的供求关系，以及金融交易的运行机制——价格机制，表现为金融产品的价格和资金借贷的利率。在金融市场上，利率就是资金的价格，在这种特殊价格信号的引导下，资金自动、迅速、合理地流向高效率的部门，从而优化资源配置，推动经济持续快速发展[②]。

### （二）金融市场的特征

同传统的商品市场相比，金融市场有着自己独特的特点。

#### 1. 商品的单一性和价格的相对一致性

金融市场上交易的对象是各种金融资产，既包括银行可转让大额定期存单、商业票据、政府债券、公司股票和债券，也包括金融期货、期权等衍生性金融资产。与普通商品相比，这些特殊商品具有相对同质性和价格单一性。

#### 2. 交易价格表现为资金的合理收益率

金融资产的价格体现为不同期限资金借贷的合理收益率。货币性资产一般只包含无风险

---

① 张亦春、郑振龙、林海：《金融市场学》（第三版）[M]．北京：高等教育出版社，2008.
② 谢百三：《金融市场学》（第二版）[M]．北京：北京大学出版社，2004.

收益——基础收益，而风险资产的收益率中还包含风险溢价——风险收益。

**3．交易目的表现为让渡或获得一段时期内一定数量资金的使用权**

在普通商品市场，交易目的是为了获得商品所有权和使用权。金融市场上金融资产的交易主要体现在使用权的交易上。资金的盈余单位以各种方式让渡资金的使用权，其目的是为了获得利息或收益；而资金的短缺单位则通过各种方式获得资金的使用权，代价是要支付不同期限使用资金的成本和利息。

**4．交易场所表现为有形或无形**

传统的商品市场往往是一个有固定场所的有形市场，而金融市场不一定都有固定的场所，随着计算机网络技术的发展，全球各地的交易终端得以连线，金融市场更多的是以无形市场的形式存在。

### （三）金融市场的地位

在现代经济体系中，要素市场、产品市场和金融市场这三大市场构成了经济运行的支柱。要素市场分配劳动力、土地、资本等生产要素，产品市场则对商品和劳务进行交易，而金融市场在引导储蓄向投资转化的机制中占有极其重要的地位。

金融是现代经济的核心。经济的发展依赖于资源的合理配置，而资源的合理配置主要靠市场机制的运行来实现。金融市场在市场机制中扮演着主导和枢纽的角色，发挥着极为关键的作用。在一个有效的金融市场上，金融资产的价格和资金的利率能及时、准确和全面地反映所有公开的信息，资金在价格信号的引导下迅速、合理地流动；金融市场作为货币资金交易的渠道，以其特有的运作机制使千百万居民、企业和政府部门的储蓄汇成巨大的资金流，润滑和推动着商品经济持续地运转。金融市场还以其完整而又灵敏的信号系统和灵活有力的调控机制，引导着经济资源向着合理的方向流动，从而优化资源的配置。在金融市场上，价格机制是其运行的基础，而完善的法规制度、先进的交易手段则是其顺利运行的保障[1]。

## 三、金融市场要素

金融市场的要素是指构成和影响金融市场运行的诸多元素，一个完备的金融市场，至少应包括四个基本要素：①资金供应者和需求者。能向金融市场提供资金，也能从金融市场筹措资金。这是金融市场得以形成和发展的一项基本因素。②信用工具。它既是金融市场上交易的对象，又是金融市场上投融资活动必须依赖的标的。③交易媒介。它充当资金供求双方的中介。④价格和保障市场运行的机制。所以，金融市场要素主要包括金融市场主体、客体、交易媒介和市场运行机制等。

### （一）金融市场主体

金融市场的主体是指金融市场的参与者。作为金融市场的参与者必须是能够独立作出决策并承担风险的经济主体，它们是资金的供应或需求者，或者是以双重身份出现。从参与交

---

[1] 张亦春、郑振龙、林海：《金融市场学》（第三版）[M]．北京：高等教育出版社，2008．

易的动机来看，金融市场的主体可以进一步细分为投资者(投机者)、筹资者、套期保值者、套利者、调控和监管者五大类。从参与市场交易的具体部门来看，金融市场的主体可以分为政府部门、工商企业、居民、存款性金融机构、非存款性金融机构和中央银行六大类。

## 1. 政府部门

在金融市场上，各国政府和地方政府都是资金的需求者，它们通过发行政府债券筹措资金。政府发行的债券统称为政府债券，按照发行主体不同，又可分为中央（联邦）政府债券和地方债券。中央政府债券又称国债。政府通过发行债券筹措的资金可用于各项开支，既可满足政府的流动性需求，也可用于基础（公共）设施建设、弥补财政赤字、筹措战争经费等。从功能上看，政府债券最初仅仅是弥补财政赤字的工具，但在现代市场经济背景下，政府债券已成为各国实施财政政策的重要工具，通过国债市场的操作来影响投资、消费和就业，成为调控宏观经济的主要工具和手段。

同时，政府也是金融市场上的资金供应者。由于财政资金收支时间的不一致，政府也会出现资金盈余，各级政府也有可能利用盈余资金购买各类金融资产，以达到增值保值的目的。有些国家能够保持长期资金盈余，它们往往是国际金融市场的积极参与者，例如中东主要石油输出国的政府就是国际金融市场上的资金供给大户。

## 2. 工商企业

企业既是资金的需求者，又是资金的供给者，但在总体上，它们更多的是资金的净需求者。

企业首先是资金需求者。在现代市场经济条件下，只有很少的企业能依靠自己的资金积累满足生产经营的需要，绝大多数企业需要在金融市场上筹措资金。通过外部融资，企业不仅能扩大经营规模、满足新投资项目的资金需要，还能改善财务结构，提高财务杠杆效用，完善公司治理。企业筹资方式多样，短期资金的筹措主要通过短期信贷或者货币市场操作来完成，对中长期资金的需求则选择发行中长期债券、股票来满足。

企业也是金融市场上重要的投资主体。为提高资金使用效率，企业通常会将闲置的资金投资于金融市场。此外，企业还是套期保值的主体。

## 3. 居民

居民是金融市场上主要的资金供应者。居民将个人财产投资于金融市场，主要是谋求资产的保值增值、实现个人资产储备的多样化。通常而言，居民投资的特点表现为单笔资金量较少、获取和处理信息的能力有限、承受风险的能力较弱。居民同时也是金融市场上资金的需要者，但他们只能通过消费信贷的方式间接融资或将持有的金融资产变现，后者只是金融资产形式的改变而不是真正意义的市场融资者。

## 4. 存款性金融机构

存款性金融机构是指通过吸收各种存款而获得可利用资金，并将之贷给需要资金的各经济主体，或者投资于证券等以获取收益的金融机构，是金融市场的重要中介，也是套期保值和套利的重要主体，在国民经济中发挥着多层次的调节作用。存款性金融机构一般包括商业银行、储蓄机构、信用合作社等。

（1）商业银行。在存款性金融机构中，商业银行是最主要的一种金融机构。早期的商业银行是指接受活期存款，并主要为工商企业提供短期贷款的金融机构。现代意义上的商业银行已经成为金融领域中业务最广泛、资金规模最雄厚的存款性金融机构。商业银行既是资金的供应者，又是资金的需求者，几乎参与了金融市场的全部活动。作为需求者，商业银行利用其可开支票转账的特殊性，大量吸收居民、企业和政府暂时闲置资金，同时还可以通过发行金融债券、参与同业拆借等筹集资金。作为资金供应者，商业银行主要通过贷款和投资来提供资金。此外，商业银行还能通过再生存款的方式创造和收缩存款货币，对整个金融市场的资金供应和需求产生重大影响。中国目前的商业银行主要是指五大国有控股商业银行、新兴的股份制银行、城市商业银行、农村商业银行、村镇银行、各类民营银行等。

（2）储蓄机构。储蓄银行是专门办理储蓄业务的银行。各国对于储蓄银行的称呼有所不同，如在美国称为储蓄放款协会或互助储蓄银行，在英国则叫作信托储蓄银行、房屋互助协会，意大利和德国则称为储蓄银行等。储蓄银行的资金来源除了自有资本外，主要是吸收小规模居民储蓄存款与定期存款。其资产主要用于长期不动产抵押贷款、购买政府债券、公司的股票与债券、对个人提供分期付款的消费信贷等。与商业银行相比，储蓄机构的资产业务期限长，抵押贷款比重高。政府常利用储蓄机构来实现某些经济目标。因此，一些储蓄机构得到了政府的支持。

（3）信用合作社。信用合作社是某些具有共同利益的人组织起来的，具有互助性质的会员组织。资金来源主要是会员的存款，其资金运用则是以向会员提供短期贷款、票据贴现及从事证券投资等为主，也有部分资金用于同业拆借和转存等。随着竞争及金融创新的发展，信用合作社的业务有拓宽的趋势，其资金来源及运用都从"以会员为主"逐渐转向多元化。

**5．非存款性金融机构**

非存款性金融机构主要是通过发行证券或以契约性的方式聚集社会闲散资金。这类机构主要有以下类别：

（1）保险公司。保险公司包括人寿保险、财产保险和灾害保险公司。人寿保险公司是为人们因意外事故或死亡造成的经济损失提供保险的金融机构。财产和灾害保险公司是为企业及居民提供财产意外损失保险的金融机构。保险公司资金的主要来源是按照一定标准收取的保险费。一般来说，人寿保险具有保险金支付的可预测性，并且只有当契约规定的事件发生时，或者到约定的期限时才支付的特征，因此保险费实际上属于一种稳定的资金来源。与财产和灾害保险公司不同，财产和灾害事故的发生具有偶然性和不确定性。它们之间的差别决定了其资金运用方向的不一致。人寿保险公司的资金运用以追求高收益为目标，主要投资于高收益、高风险的证券如股票等，也有一部分用作贷款。这样，人寿保险公司成为金融市场上的主要资金供应者之一。在一些西方国家，人寿保险公司是金融市场上最大、最活跃的机构投资者。财产和灾害保险公司在资金的运用上则注重资金的流动性，以货币市场上的金融工具为主，还有一部分投资于安全性较高的政府债券、高级别的企业债券等。

（2）养老基金。养老基金是一种类似于人寿保险公司的专门金融组织，其资金来源是公众为退休后的生活所准备的储蓄金，通常由资方和劳方共同缴纳，也有单独由资方缴纳的。养老金的撤销一般由政府立法加以规定，因此其资金来源是有保证的。与人寿保险一样，养老基金也能较精确地估计未来若干年应支付的养老金，因此，其资金运用主要是投资于长期公司债券、质地较好的股票和发放长期贷款。它也是金融市场上的主要资金供应者之一。

（3）投资银行。投资银行是资本市场上专门对工商企业办理长期投资、长期贷款、包销或代销新发行的有价证券等业务的专业银行。最初的投资银行产生于长期证券的发行及推销要求，随着资本市场的发展，投资银行的业务范围也越来越广泛。目前，投资银行业务除了证券的承销外，还涉及证券的自营买卖、公司理财、企业购并、投融资咨询服务、基金和风险资本管理等。投资银行在金融市场上的功能是，一方面，它为需要资金的单位，包括企业和政府部门提供筹集资金的服务；另一方面，它充当投资者买卖证券的经纪人和交易商。投资银行适应市场发展的需要而产生，又以其长期在资本市场上运作而形成的丰富的市场经验及专长，为资金的供应者和需求者提供优质服务，从而促进资金的流动和市场的发展。在当今世界上，投资银行已成为资本市场上最重要的金融中介机构，无论是在一级市场还是二级市场上都发挥着重要作用。投资银行在不同的国家有不同的称呼，在美国称为投资银行或公司，在英国称为商人银行，在日本称为证券公司。在中国，目前一些比较规范的证券公司即是中国的投资银行。

（4）投资基金。投资基金是向公众出售其股份或受益凭证募集资金，并将所获资金分散投资于多样化证券组合的金融中介机构。投资基金可以按多种方式分类，最常见的是按基金份额的变现方式划分为开放式基金和封闭式基金。

此外，参与金融市场的还有一些官方、半官方的和在各国各具特色的其他类型的金融机构，例如大部分国家都有为了金融支持行业、产业、政府政策实施的政策性银行，为了实现某种特殊的融资目的、确保财产安全、便于资金管理等而设立的信托机构，大企业所属的金融公司、财务公司等。

### 6. 中央银行

中央银行在金融市场上处于特殊的地位，它既是金融市场的行为主体，又是金融市场上的监管者。从中央银行参与金融市场的角度来看，首先，作为银行的银行，中央银行虽然不直接向企业或个人提供资金，但它通过办理资产业务（如再贴现等）充当银行金融机构最后贷款人的角色，从而成为金融市场资金的提供者。其次，中央银行为了执行货币政策，调节货币供应量，通过公开市场业务在金融市场上买卖证券，进行公开市场操作。中央银行的公开市场操作不以盈利为目的，但会影响到金融市场上资金的供求、其他经济主体的行为及有价证券的价格。再次，一些国家的中央银行还接受政府委托，代理政府债券的还本付息；接受外国中央银行的委托，在金融市场买卖证券参与金融市场的活动。最后，作为金融市场的监管者，中央银行代表政府对金融机构的行为进行监督和管理，防范金融风险，确保金融市场的平稳运行。

### （二）金融市场客体

金融市场的运营，仅有市场主体的推动是不够的，还需要有相应的市场客体。金融市场客体是指金融市场的交易对象和交易的标的物，也就是通常所说的金融工具。金融市场的交易客体品种繁多，如货币市场的货币头寸、票据、国库券以及可转让大额定期存单，资本市场的股票、债券，外汇市场的外汇及外汇有价证券等。

### 1. 金融工具及其特征

金融工具是金融市场的交易载体，是在金融市场上可交易的金融资产。央行 2010 年《金融工具统计分类及编码标准（试行）》对金融工具的定义是机关单位之间签订的、可能形成一个机构金融单位的金融资产，并形成其他机构单位负债或权益性工具的金融契约。它既是一种重要的金融资产，也是金融市场上的重要交易对象。

金融工具的数量和质量是决定金融市场效率和活力的关键因素。首先，从数量上看，金融市场主体之间的交易必须借助于以货币表示的各种金融工具来实现，金融市场上金融工具的种类、数量越多，就越能向不同风险偏好的投资者和筹资者提供选择机会，满足他们的不同需求，从而充分发挥金融市场的功能。其次，从质量上看，一种理想的金融工具必须既满足资金供应者的需求，又满足资金需求者的偏好。

衡量一种金融工具质量高低的标准通常从期限性、收益性、流动性、安全性四个方面的特征考虑。

（1）期限性是指债务人在特定期限之内必须清偿特定金融工具的债务余额的时间约定。

（2）收益性是指金融工具能够定期或不定期地给持有人带来价值增值的特性。收益的大小主要是通过收益率反映出来。

（3）流动性是指金融工具转变为现金而不遭受损失的能力。衡量金融工具流动性强弱的标准有两个：一是能否及时变现；二是变现过程中交易成本的大小和价格的损失程度。

（4）安全性或风险性是指投资于金融工具的本金和收益能够安全收回而不遭受损失的可能性。

一般来说，期限性与收益性正向相关，即期限越长，收益越高，反之亦然。流动性、安全性则与收益性成反向相关，安全性、流动性越高的金融工具其收益性越低。反过来也一样，收益性高的金融工具的流动性和安全性相对要差一些。正是期限性、流动性、安全性和收益性相互间的不同组合导致了金融工具的丰富性和多样性，使之能够满足多元化的资金需求和对"四性"的不同偏好。

### 2. 金融工具的分类

金融工具的品种繁多，可按不同的标准进行分类。

（1）按发行者的性质或融资方式划分，金融工具可分为直接金融工具和间接金融工具。直接金融工具是指工商企业、个人和政府所发行或签发的商业票据、股票、债券等。这些金融工具是用来在金融市场上直接进行借贷或交易的。间接金融工具是指银行等金融机构所发行的银行券、银行本票、可转让定期存单、票据等。这些金融工具是由融资单位通过银行等金融机构发行来完成资金融通的目的。

直接融资和间接融资的比例关系，反映了一国金融市场结构。与间接融资相比，直接融资具有风险共担、利益共享的市场化机制，资金来源和风险相对分散，服务实体经济尤其是创新创业和中小微企业的能力更强。从国际经验来看，随着一国经济不断发展，直接融资比重逐步提高，资本市场在金融体系中发挥的作用越来越大是普遍规律。

2012 年年底，我国直接融资占比为 42.3%，不仅低于美国（87.2%）、日本（74.4%）、德国（69.2%）等发达国家，也低于印度（66.7%）、印度尼西亚（66.3%）等发展中国家，与我国经济社会发展实际需求不相匹配。直接融资和间接融资比例的失衡，使我国金融风险高度集中于银行体系，客观上也加重了实体经济融资度难和融资贵、居民投资渠道有限等问题。更重要的是，这种失衡一直处在加强的趋势。2007 年至 2012 年，银行资产占金融总资产的比重由 53% 上升至 76%。因此，促进直接融资与间接融资协调发展、提高直接融资比重具有全局意义。

（2）按期限划分，金融工具可分为短期信用工具、长期信用工具和不定期信用工具。短期信用工具主要指票据，包括本票、汇票、支票及大额可转让存单、短期债券等。长期信用工具也称为有价证券，主要是股票和债券两类。不定期信用工具主要指银行券和纸币。

（3）按金融工具索取权的性质划分，金融工具可分为股权证券（股票）和债权证券（债券）。

（4）按是否与实际信用活动直接相关，可将金融工具分为原生金融工具和衍生金融工具。原生金融工具是指在实际信用活动中出具的能证明债权债务关系或所有权关系的合法凭证，主要有商业票据、债券等债权债务凭证和股票、基金等所有权凭证。原生金融工具是金融市场上最广泛使用的工具，也是衍生金融工具赖以生存的基础。衍生金融工具是指在原生金融工具基础上派生出来的各种金融合约及其组合形式的总称，主要包括期货、期权、远期和互换及其组合。衍生金融工具通常以双边合约的形式出现，其价值取决或衍生于原生金融工具。

### （三）金融中介

#### 1．金融中介的基本概念

金融中介是指在金融市场资金融通过程中，在资金供求者之间起媒介或桥梁作用的个人或机构。金融中介通过向市场参与者发行金融要求权来筹集资金，然后用它们来进行投资。金融中介进行的投资可以是贷款或证券，这种投资被称为直接投资；也可以是间接投资，持有由金融中介发行的要求权的市场参与者所进行的投资方式被称为间接投资。

直接投资与间接投资同属于投资者对预期能带来收益的资产的购买行为，但二者有着实质性的区别：直接投资是资金所有者和资金使用者的合一，是资产所有权和资产经营权的统一运动，一般是生产企业，会形成实物资产；而间接投资是资金所有者和资金使用者的分解，是资产所有权和资产经营权的分离运动，投资者对企业资产及其经营没有直接的所有权和控制权，其目的只是为了取得其资本收益或保值。

商业银行吸收存款，然后通过一系列程序向消费者或企业发放贷款。存款代表商业银行的借据和存款人的资产，贷款代表借款企业的借据和商业银行的金融资产。商业银行在一项贷款业务中扮演了直接投资的角色，存款人则扮演了间接投资的角色。投资公司从市场参与者那里筹集到的资金投资于包括股票、债券等构成的资产组合，投资公司通常被称为"共同基金"。提供资金给投资公司的投资者将获得由投资公司发行的股权，并根据股份数目按比例从投资收益中获利。投资公司持有的金融资产组合代表直接投资，而持有投资公司股权的投资者则是间接投资。

### 2. 金融中介产生的缘由

金融中介机构的主要职能是从最终借款人那里买进初级证券，并为最终贷款人持有资产而发行间接债券。主要功能是在盈余单位把未支用的收入向赤字单位转移的过程中发挥中介作用。从储蓄的层面来看，金融中介在履行功能时，能够提高投资和储蓄水平，并在可供选择的投资项目中最佳地配置稀缺的储蓄，能够较好地利用借贷款规模，形成规模集聚效应。同时，它可以调整期限结构，从而最大限度地缩小流动性危机。

从借款方面看，有着大量存款人的中介机构可以正常地预测偿付要求的情况。由于规模经济的重要性，中介机构的资产和负债是高度专业化的，这种专业化提高了他们的竞争能力，有助于增加他们生存的机会。

信息经济学和交易成本理论者认为是不确定性及交易成本的存在导致了金融中介机构的出现，并使得金融中介机构具有了降低交易成本、消除不确定性及由此导致的风险的种种功能。汉斯·韦坎德认为，金融中介产生的原因是两类不对称信息和昂贵的信息产品的结果①。

第一类信息不对称是相对于其他投资者来说的，企业家对他们的投资具有信息优势。其他投资者为获取信息，需要耗费一定的资源。

第二类信息不对称是关于投资项目的已实现利润。企业家能够毫不费力地了解投资项目的利润，而其他投资者需要耗费一定的时间和金钱，昂贵的信息产品是市场失败的一种典型情况。当与经济发展相关的投资水平，大大超出任何投资者的储蓄时，市场失败就表现为信息重复生产或者没有投资。

显然，信息重复的生产是一种浪费，因为当个人生产了信息的时候，这种信息就呈现出公共财富的特点。信息生产在技术上具有专业性的特点，这使得一些个体有可能成为其他投资者的代理人，这些代理人可以生产信息并由此获取报酬。这样的安排存在固有的问题。投资者如何确保为他们传递信息的代理人尽了最大努力？当代理人成为金融中介时，这个问题就解决了。这类金融中介可以从公共投资者那里筹集资金投资。在这种契约结构下，金融中介的报酬取决于信息生产的准确性，由此上述道德问题得到了解决。因此，汉斯·韦坎德认为由于资本市场的不完全性和信息不对称，"自发产生的金融中介是因对事前项目评估成本的节约而产生的"。

### 3. 金融中介的基本功能

（1）充当信用中介。信用中介是指商业银行等金融机构从社会借入资金，再贷给借款人，金融机构在社会货币供需过程中起着一种桥梁，或者说中介作用。商业银行是经营货币的企业，从事放款和投资业务需要充足的资金，其资金主要来源于存款、发行金融债券和其他形式吸收的资金。吸收资金被称为负债业务，运用资金的业务称为资产业务。信用中介是金融中介最基本的职能，通过间接融资方式实现借贷者之间的资金融通。

（2）提供支付机制。如今，大多数交易并不使用现金，而是使用支票、信用卡、借记卡

---

④ 汉斯·韦坎德：《金融中介、均衡信贷配给与经济周期》，载于《契约经济学》[M]. 北京：经济科学出版社，1999.

和电子转账系统。这种付款方式称为支付机制，一般是由特定的金融中介提供的。曾经，非现金支付仅限于以商业银行无息账户签发的支票。类似的支票签发特权后来逐渐扩展到储蓄与贷款协会、储蓄银行以及特定的投资公司。信用卡（Master Card）支付曾经只是商业银行的特权，但现在其他存款机构亦可以提供这种服务。许多金融中介都可以提供借记卡（Debit Card），它与信用卡的区别在于信用卡持有者会定期（通常为每月一次）收到一份账单要求其对在过去时期内的交易行为付账，而借记卡的持有者在购买的同时，其账户上相应的资金就被划走了。非现金支付对金融市场的功能发挥是十分重要的。简言之，存款机构将不能用于支付的资产转化成了可以提供此类服务的资产。

（3）充当期限中介。在商业银行日常运营过程中，我们注意到两件事：第一，所吸收存款中至少有一部分的期限是短期的。比如，有的存款是活期，必须随到随付；有的是定期，但多数都不超过两年。第二，商业银行发放的贷款期限可能远远超过两年。如果没有商业银行，借款人将不得不借入短期贷款，或者寻找一家愿意进行长期投资的企业，或者寻找虽在银行存款但也乐意于长期投资的投资者。而商业银行通过发行其自身的金融债权将长期资产转换成短期资产，从而使得借款人获得所需的借款期限、存款人/投资者获得所需期限的金融资产。金融中介的这种功能就叫作期限中介。

期限中介在金融市场中有两大作用。第一，它为投资者提供了不同期限的投资选择，借款人也可以灵活地选择负债期限。第二，降低长期借款成本。由于投资者总是难以把握长期投资的风险，他们往往要求长期借款人支付比短期借款更高的利息。而金融中介则可以依靠其后续存款，以任何单一投资者无法提供的低成本，向长期借款人提供长期资金。

（4）分散投资以降低风险。以投资者投资于投资公司为例，假设投资公司将所筹资金投资于许多公司的股票，通过这样的操作，投资公司就达到了分散投资、降低风险的目的。而资金量较少的投资者则很难达到这种分散化投资的效果，因为他们没有足够的资金来购买这么多公司的股票。但是如果将这笔资金投资于投资公司，投资者就可以分散投资，从而降低风险。

金融中介这种将高风险资产转换成低风险资产的经济功能叫作分散投资。虽然单个投资者也可以自己进行分散投资的工作，但他们往往难以达到金融中介那种成本效益。金融中介在分散投资过程中的成本效益本身就是金融市场的重要经济功能之一。

（5）降低签约与信息处理成本。作为单一投资者而言，购买金融资产的投资者必须懂得如何评估投资的价值，因为只有掌握了这种技能，投资者才可运用这种技能对特定金融资产进行分析判断，并进行投资决策。但是，这不是任何普通投资者都能够拥有的，或者说，拥有这种技能所需要投入的教育、时间成本过高。另外，除了花时间处理与金融资产及其发行人的有关信息的机会成本以外，投资者还存在着获取信息的成本，所有这些成本统称为信息处理成本。签订贷款合同的成本称为签约成本，也存在签约成本的另一度量，即达成合同条款的成本。金融中介管理着大量资金，因此在签订合同和信息处理方面存在着规模经济效应。较低的成本既可以使购买金融中介股权的投资者受益，又可以降低金融资产的发行人的筹资成本。

### （四）金融市场运行机制

金融市场运行机制是指金融市场的各构成要素之间的相互联系、影响、制约，并与外部其他经济变量相互作用，并产生连锁反应所发生的经济过程及其结果。金融市场的正常运行，是多种市场机制共同作用的结果，这些市场机制就是构成系统的组成要素。市场机制主要有以下几种。

#### 1．供求机制

供求机制是指商品的供求关系与价格、竞争等因素之间相互制约和联系而发挥作用的机制。供求关系受价格和竞争等因素的影响，而供求关系的变动，又能引起价格的变动和竞争的开展。供求机制也是调节市场供给与需求矛盾，使之趋于均衡的机制。

供求机制是市场机制的主体。供求联结着生产、交换、分配、消费等环节，是生产者与消费者关系的反映与表现。供求运动是市场内部矛盾运动的核心，其他要素（如价格、竞争、货币流通等）的变化都围绕供求运动而展开。

供求机制起作用的条件是，供求关系能够灵活地变动，供给与需求背离的时间、方向、程度应当是灵活而适当的，不能将供求关系固定化。供求关系在不断变动中取得相对的平衡，是供求机制作用的实现形式。

#### 2．价格机制

价格机制是指在竞争过程中，与供求相互联系、相互制约的市场价格的形成和运行机制。价格机制是市场机制中的基本机制，也是市场机制中最敏感、最有效的调节机制，在市场竞争过程中，价格变动与供求变动之间相互制约，商品价格的变动，会引起商品供求关系变化；而供求关系的变化，又反过来引起价格的变动。价格以其自身变动的方向和幅度，传递市场商品供销等经济信息。

价格机制包括价格形成机制和价格调节机制。价格高低影响供求，引导生产与消费，因而调节资源的合理配置。生产经营者和消费需求者为了实现各自的目的（即生产经营者为了实现利润最大化，消费需求者为了实现效用最大化），必须在各种市场上进行交换，以满足各自的需要。这样，供求双方在市场上就形成供求机制。市场上供求双方以货币作为媒介进行交易，这就是价格形成机制。各种交易价格在市场上形成后，就会发出供求变动的信号，价格上涨说明供不应求，价格下跌说明供过于求，市场价格的变化自然反映到生产和消费领域，调节生产和消费，这就是价格的调节机制。

在金融市场中，供求机制与价格机制是同一个过程的不同表现形式，二者在功能和作用上是一致的。

#### 3．利率机制

利率是资金的价格，其变化影响资金的供给量，两者相互影响、制约，互为因果，在此基础上产生金融市场的自动扩张和收缩机制，以此来调控其他经济变量。利率机制是指在竞争过程中利息率变动与资金供求变动之间的联系和作用形式，主要是在资金和资本市场上发生作用的机制，是利率机体内各构成要素之间的相互依存、相互关联和相互制约关系及其推动利率运行的自动调节机制。

利率机制主要包括利率的形成机制和作用机制。利率的形成机制主要是指利率的形成及决定因素，利率的作用机制是指利率在一国经济运行过程中对资金价格的调节作用，即利率如何调节储蓄、消费和投资的流向和流量，达到以资金流引导实物流，促进资源的合理配置，实现经济增长的目的。

利率的形成机制和作用机制是相互依存、相互影响的，因为影响利率形成机制的因素，正是利率作用机制中利率调控的因素，比如储蓄、投资等。

利率机制的主要作用是：①调节资金的供给与需求，并使二者趋于平衡；②体现资金成本，促进企业合理运用资金、降低经营成本、提高运营效率；③在利率与利润率的比较和对立运动过程中，促使社会资源得以合理配置；④利息与价格共同调节宏观经济中总供给与总需求的平衡，实现经济增长目标；⑤利率是国家进行宏观经济调控的重要工具。

在金融市场中，利率机制与价格机制往往一起发挥作用，相互渗透、相互补充、相互制衡，共同调节市场。其基本作用机制表现为

市场总需求＞总供给——物价↑——利率↑——储蓄↑——投资需求↑——生产↑——居民消费↓——总需求＝总供给

市场总需求＜总供给——物价↓——利率↓——储蓄↓——投资需求↓——生产↓——居民消费↑——总需求＝总供给

### 4．风险机制

商品运动导致货币运动，进而形成资金的运动，为适应社会资金"转移"的需求，导致信用的产生，在此基础上产生金融市场及其运行机制。货币资金集聚、转移与个别生产者资金规模的矛盾，以及货币资金在生产者、经营者之间的分配在时间、空间上的不均衡性是现代金融市场产生的基础。而市场参与者与行为主体都是独立的利益主体，利益诉求具有较大的差异性，这是金融市场的竞争机制、风险机制发生作用的一般基础。

广义的风险就是一种未来给自己带来损失的不确定性。风险产生的结果可能带来损失、获利或是无损失也无获利，风险的特征包括客观性、隐蔽性、可能性、普遍性、度量性、系统性、与收益的对立统一性。

风险机制是市场机制的基础机制。在市场经营中，任何企业在从事生产经营中都会面临着盈利、亏损和破产的风险。价格机制能影响风险机制，价格涨落能推动企业不畏风险，去追逐利润。商品经济是以承认商业主体的独立责任和利益为前提的，在投资受到硬约束的金融市场（以稀缺的货币资源投资获得最大的利益回报），经济主体的每一次投资（广义投资）都希望获得最大化收益，同时也承担起较大风险。风险的这种客观性、普遍性、与收益的对立性特征促使投资者在追求利润最大化的同时更加重视风险，更好地管理和规避风险，否则，投资者将会承担损失，甚至破产。所以说，风险机制是以利益的诱惑和破产的压力作用于投资者和筹资者，使他们对自己在金融市场上的投融资行为作出最科学的决策。

风险机制同时也是市场运行的约束机制。它以竞争可能带来的亏损乃至破产的巨大压力，鞭策市场主体努力改善经营管理，增强市场竞争实力，提高自身对经营风险的调节能力和适应能力。风险与竞争密不可分，没有竞争就不会有风险，没有风险也不需要竞争。竞争

存在着风险，风险预示着竞争，两者密不可分，以致有时人们把它们合在一起，统称为风险竞争机制。

# 第二节 金融市场的功能

金融市场作为货币资金借贷与金融工具发行和流通的空间和场所，在现代经济体系的运行中发挥着非常重要的作用，特别是随着经济的金融化程度的加深，金融市场日益成为市场机制的主导和枢纽。金融市场的这种重要性主要是通过其功能得到体现的。从宏观层面来讲，金融市场有以下四个方面的主要功能。

## 一、聚敛功能

金融市场的聚敛功能是指金融市场引导众多分散的小额资金汇聚成为可以投入社会再生产的资金集合功能。在这里，金融市场起着资金"蓄水池"的作用。金融市场是由资金供应者和资金需求者组成的。资金供应者就是在一定时间内的资金有余者，这些资金有余者的资金之所以暂时闲置，或者是因为要预防未来的意外急需，或者是要等到积累到足够数量之后再进行某项大额投资或消费。如个人为预防意外事件，或为了满足将来生活及购买大件消费品之需而进行储蓄，企业为了积存足够的资金投资于某个新项目而进行的资金积累等。这些暂时闲置的资金在使用之前有通过投资谋求保值增值的需要。对资金需求者来说，其资金的需要往往是由于要进行某项经济活动，或为了满足其比较迫切的需要，但手中积累的资金不足，因此，需要寻求更多的资金来源。但是，经济中各经济单位自身的闲置资金是相对有限的，这些暂时不用的资金就显得相对零散，不足以满足大规模的投资要求，特别是企业为发展生产而进行的大额投资和政府部门进行大规模的基础设施建设与公共支出的要求。这就需要一个能将众多的小额资金集合起来以形成大额资金的渠道，金融市场就提供了这种渠道，这就是金融市场的资金聚敛功能。

金融市场之所以具有资金的聚敛功能，一是由于金融市场创造了金融资产的流动性。现代金融市场正发展成为功能齐全、法规完善的资金融通场所，资金需求者可以很方便地通过直接或间接的融资方式获取资金，而资金供应者也可通过金融市场为资金找到满意的投资渠道；二是金融市场的多样化的融资工具为资金供应者的资金寻求合适的投资手段找到了出路。金融市场根据不同的期限、收益和风险要求，提供了多种多样的可供投资者选择的金融工具，资金供应者可以依据自己的收益风险偏好和流动性要求选择其满意的投资工具，实现资金效益的最大化。

## 二、配置功能

金融市场的配置功能表现在三个方面：一是资源的配置，二是财富的再分配，三是风险的再分配。

在经济的运行过程中，拥有多余资产的盈余部门并不一定是最有能力和机会做最有利投资的部门，现有的资产在这些盈余部门得不到有效的利用，金融市场通过将资源从低效率利用的部门转移到高效率的部门，从而使一个社会的经济资源能最有效地配置在效率最高或效用最大的用途上，实现稀缺资源的合理配置和有效利用。在金融市场中，证券价格的波动，实际上反映着证券背后所隐含的相关信息。投资者可以通过证券交易中所公开的信息及证券价格波动所反映出的信息来判断整体经济运行情况以及相关企业、行业的发展前景，从而决定其资金和其他经济资源的投向。一般地说，资金总是流向最有发展潜力，能够为投资者带来最大利益的部门和企业。这样，通过金融市场的作用，有限的资源就能够得到合理的利用。

财富是各经济单位持有的全部资产的总价值。政府、企业及个人通过持有金融资产的方式来持有的财富，在金融市场上的金融资产价格发生波动时，其持有数量也会发生变化。一部分人的财富量随金融资产价格的升高而增加，而另一部分人的财富量则由于金融资产价格的下跌而相应减少。这样，社会财富就通过金融市场价格的波动实现了财富的再分配。

金融市场同时也是风险再分配的场所。在现代经济活动中，风险无时不在、无处不在。而不同的主体对风险的厌恶程度是不同的。利用各种金融工具，风险厌恶程度较高的人可以把风险转嫁给风险厌恶程度较低的人，从而实现风险的再分配。

## 三、调节功能

调节功能是指金融市场对宏观经济的调节作用。金融市场一边连着储蓄者，另一边连着投资者，金融市场的运行机制通过对储蓄者和投资者的影响而发挥作用。

首先，金融市场具有直接调节作用。在金融市场大量的直接融资活动中，投资者为了自身利益，一定会谨慎、科学地选择投资的国家、地区、行业、企业、项目及产品。只有符合市场需要、效益高的投资对象，才能获得投资者的青睐。而且，投资对象在获得资本后，只有保持较高的经济效益和较好的发展势头，才能继续生存并进一步扩张。否则，它的证券价格就会下跌，继续在金融市场上筹资就会面临困难，发展就会受到后续资本供应的抑制。这实际上是金融市场通过其特有的引导资本形成及合理配置资源的机制，首先对微观经济部门产生影响，进而影响到宏观经济活动的一种有效的自发调节机制。

其次，金融市场的存在及发展为政府实施对宏观经济活动的间接调控创造了条件。货币政策属于调节宏观经济活动的重要宏观经济政策，其具体的调控工具有存款准备金、再贴现、公开市场操作等，这些政策的实施都以金融市场的存在、金融部门及企业成为金融市场的主体为前提。金融市场既提供货币政策操作的场所，也提供实施货币政策的决策信息。首先，因为金融市场的波动是对有关宏微观经济信息的反映，所以，政府有关部门可以通过收集及分析金融市场的运行情况来为政策的制定提供依据。其次，中央银行在实施货币政策时，通过金融市场可以调节货币供应量、传递政策信息，最终影响到各经济主体的经济活动，从而达到调节整个宏观经济运行的目的。此外，财政政策的实施也越来越离不开金融市场，政府通过国债的发行及运用等方式对各经济主体的行为加以引导和调节，并为中央银行提供开展公开市场操作的手段，并由此对宏观经济活动产生着巨大的影响。

## 四、反映功能

金融市场历来被称为国民经济的"晴雨表"，是公认的国民经济信号系统。这实际上就是金融市场反映功能的写照。

金融市场的反映功能表现在以下几个方面：①由于证券买卖大部分都在证券交易所进行，人们可以随时通过这个有形的市场了解到各种上市证券的交易行情，并据以判断投资机会。证券价格的涨跌在一个有效的市场中实际上都反映着其背后企业的经营管理情况及发展前景。此外，一个有组织的市场，一般也要求上市证券的公司定期或不定期地公布其经营信息和财务报表，这也有助于人们了解及推断上市公司及相关企业、行业的发展前景。所以，金融市场首先是反映微观经济运行状况的指示器。②金融市场的交易直接和间接地反映国家货币供应量的变动。货币的紧缩和放松均是通过金融市场进行的，货币政策实施时，金融市场会出现波动，表示出紧缩和放松的程度。因此，金融市场所反馈的宏观经济运行方面的信息，有利于政府部门及时制定和调整宏观经济政策。③由于证券交易的需要，金融市场有大量专门人员长期从事商情研究和分析，并且他们每日与各类工商业直接接触，能了解企业的发展动态。④金融市场有着广泛而及时的收集和传播信息的通信网络，整个世界金融市场已连成一体，四通八达，从而使人们可以及时了解世界经济发展变化情况[①]。

从微观层面来讲，金融市场的功能还包括价格发现、提供流动性、降低交易成本、示范作用等。

# 第三节　金融市场的分类

金融市场规模庞大，国际金融市场、每个国家的金融市场都是由许多子市场组成的，由此便引出金融市场的结构（即分类）问题。不同国家存在许多差异，因此，研究金融市场的结构，对判断一国金融市场发展程度、确定金融市场的发展特点以及完善金融市场的管理，都具有重要意义。

## 一、按标的物划分：货币市场、资本市场、外汇市场和黄金市场

### （一）货币市场

货币市场是指以期限在一年及一年以下的金融资产为交易标的物的短期金融市场。它的主要功能是保持金融资产的流动性，以便随时转换成现实的货币。它一方面满足了借款者的短期资金需求，另一方面也为暂时闲置的资金找到了出路。在美国金融史上，早期的货币市场狭义的概念，就是指对证券经纪商和交易商进行通知放款的市场。后来，货币市场的概念又广义地包含了短期资金市场。现在，货币市场一般指国库券、商业票据、银行承兑汇票、可转让定期存单、回购协议、联邦基金等短期信用工具买卖的市场。许多国家将银行短期贷

---

① 张亦春、郑振龙、林海：《金融市场学》（第三版）[M]. 北京：高等教育出版社，2008.

款也归入货币市场的业务范围。一般地说，资金借贷以 3～6 月期最为普遍，而债券则以 6～9 月期为多。由于该类市场信用工具随时可以在发达的二级市场上出售变现，具有很强的变现性和流动性，功能近似于货币，故称为货币市场。又由于该市场主要经营短期资金的借贷，故也称为短期资金市场。

货币市场一般没有正式的组织，所有交易特别是二级市场的交易几乎都是通过电讯方式联系进行的，市场交易量大是货币市场区别于其他市场的重要特征之一。巨额交易使得货币市场实际上成为一个批发市场。由于货币市场的非人为性及竞争性，因而它又是一个公开市场，任何人都可以进入市场进行交易，并不存在固定不变的顾客关系。

### （二）资本市场

资本市场是指期限在一年以上的金融资产交易市场。一般来说，资本市场包括两大部分：一部分是银行中长期存贷款市场，另一部分是有价证券市场。本章的讨论主要着眼于后者。

通常，资本市场主要指的是债券市场和股票市场。它与货币市场之间的区别为：①期限不同。资本市场上交易的金融工具均为一年以上，最长者可达数十年，有些甚至无期限，如股票等。而货币市场上一般交易的是一年以内的金融工具，最短的只有几日甚至几小时。②作用不同。货币市场所融通的资金，大多用于工商企业的短期周转资金。而在资本市场上所融通的资金，大多用于企业的创建、更新、扩充设备和储存原料，政府在资本市场上筹集长期资金则主要用于兴办公共事业和保持财政收支平衡。③风险程度不同。货币市场的信用工具，期限短，因此流动性高，价格不会发生剧烈变化，风险较小。资本市场的信用工具，由于期限长，流动性较低，价格变动幅度较大，风险也较高。

### （三）外汇市场

如货币市场一样，外汇市场也是各种短期金融资产交易的市场。

外汇市场的主要功能在于：①通过外汇市场的外汇储备买卖和货币兑换业务，使各国间债权债务关系的货币清偿和资本的国际流动得以形成，实现购买力的国际转移；②外汇市场集中了各国政府、企业、公司等单位的闲置资金，并对国际贸易活动中的进出口商进行借贷融资，从而加速了国际资金周转，调剂了国际资金余缺；③外汇市场所拥有的发达的通信设施及手段，将世界各地的外汇交易主体连成一个网络，缩短了世界各地间的远程货币收付时间，提高了资金的使用效率；④进出口商利用市场中的远期外汇买卖业务，可有效地避免或减少因汇率变动带来的风险，从而促进国际贸易的发展。此外，外汇市场提供的各种外汇资金的供求信息及其价格动态，有助于各国政府和企业正确地进行有关决策。

### （四）黄金市场

黄金市场是专门集中黄金买卖的交易中心或场所。目前，由于黄金仍是国际储备工具之一，在国际结算中占据着重要的地位，因此，黄金市场仍被看作金融市场的组成部分。现在，世界上已发展到 40 多个黄金市场。其中伦敦、纽约、苏黎世、芝加哥和中国香港的黄金市场被称为五大国际黄金市场。

## 二、按中介特征划分：直接金融市场与间接金融市场

金融市场的形成是直接与资金的融通相联系的。在正常的经济生活中，总有资金暂时闲置者及资金短缺者存在，金融市场就为这两者提供互通有无的渠道。根据在资金的融通中的中介机构特征来划分，可将金融市场分为直接金融市场和间接金融市场。

### （一）直接金融市场

直接金融市场是指资金需求者直接从资金所有者那里融通资金的市场，一般指通过发行债券或股票的方式在金融市场筹集资金的融资市场。

### （二）间接金融市场

间接金融市场则是通过银行等信用中介机构作为媒介来进行资金融通的市场。在间接金融市场上，资金所有者将手中的资金贷放给银行等信用中介机构，然后再由这些机构转贷给资金需求者。在此过程中，不管这笔资金最终归谁使用，资金所有者都将只拥有对信用中介机构的债权而不能对最终使用者具有任何权利要求。

直接金融市场与间接金融市场的差别并不在于是否有金融中介机构的介入，而主要在于中介机构的特征差异。在直接金融市场上也有金融中介机构，只不过这类公司不像银行那样，它不是资金的中介，而大多是信息中介和服务中介。虽然两者的功能难分轻重，但因关于银行等间接融资中介及其活动，别的课程有详细介绍，本书的重点是直接金融市场。

## 三、按金融资产的发行和流通特征划分：初级市场、二级市场、第三市场和第四市场

### （一）初级市场

资金需求者将金融资产首次出售给公众时所形成的交易市场称为初级市场、发行市场或一级市场。金融资产的发行方式主要有两种：一是将金融资产销售给特定的机构；二是将金融资产广泛地发售给社会公众。前者称为私募发行，其发行对象一般为机构投资者；后者称为公募发行，其发行对象为社会公众。私募又分为包销和代销两种。所谓包销，是指金融资产的发行人与银行等金融机构协商，由银行等承销机构按照商定的条件把全部证券承接下来负责对公众销售。包销期满后，不论证券是否已经推销出去，包销机构都要如数付给发行人应得资金。代销则是发行人自己承担全部发行风险，只将公开销售事务委托投资银行等办理的一种方式，代销商销多少算多少，它只收取手续费等费用，不承担任何风险。此外还有一种自办发行或称自销的方式，一般通过私下洽商的方式直接销售给为数不多的个人及团体投资者。目前国际上流行的是包销方式。

### （二）二级市场

证券发行后，各种证券在不同的投资者之间买卖流通所形成的市场即为二级市场，又称为流通市场或次级市场。它又可分为两种，一种是场内市场即证券交易所，另一种是场外交易市场。证券交易所是依照国家有关法律规定，经政府主管机关批准设立的证券集中竞价的有形场

所。场外交易市场又称柜台交易或店头交易市场。它是在证券交易所之外进行证券买卖的市场。原则上在场外交易的证券以未上市的证券为主。然而现在情况发生了很大的变化，为数不少的上市证券，尤其是政府债券、地方和公司债券也都纷纷涌入场外交易市场进行交易。

初级市场是二级市场的基础和前提，没有初级市场就没有二级市场；二级市场是初级市场存在与发展的重要条件之一，无论从流动性上还是从价格的确定上，初级市场都要受到二级市场的影响。

此外，在发达的市场经济国家还有第三市场和第四市场的说法，它们实际上都是场外市场的一部分。第三市场是原来在交易所上市的证券移到场外进行交易而形成的市场。第三市场的交易相对于交易所交易来说，具有限制更少、成本更低的优点。第四市场是投资者和证券的出卖者直接交易形成的市场。其形成的主要原因是机构投资者在证券交易中所占的比例越来越大，它们之间的买卖数额很大，因此希望避开经纪人直接交易，以降低成本。

## 四、按成交与定价的方式划分：公开市场与议价市场

公开市场指的是金融资产的交易价格通过众多的买主和卖主公开竞价而形成的市场。金融资产在到期偿付之前可以自由交易，并且只卖给出价最高的买者。一般在有组织的证券交易所进行。在议价市场上，金融资产的定价与成交是通过私下协商或面对面的讨价还价方式进行的。在发达的市场经济国家，绝大多数债券和中小企业的未上市股票都通过这种方式交易。最初，在议价市场交易的证券流通范围不大，交易也不活跃，但随着现代电信及自动化技术的发展，该市场的交易效率已大大提高。

## 五、按有无固定场所划分：有形市场与无形市场

有形市场即为有固定交易场所的市场，一般指的是证券交易所等固定的交易场地。在证券交易所进行交易首先要开设账户，然后由投资人委托证券商买卖证券，证券商负责按投资者的要求进行操作；而无形市场则是指在证券交易所外进行金融资产交易的总称。它的交易一般通过现代化的电信工具在各金融机构、证券商及投资者之间进行。它是一个无形的网络，金融资产及资金可以在其中实现迅速的转移。在现实世界中，大部分的金融资产交易均在无形市场上进行。

## 六、按交割方式划分：现货市场与衍生市场

### （一）现货市场

现货市场实际上是指即期交易的市场，是金融市场上最普遍的一种交易方式。相对于远期交易市场来说，现货市场指市场上的买卖双方成交后须在若干个交易日内办理交割的金融交易市场。现货交易包括现金交易、固定方式交易及保证金交易。现金交易是指成交日和结算日在同一天发生的证券买卖，固定方式交易则是指成交日和结算日之间相隔很短几个交易日的交易，这种间隔一般在七天以内。保证金交易也称垫头交易，它是投资者在资金不足，又想获得较多投资收益时，采取交付一定比例的现金，其余资金由经纪人贷款垫付，买进证

券的一种交易方法。目前现货市场上的大部分交易均为固定方式交易。

## （二）衍生市场

衍生市场是各种衍生金融工具进行交易的市场。所谓衍生金融工具，是指由原生性金融商品或基础性金融工具创造出的新型金融工具。它一般表现为一些合约，这些合约的价值由其交易的金融资产的价格决定。衍生工具包括远期合约、期货合约、期权合约、互换（Swap）协议等。由于衍生金融工具在金融交易中具有套期保值防范风险的作用，衍生工具的种类仍在不断增多。衍生金融工具同时也是一种投机的对象，其交易中所带来的风险也应引起注意。

## 七、按地域划分：国内金融市场和国际金融市场

金融市场按其作用的地域范围来划分，又可以分为国内金融市场及国际金融市场。国内金融市场是指金融交易的作用范围仅限于一国之内的市场，它除了包括全国性的以本币计值的金融资产交易市场之外，还包括一国范围内的地方性金融市场。国际金融市场则是金融资产的交易跨越国界进行的市场，是进行金融资产国际交易的场所。国际金融市场有广义和狭义之分。狭义的国际金融市场指进行各种国际金融业务的场所，有时又称传统的国际金融市场，包括货币市场、资本市场、外汇市场、黄金市场以及衍生市场等；广义的国际金融市场则包括离岸金融市场。所谓离岸金融市场，是指非居民间从事国际金融交易的市场。离岸市场以非居民为交易对象，资金来源于所在国的非居民或来自于国外的外币资金。离岸金融市场基本不受所在国的金融监管机构的管制，并可享受税收方面的优惠待遇，资金出入境自由。离岸金融市场是一种无形市场，从广义来看，它只存在于某一城市或地区而不在于一个固定的交易场所，由所在地的金融机构与金融资产的国际性交易而形成。

国内金融市场是国际金融市场形成的基础。实际上，从金融监管角度来看，国内金融市场及传统的国际金融市场都要受到所在国金融监管当局的管制，而新兴的国际金融市场如离岸金融市场则可以说是完全国际化的市场，它不受任何国家法令的限制，主要经营境外货币。国际金融市场是国内金融市场发展到一定阶段的产物，是与实物资产的国际转移、金融业较为发达、资本的国际流动及现代电子信息技术的高度发展等方面相辅相成的。

# 第四节　金融创新与金融市场发展趋势

从世界金融市场的发展历程来看，金融创新和金融市场发展是互为因果、共同发展的产物。金融市场为金融创新提供平台和载体，金融创新是金融市场发展的驱动因素。金融创新能够为投资者提供低成本、高效率的规避风险手段，提高金融体系的运作效率，增强了金融业的可持续发展能力，从而为金融市场的发展提供了重大的推动力。

## 一、金融创新的基本概念

金融创新的定义大多是根据美籍奥地利经济学家熊彼特的观点衍生而来的。熊彼特于 1912 年在其《经济发展理论》中对创新所下的定义是：创新是指新的生产函数的建立，也就是企业家对企业要素实行新的组合。具体地讲，创新包括五种情形：①新产品的出现；②新工艺的应用；③新资源的开发；④新市场的开拓；⑤新的生产组织与管理方式的确立，也称为组织创新。

金融创新是指金融领域内部通过各种要素的重新组合和创造性变革所创造或引进的新事物。狭义的金融创新指的是金融业务创新，西方发达国家在放宽银行设立条件，取消或放松对银行资产负债的管理，取消或放松利率管制，外汇管制，允许银行与非银行金融机构实行业务交叉等金融管制后，加强了各类金融机构的相互竞争，产生了一系列新的金融商品和交易手段。

金融创新的种类有：①金融制度创新；②金融组织结构创新；③金融企业经营管理创新；④金融业务创新。

## 二、金融创新的动因

有关金融创新的动因存在两种极端的观点。一种观点认为创新的动力来自规避监管或套利，发现税收漏洞[1]。另外一种极端的观点认为，创新的基本要素是引入更加有效率的金融工具使得市场参与者之间风险的重新分配更有效率[2]。

一般而言，我们将金融创新的动因归结为以下三个方面。

### （一）顺应供给的变化

计算机和通信技术的飞速发展是导致供给条件发生变化的最重要的源泉，它有力地刺激了金融创新。当能够大大降低金融交易成本的新计算机技术可以运用时，金融机构便可据以设想出可能对公众有吸引力的新金融产品和新金融工具。银行卡即是其中之一。计算机和通信技术的进步也改善了市场获得证券信息的能力，这种由交易和信息技术的改善而引发的金融创新最重要的例证是证券化。此外，政府管理制度的变化也能够导致供给条件变化，由政府管理变化而发生的金融创新的例子是贴现经纪人和股票指数期货的出现。

### （二）顺应需求的变化

20 世纪 50 年代开始的利率的剧烈波动造成了巨额的资本利得或资本损失，并使投资回报率具有较大的不确定性。经济环境的这一变化，刺激了对满足该需求的创新的探求，激励人们创造一些能够降低利率风险的新的金融工具。在该需求的推动下，70 年代产生了大量新的金融创新工具，例如，可变利率抵押贷款、金融期货交易和金融工具的期权交易等。

---

[1] Ian Cooper, "Financial Innovations: New Market Instruments," *Oxford Review of Economic Policy* (November 1986).
[2] Merton H. Miller, "Financial Innovation: The Last Twenty Years and the Next," *Journal of Financial and Quantitative Analysis* (December 1986).

### （三）规避既有法律法规

由于金融业较其他行业相比受到更为严格的监管，政府管理法规就成为这个行业创新的重要推动力量。当管理法规的某种约束可以合理地或被默认地予以规避，并可以带来收益，创新就会发生。过去美国银行业在法定准备金与存款利率两个方面受到限制。自20世纪60年代末期开始，由于通货膨胀率引起的较高的利率水平同存款利率上限和存款准备金合在一起减少了银行的利润，促使商业银行创造了欧洲美元、银行商业票据、大额可转让定期存单、自动转换储蓄账户和隔夜回购、货币市场互助基金等金融工具。

了解金融市场中金融工具创新的动因和背景，将有利于我们充分地理解创新金融工具的核心内涵。

## 三、金融创新工具的分类

金融创新有多种分类方式，按照不同类型的金融工具来划分，金融创新金融工具大致可以归纳为以下几类。

### （一）所有权凭证

股票是所有权的代表。传统的股票主要有普通股和优先股。由于创新还出现了许多变种，以优先股为例，有可转换可调节优先股、可转换可交换优先股、再买卖优先股、可累积优先股、可调节股息率优先股、拍卖式股息率优先股等。

### （二）投融资工具

债务工具对借款人来说是债务凭证，对放款者来讲是债权凭证。最早的债务工具是借据，紧接着出现的是商业票据，以后又出现了银行票据、企业/政府发行的各种债券。由于创新，债务工具又发生了许多新变化。就个人债务工具而言，其变种主要表现有：信用卡、可变或可调节利率抵押、可转换抵押、可变人寿保险等。

近年来，世界各国相继把发展循环经济、建立节约型社会作为实施可持续发展战略的重要途径。金融机构则顺应经济增长方式转型的要求，开拓性地把环境因素引入到金融创新当中，开发出了绿色抵押、生态基金等创新产品。绿色抵押是银行在资金运用过程中把环境保护、可持续发展等因素纳入到贷款、投资和风险评价程序，环保企业凭借其"绿色"即可获得绿色抵押贷款，一些银行则给予有很好环境记录的客户以更多的贷款优惠。生态基金则是将投资者对环境的关注和他们的投资目标结合在一起，而不是仅仅追求投资收益的最大化。随着循环经济的发展，这类基金投资目标的选择更符合社会发展需要，投资收益从长期来看反而会高于一般的投资基金。

### （三）衍生金融工具

最传统的金融产品是股票、债券、商业票据等。由于创新，在此基础上派生出许多具有新的价值的金融产品或金融工具，如期货、期权、互换及远期协议合同。远期合同和期货近年又有新的创新，具体为：远期利率协议、利率期货、外国通货期货、股票指数期货等。最新的工具包括欧洲利率期货、远期外汇协议，前者为不同通货的短期利率保值，后者为率差变动保值。

### （四）组合金融工具

组合金融工具是指对种类不同的两重以上（含两重）的金融工具进行组合，使其成为一种新的金融工具。组合金融工具横跨多个金融市场，在多个市场中，只要有两个市场或两个以上市场的产品结合，就能创造出一种综合产品或一种组合工具，如可转换债券、股票期权、定期美元固定利率等，都是组合金融工具。其他衍生金融工具还有票据发行便利、备用信用证、贷款承诺等。

21 世纪以来，随着金融机构综合经营趋势的形成，银行业和证券业对接、保险业和证券业对接使得将信贷和保险这些典型的金融业务内在的风险被打包到证券中并出售给投资者成为可能，新型风险转移产品被创新出来，如信用衍生品和巨灾债券等。信用衍生品是一种使信用风险从其他风险类型中分离出来，并从一方转让给另一方的金融合约。其基本做法是，商业银行将面临的信用风险通过协议形式转让给那些愿意承担风险的投资者，同时作为对价也转让一部分收益或支付一定费用，这一产品的问世使银行管理风险的能力大大提高。巨灾债券是保险公司通过发行基于保险风险的证券，用资本市场上的投资者代替再保险公司传统风险承担者，将保险风险转移到资本市场，是保险风险证券化的一种形式。

## 四、金融创新对金融和经济的影响

### （一）对金融和经济发展的推动作用

当代金融创新对金融和经济发展的推动，主要是通过以下四个方面来实现的。

（1）提高了金融机构的运作效率。首先，金融创新通过大量提供具有特定的内涵与特性的金融工具、金融服务、交易方式或融资技术等成果，从数量和质量两个方面同时提高需求者的满足程度，增加了金融商品和服务的效用，从而增强了金融机构的基本功能，提高了金融机构的运作效率；其次，提高了支付清算能力和速度；最后，大幅度增加了金融机构的资产和盈利率。

（2）提高了金融市场的运作效率。①提高了市场价格对信息反应的灵敏度；②增加了可供选择的金融商品种类；③增强了剔除个别风险的能力；④降低了交易成本与平均成本，使投资收益相对上升，吸引了更多投资者和筹资者进入市场，提高了交易的活跃程度。

（3）增强了金融产业发展能力。

（4）金融作用力大为增强。金融作用力主要是指金融对整体经济运作和经济发展的作用能力，一般通过对总体经济活动和经济总量的影响及其作用程度体现出来。

### （二）产生的新矛盾和挑战

金融创新在繁荣金融、促进经济发展的同时，也带来了许多新的矛盾和问题，对金融和经济发展产生了不利影响。第一，金融创新使货币供求机制、总量和结构乃至特征都发生了深刻变化，对金融运作和宏观调控影响重大。第二，在很大程度上改变了货币政策的决策、操作、传导及其效果，对货币政策的实施产生了一定的不利影响。第三，金融风险有增无减，金融业的稳定性下降。第四，金融市场出现过度投机和泡沫膨胀的不良倾向。

综上所述，当代金融创新虽然利弊作用皆存，利弊作用力都放大了，但从总体上看，金融创新的利远远大于弊，并且其利始终是主流性的。正确认识和客观评价金融创新对于金融发展和经济发展的积极推动作用，是有效利用和充分发挥其动力作用，主动驾驭并把握金融创新的内在规律，最大限度地推动金融、经济发展和社会文明进步的基本前提。当然，当代金融创新的负作用也不能忽视，必须加以有效的引导和监管进行防范和控制。对创新在不同方面存在的弊病可以采取不同的政策措施予以克服或减轻。只要改善宏观调控，加强监管，正确引导，金融创新的负作用可以减轻到最低限度，金融安全与效率并非不可兼得。

## 五、金融创新推动下的世界金融市场发展的新趋势

金融全球化是指世界各国、各地区在金融组织、机构、业务、金融政策等方面相互交往和协调、相互渗透和扩张、相互竞争和制约已发展到相当水平，进而使全球金融形成一个联系密切、不可分割的整体。随着世界经济的全球化发展，金融领域的跨国活动也在以汹涌澎湃之势迅猛发展。金融全球化不仅成为世界经济发展最为关键的一个环节，同时也成为最为敏感的一个环节。金融全球化促使资金在全世界范围内重新配置，一方面使欧美等国的金融中心得以蓬勃发展，另一方面也使发展中国家，特别是新兴市场经济国家获得了大量急需的经济发展启动资金。可以说，世界经济的发展离不开金融全球化的推动。

金融全球化作为一个世界历史过程，是多方面因素共同作用的结果，一是实体经济因素。主要指贸易、直接投资、科学技术的进步和跨国公司的发展。二是金融创新因素的影响，主要归因于 20 世纪 60 年代以来风起云涌的金融创新，包括金融工具创新和金融组织、制度创新。金融创新的结果，实现了金融机构提高流动性、转移价格和信用风险以及达到信用创造和股权创造的目的。所有这些，对全球的金融工具、金融机构和金融市场产生了革命性影响。展望 21 世纪，受技术进步的推动，以及放松管制的引导，金融全球化的形式、内容、规模将进入新的阶段。

### （一）金融全球化的表现形式

金融全球化有其多种表现形式，我们主要从微观和宏观两个层次进行分析。

**1. 从微观层次来看，金融全球化就是金融活动的全球化**

（1）资本流动全球化。随着投资行为和融资行为的全球化，即投资者和融资者都可以在全球范围内选择最符合自己要求的金融机构和金融工具，资本流动也全球化了。20 世纪 80 年代以来，国际资本流动呈现出不断加速和扩大的趋势。特别是 90 年代以来，国际资本以前所未有的数量、惊人的速度和日新月异的形式使全球资本急剧膨胀。从国际债券市场的融资规模看，包括银行贷款、票据融资和债券发行三项业务的融资额，1973 年为 622 亿美元，1979 年为 1 450 亿美元，年均增幅为 15%；而进入 90 年代后，由 1990 年的 4 276 亿美元增加到 1996 年的 15 139 亿美元，年均增幅高达 23.5%，到 2006 年全球债券市场日交易量高达 9 417 亿

美元。共同基金的融资规模更是令人叹为观止，美国 1970 年的共同基金资产总额约为 448 亿美元，到 2012 年达到 2.6 万亿美元。在全球外汇市场上，目前每天的交易量平均约为 5.3 万亿美元，比 10 年前增加了 10 余倍。

（2）金融机构全球化。金融机构是金融活动的组织者和服务者。金融机构全球化就是指金融机构在国外广设分支机构，形成国际化或全球化的经营。20 世纪 80 年代以来，为了应对日益加剧的金融服务业全球竞争，各国大银行和其他金融机构竞相以扩大规模、扩展业务范围和推进国际化经营作为自己的战略选择。进入 90 年代后，世界一些国家先后不同程度地放松了对别国金融机构在本国从事金融业务或设立分支机构的限制，从而促进了各国银行向海外的拓展。1997 年年末，世界贸易组织成员国签署《金融服务协议》，把允许外国在其境内建立金融服务公司并将按竞争原则运行作为加入该组织的重要条件，进一步促进了各国金融业务和机构的跨国发展。随着近年全球竞争的加剧和金融风险的增加，国际上许多大银行都把扩大规模、扩展业务以提高效益和增强抵御风险能力作为发展新战略，国际金融市场掀起了声势浩大的跨国购并（即兼并和收购）浪潮。金融机构的并购与重组成为金融机构全球化的一个突出特点。银行并购使全球金融机构的数量减少，单个机构的规模相对扩大。2009 年数据显示，世界最大的 1 000 家银行中，前 25 家银行的总资产从 1998 年的 9.4 万亿美元增加到 43.25 万亿美元，增长了 4.59 倍，年均增长 41.8%。前 25 家银行的总资产额在 1 000 家银行中占比高达 44.87%，银行的集中度提高非常明显。

（3）金融市场全球化。金融市场是金融活动的载体，金融市场全球化就是金融交易的市场超越时空和地域的限制而趋向于一体。目前全球主要国际金融中心已连成一片，全球各地以及不同类型的金融市场趋于一体，金融市场的依赖性和相关性日益密切。特别是信息通信技术的高度发达和广泛应用，全球金融市场已经开始走向金融网络化，即全球金融信息系统、交易系统、支付系统和清算系统的网络化。全球外汇市场和黄金市场已经实现了每天 24 小时连续不间断交易。世界上任何一个角落的政治经济信息，几乎同步显示在世界任何一个角落的证券交易电脑网络终端的显示器上。

**2．从宏观来看，金融全球化表现为金融管理与合作的一体化进程加快**

（1）金融政策关联化。即一个国家特别是主要发达国家的金融政策调整，将会引起金融市场的连锁反应，并可能迫使许多国家在金融政策方面作出相应调整。与此同时，如果一个国家甚至是一个中小国家的金融出现问题或发生金融危机，将会比较容易传播到周边国家，可能引发一场严重的地区性金融危机，甚至可能对全球经济发展产生严重影响。

（2）金融风险全球化。即金融全球化对"金融脆弱—金融危机"演化机制的促进，使金融脆弱向金融危机的转化速度大大加快了。金融风险既可发生在微观领域，如某一个或者几个金融机构的破产或大额金融资产的损失；又可出现在宏观领域，如一种货币制度的瓦解或者货币秩序的崩溃；特别是宏观与微观领域的金融风险还可能交织在一起。例如，一家银行的倒闭，在整个银行体系中很容易引发多家银行或者金融机构倒闭的"多米诺骨牌效应"，形成金融领域的系统性风险，导致金融危机出现。

（3）金融监管全球化。金融监管全球化包括金融规则统一化、监管机制统一化、会计准则统一化、信息披露的透明度标准统一化，从而实现金融协调和监管的全球化。一方面，在金融监管国际合作的深化和发展过程中，巴塞尔银行监管委员会的作用与影响日益显著；另一个方面，各金融领域监管的国际合作不断加强。

### （二）金融全球化的影响

金融全球化对各国经济和金融的影响同时具有正、负两方面的二元效应。金融全球化是一把"双刃剑"，利弊兼有，机遇与风险相伴。

**1．金融全球化的积极意义**

（1）有利于资金在全球范围内的高效配置。金融资本跨国界流动的增加，使有限的资金在全球范围内得到了更合理的分配，起到了及时调剂资金余缺的作用。促进资金在全世界范围内重新配置，一方面使欧美等国的金融中心迅速发展；另一方面也使发展中国家，特别是新兴市场经济国家获得了大量急需的经济发展资金，带动了区域经济和世界经济的增长。

（2）有利于国际投资和贸易的快速发展。金融全球化减少了国际资本流动的障碍，并且极大地压缩了国际金融市场上的时空限制，使国际资本流动可以在全世界范围内瞬间完成。资金的调拨迅速、方便，资金交易成本大幅度降低，为投资、融资和贸易提供了便利，极大地促进了国际投资和国际贸易的发展。

（3）有利于全球金融体制与融资结构的整合。金融全球化有利于金融机构加速改革和重组，提高金融体系的效率。其作用主要表现为：

首先，促使一些国家的专业银行制度逐步向全能银行制度转变。全能银行既可以经营商业银行的存贷款及结算业务，经营投资和保险业务，又可以经营信托业务，并且持有非金融公司的股份，业务范围广泛，有利于形成规模经济；同时，其业务分散化和收入来源多元化特征有利于风险分散和降低替代风险，能够为客户提供全方位、多元化的服务，密切了银行与客户的关系。在金融全球化的推动之下，原先实行专业银行制度的美国、英国等国都迅速地向德国式的全能银行制度转变，导致了金融体制的整合趋势。

其次，促进了以银行为主导的间接金融为主转向以直接金融为主导的金融结构转变，在融资结构上出现了与美国、英国等国趋同的趋势。各国融资结构的整合还突出表现为金融证券化的发展。20世纪80年代以来，西方发达国家和国际金融市场上出现了金融证券化浪潮。金融证券化又称为金融非中介化或融资脱媒，即直接金融的发展速度大大超过间接金融的发展速度，在整个金融市场上直接金融所占的比重接近或超过间接金融。金融证券化实际上就是筹资手段的证券化，即传统的通过银行等金融机构来筹资的方式逐渐转变为通过证券市场筹资。金融证券化的发展与金融创新、金融自由化和金融全球化交织在一起，使各国的金融结构和运行机制发生了根本性的变化。

**2．金融全球化的负面效应**

金融全球化的影响具有双重性：一方面，金融全球化提高了国际金融市场的效率，高效地配置资源，促进了世界经济金融的发展，有利于增进全球福利。另一方面，全球化也带来了一些消极影响，对各国金融体系的稳定性提出了挑战。

（1）金融资产价格过度波动，强化了金融市场的脆弱性。金融全球化使国际间资本的流动性增强，国际资本的流动越来越脱离实体经济运行，容易形成金融经济与实体经济分离，从而加剧资产价格的过度波动，即资产价格波动的幅度超过了基本经济变量的波动幅度。金融市场全球化在提高了信息传播速度的同时，也扩大了信息的非对称性，个别投资尤其是规模庞大的机构投资者的行为往往被效仿，从众心理，或者"羊群效应"容易导致金融市场的恐慌，甚至酿成金融动荡。

（2）削弱了各国货币政策的自主性，从而降低了金融政策的效力。金融全球化主要是从三个方面降低了金融政策的效力：首先，由于溢出和导入效应的作用，干扰和削弱了货币政策所要达到的预期效果。在加强了各国金融市场间的联系的同时，也导致国内货币政策没有或者只是部分作用于国内经济变量。而且他国货币政策效应影响到国内，也会干扰国内货币政策的预期目标。其次，提高了不同货币资产的相互替代性后，一种资产价格的变化会影响到其他资产价格，从而影响到货币政策的效果。再次，使货币定义模糊不清，难以判断，从而造成货币政策指标的游移。

（3）金融全球化使国际金融的动荡产生波及效应和放大效应。一国的经济和金融形势的不稳定，通常都会通过日渐畅通的经济、金融渠道迅速传播到关联国家。与此同时，国际金融体系中还存在着两个明显的问题：一是缺乏对国际金融业务的有效监管；二是缺少国际金融体系的最后贷款人角色。在这种状态下，金融危机的国际传播也就无法从根本上防范和阻断，全球化的推进只会放大危机的波及效应。

## 补充阅读

### 我国将建立和完善多层次市场体系、促进金融市场健康发展

2014年5月9日，国务院印发了《关于进一步促进资本市场健康发展的若干意见》（以下简称《若干意见》），对当前和今后较长一段时期促进资本市场健康发展进行顶层设计、作出统筹部署。主要内容包括：

一、总体要求（略）

二、发展多层次股票市场

（1）积极稳妥推进股票发行注册制改革。建立和完善以信息披露为中心的股票发行制度。发行人是信息披露第一责任人。发行人、中介机构对信息披露的真实性、准确性、完整性、充分性和及时性承担法律责任。

（2）加快多层次股权市场建设。强化证券交易所市场的主导地位，充分发挥证券交易所的自律监管职能。壮大主板、中小企业板市场，创新交易机制，丰富交易品种。加快创业板市场改革，健全适合创新型、成长型企业发展的制度安排。增加证券交易所市场内部层次。加快完善全国中小企业股份转让系统，建立小额、便捷、灵活、多元的投融资机制。

（3）提高上市公司质量。引导上市公司通过资本市场完善现代企业制度，建立健全市场化经营机制，规范经营决策。督促上市公司以投资者需求为导向，履行好信息披露义务，严格执行企业会计准则和财务报告制度，提高财务信息的可比性，增强信息披露的有效性。

（4）鼓励市场化并购重组。充分发挥资本市场在企业并购重组过程中的主渠道作用，强化资本市场的产权定价和交易功能，拓宽并购融资渠道，丰富并购支付方式。

（5）完善退市制度。构建符合我国实际并有利于投资者保护的退市制度，建立健全市场化、多元化退市指标体系并严格执行。支持上市公司根据自身发展战略，在确保公众投资者权益的前提下以吸收合并、股东收购、转板等形式实施主动退市。对欺诈发行的上市公司实行强制退市。明确退市公司重新上市的标准和程序。逐步形成公司进退有序、市场转板顺畅的良性循环机制。

三、规范发展债券市场

（1）积极发展债券市场。完善公司债券公开发行制度。发展适合不同投资者群体的多样化债券品种。建立健全地方政府债券制度。丰富适合中小微企业的债券品种。

（2）强化债券市场信用约束。规范发展债券市场信用评级服务。完善发行人信息披露制度，提高投资者风险识别能力，减少对外部评级的依赖。建立债券发行人信息共享机制。探索发展债券信用保险。完善债券增信机制，规范发展债券增信业务。强化发行人和投资者的责任约束，健全债券违约监测和处置机制，支持债券持有人会议维护债权人整体利益，切实防范道德风险。

（3）深化债券市场互联互通。在符合投资者适当性管理要求的前提下，完善债券品种在不同市场的交叉挂牌及自主转托管机制，促进债券跨市场顺畅流转。鼓励债券交易场所合理分工、发挥各自优势。促进债券登记结算机构信息共享、顺畅连接，加强互联互通。提高债券市场信息系统、市场监察系统的运行效率，逐步强化对债券登记结算体系的统一管理，防范系统性风险。

（4）加强债券市场监管协调。

四、培育私募市场

（1）建立健全私募发行制度。建立合格投资者标准体系，明确各类产品私募发行的投资者适当性要求和面向同一类投资者的私募发行信息披露要求，规范募集行为。对私募发行不设行政审批，允许各类发行主体在依法合规的基础上，向累计不超过法律规定特定数量的投资者发行股票、债券、基金等产品。积极发挥证券中介机构、资产管理机构和有关市场组织的作用，建立健全私募产品发行监管制度。

（2）发展私募投资基金。按照功能监管、适度监管的原则，完善股权投资基金、私募资产管理计划、私募集合理财产品、集合资金信托计划等各类私募投资产品的监管标准。依法严厉打击以私募为名的各类非法集资活动。完善扶持创业投资发展的政策体系，鼓励和引导创业投资基金支持中小微企业、战略性新兴产业发展。

五、推进期货市场建设

（1）发展商品期货市场。以提升产业服务能力和配合资源性产品价格形成机制改革为重点，继续推出大宗资源性产品期货品种，发展商品期权、商品指数、碳排放权等交易工具，充分发挥期货市场价格发现和风险管理功能，增强期货市场服务实体经济的能力。

（2）建设金融期货市场。配合利率市场化和人民币汇率形成机制改革，适应资本市场风险管理需要，平稳有序发展金融衍生品。逐步丰富股指期货、股指期权和股票期权品种。

六、提高证券期货服务业竞争力

（1）放宽业务准入。实施公开透明、进退有序的证券期货业务牌照管理制度。

（2）促进中介机构创新发展。推动证券经营机构实施差异化、专业化、特色化发展，促进形成若干具有国际竞争力、品牌影响力和系统重要性的现代投资银行。

（3）壮大专业机构投资者。支持全国社会保障基金积极参与资本市场投资，支持社会保险基金、企业年金、职业年金、商业保险资金、境外长期资金等机构投资者资金逐步扩大资本市场投资范围和规模。推动商业银行、保险公司等设立基金管理公司，大力发展证券投资基金。

（4）引导证券期货互联网业务有序发展。

七、扩大资本市场开放

（1）便利境内外主体跨境投融资。扩大合格境外机构投资者、合格境内机构投资者的范围，提高投资额度与上限。稳步开放境外个人直接投资境内资本市场，有序推进境内个人直接投资境外资本市场。

（2）逐步提高证券期货行业对外开放水平。适时扩大外资参股或控股的境内证券期货经营机构的经营范围。鼓励境内证券期货经营机构实施"走出去"战略，增强国际竞争力。推动境内外交易所市场的连接，研究推进境内外基金互认和证券交易所产品互认。稳步探索B股市场改革。

（3）加强跨境监管合作。

八、防范和化解金融风险

（1）完善系统性风险监测预警和评估处置机制。

（2）健全市场稳定机制。

（3）从严查处证券期货违法违规行为。

（4）推进证券期货监管转型。

九、营造资本市场良好发展环境

## 读后讨论

1. 一个国家要想发展和完善金融市场，是不是应该各个子市场都大力推进？发展多层次股权市场提出了哪些政策措施？

2. 我国证券经营机构竞争力不强，资产规模偏小，盈利模式相对单一，《若干意见》如何破解这一难题？

3. 如何大力发展我国债券市场？

## 【本章小结】

1. 金融资产是无形资产，是指一切代表未来收益与资产合法权益的要求权的凭证，是一种索取实物资产的权利。

2. 金融资产的风险主要有三种：购买力风险、信用风险、汇率风险。

3. 衡量一种金融工具质量高低的标准通常从期限性、收益性、流动性、安全性四个方面的特征考虑。

4. 金融中介进行的投资可以是贷款或证券，这种投资被称为直接投资，持有由金融中介发行的要求权的市场参与者所进行的投资方式被称为间接投资。

5. 金融创新是指金融领域内部通过各种要素的重新组合和创造性变革所创造或引进的新事物。金融创新包括金融制度创新、金融组织结构创新、金融企业经营管理创新、金融业务创新。

## 【重要概念】

金融资产　　金融产品　　金融工具　　金融市场　　金融中介　　风险机制
衍生金融工具　　金融创新　金融全球化

## 【练习题】

1. 金融市场的特征是什么?
2. 金融中介的基本功能是什么?
3. 简述金融市场的基本功能。
4. 金融创新的动因是什么?
5. 简述金融创新对金融和经济的影响。
6. 简述金融全球化的影响。

# 第二部分
# 债务证券市场

  债务证券是代表发行人债务、持有人债权的一种权利证券，证券票面一般载明发行人、票面金额、偿还期限、利率等基本要素，发行人在债务证券到期时必须偿还债务。常见的债务证券包括各类债券、商业票据、银行承兑票据、同业拆借、回购等，广义的债务性证券还包括期货、期权和互换合约等。

  与债务证券相对应的是权益证券，债务证券持有人与权益证券持有人的共同点是他们都是资金的提供者，但是他们的权利不同。债务证券持有人的权利优先于权益证券持有人，此权利仅指获得偿付的权利，比如公司利润分配、破产清算等。一般来说，债务证券持有人无权干涉公司的经营管理，而这恰恰是权益证券持有人的权利。特殊情况下，债务证券持有人可以通过借款条件约束经营管理。

  这部分主要介绍债务证券市场上最常见的工具，包括货币市场工具和债券市场。

# 第二章　货币市场

**学习目标**

1. 了解货币市场的特征和功能。

2. 了解商业票据的信用评级和发行价格的取决因素。

3. 熟悉同业拆借市场、证券回购市场、银行承兑汇票市场、商业票据市场、大额可转让定期存单市场、货币市场基金的特征和运行机制。

## 开篇案例

来自中国外汇交易中心的最新数据显示，2014 年一季度，我国银行间货币市场平稳运行，资金利率以下跌为主；债券市场显著回暖，国债收益率曲线陡峭化下行；利率互换市场明显走低，FR007 利率互换成交市场占比超 80%，人民币兑美元汇率呈贬值走势，交投活跃；人民币对美元交易汇率波幅扩大至 2%，日内波动加大；人民币对新西兰元开展直接交易，成交相对活跃；汇率衍生品价格走低，期权波动率上升。数据显示，一季度货币市场累计成交 46 万亿元，同比下降 4.5%。大型商业银行、政策性银行及股份制银行分列资金净融出额的前三位，净融出额分别为 8.4 万亿元、4.8 万亿元和 3 万亿元，城商行、证券公司及农村商业银行和农村合作银行分列资金净融入额的前三位，净融入额分别为 5.4 万亿元、5 万亿元和 2.3 万亿元。

## 案例导读

近年来，我国货币市场得到了快速发展。货币市场交易品种逐渐增加，交易规模持续增长。货币市场是金融市场的重要组成部分，其发展水平对于金融体制改革、商业银行经营方式的转变和中央银行货币政策的操作都具有重要意义。但我国的货币市场还处于发展的初期，可供交易的货币市场工具还比较少，市场也存在一定的分割。如果没有一个比较发达的货币市场，依赖市场机制的货币政策就无法有效地发挥其应有的作用，因此，建立一个完善而有效的货币市场，是中国进一步金融改革的重要内容。

货币市场的活动主要是为了保持资金的流动性，以便随时可以获得现实的货币。它一方面满足资金需求者的短期资金需要，另一方面也为暂时闲置资金提供保值升值的交易平台和工具。

# 第一节　货币市场概述

作为金融市场的重要组成部分，货币市场是为短期金融资产和货币交换提供渠道和交易平台的市场。

## 一、货币市场的定义及特征

货币市场是一年期以内的短期金融工具交易所形成的供求关系及其机制的总和。在货币市场中，短期金融工具的存在及发展是其发展的基础。短期金融工具将资金供应者和资金需求者联系起来，并为中央银行实施货币政策提供操作手段。在货币市场上交易的短期金融工具，一般期限较短，最短的只有一天，最长不超过一年，较为普遍的是 3～6 个月。正因为这些工具期限短，可随时变现，有较强的货币性，也有人称为"准货币"。

货币市场具有以下几个基本特征：

（1）期限短、流动性高。货币市场上交易的工具一般具有期限短的特征，以一周、3～6个月为主，最长的不超过一年，最短的只有半天。由于交易期限短，货币市场上工具几乎可以随时变现，并且变现时可能带来的损失不大，所以，货币市场工具具有良好的流动性。

（2）低风险、低收益。广义的风险是一种不确定性，狭义的风险是指金融工具进行投融资时遭受损失的可能性。金融工具的主要区别在于满足不同投融资对象对于安全性、流动性和收益性的追求。一般而言，流动性与安全性正相关，与收益性负相关，也就是说，流动性高的金融工具风险低、收益低。货币市场工具由于其交易对象期限短、流动性强，不确定因素少，或者说其变现能力较强，所以，遭受损失的可能性较小，同时，收益性也就较低。

（3）交易量大。货币市场的前两个特征特别契合商业银行等机构投资者对于短期资金的需求和投资，也能够满足工商企业暂时性资金盈余对安全性、收益性要求，加上期限短，单个工具、单笔交易的交易周期短，最短的甚至是半天，多数交易周期不超过一周，乘数效应明显，所以货币市场交易量大。

## 二、货币市场的功能

货币市场产生和发展的初始动力是为了保持资金的流动性，它借助于各种短期资金融通工具将资金需求者和资金供应者联系起来，既满足了资金需求者的短期资金需要，又为资金有余者的暂时闲置资金提供了获取盈利的机会。但这只是货币市场的表面功用，将货币市场置于金融市场以至市场经济的大环境中可以发现，货币市场的功能远不止此。货币市场既从微观上为银行、企业提供灵活的管理手段，使他们在对资金的安全性、流动性、盈利性相统一的管理上更方便灵活，又为中央银行实施货币政策以调控宏观经济提供手段，为保证金融市场的发展发挥巨大作用。货币市场的作用主要体现在以下四个方面：

### （一）为政府、企业调剂短期资金余缺，满足短期资金需求，优化资源配置

货币市场为季节性、临时性资金的融通提供了交易平台。相对于长期投资性资金需求来

说，短期性、临时性资金需求是微观经济行为主体最基本的，也是最经常的资金需求，因为短期的临时性、季节性资金不足是由于日常经济行为的频繁性所造成的，是必然的、经常的，这种资金缺口如果不能得到弥补，就连社会的简单再生产也不能维系，或者只能使商品经济处于初级水平，短期资金融通功能是货币市场的一个基本功能。例如，国库券市场解决了政府先支后收的矛盾；银行间市场中的拆借、回购等，既解决了金融机构流动性需求问题，又能够实现资金的合理回报。

### （二）货币市场是商业银行等金融机构进行流动性管理的市场

货币市场工具的"货币性"特征明显，该市场的金融工具或金融合同"能够迅速低成本地转换成狭义货币（$M_0$或$M_1$）"。但是期限在一年之内的融资活动，通常只能形成企业的流动资金，被用于维持现有生产能力，它们对资本形成的贡献很小。所以货币市场的本质是流动性管理，以维持短期经济活动的正常进行，而不是一个主要融资市场，特别不是长期融资市场。但是货币市场发展之后可以有效地帮助银行体系缓解风险，提升金融体系提供流动性和进行风险管理的能力。

流动性管理是商业银行等金融机构资产负债管理的核心。商业银行等金融机构资金主要来源于个人和企业的储蓄存款，其资产主要是对外借款，数量匹配、期限匹配、风险控制是商业银行进行资金管理的核心。货币市场提供了平台和工具，使商业银行等金融机构能够利用货币市场交易便利，随时应付客户提取存款或满足必要借款及对外支付的要求。

### （三）政策传导功能

中央银行主要通过再贴现、调整法定存款准备金率、公开市场业务三大传统工具的运作来调节货币供应量，影响市场利率以实现宏观经济调控目标，在这个过程中货币市场发挥了基础性作用。法定存款准备金率直接影响货币市场的资金供给和商业银行的贷款规模，间接影响微观经济主体的资金供给和宏观经济；再贴现率的调整将直接改变商业银行从中央银行融资的成本，这一变化又促使商业银行增加或减少短期商业票据的贴现业务，市场上的货币供应量相应地增加或减少；公开市场业务操作的交易对象直接是货币市场的金融工具，通过短期国债及商业票据的买入或卖出，直接增加或减少市场短期资金的供求数量。中央银行通过三大传统工具的灵活运用，既可以实质性地调整短期货币供给量，影响资金价格，又可以适时地向市场传递货币政策意图，以达到宏观调控的目的。

### （四）生成市场基准利率，形成金融市场基础价格

利率是反映市场资源配置和资本运行状况的重要信号，在货币政策传导机制中处于重要地位，其形成和变化对经济的稳定和发展有着重要影响。基准利率又是金融市场产品和工具的定价基础，在整个金融市场体系中处于关键地位并起决定性作用。不论是发达国家还是发展中国家都是通过控制或影响基准利率来调节整个利率体系。从利率形成的机制来看，参与货币市场的交易者以央行或者商业银行等金融机构为主，由此形成的货币价格充分地反映了市场供求——货币市场利率对社会资金供求关系有着灵敏性和高效性。货币市场成熟的市场经济国家都是通过增加货币市场工具和扩大货币市场规模来完善货币市场，使非贷款类短期金融资产利率自由化，产生一个可靠的货币利率信号，形成对银行存贷款利率的促动，最终

形成市场化的利率体系。央行也以货币市场利率水平为依据，监控市场利率水平，预测市场利率走势，制定基础利率。

### 三、货币市场效率

一个有效率的货币市场应该是一个具有广度、深度和弹性的市场。货币市场的广度是指货币市场参与者的多样化；货币市场的深度是指货币市场交易的活跃程度；货币市场的弹性则是指货币市场在应付突发事件及大手笔成交之后价格的迅速调整能力。

在一个具有广度、深度和弹性的货币市场上，市场容量大，信息流动迅速，交易成本低廉，交易活跃且持续，能吸引众多的投资者和投机者参与。

全球各国货币市场分为两种类型，一种是以美国、英国和加拿大为主的证券市场型，另一种以银行为主体的货币市场，包括日本、韩国和中国。货币市场就其结构而言，可分为同业拆借市场、证券回购市场、银行承兑汇票市场、商业票据市场、大额可转让定期存单市场、短期政府债券市场及货币市场共同基金等若干个子市场。

# 第二节　同业拆借市场

同业拆借市场是指具有准入资格的金融机构之间以货币借贷方式进行临时性资金融通的市场。作为货币市场中最基础和最重要的组成部分，同业拆借市场（inter-bank market）交易量非常大，能对社会资金周转和货币流通产生重大影响，拆借利率也是利率体系中最具影响力的利率之一，也是各国金融管理部门进行监管的重点。

## 一、同业发生拆借的原因

### （一）法定存款准备金不足

按各国央行管理规定，各金融机构都必须按吸收的存款额和法定存款准备金比率向央行上缴法定存款准备金。因为银行的存款额总在发生变化，当存款额上升时，应缴准备金增加，原先存放在央行账户上的准备金就可能出现不足；同时，银行在其他时候或其他的银行又可能会因存款额的下降而出现准备金结余，形成超额准备。由于央行往往会对法定准备金不足的金融机构实施严厉的惩罚，所以准备金不足的必须立刻进行弥补，而准备金盈余的也愿意出借资金以得到一定的利息，于是双方可以针对准备金进行拆借。对央行法定准备金余额进行短期借贷其实是拆借市场的起源。

### （二）备付金不足

各金融机构尤其是商业银行为应付日常的客户提取现金的业务，都会保留一定额度的现金资产。但因为现金资产是按资产负债比例管理的要求提取的，一般在一定时间内是一个固定额度，当遇到某个取款高峰时，就可能出现备付金不足。由于储蓄业务是树立银行信誉的窗口，所以银行也需要紧急拆借资金来弥补备付金不足。

### （三）结算资金不足

各国央行都成立资金结算中心或票据交换中心，供各类金融机构之间进行资金清算。在票据交换所的营业时间内，各金融机构对应收票据和应付票据进行轧差，而每个机构的应收款和应付款都可能不相等，有的机构出现净收，有的则是净付。对于净付行来说，如果净付额超过了自己在交换所账户上保留的资金余额，就会占用他行资金，这时可以通过拆借来弥补缺口，在不致使对方损失利息收入的同时，也可以使自己不至于因为动用其他资金而增加资金管理难度。

### （四）临时性其他资金不足

金融机构在开展各类资产业务、中间业务过程中，也会出现其他的短期头寸问题，如商业银行在票据贴现、回购或国库券投资时出现的头寸短缺；证券机构向客户提供垫头交易时出现的头寸短缺；保险机构在经过大额赔付后出现的头寸短缺等。这些缺头寸都可以在拆借市场得到资金弥补。

## 二、同业拆借市场的形成与发展

同业拆借市场产生于存款准备金政策的实施，伴随着中央银行业务和商业银行业务的发展而发展。为了控制货币流通量和银行的信用扩张，美国最早于 1913 年以法律的形式规定，所有接受存款的商业银行都必须按存款余额计提一定比例的存款准备金，作为不生息的支付准备存入中央银行，准备金数额不足就要受到一定的经济处罚。美国规定，实际提取的准备金若低于应提取数额的 2%，就必须按当时的贴现率加 2%的利率交付罚息。由于清算业务活动和日常收付数额的变化，总会出现有的银行存款准备金多余，有的银行存款准备金不足的情况，存款准备金多余的银行，一般愿意尽可能地对多余部分加以利用，以获取利息收益，而存款准备金不足的银行，又必须按规定加以补足。这样，在存款准备金多余和不足的银行之间，客观上就存在互相调剂的要求。同业拆借市场便应运而生。1921 年，在美国纽约形成了以调剂联邦储备银行会员银行的准备金头寸为内容的联邦基金市场，实际上就是美国的同业拆借市场。在英国，伦敦同业拆借市场的形成，则是建立在银行间票据交换过程的基础之上的。各家银行在轧平票据交换的差额时，有的银行头寸不足，从而就有必要向头寸多余的银行拆入资金，由此使不同银行之间出现经常性的资金拆借行为。

---

### 专栏 2-1

**我国的同业拆借市场**

我国同业拆借市场萌芽于 1984 年。1986 年 1 月，国务院颁布《中华人民共和国银行管理暂行条例》，规定专业银行之间可以进行资金拆借，从法律上第一次为我国同业拆借的开展提供了依据。

1996 年 3 月 1 日，中国人民银行成立了全国统一的同业拆借市场——全国同业拆借市场交易系统，并于当年 4 月 1 日正式运行，它标志着我国同业拆借市场进入崭新的规范化发展阶段。全国同业拆借交易系统运用先进的通信和信息处理设备将全国的银行拆借活动连为一体，它由一级网络和二级网络组成。进入一级交易网的主体是经中国人民银行批准，具有独立法人资格的各商业银行总行和各地融资中心。这个网络是全国统一的资金拆借市场，利用中国外汇交易系统的交易网络进行。进入二级市场网的主体是各商业银行总行授权的分支机构、在各地中国人民银行开立账户的金融信托投资公司、合作银行、金融租赁公司、企业财务公司、保险公司等，通过融资中心就地交易。一级网络和二级网络同时运行，融资中心不断促成本辖区内的资金融通，并将差额输入一级网络进行平衡。在这一过程中，融资中心将二级网络行情传递到一级网络，并将一级网络的行情传递给省内机构，保持一二级网络的拆借利率大致统一。

我国同业拆借交易系统采用自主报价、格式化询价、确认成交的方式。交易系统以一定格式将询价内容固定，交易员可通过计算机终端界面查询前一交易日每一品种的加权平均价、收盘价，当日交易的开盘价，收盘价，最高、最低和最新成交价。交易双方在规定的次数内向对方轮流报价，直至确认。会员的确认报价经交易系统记录备案后，由交易系统签发成交通知单，作为交易双方成交确认的有效凭证，其内容包括拆借双方名称、金额、期限、利率、结算、账户、抵押品和数量等。成交后，会员按照成交通知向交易双方全额办理资金结算。会员的拆借资金划付通过全国电子联行进行，对于 7 天以内的同业拆借，实行当天清算，7 天以上至 4 个月以内的同业短期拆借实行第二营业日结算。

## 三、同业拆借市场的交易原理

同业拆借市场主要是银行等金融机构之间相互借贷在中央银行存款账户上的准备金余额，用以调剂准备金头寸的市场。一般来说，任何银行可用于贷款和投资的资金数额只能小于或等于负债额减法定存款准备金余额。然而，在银行的实际经营活动中，资金的流入和流出是经常化的和不确定的，银行时时要保持在中央银行准备金存款账户上的余额恰好等于法定准备金余额是不可能的。如果准备金存款账户上的余额大于法定准备金余额，即拥有超额准备金，那么就意味着银行有资金闲置，也就产生了相应的利息收入的损失；如果银行在准备金存款账户上的余额等于或小于法定准备金余额，就会被监管部门惩罚，或者在出现有利的投资机会，而银行又无法筹集到所需资金时，银行就只有放弃投资机会，或出售资产，收回贷款等。为了解决这一矛盾，有多余准备金的银行和存在准备金缺口的银行之间就出现了准备金的借贷。这种准备金余额的买卖活动就构成了传统的银行同业拆借市场。

随着市场的发展，同业拆借市场的参与者也开始呈现出多样化的格局，交易对象也不仅限于商业银行的准备金，还包括商业银行相互间的存款以及证券交易商和政府拥有的活期存款。拆借的目的除满足准备金要求外，还包括轧平票据交换的差额，解决临时性、季节性的短期资金要求等。

## 四、同业拆借市场主要构成要素

### （一）市场参与者

拆借市场的主要参与者是商业银行。由于商业银行业务资金量大，出现多头寸和缺头寸的时候较多，再加上现代商业银行进行资产负债综合管理时，也要求更多地调节短期资金流量池，以优化资产负债结构、降低综合风险、提高总体流动性并增加收入；于是拆借市场成为其业务活动的一个极其重要的部分，银行间拆借系统也往往成为拆借市场的核心。除了商业银行外，大量的非银行金融机构也是拆借市场的重要参与者，包括证券、保险、信托机构、信用合作社、财务公司等。

拆借市场还有一类重要的参与者——拆借中介人。直接拆借虽然能节约交易费，但报价询价容易落空。拆借中介必须具有央行承认的中介资格，既可以由大型商业银行兼营，也可以是个人，如美国的联邦基金交易中介人和日本的短资公司。拆借中介人接受交易者的报价和询价，然后进行撮合，这样可以提高拆借成交概率并提高资金使用效率。

### （二）拆借期限

拆借的期限一般较短，大多为 1~7 天，超过 1 个月的不多。最短的是半日拆，从上午票据交换后到当天营业终了；最多的是日拆，也称为隔夜拆放，伦敦同业拆借市场的隔夜拆放已经成为欧洲货币市场上具有典型代表意义的融资活动。拆借期限最长不超过 1 年。

### （三）拆借利息

拆借利率借按日计息，所以拆借利率是日利率，简称拆息。拆借利率由交易者公开竞价确定。一般同业拆借有两个利率：拆入利率（Bid Rate）表示银行愿意借款的利率；拆出利率（Offered Rate）表示银行愿意贷款的利率。一家银行的拆入（借款）实际上也是另一家银行的拆出（贷款）。同一家银行的拆入和拆出利率相比较，拆入利率永远小于拆出利率，其差额就是银行的收益。同业拆借中大量使用的利率是伦敦同业拆借利率（London Inter-Bank Offered Rate，LIBOR），自 20 世纪 60 年代以来已经成为伦敦金融市场乃至世界金融市场的关键性的、基础性的利率，国际货币市场许多金融工具的定价都是以它作为参照依据。从 LIBOR 变化出来的，还有新加坡同业拆放利率（SIBOR）、纽约同业拆放利率（NIBOR）、中国香港同业拆放利率（HIBOR）等。在中国，2007 年 1 月 4 日由全国银行间同业拆借中心发布的"上海银行间同业拆放利率"（Shanghai Inter-Bank Offered Rate，Shibor）正式运行，它是由 16 家信用等级较高的银行组成报价团自主报出的人民币同业拆出利率计算确定的算术平均利率，是单利、无担保、批发性、基础性利率，目前主要包括隔夜、1 周、2 周、1 个月、3 个月、6 个月、9 个月及 1 年共 8 个产品价格。

## 专栏 2-2

### 伦敦银行同业拆借利率

LIBOR 是伦敦银行同业拆借利率（London Inter-Bank Offered Rate）的简写，是国际货币市场最为重要的短期参考利率，也是国际金融市场基础性利率，LIBOR 直接反映国际金融市场短期流动性状况，间接反映中长期市场流动性状况。在每个工作日的标准世界时间 11:00，由世界 16 家主要银行公布不同币种和不同期限的拆借利率，汤森路透对不同币种和期限的报价进行排名，去除 25% 的最高报价和 25% 的最低报价，也就是去掉 4 家最高报价和 4 家最低报价，将剩余的 8 家银行数据取平均值，即得到某币种某期限的 LIBOR 数值。LIBOR 的期限分为隔夜、1 周、2 周、1~12 个月。目前较为常用的是 3~6 个月的利率。现在 LIBOR 已经作为国际金融市场中大多数浮动利率的基础利率，中国各家银行的外汇贷款利率也是采用在 LIBOR 的基础上加一定百分点的方法来确定。

## 五、同业拆借市场的特点

（1）拆借期限短，其目的是救急而非救穷长期资金短缺，所以一般期限在 1~7 天，最短为半日拆。

（2）交易金额巨大。金融机构作为主要的社会资金再分配环节，每天会发生巨额资金流动，一旦出现资金缺口，往往也是数额巨大。中国拆借市场在货币市场的交易量仅次于回购市场。

（3）拆借手续简便快捷。由于进入拆借市场成为交易者的门槛较高，必须是通过金融管理部门严格审核的、信用等级相对较高的金融机构，所以交易活动的信用风险相对较低。在程序设计时，同业拆借市场充分地利用了这一点，市场交易进行格式化询价，通过先进的通信设施进行成交确认，用票据交换的方式进行交割，大多使用"今日货币"，在一些紧急情况下，还可以先划款再签约。

（4）市场化、无形化程度高。拆借市场运用现代通信设备将交易的机构联结在一起，各交易者均通过网络终端进行报价、询价和成交确认。这样不仅大大节约了交易成本，提高了交易效率，可以充分体现市场化原则。

（5）同业拆借利率一般比普通贷款低。由于拆借是金融机构间的融资活动，而且期限较短，拆借利率一般比普通贷款的利率要低，也低于同业借款的利率。在正常情况下，拆借利率也低于央行再贴现率或再贷款利率，只有市场流动性紧缺时，拆借利率才会出现高于再贴现率，或者贷款利率，从这个意义上来讲，同业拆借利率是市场流动性状况的"晴雨表"。

## 专栏 2-3

### 巴克莱丑闻与伦敦同业拆借利率操纵

2012 年 7 月 6 日，英国第二大银行巴克莱，为同业拆借利率操纵调查事件默默接受 2.9 亿英镑（约合 4.52 亿美元）的天价罚金，其中，美国商品期货交易委员会要求其支付 2 亿美元罚金，美国司法部要求 1.6 亿美元，而英国金融服务管理局（FSA）则创出该机构历史上最高罚金纪录，达 5 950 万英镑。

被调查的机构超过 20 家，其中包括大型知名金融机构，如花旗、德意志、汇丰、摩根大通、RBS（苏格兰皇家银行）、劳埃德、瑞银等，而巴克莱是第一个与监管积极合作，达成和解和接受罚款的银行。

1. LIBOR 的定价机制

现在 LIBOR 的报价行有 16 家，每天 11 点之前，这些银行全部提交预测，然后代表英国银行家协会正式公布 LIBOR 及每一家银行的报价。

事实上，每家银行的报价也会公开，市场得以看到每家银行对自身借贷成本的独立评估，LIBOR理应反映伦敦银行间市场的无担保借款的成本。

然而，报价系统相对来说却是封闭的，由银行自己控制，各家银行的报价没有太多监管渠道，价格的形成也没有更为公开、合理的计算模型，本因提交实际利率却因为市场的迟钝性而无法成行，天然的屏障使得各家银行通过约定俗成的共同利益导向，形成统一的报价水平以操纵市场变成了一项相对简单的工作。

即便没有提前串联，一旦某家大银行所报利率低于预期，其他报价员就会对资金的供求关系和价格成本进行分析，为了显示自己流动性充裕，亦会跟进低报价，从而无形中导致LIBOR报价低于实际利率。

2. 操纵LIBOR报价的影响

LIBOR作为全球最重要的基准利率之一，影响着大量互换和期货合约、大宗商品、衍生品、个人消费贷款、房屋抵押贷款以及其他交易，是一个规模以万亿美元计算的金融交易市场的基础，甚至影响着央行对货币及经济政策的判断，在全球市场上的地位举足轻重。"操纵门"一经爆出，金融市场为之震惊，当人们发现一个如此成熟、常规的定价机制，却在相当长的时期内被利益左右，充满暗箱操作，被愚弄和操纵的感觉瞬间转化为集体愤怒。

LIBOR不仅影响银行间拆借市场的价格和走势，对衍生产品的价格影响深远，对于企业和个人贷款者来说，LIBOR更是应用广泛，在经济周期起伏较大的时候，LIBOR被广泛应用于浮动利率贷款以对冲利率上浮或下浮的风险。当然，如果巴克莱真如戴蒙德之言在金融危机期间故意报低LIBOR利率，对于手握浮动利率贷款的客户来说，倒可以算得上是一个福利。

以LIBOR作为基准利率的金融产品规模达350万亿美元，LIBOR浮动1个点，所带来的收益变化都是惊人的。

# 第三节　证券回购市场

证券回购[①]，也叫出售与回购协议（Repurchase Agreement，RP），是交易双方在进行证券买卖的同时，就约定在未来某一时刻将进行一笔相反方向的交易而达成的协议，即交易双方约定在未来某一时刻，证券出售者以某一个约定的价格将证券从其交易对手中买回的一种交易方式。

证券回购是在证券现货市场的基础之上产生的一种金融创新工具。这种集证券交易和抵押贷款的优点于一身的货币市场交易方式，不仅为投资者提供了相对比较安全的投资渠道，为借款人开拓了一条非常方便的融资途径，也为各国央行提供了进行公开市场业务操作的重要工具。

---

① 严格地说，证券回购是以证券为基础产品的一种衍生交易工具，但本质上仍是一种资金短期借贷行为。作为货币市场工具，由于证券回购交易对象中，最主要的是债券，故将其作为债务证券的一种。

# 一、证券回购市场的运行机制

证券回购实际上由两笔方向完全相反的交易组成，在交易开始日是证券从卖方转移到买方手中，资金从买方转移到卖方手中；到交易结束日，证券和资金都将发生相反方向的变化。从交易过程来看，相同交易对手发生了两次交易活动，交易对手分别达到了各自的目的。从证券出售者（资金借贷者）的角度来看，是卖出证券后再重新买进证券的过程，其交易的目的是获得短期资金——融资，这叫"正回购"。而对于证券购买者（投资者）来说，则是先买入证券后再卖出证券的过程，其目的是为了证券和证券在某一个时间段的时间价值——融券，这叫"逆回购"。交易过程如图2-1所示。

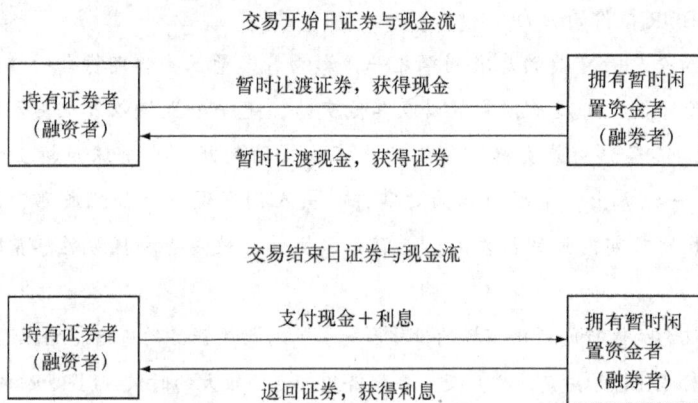

交易开始日证券与现金流

持有证券者（融资者） —暂时让渡证券，获得现金→ 拥有暂时闲置资金者（融券者）
持有证券者（融资者） ←暂时让渡现金，获得证券— 拥有暂时闲置资金者（融券者）

交易结束日证券与现金流

持有证券者（融资者） —支付现金＋利息→ 拥有暂时闲置资金者（融券者）
持有证券者（融资者） ←返回证券，获得利息— 拥有暂时闲置资金者（融券者）

图 2-1　交易过程

从图2-1的指示中可以很清楚地看出回购的性质：它是同一交易对象之间两笔方向完全相反交易的组合。这两笔交易一笔是资金的借贷，而另一笔就是证券的买卖；由于在交易开始日就已经确定了结束日证券买回的价格，或资金的偿还额(本金＋利息)，故实际上它是一笔即期与远期交易的组合。

从表面上看，证券回购非常类似于短期担保贷款，其担保物就是可流通的证券。不过，证券回购的法律含义与担保贷款相比却有着很大不同。当借款人不能按时偿还贷款时，担保贷款的贷款人一般都要经过一些法律程序才能收回担保物。而这对于证券回购中的投资者来说则完全不必要，对于普通回购协议而言，一旦证券出售者不能在交易结束时买回证券，投资者有权处置证券，以弥补因交易对手违约而给自己带来的损失。因此，从这个角度来看，证券回购比担保贷款还要安全。

一个回购协议，对于交易双方而言是一个问题的两个方面：是从资金供应者的角度出发相对于回购协议而言的。回购协议中，卖出证券取得资金的一方同意按约定期限以约定价格购回所卖出的证券。在逆回购协议中，买入证券的一方同意按约定期限以约定价格出售其所买入的证券。从资金供应者的角度看，逆回购协议是回购协议的逆进行。在央行的公开市场业务活动中，经常将这个过程分两个阶段完成，央行在不同阶段充当回购者或者逆回购者的角色，央行的回购交易充当融资者角色，从市场中回抽资金；央行的逆回购活动表示央行充当融券者，向市场中注入资金。

央行和金融机构是回购市场的主要交易者，交易商也是证券回购市场最积极的参与者，也是最早发现和利用证券回购的。它们最初从事证券回购交易的主要目的，是为了以更加廉价的方式融资或以更加灵活的方式投资。但目前随着市场的发展，它们的交易动机已经不局限于此。他们向任何有意参与证券回购的市场参与者报出正回购与逆回购的价格，并随时准备与之成交，以维持市场的流动性。除了造市之外，证券交易商还根据它们对市场利率的预期，调整正回购和逆回购的头寸与期限，使二者出现差异，并从未来利率的变化中赚得利润。假定证券交易商预计市场利率即将上升，在正回购与逆回购头寸相同的情况下，它可以使正回购的平均期限长于逆回购的平均期限。这实际上相当于借入长期资金，贷出短期资金。当市场利率上升时，交易商的借款成本将被锁定，但其贷款利率却能随着市场利率的提高而上升。反之，假如预计市场利率要下跌，则可以使正回购的平均期限短于逆回购的平均期限，以借短贷长，从利率下降中获利。这种逆回购组合的账户能达到利用衍生工具投机相同的效果，但其交易成本却比利用衍生工具投机要低。

## 专栏 2-4

### 开放式回购与封闭式回购的区别

根据中国人民银行《全国银行间债券市场买断式回购业务管理规定》，债券买断式回购业务（又称开放式回购）是指债券持有人（正回购方）将债券卖给债券购买方（逆回购方）的同时，交易双方约定在未来某一日期，正回购方再以约定价格从逆回购方买回相等数量同种债券的交易行为。

从定义上看，买断式回购是由两次现券交易构成的，首期交易日正回购方将债券过户给逆回购方、从逆回购方获取资金，到期交易日逆回购方将债券过户给正回购方、从正回购方获取资金及利息。

买断式回购与质押式回购的最大区别就是债券过户，在回购期内逆回购方取得债券的所有权，而不是冻结质押，可以将债券用于回购或直接售出等交易，债券的所有权随着交易的发生而转移，该债券在协议期内可以由债券购买方自由支配，即可以在协议期内对该债券自由地进行再回购或者买卖等操作。这就赋予买断式回购融资融券的双重功能。

## 二、证券回购市场的要素

证券回购市场的要素包括可流通证券的种类和价格、证券回购的期限、保证金比例、回购利率、交易对手等。

### （一）可流通证券的种类与交易定价

证券回购中使用的证券，即标的物的种类很多，有政府证券，包括国库券和中、长期债券，以及其他可流通证券，如商业票据、可转让定期存单、银行承兑汇票、抵押担保证券等。

对于交易双方来说，确定作为担保的证券价格是开始交易最首要的一步，因为证券价格是决定证券回购交易额的关键因素。

证券回购中证券的定价方法有两种：一种是净价定价法，另一种是总价定价法。这两种定价方法均以交易开始日证券的市场价格为基础，不同的是对证券回购交易期间证券利息的处理不同。净价定价法也叫"清洁定价"（Clean Pricing），它仅考虑证券市场价格，不考虑证券回购交易期间证券的利息。总价定价法也叫"肮脏定价"（Dirty Pricing），则是在证券价格的确定中考虑证券回购期间的利息。这与现货市场的交易规则相同。

### （二）证券回购的期限

证券回购的交易期限可长可短。最短为隔夜回购，较长期限如 1～3 个月期限的证券回购叫"定期证券回购"。有的证券回购期限不定，属于"开放式的证券回购"，协议每天经交易双方同意后进行展期，利率根据隔夜证券回购的利率每天重新确定一次。

### （三）保证金比例

准确确定证券的价格仅仅是证券回购交易的第一步。证券回购交易的第二步是确定保证金比例，根据惯例，证券购买者要在证券市场价格的基础上，削减一部分后再将资金交给证券出售者。这被削减下来的一部分就是证券的出售者向购买者缴纳的"保证金"。保证金的作用在于防止证券价格下跌、担保物价值下降而给证券的购买者带来损失。保证金比例的确定有很重要的意义，比例太高会增加证券回购的交易成本，而太低又无法有效地保护证券购买者（投资者）的利益。保证金比例的大小取决于以下几个因素：

#### 1．证券回购的期限

证券回购期限越长，证券价格的变化的可能性越大，风险就越大，故保证金比例也就越高。

#### 2．证券价格的易变性

证券价格的易变性取决于所用证券的价格风险。①证券信用等级越高，保证金要求越低。②证券是贴现证券，还是附息证券，这也会影响到保证金的比例，由于在相同的环境下，贴现证券的价格比附息证券的价格变化更大一些，故贴现证券的保证金比例要高于附息证券。③证券本身期限的长短也是决定保证金比例的因素之一。证券的期限越长，价格变动的可能性就越大，故保证金比例就越高。④证券二级市场的交易情况也会影响保证金比例，因为，二级市场的交易规模越大、越活跃，证券的流动性就越强，流动性风险就越小，保证金比例就越低；反之，保证金就越高。⑤交易对手的信誉。证券回购交易中交易对手的财务状况与经济实力是决定保证金比例的重要因素，信誉高的交易对手所缴纳的保证金比例低于信誉低的交易对手。

#### 3．证券回购的利率

证券回购的利率是衡量证券回购交易中借款人向贷款人所支付的报酬比例。由于证券回购利率反映了交易中证券的购买者（投资者）所承担的各种风险，因此，它的决定因素与上述保证金比例的决定因素基本相同，即它取决于债券的种类、交易对手的信誉和证券回购的期限等。证券的信用风险越高，证券回购的利率也就越高。商业票据、可转让定期存单、银行承兑汇票或抵押担保证券等证券的回购利率会比政府证券或政府机构证券的回购利率高出5～15 个基点。同样，证券回购期限也与其利率的变化成正比，即期限越长，利率就越高。与其他金融市场一样，证券回购市场的收益率曲线也是向上倾斜的。

在期限极短的证券回购市场，利率却有可能高于期限稍长一些的证券回购，如隔夜证券回购的利率就常常比期限为 1～2 周的证券回购利率高出几个基点。这是因为如隔夜拆借一样，是由货币市场具有的稀缺性所决定的，1～2 周期限的证券产品除了同业拆借、证券回购可以选择之外，商业票据、可转让定期存单、承兑汇票等货币市场工具的竞争也非常激烈，并且都具有良好的可替代性。在正常情况下，货币市场工具利率受基本因素的影响，在期限相同时，证券回购利率与其他货币市场利率呈现如下次序：

国库券利率<证券回购利率<银行承兑汇票利率<可转让定期存单利率<拆借市场利率

证券回购利率之所以低于包括银行承兑汇票、商业票据和可转让定期存单在内的所有私人部门所发行的证券利率，主要是因为：一方面，证券回购相当于有足额担保的贷款，其风险均低于这些私人部门发行的货币市场工具；另一方面，非金融公司、地方政府等一般不能进入同业拆借市场交易的投资者，均可参加证券回购市场的交易，这也增加了证券回购交易中资金的供给，使其利率低于同业拆借市场水平。

## 三、证券回购市场的风险

证券回购市场虽然有较高的流动性，以及质地较好的质押担保物，但是同样具有风险，主要涉及两个方面的风险。

### （一）信用风险

回购协议交易中的信用风险来源如下：如果到约定期限后交易商无力购回政府债券等证券，客户只有保留这些抵押品；但如果适逢债券利率上升，手中持有的证券价格就会下跌，客户所拥有的债券价值就会小于其借出的资金价值。减少信用风险的方法有如下两种：①设置保证金。回购协议中的保证金是指证券抵押品的市值高于贷款价值的部分，其大小一般在1%～3%。对于较低信用等级的借款者或当抵押证券的流动性不高时，差额可能达到 10%之多。②根据证券抵押品的市值随时调整的方法。既可以重新调整回购协议的定价，也可以变动保证金的数额。如在回购协议的条款中规定，当回购协议中的抵押品价值下跌时，回购协议可以要求按新的市值比例追加保证金，或者降低贷款的数额。

### （二）定价风险

在证券回购协议早期发展中，主要采用的是净价定价法，主要是从方便交易计算的角度来考虑的，即为了避免用作担保的证券价格变动产生的收益，再加上此期间应得的利息后出现零头的现象。然而这种定价方法有利于证券购买者，不利于证券出售者。当证券回购的交易出现在两次领息期间时，证券的价格中不包含本次到期的利息，这就意味着证券出售者出售证券所得到的资金要少于他在现货市场上出售证券所得到的收入。

正是由于这种定价方法与证券现货市场的定价惯例截然不同，因而产生了很明显的套利机会。一些证券交易商通过与交易对手签订逆回购，以净价买进有较高票面利率且即将到下一次领息日的证券，持有到领息日之后，然后再在现货市场上以总价卖出这些证券，从而赚取利息及证券价差。但这种套利并不是无风险的，在证券回购的到期日，这些证券交易商还需要在现货市场上以总价买入相同种类、相同数量的证券，并向原交易对手出售后方可了结该笔交易。在市场利率持续上升、证券价格下跌的情况下，这种套利活动不仅可以使证券交易商能够将出售证券所获的收益投资于利率更高的市场，而且还可以在证券回购的到期日以更低的价格买进原有的证券，从而赚取大量的利润。然而，当市场利率转而开始下降、证券价格上升时，原从事这种套利活动的证券交易商就不得不以更高的总价在现货市场买入原有证券，这时损失就产生了。

## 专栏 2-5

### 证券回购交易风险

20 世纪 80 年代初，美国德雷斯戴尔（Drysdale）证券交易商滥用净价定价，仅以 2 000 万美元的资本，就与交易对手进行逆回购交易，买进了 25 亿美元的债券，同时又在现货市场上卖空了 40 亿美元的债券。当市场利率下降、债券价格上升时，德雷斯戴尔无力购入债券结束交易，故导致其逆回购交易违约，也使其交易对手包括大通曼哈顿（Chase Manhattan）银行在内的多方蒙受巨大损失。此次危机导致市场参与者对证券回购的信心受损，证券回购的市场利率上升，证券回购市场几乎崩溃。为了保证交易双方的权益，杜绝此类风险套利，促进证券回购市场的健康发展，从 1982 年 10 月开始，美联储要求所有从事证券回购交易的交易商使用总价定价方法来确定证券价格，使证券回购市场证券定价与现货市场相一致。

# 第四节　银行承兑汇票市场

在商品交易活动中，售货人为了向购货人索取货款而签发的汇票，经付款人票面上承诺到期付款的"承兑"字样，并签章后，就成为承兑汇票。经购货人承兑的汇票称为商业承兑汇票，经银行承兑的汇票即为银行承兑汇票。由于银行承兑汇票由银行承诺承担最后付款责任，实际上是银行将其信用出借给企业，因此，企业必须缴纳一定的手续费。这里，银行是第一责任人，而出票人则只负第二责任。以银行承兑票据作为交易对象的市场即为银行承兑票据市场。

## 一、银行承兑汇票的原理

银行承兑汇票（Bankers' Acceptances)是在一般商业活动中产生的，后来被广泛运用于国际结算。在国际贸易中，双方签订协议后，进口商申请本国银行开出商品信用证，表示开证行愿意为进口商进行信用保证，并授权国外出口商可以开出以开证行为付款人的汇票。信用证递交给出口商后，出口商可以根据自己的需要签发汇票，连同出口商发货的相关单据一起交递给信用证签发行后，银行照票合格，就可以根据汇票性质进行处理。如果是即期汇票，则开证行见票即付；如果是远期汇票，开证行就会对该汇票进行承兑，承兑后的汇票就是银行承兑汇票，承兑行也就负有了不可撤销的第一付款责任。银行承兑汇票经由出口商的往来银行交还给出票人（即出口商），出口商可以马上以其向往来银行申请贴现，获得即期可用资金；贴现银行持有该承兑汇票，作为承兑银行的债权人，可以在到期日向承兑行进行兑付，当然也可以转贴或者再贴现以提前取得部分资金回笼；而对于承兑行来说，它会在汇票到期日前要求进口商将足额资金存入银行，以免本行为进口商长时间垫款。

从上面的过程可以看出，在国际贸易中运用银行承兑汇票至少具有如下三方面的优点：

（1）出口商可以立即获得货款进行生产，避免由货物装运引起的时间耽搁。

（2）由于乙国银行以本国货币支付给出口商，避免了国际贸易中的不同货币结算上的麻烦及汇率风险。

（3）由于有财力雄厚、信誉卓著的银行对货款的支付作担保，出口商无需花费财力和时间去调查进口商的信用状况。

## 二、银行承兑汇票市场的运行机制

### （一）银行承兑汇票的一级市场

银行承兑汇票的一级市场由出票和承兑两个环节构成，缺一不可。

#### 1. 出票

出票是指出票人签发票据并交付给收款人的票据行为。出票行为包括按照法定格式制作票据和将票据交付给收款人两个步骤。票据设定的权利义务关系因出票行为而发生，其他各种票据行为都必须以此为基础，因此出票是最基本的票据行为。汇票是一种要式凭证，各国票据法都对汇票出票的款式，即汇票签发时的记载事项作了严格规定。一般要求包括以下内容：记明"汇票"字样、无条件支付一定金额的委托、付款人的名称、收款人的名称、出票时间、出票人盖章、付款日期、付款地、出票地。以上九项内容的前六项为汇票必须记载事项，缺少任何一项内容都会导致汇票无效，后三项虽为应记载事项，但若没有记载，就按票据法特殊规定办理。

#### 2. 承兑

承兑是指汇票付款人承诺在票据到期日支付汇票金额的票据行为。汇票付款人并不因出票人的付款委托而成为当然的汇票债务人，在汇票承兑之前，付款人只处于被提示承兑或被提示的地位，只有经过承兑，才对汇票的付款承担法律上的责任，付款人一经承兑，就成为承兑人，是汇票的主债务人。

承兑一般经过三个阶段。首先是提示承兑，即汇票持票人在规定期限内向付款人出示汇票，请求付款人予以承诺付款。其次是承兑，汇票付款人针对其申请承兑的汇票，应在一定期限内予以答复——承兑或拒绝承兑。付款人如果同意承兑，既在汇票正面记载"承兑"字样和承兑日期并签章。最后是交还汇票，即付款人将有关事项记载完毕后把汇票交还给出票人。持票人收到交还的汇票或者接到晤面承兑通知后，承兑即告结束。

### （二）银行承兑汇票的二级市场

银行承兑汇票的二级市场是银行承兑汇票流通转让的市场。一方面，由于银行信用等级相对比较高，经过银行承兑的汇票，其信用等级大大提高，从而使其在流通市场上具有更加广泛的可接受性；另一方面，持票人为了避免资金积压，往往会将银行承兑汇票转让，以融通短期资金，这也使得银行承兑汇票的流通成为可能。银行承兑汇票的二级市场，包括票据交易商、商业银行、央行、保险公司以及其他金融机构等参与，还包括贴现、转贴现和再贴现等票据交易行为。这一系列交易行为的前提是汇票的背书。

### 1. 背书

背书是持票人将票据权利转让给他人的票据行为。背书时，背书人要在汇票背面或黏附于汇票背面的粘单上签章，以承担保证后手所持汇票承兑和付款的责任，并证明前手签章的真实性和背书的连续性，以证明票据权利的正当。如果被背书人向付款人要求付款时遭到拒绝，有权向背书人追索要款，因此，汇票背书越多，责任人就越多，持票人的权利就越有保障。

### 2. 贴现

贴现是指汇票持有人将未到期的票据向银行换取现金，并贴付自贴现日至到期的利息的一种票据行为。从性质上看，贴现是银行以现款买入未到期票据的债权，等票据到期时再获得买入票据日至票据到期日这一段时间的利息，因此，对银行而言，贴现实质上是一种票据买卖行为，同任何金融工具的买卖性质一样。

### 3. 转贴现

贴进承兑汇票的银行如果资金并不短缺，一般都会将贴现的汇票持有到汇票到期日收回资金。如果在汇票到期日之前需要资金，则银行可将其贴进的汇票转贴现，获得资金。所谓转贴现，是办理贴现的银行将其贴进的未到期票据再向其他银行或贴现机构进行贴现的票据转让行为，是金融机构之间相互融资的一种形式。在西方发达国家的票据市场上，转贴现行为非常普遍，银行和市场上其他投资者往往利用银行承兑汇票进行多次转贴现，以保证资金运作的灵活性和收益性。

### 4. 再贴现

再贴现是指商业银行或其他金融机构将贴现所得的未到期汇票向中央银行再次贴现的票据转让行为。一般情况下，再贴现是最终贴现，票据经过再贴现即退出流通过程。再贴现是央行对商业银行和其他金融机构融资的一种形式，也是央行通过货币市场操作进行宏观调控的一个重要手段。

## 三、银行承兑汇票的价值分析

从承兑汇票产生的过程及其运行机制中，我们可以看到银行承兑汇票对承兑银行、借款人、二级市场的投资者而言，都具有较高的价值。

### （一）从银行角度看

对于承兑银行而言，银行承兑汇票与吸收存款，然后再向进口商发放一笔用于购买进口商品的贷款相似。银行向进口商提供汇票承兑服务，构成了银行的一项资产，就如同银行向进口商发放的贷款一样；同时银行也相应地形成了一笔对承兑汇票持有人的负债，犹如银行对存款人的负债一样。正因为银行承兑汇票与银行存单十分相似，因此，银行承兑汇票的贴现率与存单利率接近。但与简单的存贷款相比，银行承兑汇票显然有独特的优势。首先，银行承兑汇票不必提取存款准备金，从资金来源的角度来看，银行承兑汇票比存单要经济划算；其次，银行承兑汇票一般是以真实的商品交易为基础，有货物担保，其风险比较低。银行通过创造承兑汇票可以赚取手续费，增加非利息收入，丰富投资组合；再次，银行运用其承兑汇票可以增加其信用能力。银行法规定了银行为单个客户提供服务的最高信用额度，通过贴现或者出售符合央行要求的承兑汇票，银行对单个客户的信用可在原有的基础上增加10%；最后，银行可以在汇票到期前在二级市场上转让或贴现，这保证了资产的流动性。所以，银行承兑汇票对于银行而言是安全性、收益性和流动性结合得比较好的信用工具。

### （二）从借款人角度看

从借款人的角度来看，利用银行承兑汇票筹资的门槛较低、成本较低。

首先，由于商业票据是无担保的证券，能够发行商业票据的往往是实力雄厚、信誉较高的大企业，而不少中小企业由于不具备这样的条件难以通过商业票据市场筹集资金。而申请银行承兑汇票没有金额起点限制，也没有信用门槛，中小企业就可以借用银行的信用来弥补自身信用的不足，解决资金短缺。

其次，借款人利用银行承兑汇票进行借款的成本较传统银行贷款的利息成本及非利息成本之和要低。要求银行承兑汇票的企业实际上就是借款者，它必须向银行交付一定的手续费。当它向银行贴现后，又取得现款，故其融资成本为贴息和手续费之和。传统的银行贷款，除必须支付一定的利息外，借款者还必须在银行保持超过其正常周转资金余额的补偿性最低存款额，这部分存款没有利息，构成企业的非利息成本。对比而言，使用传统银行贷款的成本比运用银行承兑汇票的成本高。

故对于中小企业而言，银行承兑汇票是一种理想的短期筹资方式。

### （三）从投资者角度看

从投资者角度看，投资于银行承兑汇票具有较好的收益性、安全性和流动性。投资于银行承兑汇票的收益同投资于其他货币市场信用工具，如商业票据、可转让定期存单等工具的收益不相上下，银行承兑汇票的承兑银行对汇票持有者负有不可撤销的第一手责任，进口商承担第二付款责任，银行承兑汇票具有"双重保险"的性质，因此投资于银行承兑汇票的安全性非常高。另外，一流质量的银行承兑汇票具有公开的贴现市场，可以随时在市场转售，流动性比较好。

# 第五节　商业票据市场

商业票据是一种短期的无担保证券，是大公司为了筹集短期资金或弥补短期资金缺口，以贴现方式在货币市场发行的、承诺在将来的一定时期偿付证券本息的凭证。对具有高信用等级的大公司（非金融与金融）来说，发行商业票据是从银行借款的替代选择。在货币市场中，商业票据虽然规模不大，但它是历史最悠久的短期融资工具之一，是早期商业信用的主要表现形式之一。

尽管商业票据的原始目的是为季节性和营运资本提供短期资金，但近年来这一工具被用

49

于其他用途，它常常被用于过桥融资。例如，假设有一家公司需要长期资金建设工厂或购买设备，公司不必立即筹集长期资金。而是可以选择推迟到资本市场条件更有利的时候再发行长期证券。在出售长期证券之前就使用通过发行商业票据筹集的资金。

## 一、商业票据市场的起源与发展

商业票据最早起源于 19 世纪末，虽然在此之前，商业汇票在英国已经出现，并被大力应用于贸易结算，但没有形成真正的交易市场，英国直到 1987 年才建立具有现代意义的商业票据市场。美国大规模的铁路建设和冶金等产业的快速发展，带来了大规模的投资需求，商业票据作为重要的短期融资工具应运而生并快速发展。其最初的发行人群体主要是铁路公司等非金融企业。成立于 1869 年的高盛公司在最初阶段主要从事商业票据交易，创业时只有一个办公人员和一个兼职记账员。创始人马可斯·戈德曼每天沿街打折收购商人们的本票，然后在某个约定日期里，由原出售本票的商人按票面金额支付现金，其中差额便是马可斯的收入。随着 20 世纪 20 年代通用汽车等大型企业纷纷成立金融财务公司，金融企业也加入到商业票据的发行人行列中来，商业票据迅速取代银行承兑汇票等其他产品成为企业短期融资的首选工具。1933 年美国《证券法》的颁布实施，进一步推动了商业票据市场的发展，该法明确要求公开发行的证券需要向美国证券交易委员会进行注册，注册的程序相对复杂而漫长，且花费不菲，而商业票据因其期限条款设计、募集资金用途安排、发行对象等方面的特性符合 1933 年美国证券法的豁免条款，不需履行相关的注册程序，因此获得了发行人的更多青睐。

20 世纪 60 年代中期，受美联储紧缩货币政策的影响，在美国，一直存在着严格的利率管制《Q 条例》规定了各银行和其他存款机构的最高存款利率，并限制银行发放贷款的能力。一些长期以来依赖于银行贷款的企业无法通过银行贷款来完全满足资金需求，致使这些企业不得不转向货币市场筹资。此外，根据美国监管条例，银行持股公司以发行商业票据所获得的资金来为所属的银行融资，银行不仅可以向商业票据持有人支付市场利率，而且还可以免交存款准备金和存款保险。银行也开始利用货币市场发行更多的票据，从而逃避《Q 条例》的管制。

自 20 世纪 70 年代以来，随着货币市场基金等新型投资者的加入，以及商业票据相对于银行借贷的成本优势凸显，美国商业票据市场获得了进一步的长足发展，市场存量规模实现了成倍增长，产品类型也由传统的无担保票据发展出第三方担保票据和资产支持票据，特别是资产支持票据在短时间内迅速由创新型产品发展成为市场中的主导型产品之一。

到 2008 年 8 月，美国商业票据市场的规模达到了顶峰，超过 1.78 万亿美元，虽然此后经历了金融危机的洗礼，但截至 2010 年 10 月，商业票据的市场存量规模仍然有 1.05 万亿美元，是美国资本市场，特别是货币市场的重要组成部分。

## 二、商业票据的特性和种类

### （一）商业票据的特性

（1）票据是具有一定权利的凭证，包括付款请求权和追索权。

（2）票据的权利与义务是不存在任何原因的，只要持票人拿到票据后，就已经取得票据所赋予的全部权利。

（3）各国的票据法都要求对票据的形式和内容保持标准化和规范化。

（4）票据是可流通的证券。除了票据本身的限制外，票据是可以凭背书和交付而转让的。

### （二）商业票据的分类

#### 1. 按照其性质不同，可以分为本票和汇票

本票是一人开致另一人的无条件书面承诺，保证见票或在特定的或可以肯定的某一日期，将一定金额的货币支付给某一特定的人的票据。汇票是由一人开致另一人的无条件书面支付命令，由发出命令者签名，要求接受命令的人见票或在特定的，或可以肯定的某一日期，将一定金额的货币支付给某一特定的人的票据。二者的主要区别如下：①本票是无条件的支付承诺，汇票是无条件支付命令；②本票的票面有两个当事人，出票人和收款人；汇票有三个当事人，即出票人、付款人和收款人；③本票在任何情况下出票人都是主债务人；而汇票在承兑前，出票人是主债务人，承兑后，承兑人是主债务人；④本票只能开一张，汇票可以开一套，即一式数份。

#### 2. 按出票人不同，可以分为银行汇票和商业汇票

由银行开出来的汇票就是银行汇票，由银行以外其他商业公司或者企业、法人等开具的汇票称为商业汇票。

#### 3. 按承兑人的不同，可以分为商业承兑汇票和银行承兑汇票

银行承兑汇票是由出票人签发并由其开户银行承兑的票据，承兑期限最长不超过 6 个月；商业承兑汇票由银行以外的付款人承兑的票据。商业承兑汇票可以由付款人签发并承兑，也可以由收款人签发交由付款人承兑。

#### 4. 按付款时间不同，可以分为即期汇票和远期汇票

凡汇票上注明见票即付的汇票是即期汇票，注明在一定期限或特定日期付款的汇票是远期汇票。

#### 5. 按有无附属单据，可以分为光票和跟单汇票

光票也称商业净票，又叫白票。不附带货运单据的汇票。即不附有货物所有权单据的汇票。出票人是商号、银行或个人，付款人可以是商号、个人，也可以是银行，它的流通完全依靠人的信用，即完全看出票人、付款人或背书人的资信。附加单据的汇票即为跟单汇票，它也会因交单的条件不同，产生不同的信用度。

## 三、商业票据市场的运行机制

商业票据市场的发行机制包括票据发行方式、信用评级、发行价格的确定等方面。

### （一）商业票据的发行方式

作为一种非担保证券，商业票据发行人一般可以分为两类：非金融公司和金融机构。一般只有大公司发行的商业票据才能为市场投资者所接受。商业票据的发行有两种方式：直接发行与通过证券交易商发行。

直接发行是由发行人直接面向市场投资者发行商业票据。这适合于那些发行数额较大且需要经常发行商业票据的大公司。在美国，约一半的商业票据都是以这种方式发行的。

不经常发行或发行数额比较小的发行人，常常通过证券交易商发行商业票据，这样既可以充分利用证券交易商已经建立起来的发行网络，并争取到尽可能好的利率和折扣，又可以节省自己建立销售网络的成本开支。由证券交易商支付的价格与发行人收到的价格之差，叫作"证券交易商销售差价"，一般年平均为 10 个基点。日本与欧洲商业票据大都采取这种方式发行。

证券交易商可以采取三种方式销售商业票据：第一种方式是"肯定承诺包销"，即发行人将要发行的商业票据一次性出售给证券交易商，由后者包销商业票据，并承担市场风险。证券交易商从票面面值中扣除一定的折扣和包销佣金后，将剩余的部分支付给发行人。由于发行人可以在很短的时间内收到发行款，且不再承担任何风险，故需要向证券交易商支付较高佣金。

第二种方式是"随卖随买"，即证券交易商只有在卖出商业票据时才向发行人返还扣除了发行佣金后的发行款，卖出多少，就返还多少。这种方式下，发行人自己承担了全部的市场风险，故佣金比例比较低。

第三种方式是"公开利率推销"，是以上两种方式的结合，交易商在发行前向发行人支付按商业票据面值一定百分比的首期付款，随着商业票据的不断出售，证券交易商再扣除佣金和首期付款后，将剩余的发行款交给发行人。发行人所收入的发行款取决于商业票据的利率，而证券交易商并不给予担保，发行人仍然承担了一定的市场风险。

### （二）商业票据的信用评级

商业票据是信用性票据，直接反映了发行者的商业信用状况。商业票据评级是指对商业票据的质量进行评价，并按质量高低分成等级。对商业票据的发行进行评级非常必要，其一，有助于形成市场准入机制，不能取得评级或评级不合格的企业自然被阻止在票据市场之外，起到了降低市场的非系统风险、保护票据投资者利益的作用。其二，有利于票据发行者筹集资金。对于那些初次进入票据市场且不为投资者所熟悉的发行人，通过对其发行的票据进行评级，其资金实力、信誉及还本付息的可靠性等情况，能被准确有效地传递给众多投资者，使筹集更多的资金成为可能。

商业票据评级的内容主要侧重于对其流动性的考察，即短期偿债能力评估。评级指标主要集中在三个层面。

#### 1. 总体流动性分析

首先应对营运资金分析，营运资金为流动资产减去流动负债，是衡量总体流动性状况的主要指标。其次，可进行比率分析。衡量流动性的几个主要比率指标有：流动比率、速动比率、应收账款周转率、存货周转率等。

#### 2. 备用流动性分析

以上比率仅能反映公司流动性的整体状况，所以还应特别注意对明确的内部和外部现金来源进行分析，因为这些流动性分析能反映对到期商业票据的清偿能力。在市场动荡的情况下，备用流动性的可取得性和可依赖性在评级中就变得十分关键。这方面主要分析的内容有：企业营运创造的现金及其稳定性、公司可依赖的贷款方的借贷能力等。

**3．额外信用支持分析**

对商业票据的评估，还应考察商业票据的发行是否得到了额外的信用支持。对有银行支持发行的商业票据，还应考虑支持的方式及支持者本身的信用状况。

在长期偿债能力评估中，重点评价的是资本结构，即企业自有资金与借入资金的比重。若比重较高，则说明资本结构健全，长期偿债能力较强；反之则弱。常用比率有债务比率、长期负债与资本化净资产的比率、流动负债与所有者权益的比率等。

信用评级虽然增加了发行的手续和成本，但能够使市场投资者更加了解发行人的财务状况，有利于增加信息的透明度，从而也能使信誉高的发行人降低利息成本。国际上较为著名的信用评级公司包括：穆迪（Moody's）、标准普尔（Standard & Poor）和惠誉（Fitch），一般需要两家公司对发行人的资产负债和业务情况进行评估，对其所发行的商业票据的资信进行鉴定后给予信用等级。

## 专栏 2-6

### 世界三大信用评级机构

1. 穆迪投资服务公司

穆迪投资服务公司 1911 年始建于美国，目前总部设在英国伦敦，在全世界 50 多个国家设立了 72 个分支机构，员工 4 500 多人。穆迪长期评级针对一年期以上的债务，评估发债方的偿债能力，预测其发生违约的可能性及财产损失概率。而短期评级一般针对一年期以下的债务。

穆迪长期评级共分九个级别：AAA、AA、A、BAA、BA、B、CAA、CA 和 C。其中 AAA 级债务的信用质量最高，信用风险最低；C 级债务为最低债券等级，收回本金及利息的机会微乎其微。在 AA 到 CAA 的六个级别中，还可以添加数字 1、2 或 3 进一步显示各类债务在同类评级中的排位，1 为最高，3 则最低。通常认为，从 AAA 级到 BAA3 级属于投资级，从 BA1 级以下则为投机级。穆迪的短期评级依据发债方的短期债务偿付能力从高到低分为 P-1、P-2、P-3 和 NP 四个等级。

此外，穆迪还对信用评级给予展望评价，以显示其对有关评级的中期走势看法。展望分为"正面"（评级可能被上调）、"负面"（评级可能被下调）、"稳定"（评级不变）以及"发展中"（评级随着事件的变化而变化）。对于短期内评级可能发生变动的被评级对象，穆迪将其列入信用观察名单。被审查对象的评级确定后，将从名单中被去除。

目前，穆迪的业务范围主要涉及国家主权信用、美国公共金融信用、银行业信用、公司金融信用、保险业信用、基金以及结构性金融工具信用评级等几方面。

2. 标准普尔评级公司

标准普尔评级公司总部设在美国，是目前国际上公认的最具权威性的信用评级机构之一。标准普尔除了编制纽约证券交易所的标准普尔指数之外，其主权信用评级最具有权威。

标准普尔的长期评级主要分为投资级和投机级两大类，投资级的评级具有信誉和投资价值高的特点，投机级的评级则信用程度较低，违约风险逐级加大。投资级包括 AAA、AA、A 和 BBB，投机级则分为 BB、B、CCC、CC、C 和 D。信用级别由高到低排列，AAA 级具有最高信用等级；D 级最低，视为对条款的违约。从 AA 至 CCC 级，每个级别都可通过添加"＋"或"－"来显示信用高低程度。例如，在 AA 序列中，信用级别由高到低依次为 AA＋、AA、AA－。

此外，标准普尔还对信用评级给予展望，显示该机构对于未来（通常是 6 个月至两年）信用评级走势的评价。决定评级展望的主要因素包括经济基本面的变化。展望包括"正面"（评级可能被上调）、"负面"（评级可能被下调）、"稳定"（评级不变）、"观望"（评级可能被下调或上调）和"无意义"。标准普尔还会发布信用观察以显示其对评级短期走向的判断。信用观察分为"正面"（评级可能被上调）、"负面"（评级可能被下调）和"观察"（评级可能被上调或下调）。标普的短期评级共设六个级别，依次为 A-1、A-2、A-3、B、C 和 D。其中 A-1 表示发债方偿债能力较强，此评级可另加"＋"号表示偿债能力极强。

3. 惠誉国际公司

惠誉的规模较其他两家稍小，是唯一一家欧洲控股的评级机构。惠誉本身是由两家小型评级机构：总部在纽约的费奇投资服务公司（Fitch Investors Service）和总部在伦敦的 IBCA 在 1997 年 10 月合并重组而成的。合并之后的惠誉，成为法国上市公司 FIMALAC 的子公司，但仍在伦敦和纽约同时维持两个总部。

惠誉的长期评级用以衡量一个主体偿付外币或本币债务的能力。惠誉的长期信用评级分为投资级和投机级，其中投资级包括 AAA、AA、A 和 BBB，投机级则包括 BB、B、CCC、CC、C、RD 和 D。以上信用级别由高到低排列，AAA 等级最高，表示最低的信贷风险；D 为最低级别，表明一个实体或国家主权已对所有金融债务违约。

惠誉的短期信用评级大多针对到期日在 13 个月以内的债务。短期评级更强调的是发债方定期偿付债务所需的流动性。短期信用评级从高到低分为 F1、F2、F3、B、C、RD 和 D。惠誉采用"＋"或"－"用于主要评级等级内的微调，但这在长期评级中仅适用于 AA 至 CCC 六个等级，而在短期评级中只有 F1 一个等级适用。

惠誉还对信用评级给予展望，用来表明某一评级在一两年内可能变动的方向。展望分为"正面"（评级可能被调高）、"稳定"（评级不变）和"负面"（评级可能被下调）。但需要指出的是，正面或负面的展望并不表示评级一定会出现变动；同时，评级展望为稳定时，评级也可根据环境的变化被调升或调降。此外，惠誉用评级观察表明短期内可能出现的评级变化。"正面"表示可能调升评级，"负面"表示可能调降评级，"循环"表明评级可能调升也可能调低或不变。

## （三）商业票据的发行价格

商业票据发行价格主要取决于以下因素。

### 1. 发行者的信用等级

发行者的信用等级直接关系投资者所承担的风险，发行者的信用等级与票据的利率通常具有反向关系，资信等级越高，发行利率越低。不同信用等级的商业票据，在利率上的差别最大时可达到 150 个基点，最小时也约有十几个基点。

### 2. 同期银行借贷利率和其他货币市场利率

商业票据的发行利率决定了发行者的资金成本和投资者的收益水平，发行者一般根据同期银行借贷利率和其他货币市场工具的利率来确定发行利率。商业票据与其他货币市场工具的差别决定了利率的差异，如商业票据的风险比国库券高，流动性比国库券差，并且利息收入要纳税，故其利率高于国库券利率。

### 3. 商业票据的期限

商业票据的期限较短，通常为 30 天、60 天、90 天，一般最长不超过 270 天。一般期限越长，意味着投资者承受的风险越大，理应要求越高的收益率，所以发行利率越高。

### 4. 发行商业票据的非利息成本

同发行商业票据有关的非利息成本有：①信用额度支持的费用。一般以补偿余额的方式支付，即发行者必须在银行账号中保留一定金额的无息资金，有时则按信用额度的 0.375% ～ 0.75% 一次性支付。后一种方法近年来较受商业票据的发行者欢迎；②代理费用，主要是商业银行代理发行及偿付的费用；③信用评估费用。

商业票据的利率高于同样期限的短期国债，理由有三个：第一，商业票据的投资者面临信用风险；第二，投资短期国债获得的利息免缴州和地方收入税，所以商业票据必须提供更高的收益率来抵冲这一税收优惠；第三，商业票据的流动性低于短期国债。

## 四、商业票据市场的价值分析

### （一）从发行人角度

从发行人方面来看，商业票据的优势主要体现在以下方面。

### 1. 融资成本相对较低

商业票据为企业在银行贷款之外提供了一个重要的融资工具选择。首先，金融机构发行商业票据可以免交存款准备金和存款保险；其次，对于信用资质水平较高的发行人来说，发行商业票据的成本相对银行贷款有一定的优势；最后，简单的发行程序有利于发行人节省发行成本和时间。

### 2. 融资效率高

证券市场中公开发行的证券一般均需要进行必要的审核注册，并进行广泛的信息披露，而商业票据发行不需要这些程序，发行程序较为简单，并且也可以通过滚动发行、借新还旧的方式实现对资金的长期使用，较简单的发行程序保证了企业实现较高的融资效率。

### （二）从投资者角度

对投资者而言，商业票据的吸引力主要体现在以下方面。

### 1. 风险可控

与长期债券不同，商业票据具有较短的期限，更便于投资者评估发行人是否能够履行偿付义务。此外，当利率水平出现较大波动时，商业票据较短的期限能够抵御可能出现的再投资风险。近 40 年来，美国市场基本不曾发生商业票据的违约事件。

**2．收益较高**

相比同期限的短期国债和存款，商业票据的收益相对更高，具备相对较好的投资价值。

**3．方案条款设计灵活**

商业票据一般均面向一定范围内的机构投资者发行，投资者可以通过逆向询价的方式向发行人提出对于发行条款设计的要求，如面值金额、期限、利率品种、担保安排等，以便充分满足自身的投资和风险控制需要。

美国商业票据的投资者群体高度发达，货币市场基金和银行信托是最主要的投资者，前者持有的商业票据存量超过 40%，后者持有量在 20% 左右，而其他投资者包括非金融机构、保险、政府及个人养老基金等，持有的商业票据存量在 5%～15%。

2000 年 11 月 9 日，中国工商银行票据营业部在上海成立，这是我国内地第一家专业化票据经营机构。2003 年 6 月 30 日，中国票据网正式启用。商业汇票的承兑、贴现、再贴现是目前我国票据业务的主要形式。

# 第六节　大额可转让定期存单市场

大额可转让定期存单（Large-denomination Negotiable Certificates of Time Deposit），简写为 CDs，也称为大额可转让存款证，是银行印发的一种定期存款凭证，凭证上印有一定的票面金额、存入和到期日以及利率，到期后可按票面金额和规定利率提取全部本利，逾期存款不计息。大额可转让定期存单可流通转让，自由买卖。大额可转让存单的产生：为规避利率管制，花旗银行前身第一国家城市银行（First National City Bank）于 20 世纪 60 年代初开始发行可转让定期存单，使商业银行的资金配置策略重心转向"负债管理"。大额存单是银行存款的证券化。

## 一、大额可转让定期存单的特点

同传统的定期存款相比，大额可转让定期存单具有以下几个特点：①普通存款记名，不可流通转让；而大额可转让定期存单通常不记名，不能提前支取，可以在二级市场上转让；②普通存款金额不固定；大额存单按标准单位发行，面额较大，像美国机构投资者发行的 CDs 面额最小为 10 万美元，二级市场交易单位为 100 万美元；③定期存款的利率是固定的，大额可转让定期存单利率既有固定的，也有浮动的，利率一般高于同期普通存款利率；④定期存款可以提前支取，但可能损失部分利息；大额可转让定期存单不能提前支取，但可以在二级市场转让。

## 二、大额可转让定期存单的种类

按照发行者不同，大额可转让定期存单可以分为四类：国内存单、欧洲美元存单、扬基存单和储蓄机构存单。

### （一）国内存单

国内存单是四种存单中最重要，也是历史最悠久的一种。它由美国国内银行发行。存单上注明存单的金额、到期日、利率及期限。国内存单的期限由银行和客户协商确定，常常根据客户的流动性要求灵活安排，期限一般为 30 天或者 12 个月，也有超过 12 个月的。流通中未到期的国内存单的平均年限为 3 个月。

### （二）欧洲美元存单

欧洲美元存单是美国境外银行发行的，以美元为面值的一种可转让定期存单。欧洲美元存单由美国境外银行（外国银行和美国银行在外的分支机构）发行。欧洲美元存单的中心在伦敦，但欧洲美元存单的发行范围不仅仅限于欧洲。欧洲美元存单最早出现在 1966 年，源于美国银行条例，尤其是《Q 条例》对国内金融市场筹资的限制，由于银行在欧洲美元市场不受美国银行条例的限制，欧洲美元存单市场得以迅速发展。

### （三）扬基存单

扬基存单是外国银行在美国的分支机构发行的一种可转让定期存单，是外国银行在美国的分支机构发行的以美元计价的一种可转让定期存单。其发行者主要是西欧和日本等地的著名国际性银行在美国的分支机构。扬基存单的期限一般较短，大多在 3 个月以内。扬基存单在美国得以发展的主要原因有两个：一是这些银行持有美国的银行执照，接受美国金融管理部门监管，其安全性得以保障；二是不受美联储条例限制，无法定准备金要求，与国内存单相比具有成本优势。

### （四）储蓄机构存单

储蓄机构存单是由一些非银行机构（储蓄贷款协会、互助储蓄银行、信用合作社）发行的一种可转让的定期存单。其中，储蓄贷款协会是主要的发行者。储蓄机构存单因法律上的规定，或实际操作困难而不能流通转让，因此，其二级市场规模较小。

## 三、大额可转让定期存单的风险和收益

对投资者而言，大额可转让定期存单的风险主要有两种：信用风险和市场风险。信用风险是指发行存单的银行在存单期满时无法偿付本息的风险。在美国，虽然大多数银行受到严格的监管和风险控制，并被要求加入联邦存款保险体系，但由于存单发行面额大，而单个存款账户的最高保险额只有 10 万美元，所以存单的信用风险依然存在，更不用说美国还有一些银行并没有加入美联储系统和存款保险体系。特别是在金融危机背景下，银行信用风险还有加大的趋势。市场风险是指存单持有者急需资金的时候，存单无法在二级市场出售变现，或者变现时可能承受较大的损失。在一个市场利率急剧波动的时代背景下，市场价格变动变幻莫测，市场风险时刻存在。

大额可转让定期存单的收益取决于三个因素：发行银行的信用评级、存单的期限及存单的供求量，大额可转让定期存单的收益要高于同期的国库券收益，主要原因是国库券的信用

风险低并且具有免税优惠。另外，国库券市场的流动性也比存单市场高。在四种存单之间，欧洲存单的利率高于国内存单，一般高 0.2%～0.3%。扬基存单的利率略低于欧洲存单利率。这有两个原因，一是扬基存单受美国法令和条例保护，因而投资者不用承担国外政治或国家风险；二是交易商从事扬基存单交易比欧洲存单交易更容易、成本更低。

## 四、大额可转让定期存单的价值分析

首先，对企业来讲，由于它是银行发行、信誉良好、风险相对较低、利率高于活期存款，并且可随时转让融资等优势，较好地满足了收益性、安全性、流动性三性原则，是企业比较理想的融资理财工具。

其次，对银行来讲，发行手续简便，要求的书面文件资料简单，费用相对低，而且吸收的资金数额大，期限稳定，这些优势都使得大额可转让存单成为一个很有效的筹资手段。尤其是在转让过程中，大额可转让存单调期的成本费用比债券调期买卖低，还可为金融市场筹措资金及民间企业有效运用闲置资金，为弥补资金短缺创造有利条件，并且存单可自由买卖，存单发行使银行在资产负债管理上具有了更加灵活的工具和手段。

最后，对投资者而言，大额可转让定期存单既有定期存款具有较高收益的特征，又有活期存款的可以随时变现的优点，是追求稳定收益的投资者的一种较好选择。

# 第七节　货币市场基金

货币市场基金是 20 世纪 70 年代首先在美国出现的一种新型投资理财工具，是随着短期证券市场与共同基金制度的发展而产生和逐渐兴盛起来的一种投资基金类型。在当今全球金融市场一体化、全球化的背景下，货币市场作为资金融通与基准利率信号生成的渠道，对于整个金融市场的正常运转与实体经济的发展的作用日益显著。由于现代市场经济的信用特性，使得流动性成为经济是否健康高效的重要保障，因为很难设想，缺乏流动性的经济会是高效的，而货币市场恰恰可以维持和提高流动性，这对于提高整体经济效率不可或缺。

## 一、货币市场基金的含义与基本特征

### （一）货币市场基金的含义

所谓货币市场基金，是指通过某些特定发起人成立的基金管理公司，通过出售基金凭证单位的形式募集资金，统一投资于流动性、安全性相对较好的货币市场工具，形成资产组合池，按一定的规则在扣除一定比例的管理费用后，将投资总收益摊薄到每一基金单位支付给基金凭证持有人。在美国称为共同基金，在我国称为货币基金。

### （二）货币市场基金发展的基本状况

由于货币市场基金专门以上述货币市场工具作为资产组合对象，因而随着货币市场工具的丰富，以及交易的活跃，货币市场基金的规模与影响也随之增加与扩大起来。实际上，货币市场基金的发展也体现了金融创新的某些轨迹，最早是为了规避有关金融管制而作出的业务形式突破。在美国，投资者投资货币市场基金，不仅可以获得货币市场工具组合的收益，也可据以签发支票，相当灵活，流动性较大。所以，持有货币市场基金凭证，既具有活期储蓄的方便性，又有活期储蓄不可比拟的收益（因为对活期储蓄存款不支付利息）。更为重要的是，由于货币市场基金筹集的资金在法律上不作为存款对待，因而不必像银行储蓄存款那样缴纳法定存款准备金，从而可以通过货币市场基金对当时美联储规定的利率最高限和将一部分资金无偿存入美联储所带来的机会成本予以规避。由此，货币市场基金发展较快。

世界上第一家货币市场基金是由华尔街的布鲁斯·本特和享利·布朗于 1971 年创立的。其动因是为了规避利率管制，当市场利率高于管制利率时，货币市场基金具有发展的内在动力，或者说，市场利率高于管制利率的幅度越大，货币市场基金的规模扩大也就越大。20 世纪 70～80 年代，美国《Q 条例》规定的存款利率最高限是 5%～5.25%，由于 1977 年以前，市场利率比较低，高于这一限额的幅度不大，投资货币市场基金也就没有比购买银行存单优越多少，期间货币市场基金规模扩展并不大。但随着通货膨胀率的上升，市场利率开始大幅度攀升，最能反映资金供求关系，同时最为敏感的联邦基金利率到 1980 年时曾升至 20%以上，远远高于管制利率水平，从而使得货币市场基金的收益与方便性得到明显体现。美国货币市场基金余额由 1977 年不足 40 亿美元，增长到 1993 年年底的 5 000 亿美元①，年均增长33%。随着货币市场工具的增加和货币市场基金规模逐渐扩大，货币市场基金竞争日益激烈，为了获得投资者的青睐，各大基金使出浑身解数创新产品，改善服务。这样，可以使投资者有充分的选择余地，根据各自的收益与风险偏好选择不同的基金予以投资。由于品种丰富，选择余地大，这也是货币市场基金快速发展的一大原因。至 2012 年年底，美国货币市场共同基金规模达到 2.6 万亿美元②的规模。

### （三）货币市场基金的基本特征

货币市场基金具有如下基本特征：

**1. 货币市场基金属于专门以货币市场工具为投资组合对象的追加型投资基金**

货币市场基金有着共同投资基金的一般组织形式与基本特点，即也是一种以信托原则为前提的间接投资方式，基金投资者、基金管理者与基金资产托管者及其相互间的关系原则也是一致的。相比资本市场其他共同投资基金，其投资对象是货币市场工具。货币市场工具具有短期性与较高流动性，投资者可以随时追加投资额，也可随时通过签发支票的形式退出基金，因而它又是一种追加型的投资基金，其灵活性更大一些。

**2. 货币市场基金的收益较为稳定，风险较小**

由于货币市场基金投资的对象，是一些期限较短、流动性较高、风险相对较小的货币工具，不比股票市场基金和长期债券基金那样波动性较大，因而货币市场基金资产组合产生的资本利得并不大，其收益却相对稳定，所以，货币市场基金适于那些风险偏好较小、流动性

---

① 米什金：《货币金融学》[M]. 北京：中国人民大学出版社，1998.
② http://www.p5w.net/fund/gsdt/201211/t4601950.htm.

偏好较大的小额投资者或非营利性资产机构投资（如慈善基金管理机构、公众养老保险基金管理机构等）。

**3．货币市场基金一般为开放型基金，具有较高的灵活性**

货币市场基金在美国出现之时，就有一种惯例，即允许基金凭证持有者据其持有的金额签发支票变现，犹如活期储蓄。当然，投资者也可以根据情况和自己的需要，按基金资产净值认购新的凭证单位，增加投资，因而是一种典型的开放型投资基金。对投资者而言，灵活性强。

**4．投资货币市场基金的目的多元化**

首先，货币市场基金的产生与发展过程显示它是一种成功的金融创新之一。它出现时的最主要目的是为规避当时的利率管制和减少对中央银行交存法定准备金所产生的相对机会损失，也就是说，货币市场基金首先是金融机构一种为规避管制、获取较高收益而存在的一种投资方式。其次，有些货币市场基金的投资组合对象大部分是国库券，这除了同样获取国库券市场上的较高流动性与稳定收益外，更主要是为了避税之需。最后，由于货币市场基金投资对象的高度流动性，也使相当一部分投资该种基金的机构和个人将其作为一种现金性资产的管理渠道，成为有着较多财务资金头寸的非金融公司常用的、较好的头寸管理工具。

**5．货币市场基金的管理的清算要求较高**

货币市场基金的开放性特征，及其投资组合中工具的短期性，使得基金管理公司每天都要进行资产价值的评估与清算，以便知晓基金资产的净值，使投资者能够随时追加投资或者退出。这些管理工作需要消耗成本，所以，为了降低单位成本，货币市场基金的发起规模应当足够大，只有这样才有规模效应。

## 二、货币市场基金的结构与运作分析

货币市场基金基本结构与其他形式的共同基金一样，投资者、基金管理人和基金资产托管人，是最起码的三方当事人。与资本市场上的共同基金相比，货币市场基金对于流动性的要求特别高，对短期利率的反应更加灵敏。尤其是允许投资者据其在基金中的投资份额签发支票，需要对投资者基金账户与银行账户间保持一种非常便捷迅速的资金清算关系，因而作为货币基金资产托管机构的作用更加突出一些；而且，为方便投资者进出货币基金市场，基金管理者必须通过承担资产托管职能的银行网络设置更多的窗口，这些窗口随着金融电子科技的发展而变成了由银行账户组成的网络体系，从而意味着货币基金管理者要使各自的基金更有吸引力，就更需要非常广泛的银行服务体系予以配套。所以，货币基金的活动与货币市场上的主要中介机构——商业银行仍然有着一种非常密切的关系，离不开银行的应有服务，因为其中的资产评估与资金清算是最重要的管理。

## 三、货币市场基金的作用

### （一）有利于投资者合理安排投资组合，分散投资风险

货币市场基金具有流动性好、较安全和较高收益的特性，不仅仅保障了证券投资长中短

期、高低风险组合的需要，同时也为保守的投资者提供了既能获得一定收益，又能够控制风险的理想投资品种。投资者多了一种投资工具，也就有了更多、更好的投资组合，从而更加有利于分散投资风险。另外，货币市场基金可以使机构投资者获得更多的流动性支持，通过货币市场进行更好、更加有效的流动性管理。

### （二）有利于加快金融市场的创新

货币基金本身是一种金融创新品种，它的出现同时也促进了 20 世纪 70 年代以来的金融创新进程。随着市场经济运行机制的复杂化，金融越来越成为资源调配的重要枢纽，而经济运行日新月异，尤其是随着股份制度的发展，企业资产重组行为成为企业效率改进的一个重要方面，即微观经济竞争与效率改进也要求着金融服务的不断创新。货币市场基金的创建，恰好契合了这种需要，因为它利用共同基金的组织优势，广泛吸收社会资金进入货币市场，为各种货币市场工具的连续发行与流通交易市场的培育和发展提供了强有力的投资者基础。也可以说，如果没有货币基金，货币市场工具发行量不可能稳步上升，货币市场也没有过去几十年间的迅速扩展，从而也就使金融创新失去了应有保障条件。

### （三）有利于整个基金业的快速发展

由于早期的基金业务主要是以股票与中长期债券市场作为投资领域，而这些资本市场工具的风险较大，即便是以之为投资对象的共同基金，也随着这些市场的大幅波动而表现出收益不稳定，这一市场在相当长的一段时间内发展得并非很快。然而，自从有了货币基金后，由于普通投资者视其为一种方便、安全和流动性较强的投资方式，甚至将对货币基金的投资作为暂时流动性储备来看待与使用，也将其作为投资股票与中长期债券中的一个低风险避风港。所以，货币基金从一开始就受到独有的青睐，不仅丰富了共同基金市场的选择，而且随着其自身资产规模积累的扩大，也大大带动了整个基金市场的迅速发展。例如，在美国 1987 年"股灾"之前，共同基金市场上资产分布情况大致是，股票基金占 26.2%，债券基金占 37.4%，货币基金占 36.4%；1987 年"股灾"之后的两年内，货币基金占到 42.5%，而股票基金与债券基金分别降到 23%和 34.5%。更值得注意的是，在同时管理股票基金、债券基金与货币基金的管理公司内，最能产生稳定收益的，或其经营中的主要利润增长点也是货币基金。并且，在货币市场基金的带动下，基金业在金融体系中的作用越来越大，形成了银行、证券、保险、基金业并驾齐驱的局面。

### （四）有利于加速货币市场发展，提高金融市场运行效率

货币市场是金融体系的基础性市场，规范、发达的货币市场，是建立高效的金融市场的前提条件之一。从国外金融市场发展进程来看，发达的货币市场应该具有规模大、投资品种多、功能齐全等特征。而货币市场基金是完善货币市场不可缺少的"润滑剂"。首先，货币市场基金良好的流动性、安全性和相对收益性高的特性吸引了大量闲散资金，为货币市场创造了大量的需求者。其次，货币市场基金进一步推动了货币市场发展的广度和深度，为央行货币政策操作创造了良好环境，大大提高了央行公开市场操作的效率。最后，货币市场基金在货币市场上运作资金，给投资者带来收益的同时，也分散了市场风险，有利于促进资本市场与货币市场的良性互动，从而提高整个金融市场效率，促进了金融市场的健康运行。

### （五）有利于宏观金融调控政策的顺利实施

宏观金融调控措施，特别是货币政策的执行，需要货币市场的广泛发展来奠定足够的市场基础。这其中最为重要的是，进入货币市场的社会资金应当足够多，进入货币市场投资的公众也应足够多。只有这样，才能使货币政策信号的传递与影响具有足够的广泛性，才能起到对经济运行的应有调节作用。而货币市场基金的发展，吸引了大量社会资金与公众进入货币市场，这不仅增强了货币市场的基础，确保了货币政策信号的传递，也有利于宏观金融调控政策的顺利实施。

## 四、货币市场基金的风险

货币市场基金的投资组合对象、组织形式等因素决定了货币市场基金的风险非常之小，甚至可以被认为是没有风险的。事实上，在 2008 年金融危机之前，拥有 37 年历史的货币市场基金只有三支出现过亏损的情况。当然，风险低不代表没有风险，只要投资行为发生，就会有风险产生，没有风险的投资是不存在的，因为投资收益的实现是未来之事，而未来是无论如何都含有程度不同的不确定性的。货币市场基金面临的风险可以分为外部风险（又称为系统性风险）和内部风险（又称为非系统性风险）两类，其中内部风险包括制度风险和管理风险等；而外部风险主要来自于外界市场环境的变化，也就是市场风险。货币市场基金面临的最大风险是外部风险。在大部分时间里，市场运行处于正常波动的状态，在这种情况下，货币市场基金的投资组合策略完全可以应付一般的利率、流动性冲击。但是当严重的金融危机发生时，货币市场基金的内部风险和外部风险可能会发生共振。

2007 年开始发生在美国的次贷危机就是一次典型的外部风险， 2008 年 9 月 15 日雷曼兄弟倒闭，引发了金融市场的剧烈动荡，其结果之一就是许多投资者赎回货币市场基金，原因在于许多货币市场基金都持有雷曼兄弟发行的短期债券。当时市场上历史最久也是规模最大的货币市场基金 Reserve Primary Fund，正是因为持有雷曼债券而发生了亏损，其净值在 9 月 16 日下跌了 3%。随后，投资者的赎回狂潮让其 648 亿美元的资产规模在两天之内缩水了 60%，该基金不得不宣布赎回暂停一周。在利率市场化国家，商业银行等其他形式存款货币机构享受由全国性存款保险机构所授予的保险，而货币市场基金是没有存款保险的，所以赎回会引发连锁反应，这反过来又会加重货币市场基金的被动局面。

## 专栏 2-7

### 中国货币市场基金发展现状

我国首支货币市场基金成立于 2003 年年底，基金规模仅为 4.25 亿元。作为一种新的投资理财工具，货币市场基金在中国的发展时间不长，但数量持续增加，已取得了"超常规"的发展。截至 2014 年 1 月底，货币基金总净值为 9 532.42 元。据济安金信科技有限公司副总经理王群航分析，截至 2014 年 2 月 19 日，货币基金的总规模应该已经超过 10 000 亿元。

事实上，目前市场上仍有新的货基继续发行。各个基金公司、银行现在对于货基类产品的宣传和争夺很激烈，这对于促进货币市场基金规模的继续增加有利，银行存款在 2014 年 1

月同比增长额减少了 9 000 多亿元，与此不无关系。

截至 2014 年 1 月底，我国境内共有公募基金管理人 92 家，其中基金管理公司 90 家，合资公司 48 家，内资公司 42 家，证券公司 2 家；管理资产合计 42 664.95 亿元，其中管理的公募基金规模 31 238.14 亿元，非公开募集资产规模 11 426.81 亿元。

从在共同基金行业的比例来看，国内货币基金市场基金所占比例远低于全球水平（2009年第二季度末，全球共同基金资产的 36% 为股票基金，19% 为债券基金，10% 为混合基金，28% 为货币市场基金）。国内货币市场基金是以机构持有为主，机构/个人持有份额比例维持在 1∶1 左右，远高于基金行业整体水平。随着市场的不断发展成熟，货币基金规模将会得到更大提升，在资产配置和提供流动性方面发挥更大的作用。

中国货币市场基金发展态势如图 2-2 所示。

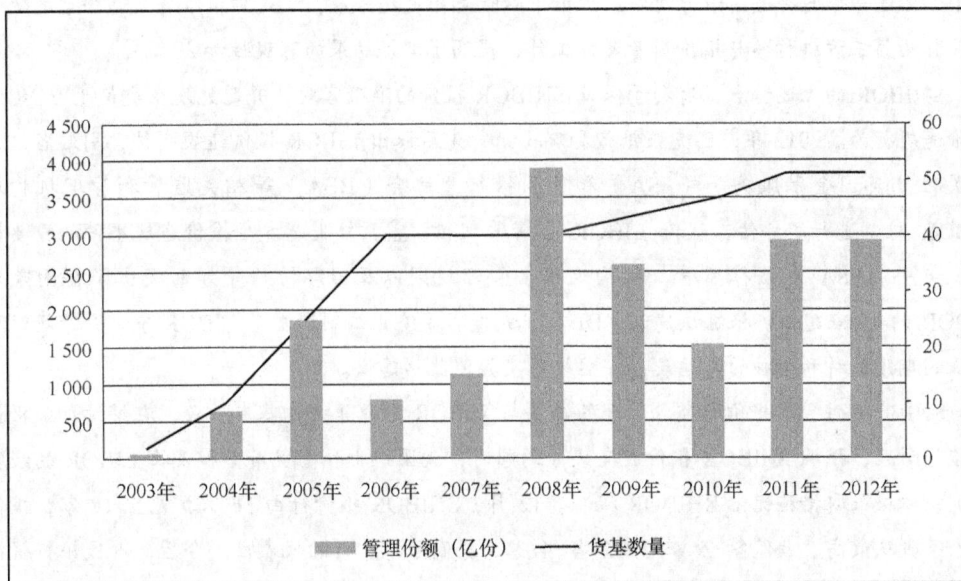

图 2-2　中国货币市场基金发展态势图

## 补充阅读

### 上海银行间同业拆借利率与伦敦银行间同业拆借利率的比较

伦敦银行间同业拆借利率（LIBOR）是英国银行家协会（BBA）根据选定银行报出的同业拆借利率，计算得出的伦敦银行间同业拆借市场基准利率。目前，LIBOR 已成为国际金融市场中利率定价的主要参考。

2007 年，我国在借鉴 LIBOR 等国际主要货币市场基准利率相关经验的基础上，推出了上海银行间同业拆借利率（SHIBOR），并作为货币市场基准利率进行培育。

SHIBOR 与 LIBOR 在技术安排上较为类似。从报价品种看，两者都采用由信用等级较高的优质银行组成报价团自主报出的同业拆借利率，属于单利、无担保、批发性利率。从报价行的选择标准看，都要求报价行满足一系列标准，主要包括信用等级较高、货币市场交易活跃以及具有较强的利率定价能力等。从报价生成和发布方式看，都由报价行在每个交易日按时报价，在剔除若干最高和最低报价后，对剩余报价进行算术平均生成报价利率，并由第三方机构作为指定发布人对外发布。

SHIBOR 与 LIBOR 在对报价行的监督管理机制上有所不同。BBA 是 LIBOR 的管理机构，作为自律组织，BBA 对报价行没有监管权力，LIBOR 公信力的确立主要依靠报价行的自律管理。SHIBOR 在设计之初，就在制度安排上强调了报价形成的市场约束和监督管理。人民银行及时发布 SHIBOR 实施准则，并牵头成立货币市场基准利率工作小组，负责监督报价利率运行、报价行与指定发布人的报价行为。同时还制订了 SHIBOR 报价行报价质量考评指标体系，要求报价应以货币市场交易利率为参考，强调报价的成交义务，并设置了拆借市场影响力和报价可交易性等指标，按年对报价行的报价质量进行考评、实行末位淘汰。此外，SHIBOR 还充分发挥全国银行间同业拆借中心既是指定发布人，又是货币市场交易平台的优势，将其作为第三方机构参与报价质量考评工作，提高了考评结果的客观性和公正性。

SHIBOR 的上述特点，有利于保证 SHIBOR 报价的准确客观，并避免发生类似 LIBOR 的报价违规行为。2012 年，巴克莱银行和瑞士银行先后曝出 LIBOR 报价违规事件，引起各方广泛关注。英国金融服务局（FSA）和英国银行家协会（BBA）等相关监管和管理机构对 LIBOR 机制进行了评估，认为 LIBOR 监督管理粗放甚至缺失是发生报价违规事件的重要根源。9 月，FSA 从法律监管、机构改革、管理规则以及国际协作等方面提出了全面改革 LIBOR 的 10 点建议。根据该建议，BBA 正式发布了终止编制和发布 LIBOR 中部分市场运用有限的期限品种和币种的时间表，并继续落实其他改革建议。

SHIBOR 注重对报价行监督管理的做法与 LIBOR 的改革方向基本一致。在继续加强报价行监督管理、强调 SHIBOR 报价成交义务的同时，我国也十分重视借鉴和吸收 LIBOR 的经验教训，积极采取措施优化 SHIBOR 机制。12 月，SHIBOR 报价行由 16 家扩充至 18 家，报价剔除家数从最高、最低各 2 家增加到各 4 家，提高了报价行的代表性。今后，人民银行将持续关注 LIBOR 等国际主要货币市场基准利率的改革进展情况，进一步完善 SHIBOR 报价和管理机制，促进 SHIBOR 基准性和公信力的不断提升。

## 读后讨论

1. 利率市场化背景下 SHIBOR 对我国市场利率的影响。
2. 监管当局如何使 SHIBOR 定价更加合理、公开、公平、公正？

## 【本章小结】

1. 货币市场是一年期以内的短期金融工具交易所形成的供求关系及其运行机制的总和。货币市场中的交易活动具有短期资金融通的共同目的，金融工具具有期限短、流动性强、风险小等共同特征。

2. 同业拆借市场是指具有准入资格的金融机构之间以货币借贷方式进行临时性资金融通

的市场。同业拆借市场一般交易金额巨大，拆借期限短，手续简便，拆借利率也会比普通贷款低。

3. 证券回购是指交易双方在进行证券买卖的同时，就约定在未来某一时刻将进行一笔相反方向的交易而达成的协议，即交易双方约定在未来某一时刻，证券出售者以某一个约定的价格将证券从其交易对手手中买回的一种交易方式。

4. 银行承兑汇票是为方便商业交易而创造的，被广泛运用于国际结算中。

5. 商业票据是一种短期的无担保证券，是大公司为了筹集短期资金或弥补短期资金缺口，以贴现方式在货币市场发行的、承诺在将来的一定时期偿付证券本息的凭证。

6. 大额可转让定期存单的收益取决于三个因素：发行银行的信用评级、存单的期限及存单的供求量。

7. 货币市场基金是以货币市场工具为投资组合对象的追加型投资基金，收益较为稳定，风险较小。

## 【重要概念】

货币市场　　同业拆借市场　　证券回购　　出票　　承兑　　背书
商业票据　　大额可转让定期存单　　货币市场共同基金

## 【练习题】

1. 简述货币市场的基本特征与功能。
2. 同业拆借市场有哪些特点？
3. 简述商业票据的特性。
4. 商业票据的发行价格取决于哪几种因素？
5. 简述货币市场基金的作用。

# 第三章　债券市场

1. 熟悉债券的特征和分类。

2. 了解债券发行市场和流通市场的运作。

3. 理解国债、公司债的特征和分类，了解债券收益率的计算。

4. 了解金融债券市场。

## 开篇案例

## 2012 年我国债券市场发行状况

2012 年，债券市场累计发行人民币债券 8 万亿元，同比增加 2.4%。与上年相比，公司信用类债券发行量增加显著。截至 2012 年年末，债券市场债券托管量达 26 万亿元，其中，银行间市场债券托管量为 25 万亿元，同比增加 16.7%。2012 年，财政部通过银行间债券市场发行债券 1.7 万亿元（包括地方政府债券 2 500 亿元）；国家开发银行、中国进出口银行、中国农业发展银行在银行间债券市场发行债券 2.1 万亿元；商业银行等金融机构发行金融债券 4 034 亿元；资产支持证券试点范围进一步扩大，5 家金融机构先后获准在银行间市场发行资产支持证券，总计 193 亿元。公司信用类债券呈加速发展态势，全年共发行公司信用类债券 3.6 万亿元，同比增加 60.1%，其中超短期融资券 5 822 亿元，短期融资券 8 356 亿元，中期票据 8 453 亿元，中小企业集合票据 100 亿元（含中小企业区域集优票据 29 亿元），非公开定向债务融资工具 3 759 亿元，非金融企业资产支持票据 57 亿元，企业债券 6 499 亿元，公司债券 2 508 亿元。目前银行间债券市场的债券发行机构包括财政部、政策性银行、铁道部、商业银行、非银行金融机构、国际开发机构和非金融企业等各类市场参与主体，债券种类日趋多样化。

2012 年，银行间债券市场发行期限结构依然以中短期债券为主。期限 5 年以内的债券发行量占比 42.3%，比 2011 年下降 10.6%；期限 5 年（含）到 10 年的债券发行量占比 39.2%，比 2011 年增加 9.4%；期限 10 年（含）以上的债券发行量占比 18.5%，比 2011 年上升 1.2%。

### 案例导读

近年来，我国债券市场实现了快速发展。相关资料显示，截至 2013 年年底，公司信用类债券余额达 9.2 万亿元。债券市场在拓宽投融资渠道、服务实体经济发展、提高直接融资比重、分散金融风险等方面发挥了重大作用。2014 年 5 月,《关于进一步促进资本市场健康发展的若干意见》中再次强调发展债券市场对于我国建立多层次资本市场的重要性,并筹划发行地方债券,在进一步扩大债券市场规模的同时,更加充分地发挥债券市场在国民经济和社会发展中的重要作用。

# 第一节　债券市场概述

债券作为金融市场第一大融资工具,它不仅是发行主体在不影响股权结构和规模的前提下筹集资金的重要手段,更是证券市场中重要的投资工具。与股票相比,债券[①]具有风险低、安全性高、收益稳定的特征,是金融机构进行流动性管理和取得固定收益的主要投资工具,无论是从发行规模、交易量,还是市场活跃度、资源配置效率来说,债券市场对社会经济发展所起的作用并不逊色于股票市场。

近年来,我国债券市场实现了快速发展。相关资料显示,截至 2013 年年底,公司信用类债券余额达 9.2 万亿元。债券市场在拓宽投融资渠道、服务实体经济发展、提高直接融资比重、分散金融风险等方面发挥了重要作用。

## 一、债券的定义及其特征

债券是一种有价证券,是筹资者(债务人)向投资者(债权人)出具的承诺在一定期限还本付息的债务凭证。从法律关系来讲,债券是一种债权债务关系的证明书,享有权利的人称为债权人,负有义务的人称为债务人,债权人所享有的要求债务人履行义务的权利就是债权,债务人按照合同的约定或依照法律的规定应该履行的义务就是债务。

### (一)债券的基本要素

债券同时也是一种凭证,可以转让的债权债务凭证。一般而言,债券票面必须具备以下几个基本要素:

(1)发行人名称。发行人名称指明债券的债务主体,为债权人到期追回本金和利息提供依据。

(2)票面价值。票面价值又称为面值,是发行人对债券持有人在债券到期后应偿还的本金数额,也是发行人向债券持有人按期支付利息的计算依据。债券的面值与债券实际的发行价格并不一定是一致的,发行价格大于面值称为溢价发行,小于面值称为折价发行。

(3)偿还期。偿还期是指发行人明确偿还债券本金的期限。

(4)票面利率。票面利率是指债券利息与债券面值的比率,是发行人承诺在将来的一定时期支付给债券持有人报酬的计算标准。

---

[①] 根据期限划分,债券可以分为短期和中长期两种类型,1 年期以下称为短期债券,属于货币市场工具,1 年期以上的中长期债券属于资本市场工具。基于债券的共性特征,以及便于教材的体系结构安排,我们把本属于货币市场工具的短期债券归入债券市场一并讲述。

（5）付息方式。债券付息方式有多种，可以是到期支付、分期支付，或者是附息债券、零息债券，等等，是发行人在发行时约定的支付债权人的利息的方式。

### （二）债券的特征

债券作为一种债权债务凭证，与其他有价证券一样，也是一种虚拟资本，它是经济运行中实际运用的真实资本的证书。债券具有四个特征：偿还性、流动性、安全性、收益性。

（1）偿还性，是指债券通常规定有偿还期限，借方不能无限期占用贷方的资金。一般地，偿还期限在 1 年以内的，称为短期债券；偿还期限在 1～10 年的，称为中期债券；偿还期限在 10 年以上的，称为长期债券。有的长期债券期限很长，如耶鲁大学于 1996 年发行的"跨世纪债券"，100 年到期。历史上曾有过永久债券，它是一种没有到期日的特殊的定息债券，又称为统一公债，这种公债券永不偿还，但是按期付息。

（2）流动性，是指债券持有人可以在市场灵活转让债券，以实现其变现的目的。债券流动性的大小既取决于市场的发达程度，即变现的可能性，也取决于债券本身的期限、资信等状况。

（3）安全性，是指债券收益相对稳定的特征，发行者经营收益的变化对投资者的收益的影响程度较小，一般情况下，债券的本息均可按期收回。导致债券安全性降低的原因主要有两个：一是指债务人因为经营不善或者其他原因导致的信用风险，无法履行债务责任，即不能充分和按时还本付息；二是指市场风险，债券在市场上转让发生困难，或者因为债券价格波动过大而使投资者比较容易遭受价格损失，如市场利率的波动常常使得债券在转让时价格出现不确定性。

（4）收益性，是指债券能为持有人因为推迟消费而获得一定的货币时间成本补偿报酬。此报酬包括利息收入和资本损益两部分。利息收入是时间成本的补偿，资本损益即投资方（贷方）到期收回的本金与买入债券的差价收入或中途转让债券与买入债券的价差收入。

## 二、债券的分类

债券是金融市场中历史最为悠久的有价证券，世界最早的债券发行于 12 世纪的威尼斯共和国。现今世界各国发行的债券品种琳琅满目，数不胜数。各种债券构成了一个完整的债券体系。依据不同的标准，债券可以有多种分类方法。

### （一）按发行主体划分

#### 1．政府债券

政府债券是政府为筹集资金而发行的债券，主要包括国债、地方政府债券等，其中最主要的是国债。国债因其信誉好、利率优、风险小，因而又被称为"金边债券"。除了政府直接发行的债券外，有些国家把政府担保的债券也划归为政府债券体系，称为政府保证债券。这种债券由一些与政府有直接关系的公司或金融机构发行，并由政府提供担保。

中国历史上发行的国债品种主要有国库券和国家债券，其中国库券自 1981 年后基本上每年都发行，主要对企业、个人等；国家债券曾经发行国家重点建设债券、国家建设债券、财政债券、特种债券、保值债券、基本建设债券，这些债券大多对银行、非银行金融机构、企业、基金等定向发行。

### 2．公司（企业）债券

在国外，没有企业债和公司债的划分，统称为公司债。在我国，企业债券是按照《企业债券管理条例》规定发行与交易、由国家发展与改革委员会监督管理的债券，在实际中，其发债主体为中央政府部门所属机构、国有独资企业或国有控股企业，因此，它在很大程度上体现了政府信用。公司债券管理机构为中国证券监督管理委员会，发债主体为按照《中华人民共和国公司法》设立的公司法人，在实践中，其发行主体为上市公司，其信用保障是发债公司的资产质量、经营状况、盈利水平和持续盈利能力等。公司债券在证券登记结算公司统一登记托管，可申请在证券交易所上市交易，其信用风险一般高于企业债券。2008 年 4 月 15日起施行的《银行间债券市场非金融企业债务融资工具管理办法》进一步促进了企业债券在银行间债券市场的发行。

### 3．金融债券

金融债券是由银行和非银行金融机构发行的债券。金融机构因为对资金的需求量比较大，同时具有较好的资金运用和管理能力，债券的特征较好地满足了其对资本和流动性要求，债券成为其筹资的主要方式。由于金融机构一般有雄厚的资金实力，信用度较高，其发行的债券具有不同于其他公司企业的共性，所以将其称为金融债券。

## （二）按财产担保划分

### 1．抵押债券

抵押债券是以发行人财产作为担保发行的债券，按抵押品的不同又可以分为一般抵押债券、不动产抵押债券、动产抵押债券和证券信托抵押债券。以不动产如房屋等作为担保品，称为不动产抵押债券；以动产如适销商品等作为抵押品称为动产抵押债券；以有价证券如股票作为担保品的，称为证券信托债券。一旦债券发行人违约，信托人就可将担保品变卖处置，以保证债权人的优先求偿权。

### 2．信用债券

信用债券是不以任何公司财产作为担保，完全凭信用发行的债券。政府债券属于此类债券。这种债券由于其发行人的绝对信用而具有坚实的可靠性。除此之外，一些公司也可发行这种债券，即信用公司债。与抵押债券相比，信用债券的持有人承担的风险较大，因而往往要求较高的利率。为了保护投资人的利益，发行这种债券的公司往往受到种种限制，只有那些信誉卓著的大公司才有资格发行。除此以外，在债券契约中都要加入保护性条款，如不能将资产抵押给其他债权人、不能兼并其他企业、未经债权人同意不能出售资产、不能发行其他长期债券等。

## （三）按债券形态分类

### 1．实物债券（无记名债券）

实物债券是一种具有标准格式实物券面的债券。它与无实物债券相对应，简单地说，就是发给投资者的债券是纸质的而非计算机里的数字。在其券面上，一般印制了债券面额、债券利率、债券期限、债券发行人全称、还本付息方式等各种债券票面要素。其不记名、不挂失、可上市流通。实物债券是一般意义上的债券，很多国家通过法律或者法规对实物债券的格式予以明确规定。实物债券由于其发行成本较高，将会被逐步取消。

### 2. 凭证式债券

凭证式债券是指国家采取不印刷实物券，而用填制"国库券收款凭证"的方式发行的国债。我国从 1994 年开始发行凭证式国债。凭证式国债具有类似储蓄，又优于储蓄的特点，通常被称为"储蓄式国债"，从购买之日起计息，可记名、可挂失，但不能上市流通。与储蓄类似，但利息比储蓄高。

### 3. 记账式债券

记账式债券指没有实物形态的票券，以计算机记账方式记录债权，通过证券交易所的交易系统发行和交易。我国通过沪、深交易所的交易系统发行和交易的记账式国债就是这方面的实例。如果投资者进行记账式债券的买卖，就必须在证券交易所设立账户。所以，记账式国债又称无纸化债券。

记账式国债购买后可以随时在证券市场上转让，流动性较强，就像买卖股票一样，当然，中途转让除可获得应得的利息外（市场定价反映），还可以获得一定的价差收益。

由于记账式国债发行和交易均无纸化，交易效率高，成本低，是未来债券发展的趋势。

记账式国债与凭证式国债有何区别？

（1）在发行方式上，记账式国债通过计算机记账、无纸化发行，而凭证式国债是通过纸质记账凭证发行。

（2）在流通转让方面，记账式国债可自由买卖，流通转让较方便、快捷。凭证式国债只能提前兑取，不可流通转让，提前兑取还要支付手续费。

（3）在还本付息方面，记账式国债每年付息，可当日通过计算机系统自动到账，凭证式国债是到期后一次性支付利息，客户需到银行办理。

（4）在收益性上，记账式国债要略好于凭证式国债，通常记账式国债的票面利率要略高于相同期限的凭证式国债。

## （四）按付息的方式划分

### 1. 零息债券

零息债券，也叫贴现债券，是指债券券面上不附有息票，在票面上不规定利率，发行时按规定的折扣率，以低于债券面值的价格发行，到期按面值支付本息的债券。从利息支付方式来看，贴现债券以低于面额的价格发行，可以看作利息预付，因而又可称为利息预付债券、贴水债券。零息债券是期限比较短的折现债券。

### 2. 定息债券

定息债券又称固定利率债券，是将利率印在票面上并按期向债券持有人支付利息的债券，利率不随市场利率的变化而调整。

### 3. 浮息债券

浮息债券又称浮动利率债券，债券的息票率随市场利率变动而调整。因为浮动利率债券的利率同市场利率挂钩，而市场利率又受通货膨胀率的影响，所以浮动利率债券可以较好地抵制通货膨胀风险。其利率通常根据市场基准利率加上一定的利差来确定。浮动利率债券往往是中长期债券。

## 专栏 3-1

**我国固定利率债券的发行**

债券交易流通要素公告【2006】第 376 号（06 国债 16）

根据中国人民银行关于全国银行间债券市场债券上市的有关规定，现将财政部 2006 年记账式（十六期）国债交易流通日期及债券代码等要素公布如表 3-1 所示。

表 3-1　财政部 2006 年记账式（十六期）国债交易流通日期及债券代码

| 债券名称 | 2006 年记账式（十六期）国债 | 债券简称 | 06 国债 16 |
|---|---|---|---|
| 债券代码 | 060016 | 发行总额 | 300 亿元 |
| 债券期限 | 10 年 | 票面利率 | 2.92% |
| 计息方式 | 附息式（固定利率） | 付息频率 | 6 月/次 |
| 发行日 | 2006/09/25 | 起息日 | 2006/09/26 |
| 债权债务登记日 | 2006/09/29 | 交易流通起始日 | 2006/10/09 |
| 交易流通终止日 | 2016/09/21 | 兑付日 | 2016/09/26 |

注：本期国债为跨市场交易债券，通过全国银行间债券市场、证券交易所市场发行。

### （五）按内含选择权划分

按内含选择权分类，债券可分为可赎回债券、偿还基金债券、可转换债券和附认股权证债券。

（1）可赎回债券，是指在债券到期前，发行人可以以事先约定的赎回价格收回的债券。公司发行可赎回债券主要是考虑到公司未来的投资机会和回避利率风险等问题，以增加公司资本结构调整的灵活性。发行可赎回债券定价和投资的关键是赎回期限和赎回价格的制定。

（2）偿还基金债券，要求发行人每年从盈利中提存一定比例存入信托基金，定期偿还本金，即从债券持有人手中购回一定量的本金的债券。这种债券与可赎回债券相反，其选择权在债券持有人一方。

（3）可转换债券，是指债券持有人依照法定程序发行，在一定时期内依据约定的条件，要求债券发行人将债券转换为公司的普通股份，若持有人不想转股，则可继续持有债券，发行人将按规定还本付息。可转换债券由于有可以将债券转换成股票的权益，因而有着与其他债券不同的构成要素：第一，需要标明转换期；第二，需要规定转换率。转换率，又称转股价格，是指债券转换成股票的价格比率。转换率的高低取决于债券面值、发行公司普通股现价及在转换期内的公司股价预期值。

（4）附认股权证债券，又称可分离债券，是指公司债券附有认股权证，持有人依法享有在一定期间内按约定价格（执行价格）认购公司股票的权利，是债券加上认股权证的产品组合。由于附认股权证债券的持有者将来有可能获得股票利差，所以其票面利率一般较普通公司债券低。

# 第二节　债券的发行与交易

债券发行市场，又称债券一级市场，是指发行人以借贷资金为目的，依照法律规定的程序向投资人要约发行代表一定债权和兑付条件的债券的法律行为，债券发行是证券发行的重要形式之一，是以债券形式筹措资金的行为过程，通过这一过程，发行者以最终债务人的身份将债券转移到它的最初投资者手中。债券发行是债券市场的基础环节，是债券流通市场的前提，没有发行市场就不可能有流通市场。

## 一、债券发行市场

### （一）发行条件

债券发行的条件指债券发行者发行债券筹集资金时所必须考虑的有关因素，具体包括发行额、面值、期限、偿还方式、票面利率、付息方式、发行价格、发行费用、有无担保等，由于债券通常是以发行条件进行分类的，所以，确定发行条件的同时也就确定了所发行债券的种类。

债券的发行者在发行前必须按照规定向债券管理部门提出申报书，发行者在申报书中所申明的各项条款和规定，就是债券的发行条件，其主要内容有：拟发行债券数量、发行价格、偿还期限、票面利率、利息支付方式、有无担保，等等。债券的发行条件决定着债券的收益性、流动性和安全性，直接影响着发行者的筹资成本和投资者的投资收益。对投资者来说，最为重要的发行条件是债券的票面利率、偿还期限和发行价格，因为它们决定着债券的投资价值，所以被称为债券发行的三大基本条件。而对发行者来说，除上述条件外，债券的发行数量也是比较重要的，因为它直接影响筹资规模。如果发行数量过多，就会造成销售困难，甚至影响发行者的信誉以及日后债券的转让价格。

对于购买债券的债权人而言，他们的投资行为必然面临着市场风险和信用风险，为了保障债券顺利发行，也是为了保护投资者利益，债券发行书一般附有限制性条款，它一般可以分为否定性条款和肯定性条款。

否定性条款是指不允许或者限制股东做某些事情的规定。最一般的限制性条款是有关债券清偿的，例如利息和对偿还基金的及时支付，如果公司在某一个时间点不能按期支付到期利息或者偿还基金，债券持有人有权要求公司立即偿还全部债务。

典型的限制性条款对追加债务、分红派息、运营资金水平与财务比率、使用固定资产抵押、变卖或者购置固定资产、租赁、改变投资方向等作出不同程度的限制。这些限制实际上是对公司设置某些权利的最高限度。

有些债券的限制还包括"交叉违约"条款，该条款规定，对于有多笔债务的公司，只要对其中一笔债务违约，即可视为对公司所有债务违约。

肯定性条款是指公司应该履行某些责任的规定，例如要求公司的运营资金、权益资本达到一定水平之上。这些肯定性条款可以理解为对公司设置的某些最低限度。

限制性条款是债权人维护自身利益，保护自己的投资而设定的对公司管理层的制约，同时也是经营者对债权人的承诺，所以公司必须严格遵守，否则可能会导致违约。一旦出现了公司违约的情况，并不是所有债权人都会急于追回全部债务，一般情况下会设法由债券受托管理人找出变通办法，要求公司改善经营管理。迫使公司破产清算是债权人的最后手段，对经营者和债权人而言只是一种不得已的选择。

### （二）债券发行方式

**1. 按照债券的发行对象，可分为私募发行和公募发行两种方式**

私募发行是指面向少数特定的投资者发行的债券，一般以少数关系密切的单位和个人为发行对象，不对所有的投资者公开出售，主要对象是以金融机构为主的机构投资者。私募发行一般多采取直接销售的方式，不经过证券发行中介机构，不必向证券管理机关办理发行注册手续，可以节省承销费用和注册费用，手续比较简便。但是私募债券不能公开上市，流动性差，利率比公募债券高，发行数额一般不大。

公募发行是指公开向广泛不特定的投资者发行债券。公募债券发行者必须向证券管理机关办理发行注册手续。由于发行数额一般较大，通常要委托证券公司等中介机构承销。公募债券信用度高，可以上市转让，因而发行利率一般比私募债券利率为低。

**2. 按照债券的获取方式分为代销、承购包销和招标拍卖**

代销发行是指债券发行者委托承销商代为推销债券。承销商如果在规定期限内未完成销售任务，可以将剩余部分退还给发行者，承销商不承担任何发行风险。采用代销方式发行债券，手续费一般较低。

承购包销是指由承销商先将发行的全部债券认购下来，并立即向发行人支付全部债券款项，然后再到二级市场销售。采用包销方式销售债券，承销者承担了全部发行风险，可以保证发行者及时筹集到所需要的资金，因而包销费用相对比较高。

招标拍卖方式发行，投资者可以两种方式来投标：①竞争性方式，竞标者报出认购债券的数量和价格（拍卖中长期国债时通常为收益率），所有竞标根据价格从高到低（或收益率从低到高）排队；②非竞争性方式，由投资者报出认购数量，并同意以中标的平均竞价购买。竞标结束时，发行者首先将非竞争性投标数量从拍卖总额中扣除，剩余数额分配给竞争性投标者。发行者从申报价最高（或从收益率最低）的竞争性投标开始依次接受，直至售完。当最后中标标位上的投标额大于剩余招标额时，该标位中标额按等比分配原则确定。

竞争性招标又可以分为单一价格（即"荷兰式"）招标方式或多种价格（即"美国式"）招标方式。按单一价格招标时，所有中标者都按最低中标价格（或最高收益率）获得债券。按多种价格招标时，中标者按各自申报价格（收益率）获得债券。非竞争性投标者则按竞争性投标的平均中标价格来认购。

在多种价格投标方式中，竞争性投标者竞价过高要冒认购价过高的风险，竞价过低又要冒认购不到的风险，从而可以约束投标者合理报价。而在单一价格招标方式中，所有中标者均按最低中标价格（或最高中标收益率）中标，各投标者就有可能抬高报价，从而抬高最后中标价。而非竞争性投标者多为个人及其他小投资者，他们不会因报价太低而冒丧失购买机会的风险，也不会因报价太高而冒高成本认购的风险。非竞争性投标方式认购的债券数额较少。在美国每个投标者最多只能申购 100 万美元，非竞争性申购量通常占总发行量的 10%~25%。

## 专栏 3-2

### 美国式招标和荷兰式招标的比较

美国式招标和荷兰式招标作为债券招标发行的两种主要方式，直接的区别在于中标价格的形成模式。进一步看，对中标的承销商而言，美国式招标形成的是差异的中标价格，也称多重价格招标，即中标人以各自的投标利率为最终中标利率；荷兰式招标则是单一价格招标，即所有中标人均以同一利率作为中标利率。两者的有效投标均以收益率由低到高的累加方式截止于招标发行量。美国式招标和荷兰式招标，作为两种被广泛运用且最基本、最典型的招标方式，成为招标方式分析的主要类型选择。

一般认为，就引导投标人报价方面，美国式最高、荷兰式最低。实际情况往往比较复杂，美国式或荷兰式究竟在当前的招标发行中起到怎样的作用，必须具体分析。

国内债券发行市场的实际运行表明，债券发行时所处的市场环境、机构投资者群体的结构特征、机构属性、投资者的职业素质、投资者的投标动机及发行的债券品种等因素，均可能对中标结果构成一定的影响。这些因素又与不同的招标方式结合，会生成有所差异的中标结果，从而影响发行成本。例如，在市场流动性充裕或过剩、利率持续走低的多头环境中，机构投资者（特别是某些大行）存在着较强的流动性管理的压力，由于投标人偏重完成投标量，此时选择荷兰式招标方式发行债券，就会引导投标人淡化对利率的考量，激活群体行为的羊群效应，有促进投标人报低投标利率的作用。市场曾发生过 15 年期国债的中标利率尚不及二级市场上剩余期限为 6 年的国债到期收益率，甚至还低于 5 年期银行存款利率的案例。

试想，上述情形中若选择的是美国式招标方式，会有什么不同呢？显然，美国式招标有引发投标人对中标收益率竞价博弈的作用，特别是当投标人所在机构有相应的内部考核机制，或投标人自身职业追求较高时，投标人势必会考虑自身中标收益率相对其他投标人的水平，这就能在一定程度上制约投标的盲目性，从而增加理性成分。如此，群体行为的羊群效应会明显降低，中标结果不太可能大幅偏离市场利率水平。

世界上实行招标发行的国家大部分采取的是多种价格的招标方式。但有采用单一价格招标的趋势，如美国就从 20 世纪 90 年代初期开始试行此方法。虽然招标理论是支持单一价格招标方式的，但实践过程中该方式并未体现出特别的优势。因此两种方式没有绝对的优劣。在不同的市场环境下，资金供需关系、市场参与人的结构和承销能力、市场特性等不同，根据发行人的要求，可以灵活使用这两种方式。

**3．按照债券的实际发行价格和票面价格的异同，债券的发行可分为平价发行、溢价发行和折价发行**

（1）平价发行。平价发行，指债券的发行价格和票面额相等，因而发行收入的数额和将来还本数额也相等。前提是债券发行利率和市场利率相同，这在西方国家比较少见。

（2）溢价发行。溢价发行，指债券的发行价格高于票面额，以后偿还本金时仍按票面额偿还。只有在债券票面利率高于市场利率的条件下才能采用这种方式发行。

（3）折价发行。折价发行，指债券发行价格低于债券票面额，而偿还时却要按票面额偿还本金。折价发行是因为规定的票面利率低于市场利率。

### （三）中国的债券发行市场

我国首次发行的债券是 1894 年清政府为支付甲午战争军费的需要，由户部向官商巨贾发行的，当时称作"息借商款"，发行总额为白银 1100 多万两。甲午战争后，清政府为交付赔款，又发行了公债，总额为白银 1 亿两。北洋政府、南京国民政府等先后发行了数十种债券。新中国成立后，中央人民政府曾于 1950 年 1 月发行了"人民胜利折实公债"，实际发行额折合人民币为 2.6 亿元。1954 年，我国又发行了"国家经济建设公债"，至 1968 年全部偿清。此后 20 余年内，我国未再发行任何债券，处于一个"既无外债，又无内债"的特殊时期。

1981 年 1 月 16 日，我国通过了《中华人民共和国国库券条例》，财政部为平衡财政预算，开始发行国库券。1987 年，为促进国家的基础设施建设，为大型项目筹集中长期建设资金，我国发行了 3 年期的重点建设债券。1989 年，银行实行保值贴补率政策后，财政部开始发行带有保值贴补的保值公债。计划发行额为 125 亿元，期限为 3 年，其年利率随银行 3 年期定期储蓄存款利率浮动，加保值贴补率，再外加 1 个百分点。1988 年，国家专业投资公司和石油部、铁道部也发行了总额为 80 亿元的基本建设债券。

1984 年，我国开始出现企业债券，当时主要是一些企业自发地向社会和企业内部职工筹资。1987 年，我国一些大企业开始发行重点企业债券。1988 年，重点企业债券改由各国家专业银行代理国家专业投资公司发行。以后，我国又陆续出现了企业短期融资债券、内部债券、住宅建设债券和地方投资公司债券。

1985 年，中国工商银行、中国农业银行开始在国内发行人民币金融债券。此后，各银行及信托投资公司相继发行了人民币金融债券。1994 年，随着各政策性银行的成立，政策性金融债券也开始诞生。1996 年，为筹集资金专门用于偿还不规范证券回购债务，部分金融机构开始发行特种金融债券。

1982 年，我国开始在国际资本市场发行债券，当年中国国际信托投资公司在东京发行了100 亿日元的武士债券。此后，财政部、银行与信托投资公司、有关企业等相继进入国际债券市场，在日本、美国、新加坡、英国、德国、瑞士等国发行外国债券和欧洲债券。

20 世纪 90 年代后，我国债券市场发行量逐年增大，债券品种也逐步丰富起来，市场化发行方式、利率结构等各方面都在不断改进，特别是国债市场有了长足的发展。

### 专栏 3-3

#### 债券的发行编码

债券的各种类型当中，国债的编码是最有规则的，以 1996 年为界，在这之前，深市国债的代码为"年号"（发行当年年份的末两位数）+"年限"，如深市国债 8410，就代表 1984 年发行的 10 年期国债；沪市国债的代码为"000"+"年限"+"年号"（发行当年年份的末两位数），如沪市国债000590，就代表1990年发行的5年期国债。从1996年开始，代码的末位数就不再代表年限，转而代表国债发行期数（1996年以前发行的国债其代码不变），如深市国债1968，就代表1996年发行的第8期国债；国债1995就代表1999年发行的5年期国债。沪市国债009703就代表1997年发行的第3期国债；沪市国债009908就代表1999年发行的第8期国债。

企业债券和金融债券的代码是根据该企业（或该金融机构）被批准发行债券的档次代号和该类债券当年发行的总期数来编排的，相对来说就显得不是很有规律。

## 二、债券流通市场

债券流通市场，又称债券二级市场，指已发行债券买卖转让的场所。债券一经认购，即确立了一定期限的债权债务关系，但通过债券流通市场，投资者可以转让债权。债券是金融市场最基础的交易工具，债券流通可以为市场投资者提供便捷安全的投融资工具，为金融机构提供流动性、风险、资产负债管理的良好工具，为央行宏观调控提供平台。

债券品种繁多，交易手段多样化，同时，作为一种基础金融工具，债券往往是金融市场创新的主阵地。一般而言，债券的交易方式主要有现货交易、信用交易、回购交易、期货交易、期权交易等。

（1）现货交易方式是指交易双方在成交后立即交割或在极短的期限内交割的方式。它是证券市场中最传统的一种方式，要求买方交割时支付现款，完成所有权的即期转移。

（2）信用交易又称保证金交易或垫头交易，是指交易人凭自己的信誉，通过缴纳一定数额的保证金取得经纪人信任，进行债券买卖的交易方式。信用交易可以扩大交易量，活跃资本市场，具有较强的杠杆作用，但也能加剧证券市场的动荡。

（3）回购交易可参考货币市场中回购市场部分的介绍。

（4）期货交易是指交易双方约定在将来某个时刻按照约定的价格完成交割的交易方式。期货交易的主要作用在于保值和投机。通过对未来行市涨跌的预测，交易者可以做多头或空头来转移风险或获利。

（5）期权是指持有期权者可在规定的时间里，按双方约定的价格，购买或出售一定规格的金融资产的权利。期权交易就是对一定期限内买卖金融资产选择权的交易。

# 第三节　政府债券市场

政府债券是国家为了筹借资金而发行的、承诺在一定时期支付利息和到期偿还本金的债务凭证。广义的政府债券属于公共部门的债务，狭义的政府债券属于政府部门的债务，狭义的政府债券的发行有财政收入作为偿还保证。一般所指的政府债券大多是狭义的，即政府的债务。根据政府债券发行主体的不同，政府债券又可以分为中央政府债券和地方政府债券，其中中央政府发行的债券又称为国债。

政府债券体现的是政府信用，由于政府信用是信用等级最高的，所以政府债券常被称为

"金边债券"。政府债券除了比一般的公司债券安全性更高、流动性更强、收益更稳定之外，还有一个好处就是它的免税待遇，政府债券利息收入可免缴个人所得税。

# 一、国债

国债是中央政府发行并负责偿还的债务凭证。一般而言，由财政部代表中央政府，财政部发行的债券就是国债。由于国债得到政府的完全保证和信用支持，因而被市场参与者认为是没有信用风险的。

一般而言，国债在各国金融市场，乃至世界金融市场上具有突出的地位，这种地位来源于两个因素：数量和流动性。各国政府往往是各国最大的债务人，巨大的债务总量和每次发行的巨大规模使国债市场具有其他市场所无法比拟的良好流动性，市场的买卖差价也明显低于债券市场的其他部分。

## （一）发行国债的目的

发行国债大致有以下几种目的。

（1）在战争时期为筹措军费而发行战争国债。在战争时期军费支出额巨大，在没有其他筹资办法的情况下，即通过发行战争国债筹集资金。发行战争国债是各国政府在战时通用的方式，也是国债的最先起源。

（2）为平衡国家财政收支、弥补财政赤字而发行赤字国债。一般来讲，平衡财政收支可以采用增加税收、增发通货或发行国债的办法。以上三种办法比较，增加税收是取之于民用之于民的做法，固然是一种好办法。但是增加税收有一定的限度，如果税赋过重，超过了企业和个人的承受能力，将不利于生产的发展，并会影响今后的税收。增发通货是最方便的做法，但是此种办法是最不可取的，因为用增发通货的办法弥补财政赤字，会导致严重的通货膨胀，其对经济的影响最为剧烈。在增税有困难，又不能增发通货的情况下，采用发行国债的办法弥补财政赤字，还是一项可行的措施。政府通过发行债券可以吸收单位和个人的闲置资金，帮助国家度过财政困难。但是赤字国债的发行量一定要适度，否则会造成严重的通货紧缩。

（3）国家为筹集建设资金而发行建设国债。国家要进行基础设施和公共设施建设，需要大量的中长期资金，通过发行中长期国债，可以将一部分短期资金转化为中长期资金，用于建设国家的大型公共项目，以促进经济长期健康发展。

（4）为偿还到期国债而发行借换国债。在偿债的高峰期，为了解决偿债的资金来源，国家通过发行借换国债，用以偿还到期的旧债，可以减轻和分散国家的还债负担。

## 专栏 3-4

### 汉密尔顿和美国国债

美国经济史学家，《伟大的博弈》一书的作者约翰·戈登如此描述了国债对于美国的意义："18世纪70年代，国债帮助我们赢得独立。18世纪80年代～19世纪60年代，国债为美利坚赢得最高的信用评级，欧洲资金得以滚滚流入美国，协助美国经济快速成长。19世纪60

年代，我们凭借国债拯救合众国。20 世纪 30 年代，我们凭借国债拯救美国经济。20 世纪 40 年代，我们凭借国债拯救全世界。毫无疑问，汉密尔顿完全正确，美国国债不仅是美利坚无与伦比的福音，而且是全人类无与伦比的福音。"

不过，爽快借钱的美国人忘记了，汉密尔顿在更早以前就曾说过的前提——"国债如果不太多的话，将是对国家的恩赐"。现在，标准普尔恰恰认为，美国借的钱实在是太多了。仅仅是国债，美国就已经上百次地提高了债务上限。从 20 世纪 80 年代到现在，国债上限已从 1 万亿美元左右，提升到了 16.3 万亿美元。

在美国的诸多开国元勋中，亚历山大·汉密尔顿恐怕是最具有争议，但也最具经济、政治和军事才能的人物了。

他出生于美国本土之外，但是后来做到了美国的第一任财政部长并创立中央银行。他曾是华盛顿最得力的助手，但是后来却用恶语攻击华盛顿。作为一个党派的领袖，他曾极度想拉拢第二任总统亚当斯，但是后来却幕后操作致使亚当斯的第二届选举失败。他与另一个党派的领袖杰斐逊势如仇敌，致使杰斐逊辞退国务卿职务挂冠而去。他的死也非常具有轰动效应，在杰斐逊担任总统期间，血气方刚的汉密尔顿与副总统阿龙·伯尔在曼哈顿决斗而死。

汉密尔顿最具有天才性，也最让美国受益无穷的创意就是美国国债整理。在美国独立战争胜利以后，美国的 13 个州因战争拖欠了大批外债。刚刚组建的联邦政府国库亏空，毫无国际信誉可言。在各州都无力还债的时候，汉密尔顿建议联邦政府统一承担并偿还所有州的外债。汉密尔顿目的很明确：只有建立统一的国债系统，美国才能在国际上建立信誉。

美国当时欠欧洲债主（主要为法国政府和荷兰银行家）1 170 万美元、欠英国债主 4 040 万美元，另外，在战争期间举借了 2 500 万美元国家债务。单纯利息一项就超过当时美国政府年度预算 7 倍以上。

1772 年，当汉密尔顿从西印度群岛移居纽约的时候，他还是一个身无分文、举目无亲的年轻人。他在 26 岁成了华盛顿的侍从武官。时值独立战争中，战事吃紧，而汉密尔顿就是在这样的情况下写了两封信函。一封信写给他的朋友、众议员詹姆斯·杜安，提议通过美国宪法——这比制宪会议的召开还要早 6 年。第二封写给财务总长罗伯特·莫里斯，为新政府的经济计划建言。汉密尔顿认识到，要想获得独立，必须解决财政危机，而要想解决财政危机必须进行宪政改革。

汉密尔顿认识到，国债的另一个好处是如果国家适当资助债务利息，它就没有必要偿还本金。债权人将很乐意展期投资于收益稳定并有利可图的政府债券。再者——这也是汉密尔顿的远见卓识之处——如果定期支付利息，并且每个人都认为会如此，那么基础证券将获得稳定的价格。它将成为一种流动资本——由于金银交易在运输和使用方面费用高昂，国债不失为一种"福音"。

汉密尔顿的提议在 1790 年 6 月底在国会获得通过。 7 年后，汉密尔顿如愿以偿。宪法第一条第八款指明了赋予国会的权力，其中第一项指出，国会有权"规定并征收税金……用以偿付美国国债"。

新宪法一经公布，甚至在正式批准之前，纽约和海外投机商们就开始大量买进美国证券。截至 1797 年，美国证券的风险溢价甚至曾一度低于英国证券。正如汉密尔顿所言，妥善管理的公共债务确实是国家的福音，因为它让美国能够以世界最低利率借款，让美元成为世界储备货币。

### （二）国债的特征

国债与其他投资品相比，具有以下显著的特点：

（1）安全性。发债主体的性质决定了它具有其他任何种类债券都无法比拟的安全性，国债是最高信用级别的债券，因此被形象地称为金边债券。

（2）流动性国债不论是现货交易，还是在国债现货基础上的资金融通交易量都很大，流通极为便利。

（3）稳定的收益。我国的国债票面利率基本上都高于银行同期存款利率，投资国债可以获得较高的稳定收益。

（4）免税特征。投资者在付息日或买入国债后持有到期时取得的利息收入，以及在付息日或持有国债到期之前交易取得的利息收入，免征所得税，这是国债不同于其他债券的显著特征。

### （三）国债的期限与分类

由于发行者主权地位的确定性和其他条件的一致性，国债一般是按照期限分类。国债通常按偿还期限的长短划分为短期国债、中期国债和长期国债。不过各个国家所确定的国债期限长短不尽相同。短期国债（又称为国库券）的期限通常为 3 个月、6 个月、9 个月、12 个月；美国的中期国债期限为 2~10 年；日本的中期国债期限为 2~5 年，我国的中期国债期限为 2~5 年；美国的长期国债期限在 10 年以上，我国则把期限在 5 年以上的国债称为长期国债。目前世界上长期国债期限最长的是 50 年，日本、法国、意大利、英国等先后发行了期限达 50 年的国债，美国、荷兰发行了 30 年期的国债。目前中国期限最长的是银行间国债市场上的 30 年期国债。

在国债发行史上还曾经出现过一种无期国债，这种国债并未规定还本期限，持有人除按索取利息之外，无权要求清偿，例如英国的统一公债。

### （四）国债的收益率计算

以 1 年期内短期国债——国库券为例，按照不同惯例计算收益率有几种计算方法：

$P$ 表示国库券的价格、$n$ 表示国库券按天计算的到期时间，$t$ 表示国库券按年计算的到期时间。

贴现收益率：
$$r_{DY} = \frac{100-P}{100} \times \frac{360}{n}$$

等价收益率：
$$r_{EY} = \frac{100-P}{P} \times \frac{365}{n}$$

有效年收益率：
$$r_{EAR} = \left(1 + \frac{100-P}{P}\right)^{365/n} - 1$$

例题：

假设年限为半年（以 182 天计算），票面价值为 100 元的国库券，售价为 96 元，则：

年收益率：

投资额：96元 折现收益：4元

贴现收益率：
$$r_{DY} = \frac{4}{100} \times \frac{360}{182} = 7.91\%$$

等价收益率：
$$r_{EY} = \frac{4}{96} \times \frac{365}{182} = 8.02\%$$

有效年收益率：
$$r_{EAR} = \left(1 + \frac{4}{96}\right)^{\frac{365}{182}} - 1 = 8.53\%$$

三种计算方法得出不同的年收益率。一般来说，国库券收益率的计算较多采用贴现收益率公式（贴现收益与票面价值的比例按单利转化得到的年收益率）。这个计算方法存在三个问题：一年以360天，而不是365天计算；单利而不是复利；计算时使用的是面值而不是购买价格。

在国库券交易市场，往往并不直接告诉债券价格，而是以贴现收益率来反映。如果知道了贴现收益率，我们就能够计算国库券的市场价格：

$$P = 100 - 100 \times r_{DY} \times \frac{n}{360}$$

例题：根据国库券发行行情表，到期日为2006年12月8日的国库券还有92天到期，出价的贴现收益率为5.11%，要价的贴现收益率为5.10%，那么：

交易商的出价为：
$$P_{Bid} = 100 - 100 \times 5.11\% \times \frac{92}{360} = 98.68(元)$$

交易商的要价为：
$$P_{Asked} = 100 - 100 \times 5.10\% \times \frac{92}{360} = 98.70(元)$$

因为交易商要通过差价赚钱，所以我们可以通过价格判断98.70元为客户买入价。

在美国还有通货膨胀保护国债，主要是针对中长期国债，使保护投资者不会因为通货膨胀而遭受损失，在其收益的计算中，首先将通货膨胀率考虑，再计算债券收益。

例如，在2000年年初，美国财政部发行了10年期通货膨胀保护国债，面值为1 000美元，息票率为3%，每年付息一次。假设2000年和2001年美国的通货膨胀率分别是2%和1.5%，那么，投资者在2001年和2002年的收益是多少？

调整之后的面值为：
$$FV_{2001} = 1\,000 \times (1 + 2\%) = 1\,020(元)$$
$$FV_{2002} = 1\,020 \times (1 + 1.5\%) = 1\,035.30(元)$$

投资者的利息收入为：
$$C_{2001} = 1\,020 \times 3\% = 30.60(元)$$
$$C_{2001} = 1\,035 \times 3\% = 31.06(元)$$

由于通货膨胀保护国债考虑了通货膨胀因素，降低了投资风险，所以，相对息票率要比普通国债低。

## 专栏 3-5

2013年6月28日国债交易行情如表3-2所示。

表 3-2 2013 年 6 月 28 日国债交易行情

| 名称 | 代码 | 全价 | 净价 | 期限/年 | 剩余期限/天 | 应计利息/元 | 应计天数/天 | 付息方式 | 年利率(%) | 到期收益率(%) | 修正久期 | 凸性 |
|---|---|---|---|---|---|---|---|---|---|---|---|---|
| 03 国债(8) | 010308 | 102.26 | 99.90 | 10.00 | 81 | 2.3581 | 285 | 按年付息 | 3.02 | 3.36 | 0.21 | 0.25 |
| 12 国债 19 | 019219 | 101.95 | 99.90 | 1.00 | 112 | 2.0459 | 254 | 到期一次还本付息 | 2.94 | 3.18 | 0.30 | 0.38 |
| 21 国债(7) | 010107 | 106.78 | 105.04 | 20.00 | 2 953 | 1.7390 | 149 | 半年付息 | 4.26 | 3.54 | 6.73 | 53.87 |
| 国债 917 | 101917 | 106.04 | 104.30 | 20.00 | 2 953 | 1.7390 | 149 | 半年付息 | 4.26 | 3.64 | 6.72 | 53.76 |
| 05 国债(1) | 010501 | 104.17 | 102.70 | 10.00 | 610 | 1.4719 | 121 | 半年付息 | 4.44 | 2.77 | 1.58 | 3.36 |
| 13 国债 02 | 019302 | 100.95 | 99.70 | 1.00 | 203 | 1.2549 | 163 | 到期一次还本付息 | 2.81 | 3.30 | 0.54 | 0.81 |
| 02 国债 (13) | 010213 | 98.63 | 97.91 | 15.00 | 1 544 | 0.7195 | 101 | 半年付息 | 2.60 | 3.13 | 3.94 | 18.04 |
| 国债 0213 | 100213 | 97.91 | 97.19 | 15.00 | 1 544 | 0.7195 | 101 | 半年付息 | 2.60 | 3.31 | 3.93 | 18.00 |
| 03 国债(3) | 010303 | 98.80 | 98.12 | 20.00 | 3 578 | 0.6800 | 73 | 半年付息 | 3.40 | 3.63 | 8.20 | 78.58 |
| 国债 0303 | 100303 | 98.73 | 98.05 | 20.00 | 3 578 | 0.6800 | 73 | 半年付息 | 3.40 | 3.64 | 8.20 | 78.57 |
| 05 国债(4) | 010504 | 103.96 | 103.45 | 20.00 | 4 336 | 0.5067 | 45 | 半年付息 | 4.11 | 3.75 | 9.35 | 105.00 |
| 05 国债 (12) | 010512 | 100.05 | 99.60 | 15.00 | 2 695 | 0.4500 | 45 | 半年付息 | 3.65 | 3.71 | 6.39 | 47.37 |

## 二、地方政府债券

地方政府债券是指某一国家中有财政收入的地方政府或地方公共机构发行的债券。地方政府债券一般用于交通、通信、住宅、教育、医院和污水处理系统等地方性公共设施的建设。地方政府债券一般也是以当地政府的税收能力作为还本付息的担保。地方发债有两种模式，第一种为地方政府直接发债；第二种是中央发行国债，再转贷给地方，也就是中央发国债之后给地方用。在某些特定情况下，地方政府债券又被称为"市政债券"。 同政府公债一样，地方债券的期限也分为长期、中期、短期 3 种，以便于投资者进行债券到期结构的搭配，确保完全和较高的收益水平。地方债券按照发行的部门及收益水平分为：普通责任债券、收益债券、工业收益债券及有限责任公债等。

### （一）地方政府债券的一般特征

同中央政府发行的国债一样，地方政府债券一般也是以当地政府的税收能力作为还本付息的担保。正因为如此，国外没有将一般责任债券和收益债券构成的集合称为地方政府债券，而是市政债券。因此，如果将来地方政府可以获准发行财政债券，应该将其与中央政府债券一并纳入政府债券即公债的范围进行统一管理和规范，而不宜教条地与市政企业收益债券一起形成市政债券范畴。

地方政府债券的安全性较高，被认为是安全性仅次于"金边债券"的一种债券，而且，投资者购买地方政府债券所获得的利息收入一般都免缴所得税，这对投资者有很强的吸引力。

目前全世界已有多个国家实行地方政府债券模式，其中美国和日本的地方政府债券发行规模最大，发行模式也最具代表性：美国的市政债券代表着分权制国家的地方债券市场制度；日本的地方政府债券则代表了集权制国家的地方债券市场制度。此外，近年来在欧洲、阿根廷和巴西等国家和地区，地方政府债券市场也已具备一定规模。

### （二）地方政府债券在我国的发展

中国的地方政府债券最早出现在中华人民共和国成立初期，1981 年恢复国债后地方债券就停止发行。20 世纪 80 年代末至 90 年代初，许多地方政府为了筹集资金修路建桥，都曾经发行过地方债券。有的甚至是无息的，以支援国家建设的名义摊派给各单位，更有甚者就直接充当部分工资。但到了 1993 年，这一行为被国务院制止了，原因是对地方政府承付的兑现能力有所怀疑。此后颁布的《中华人民共和国预算法》第 28 条，明确规定"除法律和国务院另有规定外，地方政府不得发行地方政府债券"。"地方政府债券"的禁令一直保持至 2009 年。

2009 年 2 月 17 日，在北京举行的十一届全国人大常委会第十八次委员长会议听取了《国务院关于安排发行 2009 年地方政府债券的报告》有关情况的汇报。确定由财政部代理发行的 2000 亿地方债券分配方案，四川、河北、新疆、安徽、云南、广西、陕西、宁夏、贵州、辽宁、广东获得配额。

2011 年财政部再次代理黑龙江、江苏、宁波、安徽、湖北、湖南省发行地方债券。

2014 年上海、浙江、广东、深圳、江苏、山东、北京、江西、宁夏、青岛试点地方政府债券自发自还。同时，财政部与国家税务总局发布关于地方政府债券利息免征所得税问题的通知，通知称对企业和个人取得的 2012 年及以后年度发行的地方政府债券利息收入，免征企业所得税和个人所得税。

### （三）地方政府发行债券的利弊分析

相对于西方资本主义国家，我国地方政府债券发行的历史比较曲折，个中缘由十分复杂，即使在当前背景下允许部分地方政府债券自发自还，中央政府政策实施仍然十分谨慎。在我国政治经济体制条件下，发行地方政府债券有利有弊。

从有利方面来说，允许地方政府发行债券，无疑解决了地方政府财政吃紧的问题。地方政府可以根据地方人大通过的发展规划，更加灵活地筹集资金，解决发展中存在的问题。更主要的是，由于地方政府拥有了自筹资金、自主发展的能力，中央政府与地方政府之间的关系将会更加成熟，地方人大在监督地方政府方面将会有更高的积极性，中国的宪政体制将会得到进一步巩固。

其弊端也是显而易见的，地方政府发行债券筹集资金总额面临着《预算法》的制约。地方政府发行债券将会产生一系列法律问题，如果没有严格的约束机制，一些地方政府过度举债之后，将会出现破产问题。而我国目前尚未对政府破产作出明确规定，一旦地方政府破产，中央政府将承担怎样的责任，地方人大将对此有什么制度安排，所有这一切都必须通盘考虑。

# 第四节 公司债券市场

公司债券①是指公司依照法定程序发行的，约定在一定期限还本付息的有价证券。公司债券是公司债的表现形式，基于公司债券的发行，在债券的持有人和发行人之间形成了以还本付息为内容的债权债务法律关系。因此，公司债券是公司向债券持有人出具的债务凭证。

## 一、公司债券的特征

公司债券的特征。

（1）公司债券是要式有价证券。要式证券是指应记载一定的事项，其内容应全面真实的证券，这些事项往往通过法律形式加以规定。

（2）公司债券是融资证券。融资证券是相对于融券证券而言的，是证券发行者通过发行证券获得资金，形成的一种债权债务关系。融券是一种反向债权债务关系。

（3）公司债券是流通证券，可以转让、抵押而流转。

（4）公司债券是证权证券。证券可以分为设权证券和证权证券。证权证券是指证券是权利的一种物化的外在形式，它是权利的载体，权利是已经存在的；设权证券是指证券所代表的权利本来不存在，而是随着证券的制作而产生，即权利的发生是以证券的制作和存在为条件的。债券的本质是证明债权债务关系的证书，在债务债权关系建立时所投入的资金已被债务人占用，债券是实际运用的真实资本的证书。债券证明了债权人的权利，所以是证权证券。

（5）与其他债券相比，公司债券风险较高、收益较高，对于某些债券而言，发行者与持有者之间可以相互给予一定的选择权。

## 二、公司债券的分类

公司债券种类繁多，通常可以分为以下几类。

**1. 按发行债券的目的可分为普通公司债券、改组公司债券、利息公司债券和延期公司债券。**

（1）普通公司债券，即以固定利率、固定期限为特征的公司债券。这是公司债券的主要形式，目的在于为公司扩大生产规模提供资金来源。

（2）改组公司债券，是为清理公司债务而发行的债券，也称为以新换旧债券。

（3）利息公司债券，也称为调整公司债券，是指面临债务信用危机的公司经债权人同意而发行的较低利率的新债券，用以换回原来发行的较高利率债券。

（4）延期公司债券，指公司在已发行债券到期无力支付，又不能发新债还旧债的情况下，在征得债权人同意后，可延长偿还期限的公司债券。

---

① 长期以来，我国对企业债和公司债券的内涵并没有进行严格区分，从发行主体来看，公司是企业组织形式的一种，所以公司债券被纳入为企业债券的一种，企业债券和公司债券的管理体制和监管部门没有分离。在2006年的全国金融工作会议上，国家首次对企业债和公司债券加以区分，把以企业信用为基础，在证券监管机构监管下，经营非特许业务的上市公司发行的债券列为公司债券，由国家发改委负责原有企业债券的发行和管理，而将公司债券的发行和监管职能赋予证监会。

**2．按抵押担保状况分为信用债券、抵押债券、担保信托债券和设备信托债券。**

（1）信用债券是指没有抵押品，完全靠公司良好的信誉而发行的债券，其持有者的求偿权排名在抵押债权人对抵押物的求偿权之后，对未抵押的公司资产有一般求偿权，即与其他债权人排名相同。通常只有经济实力雄厚、信誉较高的企业才有能力发行这种债券，而且相比其他公司债券，信用债券期限较短，收益率较高。

（2）抵押债券是以土地、房屋等不动产为抵押品而发行的公司债券，也称固定抵押公司债券。如果公司不能按期还本付息，债权人有权处理抵押品。抵押债券也可以称为是赋予债券持有者对被抵押资产的置留权。在以同一不动产为抵押品多次发行债券时，应按照发行顺序分为第一抵押债券和第二抵押债券，前者对抵押品具有第一置留权，首先得到清偿；后者只有在前者清偿完毕之后，用抵押品的剩余款偿还本息。如果发行公司没有固定资产或者其他不动产，无法向债券持有者提供抵押品置留权作为担保，但这些公司拥有其他公司的证券，是持股公司，同样的，他们可以以其作为质押担保发行债券，称为担保信托债券。

（3）担保信托债券是以公司特有的各种动产或有价证券为抵押品而发行的证券，用作抵押品的证券必须交由担保信托公司保管，但公司交出去的只是抵押品或者证券的使用权，而不是所有权。例如，如果交给担保信托公司保管的是股权证券，公司保留股东权益，包括重大决策的投票、决策权，接受股息的权利等。

（4）设备信托债券是指公司融资购买设备的同时，以所购入的设备作为抵押品委托其他机构发行公司债券，发行债券的公司获得设备后，即将设备的所有权转交给受托人，再由受托人以出租人的身份将设备租赁给发行公司，发行公司则以承租人的身份分期支付租金，由受托人代为保管并还本付息，到债券本息全部付清后，该设备的所有权才转交给发行债券的公司。这种方式常用于购买和使用大型设备的航空、铁路等运输部门。

**3．按照利率支付方式可以分为固定利率债券、浮动利率债券、指数债券和零息债券。**

（1）固定利率债券是最常见的付息方式，一般分为半年和一年期限。

（2）浮动利率债券是以某一每天都在变化的市场基础利率（如 LIBOR）再加一个固定的溢价，满足投融资双方对不确定的市场利率变动的风险防范。

（3）指数债券通过将利率与通货膨胀率挂钩，保障债权人不至于因为物价上涨而遭受损失的公司债券。挂钩办法通常为：公司债券利率=固定利率+通货膨胀率+固定利率×通货膨胀率。当然，用以挂钩的指数不仅仅是通货膨胀率，还包括与物价指数密切相关的其他指数，例如大宗商品价格指数、黄金价格等。

（4）零息债券，即以低于面值价格发行的贴现公司债券，到期按面值兑付，无再投资风险。

**4．按内含选择权可分为可赎回债券、可转换债券、偿还基金债券和带认股权证债券。**

（1）可赎回债券是指允许发行公司选择在到期日之前赎回全部或者部分债券。当市场利率发生较大波动，低于债券利率时，公司可以赎回债券，而代之以发行更低利率的债券降低融资成本。因为可赎回选择权的设置有利于发行公司，不利于投资者，为保障投资者利益，通常规定债券发行后至少 5 年内不得赎回。

（2）可转换债券是指公司债券附加可转换条件，赋予债券持有人按照预先确定的比例（又称转换比例）转换为该公司普通股的选择权，它是一种混合型金融产品，被视为公司债券与认购权证的组合体。发行可转换债券的公司大部分可能是面临融资困境，或者为了吸引投资者参与而给予投资者的一项选择权；同时，发行公司也可以设定提前赎回的条件。

（3）带认股权证的公司债券是指把权证作为公司债券合同的一部分附带发行，权证是一种期权产品，授予凭证持有者未来的一项权利，允许其在未来的某一时点或者时间段，按照某一个确定的价格或者价格区间买进或者卖出公司股票的权利。与可转换债券不同的是，公司发行出去的认股权证是不能赎回的。

（4）偿还基金债券是指发行公司在发行合同中已经说明公司每一个时间段（半年或者一年）必须从盈利中提存一定比例存入信托基金，定期偿还债务本金，即从债权人手中回购一定数量的债券，最终的回购能否完成的选择权取决于债券持有者。

## 三、公司债券发行条件

根据 2007 年 8 月 14 日颁布施行的《公司债券发行试点办法》，公司申请发行债券必须具备以下条件。

（1）股份有限公司的净资产额不低于人民币 3 000 万元，有限责任公司的净资产额不低于人民币 6 000 万元。

（2）累计债券总额不超过公司净资产额的 40%。

（3）最近 3 年平均分配利益足以支付公司债券 1 年的利息。

（4）筹集的资金投向符合国家产业政策。

（5）债券的利率不得超过国务院限定的利率水平。

但是，凡有下列情形之一的，不得再次发行公司债券：

（1）最近 36 个月内公司财务会计文件存在虚假记载，或公司存在其他重大违法行为；本次发行申请文件存在虚假记载、误导性陈述或者重大遗漏。

（2）前一次发行的公司债券尚未募足的。

（3）对已发行的公司债券或者其债务有违约或者延迟支付本息的事实，且仍然处于继续状态的。

### 专栏 3-6

**公司债券与企业债券的区别**

企业债券属于我国经济发展和改革过程中的一类特殊固定收益产品，约束其发行行为的指导性法规是 1993 年国务院颁布的《企业债券管理条例》。条例规定，中央企业发行企业债券，由中国人民银行会同国家计划委员会审批；地方企业发行企业债券，由中国人民银行省、自治区、直辖市、计划单列市分行会同同级计划主管部门审批。目前企业债券的发行审批权限归属国家发展与改革委员会，实际发债主体主要是中央政府部门所属机构、国有独资企业或国有控股企业等大型国有机构，而且均有大型银行、大型国有集团等对债券进行担保。这样，我国的企业债券实质具有很高的信用级别，属于具有"国家信用"的准政府债券。

《公司法》和《公司债券发行试点办法》出台后，为大力发展公司债券市场奠定了基础。

像其他有价证券一样，按照规定，申请发行公司债券，必须经过中国证券监督管理委员会核准。发行公司债券的企业包括股份有限公司和有限责任公司，对发债主体的限制较企业债券宽松，范围较企业债券有所扩大，符合发行公司债券机构的数量远远大于发行企业债券机构的数量。公司债券发行试点期间，公司范围仅限于沪深证券交易所上市的公司及发行境外上市外资股的境内股份有限公司。另外，信用等级、资金用途等方面也有较大差异。

① 信用等级的差异。与企业债券不同，公司债券没有强制要求担保措施，公司债券的信用级别将取决于发债公司的资产状况、经营管理水平、持续盈利能力等。由于不同公司的具体情况差异很大，公司债券的信用级别也会相差很多。与此不同，我国实际发行的企业债券，一般都有资信良好的保证人实施担保机制，使得企业债券的信用级别与其他政府债券相比没有多大差异。

② 发债资金的用途差异。企业债券的发债资金用途需由审批机关批准，发债资金一般用于基础设施建设、固定资产投资、重大技术改造、公益事业投资等国计民生方面。而公司债券可根据公司自身的具体经营需要提出发行需求，如何使用发债资金完全是公司内部事务，资金的主要用途也围绕公司的具体运作实施，包括资产投资、技术改造、调整资产结构、实施资产并购重组等多方面。

③ 监管的差异。公司债券的发行通常实行登记注册制，即只要发债公司的登记材料符合法律规定，监管机构无权限制其发债行为，监管机构的主要工作集中在审核发债登记材料的合法性、严格债券的信用评级、监管发债主体的信息披露和债券市场活动等方面。企业债的发行由国家发改委把关，实行严格的审批制，国家成为信用担保者。债券一旦发行，发行部门就不再对发行人的持续性信用等级以及发债后的经营运作行为等信息进行专门的监管。

# 第五节　金融债券市场

金融债券是银行和非银行金融机构为筹集资金而发行的债权债务凭证。在欧美国家，金融债券属于公司债券的范畴，在我国及日本等国家，金融机构发行的债券称为金融债券。它属于银行等金融机构的主动负债，也是银行资产负债管理的重要手段。

## 一、金融债券的作用

金融债券能够较有效地解决银行等金融机构资金来源不足和期限不匹配的矛盾。一般来说，银行等金融机构的资金有三个来源，即吸收存款、向其他机构借款和发行债券。存款资金的特点之一，是在经济发生动荡的时候，易发生储户争相提款的现象，从而造成资金来源不稳定；向其他商业银行或中央银行借款所得的资金主要是短期资金，而金融机构往往需要进行一些期限较长的投融资，这样就出现了资金来源和资金运用在期限上的矛盾，发行金融债券比较有效地解决了这个矛盾。债券在到期之前一般不能提前兑换，只能在市场上转让，从而保证了所筹集资金的稳定性。同时，金融机构发行债券时可以灵活规定期限，比如为了一些长期项目投资，可以发行期限较长的债券。因此，发行金融债券可以使金融机构筹措到稳定且期限灵活的资金，从而有利于优化资产结构，扩大长期投资业务。

## 二、金融债券与吸收存款的区别

（1）筹资的目的不同。吸收存款在一定意义上是全面扩大银行资金来源的总量，而发行债券则着眼于长期资金来源和满足特定用途的资金需求。

（2）筹资机制不同。吸收存款是经常性、无限额的，金融债券的发行是集中、有限额的。在存款市场上，商业银行在很大程度是处在被动地位，存款规模取决于存款者的意愿，因而存款市场属于买方市场。而发行金融债券的主动权在银行手中，因而它属于卖方市场，是银行的"主动负债"。

（3）筹资的效率不同。由于金融债券的利率高于存款的利率，对客户具有较强的吸引力，因而其筹资的效率在一般情况下高于存款。

（4）所筹集资金的稳定性不同。金融债券一般都具有明确的偿还期，因而资金的稳定性强；存款的期限具有较大的弹性，即便是定期存款，在特定的状况下也可提前支取，因而资金的稳定性较差。

（5）资金流动性不同。金融债券一般不记名，可以在二级市场上流通转让，具有较强的流动性。存款一般都是记名式的，资金一旦转化为存款，债权债务关系便被固定在银行和客户之间，因而资金的流动性差。

（6）吸收存款受到准备金率的影响，而金融债券获得的资金受存款准备金率的影响较小。

## 三、金融债券的分类

（1）根据利息的支付方式，金融债券可分为附息金融债券和贴现金融债券。

（2）根据发行条件，金融债券可分为普通金融债券和累进利息金融债券。普通金融债券按面值发行，到期还本付息，期限一般是 1～3 年。普通金融债券类似于银行的定期存款，只是利率高些。累进利息金融债券的利率不固定，在不同的时间段有不同的利率，并且逐年提高，也就是说，债券的利率随着债券期限的增加累进。比如面值 1 000 元、期限为 5 年的金融债券，第一年利率为9%，第2～5年按1%递增，第五年为13%。

（3）按照发行机构的不同，金融债券可分为央票、证券公司债券、证券公司短期融资债券、商业银行次级债、保险公司次级债券。其中，商业银行次级债券是指商业银行发行的、本金和利息的清偿顺序列于商业银行其他负债之后、先于商业银行股权资本的债券。按照一定比例，商业银行次级债务可计入银行附属资本。

此外，金融债券也可以像企业债券一样，根据期限的长短划分为短期、中期和长期债券；根据是否记名划分为记名和不记名债券；根据担保情况划分为信用债券和担保债券；根据可否提前赎回划分为可提前赎回和不可提前赎回债券；根据债券票面利率是否变动划分为固定利率、浮动利率和累进利率债券；根据发行人是否给予投资者选择权划分为附有选择权和不附有选择权的债券等。

### 补充阅读

**我国债券市场整体运行状况**

2002～2012 年，我国债券市场在创新推动下发生了巨大变化，市场余额从 2.8 万亿元迅速增加至 26 万亿元，与 GDP 之比从 24%增加至 50%。债券融资成为直接融资的主渠道。2012 年，债券市场累计发行人民币债券 8 万亿元，发行公司信用类债券 3.6 万亿元，其中，发行超短期融资券 5 822 亿元，短期融资券 8 356 亿元，中期票据 8 453 亿元，中小企业集合票据 71 亿元，企业债券 6 499 亿元，上市公司债券 2 550 亿元。2012 年，债券融资占直接融资的比重达到 90%，直接融资占社会融资规模比重为 15.9%[①]。

2012 年主要债券发行情况如表 3-3 所示。

表 3-3 2012 年主要债券发行情况

| 债券品种 | 发行额/亿元 | 同比增长（%） |
|---|---|---|
| 国债 | 16 860 | -3.1 |
| 其中：地方政府债券 | 2 500 | 25.0 |
| 国家开发银行及政策性银行债 | 21 399 | 7.1 |
| 金融债券 | 4 034 | 14.3 |
| 公司信用类债券 | 35 648 | 60.5 |
| 其中：短期融资券 | 8 356 | 4.1 |
| 超短期融资券 | 5 822 | 159.9 |
| 中期票据 | 8 453 | 16.3 |
| 集合票据 | 71 | 36.5 |
| 中小企业区域集优票据 | 29 | 109.9 |
| 非公开定向债务融资工具 | 3 759 | 318.2 |
| 非金融企业资产支持票据 | 57 | — |
| 企业债券* | 6 499 | 162.8 |
| 上市公司债券 | 2 550 | 102.1 |
| 中小企业私募债 | 94 | — |

注：*不包括铁道部发行的政府支持债券。
资料来源：中国人民银行、证监会。

2002～2012 年直接融资占社会总融资规模比例如图 3-1 所示。

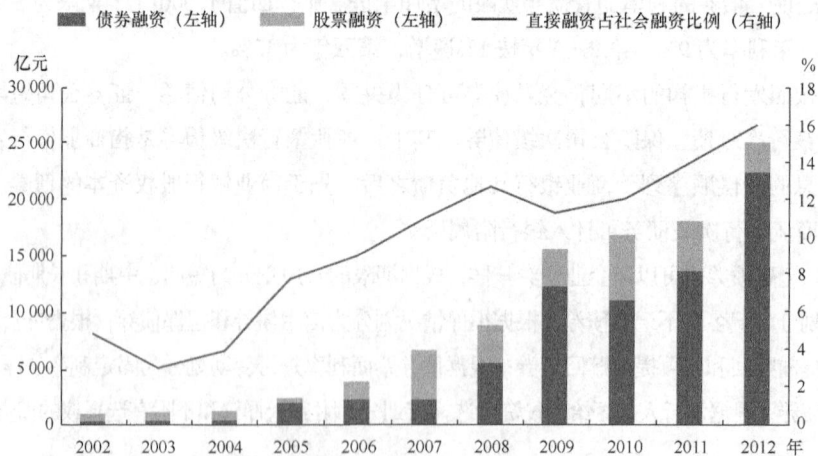

资料来源：中国人民银行。

图 3-1 2002～2012 年直接融资占社会总金融资规模比例

---

[①] 中国人民银行金融稳定分析小组：《中国金融稳定报告 2013》，中国金融出版社，2013.

债券市场成交量同比大幅增加，债券指数总体上行。2012 年，银行间市场累计成交 263.6 万亿元，同比增长 34.2%。目前银行间债券市场的债券发行机构包括财政部、政策性银行、铁道部、商业银行、非银行金融机构、国际开发机构和非金融企业等各类市场参与主体，债券种类日趋多样化。投资者类型多元化。报告显示，截至 2012 年年末，银行间债券市场共有参与主体 11 287 个，包括各类金融机构和非金融机构投资者，形成了以做市商为核心、金融机构为主体、其他机构投资者共同参与的多层次的投资者结构，银行间市场已成为各类市场主体进行投融资活动和风险管理的重要平台。截至 2012 年年底，已有包括境外央行、国际金融机构、主权财富基金、港澳清算行、境外参加行、境外保险机构和 RQFII 等在内的 100 家境外机构获准进入银行间债券市场[①]。

## 读后讨论

1. 我国债券市场发展现状与问题分析。

2. 当前制约我国债券市场发展的主要原因是什么？大力发展我国债券市场的主要对策有哪些？

## 【本章小结】

1. 债券是一种有价证券，是筹资者（债务人）向投资者（债权人）出具的承诺在一定期限还本付息的债务凭证，是一种债权债务关系的证明书。

2. 债券具有四个特征：偿还性、流动性、安全性、收益性。

3. 通过债券发行市场，发行者以最终债务人的身份将债券转移到它的最初投资者手中。债券发行是债券市场的基础环节。

4. 政府债券体现的是政府信用，由于政府信用是信用等级最高的，所以政府债券常被称为"金边债券"。

5. 与其他债券相比，公司债券风险较高、收益较高，对于某些债券而言，发行者与持有者之间可以相互给予一定的选择权。

## 【重要概念】

政府债券　公司债券　记账式债券　凭证式债券　可转换债券
可赎回债券　零息债券　溢价　折价　抵押证券　限制性条款
公募　私募　承购包销　贴现收益率　等价收益率　有效年收益率

## 【练习题】

1. 简述债券的特征。

① 中国人民银行：《2012 年金融市场运行情况》.http://www.pbc.gov.cn/publish/goutongjiaoliu/524/2013/2013020 1183739703440935/20130201183739703440935_.html.

2. 记账式国债与凭证式国债有何区别?

3. 简述企业债券的特征。

4. 对金融机构而言,发行金融债券与吸收存款有什么区别?

5. 2007 年 5 月 10 日,中国建设银行 07 央行票据 25 的报价为 98.01 元。07 央行票据 25 是央行发行的一年期贴现票据。债券起息日为 2007 年 3 月 21 日,到期日为 2008 年 3 月 21 日。计算 2007 年 5 月 10 日债券的贴现收益率、有效年收益率和债券等价收益率。

# 第四章　债券价值分析

1. 理解货币的时间价值和有效年利率，熟悉现值和终值的计算。
2. 理解收入资本化下的债券价值分析。
3. 熟悉债券价值定律。
4. 熟悉债券的属性与价值。

## 开篇案例

2010 年 5 月，我国财政部发行了 50 年期国债，根据财政部的计划，5 月份发行记账式国债 6 期，其中贴现国债 2 期，分别为 273 天期和 182 天期品种；附息国债 4 期，包括 10 年期、5 年期、50 年期和 7 年期各一期。财政部曾于 2009 年 11 月 27 日在银行间债券市场发行 200 亿元 50 年期国债，中标利率 4.3%，是我国首度发行的 50 年期国债。

50 年期国债的推出，使得收益率曲线在时间段上延伸到 50 年，完善了各期限的收益率情况。由于 50 年后的经济形势发展很难确定，因此中标利率能否覆盖风险成为市场最关注的问题。数据显示，英国发行该期限国债收益率碎片在 4.1%～4.6%。理论上来说，一轮经济周期的长度不会超过 10 年，50 年期国债跨越多个经济周期，与 30 年期国债同样经历多轮经济周期，如果不考虑机构偏好及流动性溢价，两者的理论收益率水平应该是相同或较为接近。

截至 5 月，2010 年财政部仅在 2 月 26 日发行过 1 期 30 年期国债，发行规模 240 亿元，中标利率 4.08%，认购倍数 2.13。

### 案例导读

我国的企业债从 1982 年开始发行，1994 年以来，国债市场发展迅速，特别是 1998 年积极财政政策的启用，国债的发行一直居高不下，其他种类的债券，如金融债券、公司债券、企业债券等发行量都很大，债券已经成为我国资本市场的主要投资品种之一。在债券市场日益发达的情况下，债券的价值分析也就备受投资者的关注。

债券首先是一种利率产品，利率是其定价与价格变动的基础。同时它是一种基础金融产品，满足一般金融产品的流动性、收益性、安全性的原则，其价格变动是基于这"三性"原则的均衡，债券价值分析也是基于这种均衡。

# 第一节　利率与资产价值基础

利率是货币的时间价值，是资金的价格，是把当期和未来经济联系起来的一个桥梁，它包含了时间价值和经济环境变化的补偿。利率机制是债券价格的基础。

货币的时间价值是指当前所持有的一定量的货币，比未来获得的等量货币具有更高的价值。货币之所以具有时间价值，是因为：①货币可以满足当前消费或者用于投资而产生投资回报；②通货膨胀可能造成货币贬值；③投资可能有风险，需要提供风险补偿。

## 一、终值与现值

$PV$ 表示现值，$FV$ 表示终值（或者说未来值），$t$ 表示时间，$r$ 表示利率，$C$ 表示货币价值，则有：

单期中终值：$FV = C_0(1+r)$

单期中现值：$PV = C_0/(1+r)$

多期中终值：$FV = PV \times (1+r)^t$

多期中现值：$PV = FV/(1+r)^t$

其中，$(1+r)^t$ 是终值复利因子，$1/(1+r)^t$ 为现值贴现因子。

终值复利因子是指 1 元钱在投资报酬率为 $r$ 的前提下投资 $t$ 年的终值。

现值贴现因子是指 1 元钱在投资报酬率为 $r$ 的前提下贴现 $t$ 年的现值。

现值计算是终值的逆运算。简单地说，终值计算是将现在一笔钱计算为未来某一时刻的本利和。而现值计算，则是将来一笔钱相当于现在多少钱的计算方式，这是货币时间价值计算中最基本也是最重要的换算关系。随着期限 $t$ 的增长，现值贴现因子将变小，即同样一笔钱，离现在越远，现值越小；随着利率 $r$ 的提高，现值贴现因子 $1/(1+r)^t$ 将减小，即同样一笔钱，贴现率越大，现值越小。反之，随着期限 $t$ 的增长，终值复利因子 $(1+r)^t$ 将增大。即同样一笔钱，离现在越远，终值越大，利率越大，终值越大。

## 二、单利和复利

### 1. 单利和复利的区别

【例 4-1】假设年利率为 12%，今天投入 5 000 元，在单利和复利条件下分别计算收益。

解：（1）单利计算：$5\,000 \times (0.12 \times 5\,000 \times 6) = 8\,600$

（2）复利计算：$5\,000 \times (1+0.12)^6 = 5\,000 \times 1.973\,8 = 9\,869.11$

（3）利差为 1 269.11

【例 4-2】张三购买了金山公司首次公开发售时的股票。该公司的分红为每股 1.1 元，并预计能在未来 5 年中以每年 40% 的速度增长。5 年后的股利为多少？

解：$FV = C_0(1+r) = 1.1 \times (1.4)^5 = 5.92(元)$

我们发现，第 5 年的股利 5.92 元远高于第一年股利与 5 年中的股利增长之和：5.92 元 $>1.1+5 \times (1.10 \times 0.40) = 3.30(元)$

其原因就是复利计算而产生的利滚利的结果。

## 2. 复利期间

一年内对你的金融资产计 $m$ 次复利，$t$ 年后，你得到的价值是：

$$FV = C_0 \times (1 + \frac{r}{m})^{m \times t} \tag{4-1}$$

【例 4-3】 你将 50 元进行投资，年利率为 12%，每半年计息一次，那么 3 年后，你的投资价值是多少？

$$FV = 50 \times (1 + \frac{0.12}{2})^{2 \times 3} = 50 \times (1.06)^6 = 70.93 \text{（元）}$$

## 专栏 4-1

### 神奇的复利

复利有时被人称为世界第八大奇迹，因为它揭示了财富快速增长的秘密。1626 年，白人以 24 美元的价格从印第安人手中买下了曼哈顿岛。教科书上常常以此作为殖民主义者血腥掠夺的罪证。然而很少有人会想一下，当年这笔钱如果按复利增长到现在，会是什么情况？我们按 7% 的年均复利计算一下，这笔钱到今天已变为惊人的 4 600 亿美元！足以将今天的曼哈顿岛重新买下。美国曾经从俄罗斯手中买下了阿拉斯加半岛，如果把当初的钱存入银行生息，俄罗斯现在依然能用这笔钱买回阿拉斯加，可见复利作用之强大。

从表面上看，虽然起点很低，但经过很多次的复利，最终的结果会变成庞大的数字。影响财富积累的因素有三个：一是具备增值能力的资本；二是复利的作用时间；三是加速复利过程的显著增长。显然，尽早开始投资并享受复利，是让资金快速增长的最好方式。

据说，爱因斯坦还发现了一个 72 法则：资产价值增长一倍所需的时间与复利呈 72/R 的关系。在 1% 的年增长率下，1 元钱经过 72 年变成 2 元；在 10% 的年增长率下，资产价值翻一倍的时间仅为 7.2 年。

资料来源：http://quick.xiangrikui.com/blog/66734.html

## 三、有效年利率

根据上面的例题计算有效年利率

$$50 \times (1 + EAR)^3 = 70.93$$
$$(1 + EAR)^3 = 70.93 / 50$$
$$EAR = \left(\frac{70.93}{50}\right)^{1/3} - 1 = 0.123\,6$$

有效年利率的计算公式：

$$EAR = \left(1 + \frac{r}{m}\right)^m - 1 \tag{4-2}$$

## 四、不同利率和不同期限下的现值变化

【例 4-4】 如何成为百万富翁。

假如你现在 21 岁，每年能获得 10% 的收益，要想在 65 岁时成为百万富翁，今天你要拿

出多少钱来投资？

**解：**确定变量：$FV$=100万元，$r$=10%，$t$=65-21=44，$PV$=?

代入终值算式中并求解现值：$1\,000\,000=PV\times(1.10)^{44}$

$$PV=15\,091$$

当然，我们忽略了税收和其他的复杂部分，但是现在你需要的只是筹集15 000元！而这应该不是一件很难的事。这个例子再一次告诉我们，时间的长短和复利的计息方式对资本增值的巨大影响。对财务规划来说，计划开始得越早，所需要的投入就越少。

**【例4-5】** 确定利率。

假设你的子女在18年后将接受大学教育，预计届时需要的学费总20万元。你现在有15 000元可以用于投资，请问需要怎样的回报率才能实现该目标？

现值$PV$=15 000元，终值$FV$=200 000元，$t$=18年，求解收益率。

$$200\,000=15\,000\times(1+r)^{18}$$

$$r=15.48\%$$

**【例4-6】** 确定利率。

美国前总统富兰克林死于1790年。他在自己的遗嘱中写道，他将分别向波士顿和费城市政府捐赠1 000美元用于设立奖学金。捐款必须等他死后200年方能捐出使用。1990年，付给费城的捐款已经变成200万美元，而给波士顿的捐款已达到450万美元。请问这两个城市的投资收益率各为多少？

代入上式计算出费城的投资收益率为3.87%，波士顿的投资收益率为4.3%。

可以看出，时间对于投资收益的增长是非常重要的。即使年收益率不大，但如果时间足够长，一个很小的现值也可以变成一个很大的终值。

# 第二节　收入资本化法下的债券价值分析

价值分析的方法可以分为收入资本法、市场法与资产基准法等，收入法或者收入资本化法又称为现金流量贴现法，就是把资产未来特定期间内的预期现金流量还原为当前现值。由于资产价值的根本还是资产未来的盈利能力，只有当资产具备这种能力，它的价值才会被市场认同，因此理论界通常把现金流量贴现法作为价值评估的首选方法，也是理论上最完备、最基础的资产价值评估方法，在评估实践中也得到了大量的应用。

## 一、收入资本化法对不同种类债券价值分析

收入资本化法分析的基础是任何资产的内在价值取决于该资产预期未来现金流的现值。在实践估价过程中，根据资产的内在价值与市场价格进行比较，从而帮助投资者进行正确的投资决策。第三章已经对债券进行了详细分类，这里我们使用收入资本化法对不同类别的债

券进行价值分析[①]。

## （一）贴现债券

贴现债券（Pure Discount Bond），又称零息票债券（Zero-coupon Bond），是一种以低于面值的贴现方式发行，不支付利息，到期按债券面值偿还的债券。债券发行价格与面值之间的差额就是投资者的收益，由于面值是投资者未来唯一现金流，所以贴现债券的内在价值是：

$$V = \frac{A}{(1+y)^T} \qquad (4\text{-}3)$$

其中，$V$ 代表内在价值，$A$ 代表面值，$y$ 是该债券的预期收益率，$T$ 是债券到期时间。

【例 4-7】 假定某种贴现债券的面值为 100 万美元，期限为 20 年，预期收益率为 10%，其内在价值是多少？

**解：** $A$=100 万美元，$y$=10%，$T$=20

代入式（4-3）后，$V$=14.864 4（万美元）

## （二）直接债券

直接债券（Level-coupon Bond），又称定息债券或固定利息债券，按照票面金额计算利息，票面上可附有作为定期支付利息凭证的息票，也可不附息票。投资者不仅可以在债券期满时收回本金（面值），而且还可以定期获得固定的利息收入。直接债券是最为普遍的一种债券形式，未来现金流分为两个部分，一是固定的现金流，二是面值，其内在价值是二者的折现值。直接债券的计算公式为：

$$V = \frac{c}{(1+y)} + \frac{c}{(1+y)^2} + \frac{c}{(1+y)^3} + \cdots + \frac{c}{(1+y)^T} + \frac{A}{(1+y)^T} \qquad (4\text{-}4)$$

其中，$c$ 代表每期支付的利息；$V$ 代表价值；$A$ 代表面值；$y$ 是该债券的预期收益率；$T$ 是债券剩余期限。

【例 4-8】 假设现在是 2013 年 11 月 30 日，目前市场上政府债券收益率为 10%（半年计息一次）。我国政府于 2002 年 11 月发行了面值为 1 000 元，年利率为 13% 的 15 年期国债，半年支付一次利息。请计算该债券现在的内在价值。

**解：** 按照题意，该债券半年付息一次，每次支付时间是 11 月和 5 月，从 2014 年 5 月算起，每次支付的现金流是 65 元，支付利息剩余期数是 8 次。

代入式（4.4）得：

$V$=65/（1+0.05）+65/(1+0.05)$^2$+⋯+65/(1+0.05)$^8$+1 000/(1+0.05)$^8$

=1 097.095(元)

## （三）统一公债

统一公债是一种没有到期日，定期发放固定债息的一种特殊债券。最典型的统一公债是英格兰银行在 18 世纪发行的英国统一公债（English Consols），英格兰银行保证对该公债的投资者永久期地支付固定的利息。历史上美国为筹集开挖巴拿马运河也曾经发行过统一公债。

---

① 张亦春、郑振龙、林海：《金融市场学》（第三版）. 北京：高等教育出版社，2008.

这两种统一公债都有回赎条款，政府有条件地赎回，退出了流通市场。国民政府也发行过统一公债，全称"民国二十五年统一公债"，是国民政府为清理旧债而发行的公债。1936 年 2 月，国民政府以新债券换旧债券方式，延长旧债还本付息期限，降低利率，发行统一公债，利息原由关余项下支付，1939 年 1 月停付。

在优先股的股东无限期地获取固定股息的条件得到满足的条件下，优先股实际上也是一种统一公债。统一公债的内在价值计算公式如下：

$$V = \frac{c}{(1+y)} + \frac{c}{(1+y)^2} + \frac{c}{(1+y)^3} + \cdots = \frac{c}{y} \tag{4-5}$$

$C$ 代表固定股息，$y$ 为预期年收益率。

例如，某统一公债每年的固定利息是 50 英镑，预期年收益率为 10%，这种统一公债的内在价值就是 500 英镑。

### （四）判断债券价格被低估还是或高估：以直接债券为例

**方法一**：比较两类到期收益率的差异

预期收益率（Appropriate Yield-to-Maturity），即式（4-4）中的 $y$，它是根据债券风险大小确定的到期收益率，也是投资者所要求、期望的收益率。

到期收益率（Promised Yield-to-Maturity），是债券本身承诺的到期收益率，即隐含在当前市场上债券价格中的到期收益率，用 $k$ 表示。

假定债券的价格为 $P$，债券面值为 $A$，每期支付的利息为 $c$，$T$ 代表期限，那么债券价格与债券本身承诺的到期收益率之间存在下列关系：

$$P = \frac{c}{(1+k)} + \frac{c}{(1+k)^2} + \cdots + \frac{c}{(1+k)^T} + \frac{A}{(1+k)^T} \tag{4-6}$$

与式（4-4）比较，所不同的是：（1）$P$ 与 $V$，即价格与价值的差别；（2）$k$ 与 $y$，即预期收益率与到期收益率之间的差别。在其他条件不变的前提下：

如果 $y>k$，则该债券的价格被高估，即按照现有价格计算，到期收益率小于预期收益率，债券价格高估。

如果 $y<k$，则该债券的价格被低估，理由与上面相同。

当 $y=k$ 时，债券的价格等于债券价值，市场也处于均衡状态。

【例 4-9】 某债券的价格是 900 元，每年支付利息 60 元，3 年后偿还本金 1 000 元；如果投资者的预期收益率为 9%，那么这个债券的价格如何？

根据式（4-6），我们能够算出该债券在目前价格下所隐含的收益率，即按照目前价格持有到期的收益率为：

$$900 = \frac{60}{1+k} + \frac{60}{(1+k)^2} + \frac{1000+60}{(1+k)^3}$$

$k = 10.02$

$k>y$，该债券价格被低估。

**方法二**：比较债券的内在价值与债券价格的差异

假设债券的内在价值为 $V$，债券当前价格 $P$，用 $NPV$ 表示债券投资者的净现值，即两者

的差额，即

$$NPV = V - P \qquad (4\text{-}7)$$

当 $NPV > 0$ 时，即表示债券的内在价值高于当前价格，则当前价格被市场低估了，应该买入；反过来，债券的价格被高估，应该卖出。

## 专栏 4-2

### 债券收益率曲线

债券收益率曲线是描述某一时点上一组可交易债券的收益率与其剩余到期期限之间数量关系的一条曲线，即在直角坐标系中，以债券剩余到期期限为横坐标、债券收益率为纵坐标而绘制的曲线。

合理的债券收益率曲线将反映出某一时点上（或某一天）不同期限债券的到期收益率水平。研究债券收益率曲线具有重要的意义，对于投资者而言，可以用来作为预测债券的发行投标利率、在二级市场上选择债券投资券种和预测债券价格的分析工具；对于发行人而言，可为其发行债券、进行资产负债管理提供参考。

债券收益率曲线的形状可以反映出当时长短期利率水平之间的关系，它是市场对当前经济状况的判断及对未来经济走势预期（包括经济增长、通货膨胀、资本回报率等）的结果。债券收益率曲线通常表现为四种情况：一是正向收益率曲线，表明在某一时点上债券的投资期限越长，收益率越高，也就意味着社会经济处于增长期阶段；二是反向收益率曲线，表明在某一时点上债券的投资期限越长，收益率越低，也就意味着社会经济进入衰退期；三是水平收益率曲线，表明收益率的高低与投资期限的长短无关，也就意味着社会经济出现极不正常情况；四是波动收益率曲线，表明债券收益率随投资期限不同而呈现波浪变动，也就意味着社会经济未来有可能出现波动。

资料来源：http://baike.baidu.com.

## 二、债券的价值定律

1962 年，马尔基尔最早系统地提出了债券价格的 5 个原理，到现在仍然是我们研究债券定价及其价格变动的定律。

**原理一：** 债券的价格与债券的收益率成负相关关系。换句话说，当债券价格上升时，债券的收益率下降；反之，当债券价格下降时，债券的收益率上升。

【例 4-10】 某 5 年期债券，面值为 1 000 美元，每年支付利息 80 美元，即息票率为8%。如果市场价格等于面值，也就意味着它的收益率等于息票率 8%。如果市场价格上升到1 100 美元，它的收益率实际上只有 5.76% 了；反之，当市场价格下降到 900 美元的时候，它的收益率上升到了 10.98%，高于息票率。

**原理二：** 当市场预期收益率变动时，债券的到期时间与债券价格的波动幅度成正比关系。换言之，到期时间越长，价格波动幅度越大；反之，到期时间越短，价格波动幅度越小。

原理三：随着债券到期时间的临近，债券价格的波动幅度减少，并且是以递增的速度减少；反之，到期时间越长，债券价格波动幅度增加，并且是以递减的速度增加。

原理二和原理三不仅适用于不同债券之间价格波动的比较，而且可以解释同一债券的到期时间长短与其价格波动之间的关系。

【例 4-11】 假设有四种期限的债券分别是 1 年、10 年、20 年和 30 年，它们的息票率都是 6%，面值为 100 元，其他属性也完全一样。如果预期收益率等于到期收益率，债券的内在价值始终是 100 元；如果相应的预期收益率上升或者下降，这 4 种债券的内在价值变化如表4-1 所示。

表 4-1  内在价值（价格）与期限之间的关系

| 预期收益率（%） | 期限 | | | |
| --- | --- | --- | --- | --- |
| | 1 年 | 10 年 | 20 年 | 30 年 |
| 4 | 102 | 116 | 127 | 135 |
| 5 | 101 | 108 | 112 | 115 |
| 6 | 100 | 100 | 100 | 100 |
| 7 | 99 | 93 | 89 | 88 |
| 8 | 98 | 86 | 80 | 77 |

表 4-1 反映了当预期收益率由 6% 上升到 8% 时，4 种期限债券的内在价值分别下降 2 元、14 元、20 元和 23 元；反之，当预期收益率由 6% 下降到 4% 时，4 种期限债券的内在价值分别上升 2 元、16 元、27 元和 35 元。同时，当预期收益率由 6% 上升到 8% 时，1 年期和 10 年期的债券内在价值相差 12 元，10 年期和 20 年期的债券内在价值相差 6 元，20 年期和 30 年期债券内在价值下降幅度相差 3 元。可见，由单位期限变动引起的边际价格变动递减。

【例 4-12】 某 5 年期债券面值为 1 000 美元，每年支付利息 60 美元，即息票率为 6%，如果它的发行价格低于面值，为 883.31 美元，意味着这种债券的收益率为 9%，高于息票率；如果一年以后该债券的收益率维持在同一水平 9% 不变，它的市场价格应该为 902.81 美元。这种价格变动说明了在维持收益率不变的条件下，随着债券期限临近，债券价格的变动幅度从116.69（1 000-883.31）美元减少到 97.19（1 000-902.81）美元，两者之间的差额为 19.5 美元，占面值的 1.95%。具体计算如下：

$$883.31 = \frac{60}{1+0.09} + \cdots + \frac{60}{(1+0.09)^5} + \frac{1000}{(1+0.09)^5}$$

$$902.81 = \frac{60}{1+0.09} + \cdots + \frac{60}{(1+0.09)^4} + \frac{1000}{(1+0.09)^4}$$

假定两年后，该债券的收益率仍然为 9%，则它的市场价格将为 924.06 美元，该债券的债券价格波动幅度为 75.94（1 000 - 924.06）美元。与之前的 97.19 美元相比，两者的差额为21.25 美元，占面值的 2.125%。所以，第一与第二年市场价格波动幅度减少速度（1.95%）小于第二与第三年市场价格波动幅度减少的速度（2.125%）。第二年后的市场价格计算公式为：

$$924.06 = \frac{60}{1+0.09} + \cdots + \frac{60}{(1+0.09)^3} + \frac{1000}{(1+0.09)^3}$$

表 4-2 反映了债券价格随到期时间变动的情形，从表中可以看出，债券价格的波动幅度与到期时间成正比，并且随着到期时间临近，债券价格波动以递增的速度减少。

表 4-2　同种债券价格随到期时间的变动

| 到期期限 | 5 年 | 4 年 | 3 年 | 2 年 | 1 年 | 0 年 |
|---|---|---|---|---|---|---|
| 债券价格/美元 | 883.31 | 902.81 | 924.06 | 947.23 | 972.48 | 1 000 |
| 价格波动幅度/美元 | 116.69 | 97.19 | 75.94 | 52.77 | 27.52 | 0 |
| 价格波动率（%） | 11.67 | 9.72 | 7.59 | 5.28 | 2.75 | 0 |
| 波动率变化值（%） | – | 1.95 | 2.13 | 2.32 | 2.53 | 2.75 |

**原理四**：对于期限既定的债券，由收益率下降导致的债券价格上升的幅度大于同等幅度的收益率上升导致的债券价格下降的幅度。换言之，对于同等幅度的收益率变动，收益率下降给投资者带来的损失大于收益率上升给投资者带来的利润。

【例 4-13】 某 5 年期债券 A 的面值为 1 000 元，息票率为 7%，假定该债券平价发行，那么该债券收益率等于息票率 7%，如果收益率变动幅度为 1%，当债券收益率上升到 8%的时候，该债券的价格下降到 960.07 元，价格波动 39.93（1 000-960.07）元；反之，当收益率下降 1%，降到 6%时，该债券的价格为 1 042.12 元，价格波动 42.12（1 042.21-1 000）元。很明显，同样 1%的收益率变动幅度，收益率下降导致的债券价格上升幅度（42.12 元）大于收益率上升导致债券价格下降幅度（39.93 元）。具体计算如下：

$$1\,000 = \frac{70}{1+0.07} + \cdots + \frac{70}{(1+0.07)^5} + \frac{1\,000}{(1+0.07)^5}$$

$$960.07 = \frac{70}{1+0.08} + \cdots + \frac{70}{(1+0.08)^5} + \frac{1\,000}{(1+0.08)^5}$$

$$1\,042.12 = \frac{70}{1+0.06} + \cdots + \frac{70}{(1+0.06)^5} + \frac{1\,000}{(1+0.06)^5}$$

**原理五**：对于给定的收益率变动幅度，债券的息票率与债券价格的波动幅度成反比关系。换言之，息票率越高，债券价格的波动幅度越小。原理五不适用于一年期的债券和以统一公债为代表的无限期债券。

【例 4-14】 与上例中的债券 A 相比，某 5 年期债券 B，面值为 1 000 元，息票率为 9%，比债券 A 的息票率高 2%。如果债券 B 与债券 A 的收益率都是 7%，那么债券 A 的价格等于面值，而债券 B 的市场价格为 1 082 元，高于面值。如果两种债券的收益率都上升到 8%，他们的价格无疑都下降，债券 A 和债券 B 的价格分别下降到 960.07 元和 1 039.93 元，债券 A 的价格下降幅度为 3.993%，债券 B 的价格下降幅度为 3.889%。很明显，债券 B 的价格波动幅度小于债券 A，具体计算如下：

债券 A：

$$1\,000 = \frac{70}{1+0.07} + \cdots + \frac{70}{(1+0.07)^5} + \frac{1\,000}{(1+0.07)^5}$$

$$960.07 = \frac{70}{1+0.08} + \cdots + \frac{70}{(1+0.08)^5} + \frac{1\,000}{(1+0.08)^5}$$

债券 B：

$$1\,082 = \frac{90}{1+0.07} + \cdots + \frac{90}{(1+0.07)^5} + \frac{1\,000}{(1+0.07)^5}$$

$$1\,039.93 = \frac{90}{1+0.08} + \cdots + \frac{90}{(1+0.08)^5} + \frac{1\,000}{(1+0.08)^5}$$

## 专栏 4-3

### 马尔凯尔债券定价原理

马尔凯尔根据债券价格与债券的票面利率、收益率和到期时间的关系，总结出了债券定价原理，被称为债券定价五大定理。

（1）债券价格与收益呈反向关系：当收益增加时，债券价格下降；当收益下降时，债券价格上升。

（2）债券到期收益率的增长会导致价格下降的幅度低于与收益的等规模减少相联系的价格上升的幅度，即收益增加比收益减少引起的成比例的价格变化要小。

（3）长期债券价格比短期债券价格倾向于对利率更敏感，换句话说，长期债券价格倾向于有更大的利率风险。

（4）当到期收益率增长时，价格对收益变化的敏感性下降，债券价格对收益增加变化的敏感性低于相应的债券期限的增加。

（5）利率风险与债券的息票率呈反向关系：高息票率的债券价格与低息票率的债券价格相比，前者对利率变化的敏感性较低。

另外，还有一个关系，已被霍默和利伯维茨所证明，即当债券以较低的初始到期收益率出售时，债券价格对收益变化更敏感。

资料来源：http://www.docin.com/p-98645929.html.

## 三、债券属性与价值

根据我们前一章对债券的基本特性分析，债券的价值与以下 8 个方面密切相关，这些属性包括：①到期时间；②债券的息票率；③债券的可赎回条款；④税收待遇；⑤市场流动性；⑥违约风险；⑦可转换性；⑧可延期性。其中任何一种属性的变化，都会影响债券价格、收益率水平的变动。下面我们采用静态研究方法分析这些因素的变动对债券价格、收益率的影响。

### （一）到期时间

上面已经分析了债券到期时间的长短与其价格波动之间的关系，下面将重点分析债券的市场价格时间轨迹。

当债券息票率等于预期收益率时，投资者资金的时间价值通过利息收入得到补偿；当息票率低于预期收益率的时候，利息支付不足以补偿资金的时间价值，投资者还需要从债券价格的变动中获得资本收益；当息票率高于预期收益率时，利息支付超过资金的时间价值，投资者将从债券的贬值中遭受资本损失，抵消了较高的利息收入，投资者仍然获得相当于预期收益率的收益率。

表 4-3 列出了偿还期还剩余 20 年，息票率为 9%，内在到期收益率为 12%，每半年付息一次的债券的价格变化情况。表 4-4 列出了偿还期还有 20 年，息票率为 9%，内在到期收益率为 7%，每半年付息一次的债券价格变化情况。

表 4-3　20 年期、息票率为 9%、内在到期收益率为 12% 的债券的价格变化

| 剩余到期年数 | 以 6% 贴现的 45 美元息票支付的现值/美元 | 以 6% 贴现的票面价值的现值/美元 | 债券价格/美元 |
| --- | --- | --- | --- |
| 20 | 677.08 | 97.22 | 774.30 |
| 18 | 657.94 | 122.74 | 780.68 |
| 16 | 633.78 | 154.96 | 788.74 |
| 14 | 603.28 | 195.63 | 798.91 |
| 12 | 564.77 | 256.98 | 811.75 |
| 10 | 516.15 | 311.80 | 827.95 |
| 8 | 454.77 | 393.65 | 848.42 |
| 6 | 377.27 | 496.97 | 874.24 |
| 4 | 279.44 | 627.41 | 906.85 |
| 2 | 155.93 | 792.09 | 948.02 |
| 1 | 82.50 | 890.00 | 972.52 |
| 0 | 0.00 | 1 000.00 | 1 000.00 |

表 4-4　20 年期、息票率为 9%、内在到期收益率为 7% 的债券的价格变化

| 剩余到期年数 | 以 3.5% 贴现的 45 美元息票支付的现值/美元 | 以 3.5% 贴现的票面价值的现值/美元 | 债券价格/美元 |
| --- | --- | --- | --- |
| 20 | 960.98 | 252.57 | 1 213.55 |
| 18 | 913.07 | 289.83 | 1 202.90 |
| 16 | 855.10 | 332.59 | 1 190.69 |
| 14 | 795.02 | 381.66 | 1 176.67 |
| 12 | 722.63 | 437.96 | 1 160.59 |
| 10 | 639.56 | 502.57 | 1 142.13 |
| 8 | 544.24 | 576.71 | 1 120.95 |
| 6 | 434.85 | 611.78 | 1 096.63 |
| 4 | 309.33 | 759.41 | 1 068.74 |
| 2 | 165.29 | 871.44 | 1 036.73 |
| 1 | 85.49 | 933.51 | 1 019.00 |
| 0 | 0.00 | 1 000.00 | 1 000.00 |

从表中可以看出，债券对贴现率变动的价格敏感度与债券的到期日正相关。两种具有相同利率的债券，具有相同的要求报酬率，但有不同的到期日。如果要求的报酬率不变，则具有较长到期日的债券的价格敏感度，要大于具有较短到期日的债券，即时间越长，价格变动越大。并且无论是溢价发行的债券还是折价发行的债券，若债券的内在到期收益率不变，则随着债券到期日的临近，债券的市场价格将逐渐趋向于债券的票面金额（对比表4-3 和表 4-4）。

贴现债券（零息债券）随着到期日临近的价格变动，能够很好地观察债券价格的变动轨迹。折（溢）价债券的价格变动轨迹如图 4-1 所示。

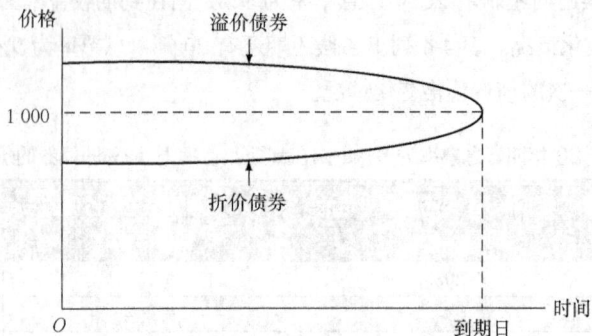

图 4-1　折（溢）价债券的价格变动轨迹图

不管是折价债券还是溢价债券，随着到期日的临近，债券价格回归，直到等于面值。如果利率恒定，则价格以等于利率值的速度上升。

## （二）息票率

债券的到期时间决定了债券投资者取得未来现金流的时间，而息票率决定了未来现金流的大小。在其他属性不变的条件下，债券的息票率越低，债券价格随预期收益率波动的幅度越大。

【例 4-15】假设：5 种债券，期限均为 20 年，面值为 100 元，息票率分别为 4%、5%、6%、7% 和 8%，预期收益率都等于 7%，可以分别计算出各自初始的内在价值。如果预期收益率发生了变化（上升到 8% 和下降到 5%），相应地可以计算出这 5 种债券的新的内在价值。具体结果见表 4-5。

表 4-5　内在价值（价格）变化与息票率之间的关系

| 息票率 | 预期收益率 | | | 内在价值变化率 | 内在价值变化率 |
|---|---|---|---|---|---|
| | 7% | 5% | 8% | (7%～8%) | (7%～5%) |
| 4% | 68 | 60 | 87 | −11.3% | +28.7% |
| 5% | 78 | 70 | 100 | −10.5% | +27.1% |
| 6% | 89 | 80 | 112 | −10.0% | +25.8% |
| 7% | 100 | 90 | 125 | −9.8% | +25.1% |
| 8% | 110 | 100 | 137 | −9.5% | +24.4% |

从表 4-5 中可以发现，面对预期收益率变动相同的债券，息票率越低，债券价格的波动幅度越大。

## （三）可赎回条款

许多债券在发行时包含一些选择权，既有投资者保护选择权，也有发行者保护选择权。选择权保护实际上在一定程度上尽可能降低（提高）了投资者（发行者）的风险，这在一定程度上会影响到债券价值。可赎回债券就是这样一种为保护发行者利益而设置的发行者选择权保护，即在事先约定的某一个时间点或者时间段发行人有权赎回债券。

其基本假设是当市场利率低于息票率的时候，发行人可以以更低的价格在市场获得资金，于是，它行使债券发行时赋予它的选择权，以一定的价格赎回曾经以相对较高利率发行的债券，以相对较低的利息重新发债融资。

发行者行使赎回选择权，从投资者手中赎回债券的价格称为初始赎回价格，通常设定为债券面值加上年利息，并且随着到期日的临近而降低，直到等于面值。

可赎回选择权的设定明显有利于发行者，保护的是发行者利益。对于投资者而言，赎回价格的存在在一定程度上制约了债券市场价格的上升空间，并且增加了投资者的交易成本，实际上降低了投资者的投资收益率。为此，可赎回债券一般规定了赎回保护期，即规定在一定期限内发行者不能行使赎回权利，也称为有限制的可赎回债券。常见的可赎回保护期一般是 5~10 年。

可赎回条款的存在降低了这种债券的内在价值，降低了投资者的实际收益率。一般而言，发行可赎回债券的息票率越高，发行人行使赎回权的概率越大，投资者的实际收益率与债券承诺的收益率之间的差额越大。为弥补投资者可能面临的随时被赎回的不确定性，这种债券发行时通常有较高的息票率和承诺到期收益率。

因为有发行者可能赎回债券的约定，所以，投资者在计算可赎回债券收益率的时候，不能按照债券票面息票率（承诺到期收益率），而是实际到期收益率，即投资者实际持有，或者说直到发行者行使赎回权利的时间点的实际收益率。见下面例题的分析。

某 30 年期债券面值 1 000 美元，息票率为 8%，假设此债券是可赎回债券，其赎回条件不是以时间为标准，而是以价格为标准，即当市场价格达到 1 100 美元时，发行者有权行使赎回权利，其收益分布如图 4-2 所示。

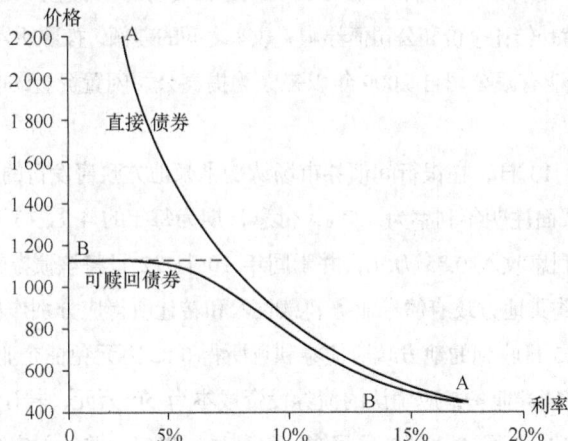

图 4-2　可赎回债券收益分布图

在图 4-2 中，如果债券不可赎回，其价格随市场利率的变动如曲线 AA 所示。如果是可赎回债券，赎回价格是 1 100 美元，其价格变动如曲线 BB 所示。

随着市场利率下降，债券未来支付的现金流的现值增加，当这一现值大于赎回价格时，发行者就会赎回债券，给投资者造成损失。在图中，当利率较高时，被赎回的可能性极小，AA 与 BB 相交；当利率下降时，AA 与 BB 逐渐分离，它们之间的差异反映了公司实行可赎回权的价值。当利率很低时，债券被赎回，债券价格变成赎回价格1 100美元。

在这种情况下，投资者更加关注的是债券的赎回收益率（Yield to First Call，YTC），而不是到期收益率（Yield to Maturity，YTM）。赎回收益率也称为首次赎回收益率，它假设公司一旦有权利就执行可赎回条款，这时的可赎回债券的收益率，即为首次赎回收益率。

【例4-16】 30年期的可赎回债券，面值为1 000美元，发行价为1 150美元，息票率8%（以半年计息），赎回保护期为10年，赎回价格为1 100美元。

赎回收益率($YTC$):

$$1\ 150 = \frac{40}{(1+YTC/2)} + L + \frac{40}{(1+YTC/2)^{20}} + \frac{1100}{(1+YTC/2)^{20}}$$

求得：$YTC$=6.64%

到期收益率($YTM$):

$$1\ 150 = \frac{40}{(1+YTM/2)} + L + \frac{40}{(1+YTM/2)^{60}} + \frac{1\ 000}{(1+YTM/2)^{60}}$$

求得：$YTM$=6.82%

### （四）税收待遇

除国债以外，各国政府对于购买和交易债券都有税收政策规定，也就是说，不同国家、地区，或者说在同一个国家的不同地区投资于债券，税收政策将在一定程度上影响其最终投资收益。反过来说，不同地区的税收待遇在一定程度上会影响到债券的价值。一般来说，免税债券的到期收益率比类似的纳税债券的到期收益率低。

例如，在我国，企业和个人转让、交易公司或者金融债券时需要缴纳税金，主要包括两部分：一是利息收入；二是转让差价所得。由于公司债券在交易时采取全价交易的方式，因此，卖出债券的税收影响，就是转让全价和公司债券购买成本之间的差额，按照所得税税率计算即可。

【例4-17】 某纸业有限公司自2009年以来，为提高公司闲置资金的收益率，分别投资购买了几种债券。

（1）2009年4月13日，在银行间债券市场认购了某地方政府发行的2009年债券，票面金额合计50万元，票面注明年利率为1.7%，付息日期为每年的4月13日。2011年4月13日，该纸业公司收到利息收入0.85万元，并于同年10月22日将该债券转让，转让价格合计51.1万元。对该公司购买地方政府债券业务利息收入和转让所得应分别作如下处理：

① 2011年4月13日收到的地方政府债券利息所得0.85万元免征企业所得税。

② 转让地方政府债券业务，应确认的债券投资成本为50万元，转让收入51.1万元，且对其在2011年4月14日至10月22日间的应收利息，也应一并计入应纳税所得额，故其转让地方政府债券所得为1.1万元，应申报纳税。

（2）2010年5月23日，该纸业有限公司以100.3万元在沪市购买了1万手某记账式国债（每手面值为100元，共计面值100万元），该国债起息日为2010年4月22日，每年4月22日兑付利息，票面利率为3.01%。2011年3月17日，该公司将购买的国债转让，取得转让价款105.6万元。

① 不考虑其他相关税费，纸业公司购买国债的成本为100.3万元。该公司在国债转让时实际持有天数为300天（2010年5月23日至2011年3月16日止），国债利息收入为：100

万×（3.01%÷365）×300=2.47（万元），该项利息收入免税。

② 该公司国债转让所得为：105.6－2.47－100.3=2.83（万元），应并计应纳税所得额申报纳税。

（3）2011年8月18日，通过网上认购方式，该纸业公司认购某公司2011年第一期公司债券200万元，期限为两年，票面年利率5.48%，付息日期为每年8月18日。

纸业公司每年收到发行者的债券利息时，应按规定并计应纳税所得额。

如发生转让的，则应将转让收入扣除投资成本（200万元）后的余额，作为债券投资的收益或损失，并计应纳税所得额申报缴纳企业所得税。

### （五）债券的流动性

债券的流动性，是指债券投资者将手中的债券变现的能力，以及变现时发生实际价格损失的能力。如果某种债券出售很困难，持有者会因该债券的流动性差而遭受损失，如较高的交易成本及资本损失。这种风险也必须在债券的定价中得到补偿。因此，流动性好的债券与流动性较差的债券相比，具有较低的到期收益率和较高的内在价值。在其他条件不变的情况下，债券的流动性与债券的名义到期收益率之间呈反比例关系。债券的流动性与债券的内在价值呈正比例关系。

【例 4-18】 假设一种债券 4 年到期，每年年底付利息 50 美元，第 4 年年末要再加上 1 000 美元的本金。因为该债券是 1 000 美元的本金付 50 美元的利息，则每期的利息率为 5%。这一利率通常被简称为息票率（或者说票面利率），根据我们的定义：$n$=4，$CF_1$=50，$CF_2$=50，$CF_3$=50，$CF_n$=1050，而且，假定市场认为真实利率为 2.5%，通胀溢价 3%，债券违约风险溢价为 2%，到期日溢价为 0.5%，流动性溢价为 1%。假定现金流是由本金决定的，则外汇汇率升水为 0。

在我们对债券进行正常估价时，必须考虑多种因素对债券贴现率的影响，根据适当贴现率理论得知，适当的（真实的）贴现率应该包括：

$r$=真实年利率（$RR$）+通货膨胀率（$IP$）+违约风险溢价（$DP$）+到期日溢价（$MP$）+流动性溢价（$LP$）+汇率风险溢价（$EP$）

这样，我们可得到贴现率：

$r$=2.5%+3%+2%+0.5%+1%+0%=9%

利用定价公式，债券的价格为：

$$P = \frac{50}{1+0.09} + \frac{50}{(1+0.09)^2} + \frac{50}{(1+0.09)^3} + \frac{1\,000+50}{(1+0.09)^4} = 870.41(\text{美元})$$

同样，我们也可以计算出不同贴现率下这种债券的价格如表 4-6 所示。

表4-6　不同贴现率下的4年期债券的价格

| 适当的贴现率(%) | 金融资产价格/美元 | 适当的贴现率(%) | 金融资产价格/美元 |
| --- | --- | --- | --- |
| 4 | 1 036.30 | 10 | 841.51 |
| 5 | 1 000.00 | 11 | 813.85 |
| 6 | 965.35 | 12 | 787.39 |
| 7 | 932.26 | 13 | 762.04 |
| 8 | 900.64 | 14 | 737.7 |
| 9 | 870.41 | | |

假设流动性溢价从 1%升至 3%，则贴现率也从 9%升至 11%。忽略手续费和过户费，则从表 4-6 中可看到价格为 813.85 美元。价格从 870.41 美元降至 813.85 美元。

流动性的下降会使得金融资产的贴现率增加，从而使金融资产的价格降低，也就是说，当金融资产的流动性下降的时候，其吸引力下降，从而其资产价格降低。相反，当金融资产的流动性增加的时候，其流动性溢价降低，从而降低其贴现率，因而资产的价格上升。

### （六）违约风险

违约风险是指债券发行人未履行契约规定支付的债券本金和利息，给债券投资者带来损失的可能性。一般来说，除政府债券外，债券都是有违约风险的，只不过风险大小有所不同而已。信用等级低，违约越大的债券，投资者要求的收益率越高，债券的内在价值也就越低。

在【例 4-18】中，假设就在你购买债券之前，一个新的消息使投资者确信该债券没有原来估计的风险大，则违约风险溢价从 2%降至 1%，贴现率也从 9%降至 8%，忽略交易手续费和过户费，从表中可看到，价格从 870.41 美元上升至 900.64 美元。

违约风险的降低将使得贴现率降低，从而提高了金融资产的价格；而违约风险的上升表示该资产的吸引力下降，从而资产价格下降。

## 专栏 4-4

### 标准普尔公司的债券评级标准

标准普尔公司对公司或地方政府债券的评级，是对某一债务人关于某一特定债券的信用水平的即期评估，该评估可能考察担保人、发行人或承租人等。

该债务评级不是对购买、出售或持有某一证券的建议，这是因为其不对证券市场价格和对某特定投资者的适合程度作出评论。

该评级建立在发行人提供的即期信息，或者标准普尔公司从它认为可靠的途径获取的即时信息的基础之上。标准普尔公司并没有为每次评级进行审计工作，并且有时可能依赖于未经审计过的财务信息。此种信息的改变、不可获得或者其他原因可能导致评级被改变、暂停和撤回。

该评级在不同程度上基于以下考虑：

（1）违约的可能性，即债务人根据债务条款按时支付利息和偿还本金的能力和意愿。

（2）债务条款的性质。

（3）当发生破产、重组或者其他在破产法下或在其他影响债权人权利的法律下的调整行为时，该债务提供的保护条款和该债务的相对地位。

标准普尔公司的信用等级划分如下：

AAA：AAA 是标准普尔公司评定的债务的最高级别，说明发行人支付利息和偿还本金的能力极强。

AA：说明支付利息和偿还本金的能力很强，与最高级别相比稍逊色一点儿。

A：尽管 A 说明环境变更和经济条件变更比上述两种级别更易引起负面影响，但其支付利息和偿还本金的能力依然相当强。

BBB：被定义为 BBB 级别的债务被认为有足够的能力支付利息和偿还本金。尽管在通常情况下其能得到足够的保护，但与前几级相比，变化的环境更可能削弱该级别债务的还本付息能力。

定级为 BB、B、CCC、CC 和 C 的债务被认为本本付息有明显的投机特征。BB 表示最低程度的投机性，而 C 则表示最高程度的投机性。尽管这种债务很可能质量尚可，并且有某些保护性条款，但其不确定性和可能受不利条件影响的程度更为严重。

CI：CI 是为没有利息收入的收入债务（Income Bonds）准备的。

D：被定义为 D 级的债务现在已经处于违约状态。

资料来源：《标准普尔债券指南》，1993 年 11 月，第 10 项。

## （七）可转换性

可转换债券是债券发行时赋予投资者的一项期权，在一定条件下，投资者有权将手中所持有的债券按照一定的转化率转换成一定数量的普通股股票。每单位债券可以换得的股票数量称为转化率，可换得的股票的当前价格称为市场转换价格，债券价格与市场转换价格之间的差额称为转换损益。既然是赋予投资者的一项期权，投资者有权选择在转换价格对自己有利的时候行使期权。当然，当转换价格不利于自己的时候，投资者有权放弃行使权利。发行者赋予投资者的这种权利自然需要对价，在债券价值中得到体现——可转换债券息票率和承诺的到期收益率通常较低。但是，如果从转换中获利，则持有者的实际收益率会大于承诺的收益率，能否在转换中获益还受到诸多因素的影响。

假设上题中该债券可以转换成一定数量的该发行公司的普通股，则 4 年期债券的价格将高于 870.41 美元，高出的金额就是可转换为股权的这一选择权的市场价格。例如，我们观察到该假定的债券的价格为 1 000.41 美元，这意味着这种转换权的价值为 130 美元。

## （八）可延期性

可延期债券是一种较新的债券形式。与可赎回债券相比，它给予持有者而不是发行者一种终止或继续拥有债券的权利。如果市场利率低于息票率，投资者将继续拥有债券；反之，如果市场利率上升，超过了息票率，投资者将放弃这种债券，收回资金，投资于其他收益率更高的资产。这一规定有利于投资者，所以以可延期债券的息票率和承诺的到期收益率较低。

债券属性与债券收益率小结如表 4-7 所示。

表 4-7 债券属性与债券收益率小结

| 债券属性 | 与债券收益率的关系 |
| --- | --- |
| 1. 期限 | 当预期收益率（市场利率）调整时，期限越长，债券的价格波动幅度越大；但是，当期限延长时，单位期限的债券价格的波动幅度递减 |
| 2. 息票率 | 当预期收益率（市场利率）调整时，息票率越低，债券的价格波动幅度越大 |
| 3. 可赎回条款 | 当债券被赎回时，投资收益率降低。所以，作为补偿，易被赎回的债券的名义收益率比较高，不易被赎回的债券的名义收益率比较低 |
| 4. 税收待遇 | 享受税收优惠待遇的债券的收益率比较低，无税收优惠待遇的债券的收益率比较高 |
| 5. 流动性 | 流动性高的债券的收益率比较低，流动性低的债券的收益率比较高 |
| 6. 违约风险 | 违约风险高的债券的收益率比较高，违约风险低的债券的收益率比较低 |
| 7. 可转换性 | 可转换债券的收益率比较低，不可转换债券的收益率比较高 |
| 8. 可延期性 | 可延期债券的收益率比较低，不可延期的债券收益率比较高 |

# 第三节　麦考利久期与债券的管理

## 一、久期的基本概念

我们知道许多因素影响着人们对债券价格的评价，如票面利率、市场利率、到期时间、变现能力等。

通常，票面利率较高债券的价格变动，要大于票面利率较低债券的价格变动；较长期限债券的价格变动，要大于较短期限债券的价格变动等。但上述对债券价格的评价必须具备一定的前提条件，即假设某个债券在其他影响因素一定的前提下，只有一个因素变动。如果期限和票面利率不同的债券组合比较时，上述表述就不准确了。如一种期限较长的债券，但却有较高的票面利率，那么票面利率对债券的价格影响将部分地被期限因素所抵消。因此，这就需要找出一个综合前述几个因素的概括性指标，来衡量债券价格的敏感度。久期将债券的票面利率、利率支付次数、到期期限以及到期收益率综合在一起，形成了一个以时间单位命名的概括性衡量标准，从而大大提高了债券评价的准确性。

久期在数值上和债券的剩余期限近似，但又有别于债券的剩余期限。在债券投资里，久期被用来衡量债券或者债券组合的利率风险，它对投资者有效把握投资节奏有很大的帮助。

一般来说，久期和债券的到期收益率成反比，和债券的剩余年限及票面利率成正比。但对于一个普通的附息债券，如果债券的票面利率和其当前的收益率相当的话，该债券的久期就等于其剩余年限。还有一个特殊的情况是，当一个债券是贴现发行的无票面利率债券，那么该债券的剩余年限就是其久期。另外，债券的久期越大，利率的变化对该债券价格的影响也越大，因此风险也越大。在降息时，久期大的债券上升幅度较大；在升息时，久期大的债券下跌的幅度也较大。因此，投资者在预期未来升息时，可选择久期小的债券。

### （一）久期模型

1938 年，弗雷德里克·R.麦考利（Frederick.R.Macaulay）在其关于收益的不朽之作《1856 年以来美国利率、债券收益率及股票价格变动所提出的一些理论问题》中研究铁路债券的平均还款期限时，提出了久期（Duration）的概念。麦考利将久期定义为债券在未来时期产生现金流的时间的加权平均，其权重是各期现金流现值在现金流现值总值中所占的比重。其公式是：

$$D = \sum_{t=1}^{n} \frac{tC_t}{(1+r)^t} \bigg/ \sum_{t=1}^{n} \frac{C_t}{(1+r)^t} \tag{4-8}$$

$D$ 为麦考利久期；$C_t$ 为第 $t$ 期的现金流；$t$ 为收到现金流的时期($t=1,2,\cdots,n$)；$n$ 为现金流发生的次数；$r$ 为到期收益率。久期不仅仅是一个时间概念，其真正价值在于它能反映债券价格对利率变动的敏感性，是度量利率风险的一个重要工具。

### （二）修正的久期

我们知道，债券价格就是该债券的未来现金流的现值之和，即：

$$P = \sum_{t=1}^{n} \frac{C_t}{(1+r)^t}$$

所以，麦考利久期又可以表示为

$$D = \frac{\sum_{t=1}^{n} \frac{tC_t}{(1+r)^t}}{P} = \frac{\sum_{t=1}^{n} PV_{(C_t)} \times t}{P} = \sum_{t=1}^{n} \left[ \frac{PV_{(C_t)}}{P} \times t \right]$$

另外，若债券价格对收益率求一阶偏导数，则可得：

$$\frac{dP}{dr} = -\sum_{t=1}^{n} \frac{tC_t}{(1+r)^{t+1}} = -\frac{1}{(1+r)} \sum_{t=1}^{n} \frac{tC_t}{(1+r)^t} \tag{4-9}$$

将上式两边同时除以价格，则：

$$\frac{dP}{dr} \cdot \frac{1}{P} = -\frac{1}{(1+r)} \frac{\sum_{t=1}^{n} \frac{tC_t}{(1+r)^t}}{P} \tag{4-10}$$

最后得出：

$$\frac{dP}{P} = -\frac{D}{1+r} \cdot dr \tag{4-11}$$

把 $\frac{VP}{P} = -D_{\text{mod}} g Vr \cdot \frac{dP}{dr}$ 视为一个微小的变化量，其中的负号表示债券价格与利率变化方向相反。则有：

$$\frac{VP}{P} = -\frac{D}{1+r} \times Vr \tag{4-12}$$

从上式可以看出，债券价格变动百分比是久期和收益率变动的百分比的函数。也就是说，收益率变动得越多或久期越长，债券价格变动得越多，债券的利率风险越大。在收益率变动水平一定的条件下，债券的久期是影响债券价格变动的唯一因素。因此，久期可以作为度量债券利率风险的一种工具。

式（4-11）和式（4-12）中的负号表示债券价格的变动与利率变动的方向相反。

如果令 $D_{\text{mod}} = \frac{D}{1+r}$，$D_{\text{mod}}$ 为修正久期，式（4-12）可以转换为：

$$\frac{VP}{P} = -D_{\text{mod}} g Vr \tag{4-13}$$

修正久期比久期能更直接地表示利率变动对债券价格变动的影响。从式（4-12）可知，修正久期直接表示与利率变动相关的债券价格变动的百分比。显然，与久期相比，修正久期作为度量利率风险的指标，更具有科学性和直观性，可以直接用它与利率变化相乘以获得预期价格变化的百分比。

还有一种久期叫金额久期，其定义是：金额持续期是市场利率变 1 个百分点（100 个基点）导致债券价格变化的金额，能够更加直接刻画债券价格对利率变化的敏感度。

久期与到期期限如图 4-3 所示。

从久期的定义和公式，可以得到关于久期的一些基本性质，即麦考利久期定律。

### （三）麦考利久期的局限性分析

麦考利久期模型是度量利率风险的重要工具，但由于它的简单性以及它的几个重要假设，极大地限制了其作为利率风险管理工具的可用性和精确性。

麦考利久期模型隐含的四个假设使得在实际的应用中存在很大局限。

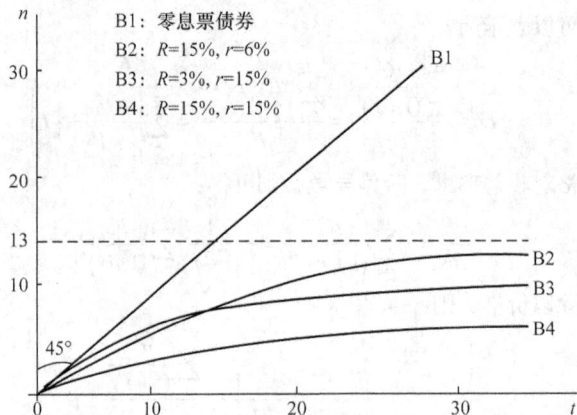

图 4-3　久期与到期期限

　　假设一：价格—收益率曲线是线性的。麦考利久期只考虑了价格变化和收益率之间的线性关系。实际上，债券价格和收益率之间的"真实"关系是非线性的，这种非线性的特征被称为收益率曲线的凸性。因此，只有当收益率变化幅度很小时，麦考利久期所代表的线性关系才能近似成立；当收益率出现较大幅度变化时，用麦考利久期来估计价格的变化就会出现较大的误差。

　　假设二：利率期限结构是平坦的。麦考利久期对所有现金流均采用同一折现率，这意味着假定利率期限结构是平坦的。实际上平坦的利率期限结构只是一种极特殊的情况，一般情况下，利率期限结构是不平坦的，且大都呈上翘的非线性形状。

　　假设三：当利率变化时，未来的现金流不会发生变化。麦考利久期模型假定随着利率的波动，债券的现金流不会发生变化。然而，对于具有隐含期权的金融工具而言，其未来的现金流一般会随利率的波动而变化，其价格也会发生相应的变化。

　　假设四：收益率曲线是平行移动的。麦考利久期只考虑收益率平行移动的情况。实际上，由于时间因素的影响，不同期限债券的收益率对市场影响因素的反应是不同的，即不同期限收益率的变化幅度是不一致的，从而导致收益率的变化可以呈现出很多形式，如蝶形和扭曲形等。

　　久期是固定收入资产组合管理的关键概念有以下几个原因：

　　（1）它是对资产组合实际平均期限的一个简单概括统计。

　　（2）它被看作资产组合免疫与利率风险的重要工具。

　　（3）它是资产组合利率敏感性的一个测度，久期相等的资产对于利率波动的敏感性一致。

　　到期时间、息票率、到期收益率是决定债券价格的关键因素，与久期存在以下的关系：

　　（1）零息票债券的久期等于它的到期时间。

　　（2）到期日不变，债券的久期随息票利率的降低而延长。

　　（3）息票利率不变，债券的久期随到期时间的增加而增加。

　　（4）其他因素不变，债券的到期收益率较低时，息票债券的久期较长。

　　关于麦考利久期与债券的期限之间的关系存在以下 6 个定理：

　　**定理 1**：只有贴现债券的麦考利久期等于它们的到期时间。

　　**定理 2**：直接债券的麦考利久期小于或等于它们的到期时间。只有仅剩最后一期就要期满的直接债券的麦考利久期等于它们的到期时间，并等于 1。

定理 3：统一公债的麦考利久期等于（1+1/r），其中 r 是计算现值采用的贴现率。

定理 4：在到期时间相同的条件下，息票率越高，久期越短。

定理 5：在息票率不变的条件下，到期时期越长，久期一般也越长。

定理 6：在其他条件不变的情况下，债券的到期收益率越低，久期越长。

## 二、久期在债券管理中的作用

久期又是如何成为评价债券的工具的呢？久期的性质可以给出答案。①附息债券的久期一般小于其到期日，而无息债券的久期与其到期日相同。②债券的票面利率与久期存在反向关系，即票面利率越高，久期越短。③债券的到期日与久期成反向关系。在其他条件不变的条件下，久期以递减的速度随到期日的增加而增加。④到期收益率与久期成反向关系。⑤组合久期的计算——久期的可加性（即 m 种债券构成的债券组合的久期，等于这 m 种债券的久期的加权平均，其权重是各种债券价值在组合债券总价值中的比重）。

久期在债券管理中的策略主要有利率的掉期策略以及利率的免疫策略。

### （一）利率的掉期策略

如果投资者在债券到期日之前卖出债券，那么，他们更关心所持有债券的价格变化。这时投资者可以在利率预期的基础上进行利率的掉期策略。所谓的利率掉期策略，就是在不同的利率预期下选择不同的修正久期的策略。我们知道，当预测市场利率下降时，修正久期越大，债券价格的上升幅度越大，从而对投资者越有利。所以，在这种情况下，投资者就应该选择修正久期大的债券；当预测市场利率上升时，修正久期越小，债券价格下降的幅度越小，为使投资者避免更大的损失，投资者应该持有久期较短的债券。利率的掉期策略就是基于以上原理，当预期利率上升时，建议投资者把具有较长久期的债券转换成较短久期的债券；当预期利率下降时，把具有较短久期的债券转换成较长久期的债券。

在债券分析中，久期已经超越了时间的概念，投资者更多地把它用来衡量债券价格变动对利率变化的敏感度，并且经过一定的修正，以使其能精确地量化利率变动给债券价格造成的影响。修正久期越大，债券价格对收益率的变动就越敏感，收益率上升所引起的债券价格下降幅度就越大，而收益率下降所引起的债券价格上升幅度也越大。可见，同等要素条件下，修正久期小的债券比修正久期大的债券抗利率上升风险能力强，但抗利率下降风险能力较弱。

正是久期的上述特征给我们的债券投资提供了参照，当我们判断当前的利率水平存在上升可能，就可以集中投资于短期品种、缩短债券久期；而当我们判断当前的利率水平有可能下降，则选择拉长债券久期、加大长期债券的投资，这就可以帮助我们在债券市场的上涨中获得更高的溢价。

需要说明的是，久期的概念不仅广泛应用在债券上，而且广泛应用在债券的投资组合中，一个长久期的债券和一个短久期的债券可以组合一个中等久期的债券投资组合，而增加某一类债券的投资比例，又可以使该组合的久期向该类债券的久期倾斜。所以，当投资者在进行大笔资金运作时，准确判断好未来的利率走势后，然后就是确定债券投资组合的久期，在该久期确定的情况下，灵活调整各类债券的权重，基本上就能达到预期的效果。

## （二）债券的利率免疫策略

持有债券的投资者主要面临两种风险，即价格风险和票面利率的再投资风险。价格风险是指由于利率的变动，债券的卖出价格不等于预期价格的风险；票面利率的再投资风险是指将取得的票面利息进行再投资所实现的收益率不等于购买债券时所预期的收益率的风险。这是两种可以相互抵消的利率风险，在债券投资中，如果能够正确地选择久期，就可以免除这两种风险。债券的利率免疫策略认为，当债券的久期与投资者的持有期相等时，到期时债券的价值将不会受利率的影响。下面将举例说明。

假定某租赁公司准备购买一批设备已被租赁，并和出售公司达成协议：该公司在今后15年内每年支付100万元给出售公司。该公司的负债现金流及其折现值（取10%的折现率）和久期值，如表4-8所示。

该公司现在要做的是如何投资于债券（假设该公司靠投资债券支付设备款）使债券的收益现值等于设备支付款现值，即每年至少得到10%的收益率。假定该租赁公司现在有两种可以投资的债券，一种是30年期的长期国库券，年利率为12%；另一种是6个月期的短期国库券，收益率为年利率为8%。两种债券都是按面值出售的。经过计算，前者的修正久期为8.08，后者的修正久期为0.481。

表4-8　租赁公司的负债现金流及其折现值和久期值

| 时期 | 现金流 | 现金流的折现值 | 权重 | 乘积 |
|---|---|---|---|---|
| 1 | 100 | 90.909 | 0.12 | 0.12 |
| 2 | 100 | 82.645 | 0.109 | 0.217 |
| 3 | 100 | 75.131 | 0.099 | 0.296 |
| … | … | … | … | … |
| 15 | 100 | 23.939 | 0.031 | 0.472 |
| 总数 | | 760.608 | 1 | 6.279 |

修正久期值 $D$=6.279÷1.1=5.708

利率的波动会导致租赁公司的资产和负债价值的变动。为了使免疫策略完全起作用，资产组合的价值变动必须精确地和负债组合的价值变动匹配。这就意味着将两种国库券按某种比例加权组合，使得组合后地久期精确地等于负债的久期。权重之和为1。即：

$$W×8.08+(1-W)0.481=5.708$$

解得：$W$=68.79%

由此得出结论，租赁公司将68.79%，即523.23万元投资于30年期的国库券，其余的31.21%，即237.38万元投资于6个月的短期国库券。如果负债折现率由10%变为10.1%，长期国库券收益率变为12.1%，而短期国库券为8.1%，旧价值与新价值的变化情况，如表4-9所示。

表4-9　旧价值与新价值的变化情况

| | 负　债 | 资　产 | |
|---|---|---|---|
| | 租赁公司负债 | 长期国库券 | 短期国库券 |
| 旧价值 | 760.61 | 523.23 | 237.38 |
| 新价值 | 756.29 | 519.03 | 237.26 |
| 变化 | −4.32 | −4.2 | −0.12 |

由表4-9可以看出，−4.32=−4.2+(−0.12)，

短期和长期国库券价值变动值相加得到总资产价值变动值，正好与负债价值变动值相等。这样免疫策略就有效地保护了租赁公司免遭资产和负债的收益率 10 个基点的变动风险，此外，这个证券组合还是有利可图的，因为资产的收益超过了负债成本。资产组合收益率是单项资产收益率的加权平均数。在本例中组合收益率为：

$$68.97\% \times 0.12 + 31.21\% \times 0.08 = 10.75\%。$$

总之，久期是债券评价中的核心概念，它有效地度量了债券的风险，在债券风险管理中起了非常重要的作用。合理地利用久期有助于在利率市场逐步开放的环境下，实现企业财务管理的目标——企业价值最大化。

## 补充阅读

哈利大卫公司是一家成立于 1910 年的美国公司，公司最出名的是水果邮购直销业务，特别是通过其"当月水果俱乐部"进行销售亨利·戴维（Harry&David）品牌专营高档礼品篮和节日礼物塔等产品。

近年来，随着互联网及大型零售商等竞争对手不断进入公司的经营领域，且疲软的市场及令人失望的假期消费情况使公司的经营业绩每况愈下，因此公司负债经营的到期利息成为了压垮骆驼的最后一根稻草。

2011 年 3 月 28 日，哈利大卫及其附属公司根据美国《破产法案》第 11 章向美国破产法院提交了一份自愿申请重组的申请。2011 年 3 月 29 日，公司根据美国《破产法案》第 11 章申请了破产保护，并申请与大部分的优先票据债券持有人达成一项协议，其重组计划为将现有债券转换为股权，从而为公司摆脱破产提供必要的股权融资。同时公司聘请罗斯柴尔德公司作为其财务顾问，及琼斯作为法律顾问探索资本重组方案。

2011 年 3 月 31 日，哈利大卫公司获得美国破产法院批准其使用由公司的抵押贷款人提供的为第一留置权的债权人信用展期（Debtor In Possession，DIP，使申请破产前的信用额度成为债务人的信用额度）一亿美元循环信用额度，以及一个由公司优先票据持有人提供的为第二留置权债权人信用展期 5 500 万美元长期贷款，供公司重组之用。公司同时还获得法院批准其继续支付员工的工资、薪金和福利，并确认公司有能力继续支付供应商商品和服务以继续经营。2011 年 6 月 11 日，哈利大卫公司宣布，该公司及其附属公司作为债务人，根据美国《破产法》第 11 章向美国破产法院申请了一项关于重组及披露声明的联合计划。2011 年 8 月 11 日，哈利大卫公司的优先票据持有人针对公司的重组联合计划进行了听证及投票，进行投票的 119 名债券持有人中有 114 人对重组计划投出了赞同票，使其从债券数量上取得 95.80% 的赞同票，在债券总金额上，则取得了 99.42% 的赞同票。

2011 年 8 月 29 日，美国破产法院批准哈利大卫公司的第 11 章重组计划，并将于 2011 年 9 月 13 日生效。这使哈利大卫公司所有的 2 亿美元公募票据转换为重组后公司的股本。

## 读后讨论

1. 债券违约的情况时有发生，投资者应该如何保护自己的利益？选购债券时，可考虑哪些因素？

2. 结合本章相关理论的学习，说明我国债券市场的风险及其防范。

## 【本章小结】

1. 货币的时间价值是指当前所持有的一定量的货币，比未来获得的等量货币具有更高的价值。

2. 收入资本化法分析的基础是任何资产的内在价值取决于该资产预期未来现金流的现值。

3. 预期收益率是根据债券风险大小确定的到期收益率，也是投资者所要求、期望的收益率。到期收益率是债券本身承诺的到期收益率，即隐含在当前市场上债券价格中的到期收益率。

4. 债券的价格与债券的收益率成反比例关系。

5. 赎回收益率也称为首次赎回收益率，它假设公司一旦有权利就执行可赎回条款，这时的可赎回债券的收益率，即为首次赎回收益率。

6. 流动性的下降会使得金融资产的贴现率增加，从而使金融资产的价格降低，相反，当金融资产的流动性增加的时候，其流动性溢价降低，从而降低其贴现率，因而资产的价格上升。

7. 在收益率变动水平一定的条件下，债券的久期是影响债券价格变动的唯一因素。因此，久期可以作为度量债券利率风险的一种工具。

## 【重要概念】

时间价值　　终值　　现值　　复利　　收入资本化　　预期收益率　　到期收益率

可赎回条款　　久期　　修正久期　　利率掉期

## 【练习题】

1. 债券的价值定理有哪些？

2. 简述债券的基本属性。

3. 简述麦考利久期定律的假设条件。

4. 计算题

（1）假设投资经理李先生约定 6 年后向投资者支付 100 万元，同时，他有把握每年实现 12% 的到期收益率，那么李先生现在要向投资者要求的初始投资额是多少？

（2）某一债券面值为 1 000 元，票面利率为 6%，期限为 3 年，约定每年付息一次，3 年后归还本金。如果投资者的预期年收益率为 9%，则该债券的内在价值是多少？

（3）一种 30 年期的债券，面值为 1 000 美元，息票率为 8%，半年付息一次，5 年后可按 1 100 美元提前赎回。此债券现在按到期收益率 7% 售出。

① 赎回收益率为多少？

② 若赎回价格为 1 050 美元，赎回收益率为多少？

③ 若赎回保护期为 2 年，赎回收益率为多少？

# 第三部分

# 权益证券市场

　　权益证券又称产权证券，指用以证明证券持有人对证券发行公司的财产所有权的凭证。权益证券是公司等筹措长期资金的主要融资工具，同时也是投资者享有对公司所有权的金融凭据，它具有有限清偿责任、投票权、剩余请求权等基本特征。最典型的权益证券是股票，随着金融自由化、全球化发展，以及金融创新活动的进一步深入，权益证券的发展越来越多样化，例如与债券相结合出现了可转换债券，围绕股票本身的基本特性衍生的权益金融工具，例如认股权证、股价指数期货、优先认股权等；以及满足投融资需求、追求更高的金融效率的正在发展的其他组合类衍生权益证券等。

　　作为基础金融工具的股票，一直以来是权益证券市场的典型代表，由它衍生的权益类衍生金融工具安排在衍生金融工具市场介绍，本部分重点介绍股票及其股票的基本概念、股票市场的特征、运行机制、定价原理及证券投资基金运作等。

# 第五章　股票市场

1．理解和掌握股票及证券投资基金的概念、性质、特征、分类。

2．熟悉股票发行市场的制度、方式和条件以及股票流通市场的功能、交易机制。

3．掌握信用交易的基本运作。

4．了解场外市场的种类、功能以及股价指数的计算与种类。

5．理解创新型基金产品的交易原理、流程及与一般基金的区别。

## 开篇案例

## IPO 重启

2013 年 11 月 30 日，我国证监会正式发布推进新股发行体制改革意见，提出推进股票发行向注册制过渡。12 月 13 日，证监会修订并发布《证券发行与承销管理办法》。12 月 30 日晚间，纽威阀门等 5 家已过会企业率先获得 IPO 的发行批文。至此，A 股告别史上最长 IPO 暂停。2014 年 1 月 28 日，此次 IPO 重启以来，发行股份数高达 10 亿股的陕煤股份在上交所上市交易。1 月 30 日，首次公开发行重启 1 个月以来，共有 45 家公司实现募集资金，总额达 321 亿元，创业板指一路飙升，大涨了 14.73%。4 月 18 日，证监会发布了首批首发企业预披露名单，共计 28 家。4 月 21 日晚，证监会再次发布 18 家拟上市公司预披露名单。

### 案例导读

IPO 重启就是重新启动新股发行。在我国 A 股历史上，共有 7 次暂停 IPO 后 6 次重启，都未对市场的中短期趋势产生影响。显然，IPO 重启不仅增加了股票市场的股票供给，而且在某种程度上反映着股票市场管理部门对股市走势的态度。因此，IPO 重启必然会改变股票市场资金的博弈态势，只是其改变的性质和程度随发行速度与节奏的不同而不同。近年来我国股票市场行情低迷，新一届政府希望通过改革来改善股市状况。新一轮的 IPO 改革能否对股市产生正面影响，能否抑制新股炒作行为将拭目以待。

通常而言，股票市场也称权益市场，因为股票是一种最典型、普遍的权益工具。它是资本市场最基本的投融资工具，为投融资搭建了良好的交易平台，通过一级市场的发行和二级市场交易，能够真正实现聚集资金、资源配置、分散风险等金融市场的基本功能。在金融市场中，它虽然不是规模最大的市场，但它能够客观地反映实体经济状况，及时反映和传导各国政府的宏观调控政策，引导资金高效流动，它是目前世界上最能够反映世界和各国经济状况、影响力最大的市场。

# 第一节 股票概述

## 一、股票的概念

股票是投资者向公司提供资本的权益合同，是公司的所有权凭证。股票首先是一种有价证券，其价值体现在股票持有者可以拥有股份公司的利润，即股息收入；以及由于可能的公司经营得力导致股息收入增加，股票价格在流通市场上涨所带来的资本利得。其次，股票是一种权益工具，股票投资者成为发行公司股东，其拥有的每一股份都代表着所有者即股东对公司财产占有的一定的份额。股票和股份是形式和内容的关系，股票是形式，股份是内容。最后，股票是一种要式证券。要式证券是指应记载一定的事项，其内容应全面真实的证券，这些事项往往通过法律形式加以规定，通过对证券格式的要求达到一定的格式控制，确保其安全性和流通性。

## 二、股票的性质

股票的性质体现在股东对公司的所有权，这种所有权表现为股东对公司的剩余索取权和剩余控制权。

剩余索取权是相对于合同收益权而言的，指的是公司收入在扣除所有的合同支付（包括原材料成本、固定工资、利息等）后的余额的要求权。股东的权益在利润和资产分配上表现为索取公司对债务还本付息之后的剩余收益。如果公司破产，股东将一无所获，但股东只是承担有限责任，即如果公司资产不足以清偿全部债务的时候，股东个人财产也不受追究。

剩余控制权是指股东对公司的控制表现为合同所规定的经理职责范围之外的决策权。也就是说，在股份公司的运作模式中，日常的生产经营活动由经理作出决策，但是重大决策必须由股东投票决定，股东大会是公司最高的权力机构，重大决策包括经理的任命、资产重组、兼并与反兼并、重大投资决策等方面。同样的，如果公司破产，股东将丧失剩余控制权。

## 三、股票的特征

### 1. 不可偿还性

股票是一种无偿还期限的有价证券，投资者认购了股票以后，就不能再要求退股，只能到二级市场卖给第三者。股票的转让只意味着公司股东的改变，并不减少公司资本。

### 2. 可参与性

股东有权出席股东大会，选举公司董事会，参与公司重大决策。股票持有者的投资意志和享有的经济利益，通常是通过行使股东参与权来表达和实现的。

### 3．收益性

股东凭其持有的股票，有权从公司领取股息或红利，获取投资的收益。股息或股利的大小，主要取决于公司的盈利水平和公司的收益分配政策。股票的收益性，还表现为股票投资者可以获取价差收入或实现资产保值增值。

### 4．流动性

股票的流动性是指股票在不同投资者之间的可交易性。股票流动性的衡量指标通常包括可流通的股票数量、股票成交量以及股价对交易量的敏感程度。

### 5．风险性

由于股票价格要受到诸如公司经营状况、供求关系、银行利率、大众心理等诸多因素的影响，其波动有很大的不确定性。股票价格波动的不确定性越大，投资风险也越大。

与债券相比，股票表现出了不同的特征。

（1）股票一般是永久性的，因而无需偿还；债券是有期限的，到期必须还本付息，因而对公司而言，发行的债券过多可能增加其还本付息的负担，可能导致资不抵债而破产，而公司股票发行得越多，筹集的资本金越多，核心资本规模越大，就越不容易破产。

（2）股东从公司税后利润中分享股利，而且股票本身增殖或者贬值的可能性较大；债券持有者从公司税前利润中得到固定利息收入，债券本身价格波动幅度不大。

（3）在求偿等级上，股东的排列次序在债权人之后。当公司经营不善等原因导致公司破产时，债权人有优先取得公司财产的权力，其次是优先股股东，最后才是普通股股东。但通常而言，破产意味着债权人也同样需要蒙受损失，因为剩余资产不足以清偿所有债务，这时，债权人实际上成为剩余索取者。尽管如此，债权人无权索取股东个人资产。同时，债券按照索取权的排列次序区分为不同等级，高级债券具有优先索取权，低级或者次级债券排名在一般债权人之后。一旦公司破产清算，先偿还高级债券，然后是一般债券，最后才是次级债券。

（4）限制性条款所涉及的控制权问题。如前面所说，股东可以通过投票行使剩余控制权，而债权人一般没有投票权，但他也可以要求对大的投资决策拥有一定的发言权，特别是当大的投资决策可能会影响到债权人的利益的时候。这常常体现在债务合同书上面要求限制经理及股东的权利的条款，例如，在公司重大资产调整时需要征求大债权人的意见；另外，在公司破产的情况下，剩余控制权将由股东转移到债权人手中，债权人有权决定是清算公司还是重组公司。

（5）权益资本是一种风险资本，不涉及抵押担保问题，而债务资本要求以某一或某些特定资产作为保证偿还的抵押，以提供超出发行人通常信用之外的担保，这实际上是降低了债务人的违约风险，保护投资者利益。

（6）在选择权方面，股票主要表现为可转换优先股、可赎回优先股，而债券发行的可选择权更多，例如可赎回、可转换、限制性可赎回和转换等。

## 四、股票的分类

股票分类方式很多，所以目前市场上流通的股票种类繁多。因为股票是一种权益证券，权益的组合可以满足不同投资者对权益的诉求，同时带来风险和收益的重新组合，满足市场投资者对风险收益的不同诉求。所以最普遍的分类方法是按照权益组合设计出来的不同股票种类。

## （一）普通股

普通股是指在公司的经营管理和盈利及财产的拥有上享有平等权利的股份，并能凭股份对有限公司利润取得相应股息，它构成公司资本的基础，是股份公司发行的最常见的标准股票，是股份公司资本结构中最重要、最基本的股份，亦是风险最大的一种股份。凭借普通股能获得的投资收益的一个主要部分就是红利，红利的多少不是在购买时约定，而是事后根据股票发行公司的经营业绩来确定，上不封顶，下不保底。公司的经营业绩好，普通股的收益就高；反之，若经营业绩差，普通股的收益就低。

一般来说，普通股的特点由它的剩余索取权和剩余控制权所决定，具体表现为以下 5 点：

（1）持有普通股的股东有权获得股利，但必须是在公司支付了债息和优先股的股息之后才能分得。普通股的股利是不固定的，一般视公司净利润的多少而定。当公司利润不断递增时，普通股能够比优先股多分得股利。

（2）当公司因破产或停业而进行清算时，普通股东行使剩余索取权，有权分得公司剩余资产，但普通股东必须在公司的债权人、优先股股东之后才能分得财产。

（3）普通股东一般都有资格出席公司的股东大会，拥有会议权、选举权、对重大事项的表决权，他们通过投票来行使剩余控制权。普通股股东有时也分等级：A 级和 B 级。A 级普通股是对公众发行的，可参与利润分红，但没有投票权，或者只有部分投票权；B 级普通股由公司创办人持有，具有完全的投票权。如果老股东想筹措资金又不愿意过多放弃对公司的控制权时，常常采取发行另一等级普通股的方法，例如老股东持有的 B 级普通股每股含有 1 个投票权，A 级新股每股只是含有 1/3 个投票权。

这里的 A 级普通股和 B 级普通股，区别于我国市场上特定的 A 股和 B 股。A 股是在国内市场上流通交易的普通股，上海证券交易所和深圳证券交易所交易的都是我国普通 A 股，这种股票必须在境内用人民币购买和交易。除了 A 股之外，在我国还有 B 股，它是特定历史阶段的特殊产物。在我们股票市场创办早期，我国外汇储备不足、投资不足是困扰当时政府的两大难题，为帮助本土企业从股市上募集到外汇资金，国务院决定在境内两家证交所分别增设两个 B 股市场。

B 股市场的股票面值统一规定为 1 元人民币，并采用外币来进行标价、交易和结算，其中上交所的 B 股采用美元标价、交易和结算，深交所 B 股则采用港元标价、交易和结算。为了区别于 A 股，B 股也称为"人民币特种股票"，或叫"境内上市外资股"。B 股发行人只能是在大陆注册的本土企业，B 股投资者只能是境外投资者。后来这个规定放松了，境内投资者也可以投资购买 B 股，但仍然只能用外汇购买和结算。A、B 股的股东和其他权益相同，但股价差异较大。这是我国股票市场发展过程中的特殊产物，其价格的差异性也背离了股票"同股同价"的基本理论原理。

（4）普通股东一般具有优先认股权，即当公司增发新普通股时，现有股东有权优先(可能以低价)购买新发行的股票,以保持其对企业所有权的百分比不变,从而维持其在公司中的权益。当然,如果股东认为新发行的股票无利可图,也可以放弃这种权利。

(5)与债券、优先股相比,投资普通股的风险较大。普通股要承担整个市场风险,如市场利率、通货膨胀等风险,同时还要承担公司的特别风险,如破产风险等,故其风险最大。当然,风险对应的是收益,投资普通股可能带来的收益也较大。根据普通股的这种风险收益特征,普通股常常还可以分为:

① 蓝筹股,它指一些大公司所发行的股票,发行蓝筹股股票的大公司必须具备相应的条件,一方面,公司的经营状况优良、稳定,规模较大,具有较强的经济实力,而且所发行股票的股息红利稳定、优厚;另一方面,这些大公司在所属行业中占有非常重要的,甚至是支配性的地位。

② 成长股,它是指那些销售额和收益额的增长幅度高于所在行业的平均增长水平的公司股票,其营业收入、净利率等指标在较长一段期间高速稳定增长。但是,这些公司为了进一步发展,往往将公司盈余的大部分留作发展基金,用于公司的再投资,而把盈余的小部分向股东支付较低的股息红利。所以这一类股票的特点是:股息低,但是成长性好,预期发展潜力巨大。

③ 收入股,指股份公司当前有能力支付较高股息的股票。由于持有此类股票存在短期内取得较高股息收入的可能,是追求稳定收入投资者的较好选择。然而,高比例的股息分红自然要影响到公司长期发展,这种股票的成长性受到局限。

④ 周期股,指股票收益受商业周期规律影响较大的公司股票,公司利润受到宏观经济发展的周期、微观的产品市场周期影响较大。此类股票的特点是:股份公司的利润在经济活动高涨时增加,股价上涨;反之,股价下跌。例如,旅游公司发行的股票在旅游旺季、有色金属行业在经济周期的高涨期、建材在国家基本建设投资的高峰期,这些公司的股票价格都会有明显上涨,一旦进入下一个周期,股价出现明显回落。

⑤ 防守股,它是与周期股相对应的股票,股份公司发展稳定,受到经济周期的影响较小,即使在商业活动衰退时,股息和红利仍然比较稳定,一般会高于同一阶段的平均收益水平,当然,在经济增长的高涨期也可能低于平均盈利水平,此类股票的最大特点就是稳定性。公用事业、药品等行业的股票就属此类。

⑥ 投机性股票,指那些公司发展前景很不确定、价格很不稳定的股票。此类股票基于上述不确定性,其价格可在短时间内上涨下跌幅度很大,因而能够吸引一些股票投机者。不过,这种股票的风险性很大,发行此类股票的股份有限公司往往是从事开发性或冒险性事业的公司。例如矿产开发、新产品研发等公司股票,主要满足一些新兴产业发展融资和风险偏好较高的投资者。

⑦ 概念股,是指具有某种特别内涵的股票,而这一内涵通常会带来一种业绩发生根本性,或者转折性变化的预期,这种预期被当作一种选股和炒作题材,成为股市的热点,羊群效应明显。例如业绩不好的公司的资产重组预期,在金融危机背景下,中国经济的稳定和高增长的预期下的中国概念股等。简单来说,概念股就是对某种类型的上市公司经营业绩增长的提前炒作,概念预期最终能否兑现为实际的公司业绩存在一定的时滞效应,甚至不确定

性。所以概念股一般是短期爆发，是市场中的短期炒作对象。

## （二）优先股

优先股是相对于普通股而言，在剩余索取权方面较普通股优先的股票。这种优先性表现在分得固定股息、优先获得股息。在剩余控制权方面，优先股劣于普通股，优先股通常没有投票权，只有在公司决策可能影响到优先股股东利益的时候，优先股股东才有权参与公司在与此相关的决策中。例如，当公司出现财务困难，无法在规定的时间支付优先股股息的时候，优先股有投票权，并且这种权利一直延续到股息支付完毕。又如，当公司需要变更支付股息的次数，或者发行新的优先股等可能导致影响优先股股东投资利益的时候，优先股股东有权参与决策。当然，这种对决策的影响仅限于上述领域。

如果考虑跨时期、可转换性、复合性及可逆性等因素，优先股的剩余索取权和剩余控制权则有不同的特点，由此分为不同的种类：① 按剩余索取权是否可以跨时期累积分为累积优先股与非累积优先股。累积优先股是指如果公司在某个时期内所获盈利不足以支付优先股股息时，累积于次年或以后某一年盈利时，在普通股的红利发放之前，连同本年优先股股息一并发放；而非累积优先股是指当公司盈利不足以支付优先股的全部股息时，其所欠部分，非累积优先股股东不能要求公司在以后年度补发。② 按剩余索取权是不是股息和红利的复合分为参加优先股和非参加优先股。参加优先股又称参与优先股，是指除了可按规定的股息率优先获得股息外，还可以与普通股分享剩余收益，它可进一步分为无限参加优先股和有限参加优先股两种，前者的股东可以无限制地与普通股股东分享公司的剩余收益，后者则指优先股股东只能在一定限度内与普通股股东分享公司的剩余收益。而非参加优先股是指只能获取固定股息，不能参加公司额外分红的优先股。目前大多数公司发行的优先股都属于非参加优先股。③ 可转换优先股，指在规定的时间内，优先股股东可以按一定的转换比率把优先股换成普通股。这实际上是给予优先股股东选择不同的剩余索取权和剩余控制权的权力。例如，当公司盈利状况不佳时，优先股股东就仍持有优先股，以保证较为固定的股息收入，而当公司大量盈利，普通股价涨时，他就可以行使其转换的权力，以便具有更大剩余索取权。又如，当优先股股东要加强对公司的控制时，也可能转换成普通股。在某些情况下，优先股兼有转换性和累积性，它对投资者就更具吸引力。④可赎回优先股，即允许公司按发行价格加上一定比例的补偿收益予以赎回的优先股。通常，当公司为了减少资本或者认为可以用较低股息率发行新的优先股时，就可能以上述办法购回已发行的优先股股票。显然，可赎回优先股在剩余索取（及剩余控制）方面对股东不利。

概括起来，优先股具有以下特征：

（1）优先按规定方式领取股息。公司在支付普通股股息之前必须按事先约定的方法计算优先股股息，并支付给优先股股东。通常，优先股按固定的股息率乘以优先股股票面额的方式计算股息，但也有些优先股股息率并不固定，而是定期随一定基准浮动。

（2）优先按面额清偿。在公司破产或解散清算时，优先股有权在公司偿还债务后优先于普通股从清算资金中得到补偿。

（3）有限制地参与经营决策。优先股股东一般没有投票权，从而不能参与公司的经营决策，只有当公司决策影响到优先股股东投资利益的时候，才有限制的参与决策权。

（4）优先股股东一般不享有公司利润增长的超额收益。通常情况下，优先股股东只能按事先约定的方式获得股息，而不能因为公司利润额外增长而增加股息收入。

基于以上分析，我们可以概括地描述普通股与优先股的主要区别：

（1）普通股股东的收益要视公司的盈利状况而定，而优先股的收益是固定的，在公司盈利和剩余财产的分配上享有优先权。

（2）普通股股东享有公司的经营参与权，而优先股股东一般不享有公司的经营参与权。

（3）普通股股东不能退股，只能在二级市场上变现，而优先股股东可依照优先股股票上所附的赎回条款要求公司将股票赎回。

（4）优先股的风险等级和收益水平均介于债券和普通股之间。

# 第二节　股票发行市场

股票发行市场是指通过发行股票进行筹资活动的市场，它主要是为资本需求者提供融资平台。发行市场同时也是金融市场功能实现和资本职能转化的主要场所，通过发行股票，把社会闲散资金集中，并转化为生产性资本。由于发行是股票市场一切活动的源头和起始点，故又称初级市场或一级市场。

## 一、股票发行制度

股票市场投资的风险性特征明显，基于信息不对称，一般投资者处于信息劣势的市场原理，为了保障投资者的权益，保证股票市场高效、有序地运行，各国政府都授权某一部门对申请发行股票的公司进行监督管理。根据行政部门对股票发行的监督管理方式的不同，我们将世界各国对证券发行的审核分为两种形式，即注册制和审核制。

### （一）注册制

证券发行注册制是指证券发行申请人依法将与证券发行有关的一切信息和资料公开，制成具有法律效应的文件，送交主管机构审查，并对所提供的资料的真实性、可靠性承担法律责任，主管机构只负责审查发行申请人提供的信息和资料是否履行了信息披露义务的一种制度。注册制遵循的是公开管理原则，实质上是一种发行公司的财务公开制度，以美国联邦证券法为代表。它要求发行证券的公司提供关于证券发行本身以及同证券发行有关的一切信息，以招股说明书为核心。

其最重要的特征是：在注册制下证券发行审核机构只对注册文件进行形式审查，不进行实质判断，目的是向投资者提供依据，以判断证券实质，以便作出投资决定，证券注册并不能成为投资者免受损失的保护伞。如果公开方式适当，证券管理机构不得以发行证券价格或其他条件非公平，或发行者提出的公司前景不尽合理等理由而拒绝注册。目前西方发达国家多采用注册制。

### （二）核准制

证券发行核准制又称为"准则制"或"实质审查制"，是指发行人发行证券，不仅要公开全部的可以供投资人判断的材料，还要符合证券发行的实质性条件，证券主管机关有权依照公司法、证券交易法的规定，对发行人提出的申请以及有关材料，进行实质性审查，发行人只有在得到批准以后才可以发行证券。核准制遵循"实质管理原则"，它强调主管机构在证券发行中的"把关"作用。

在理论上，实行核准制的国家认为，发行证券是发行公司的团体行为，虽然基于投资人安全考虑，法律要求发行人必须公开全部资料，但是，不是任何人都可以读懂专业文件的，比如，招股说明书、资产负债表。即使可以读懂文件，也不一定可以对其细节作出合理的理解与判断。为了保护作为个人的投资人的利益，不受团体行为的侵害，政府应该履行职责，对证券发行适当地监督。核准制广泛实行于具有稳健型管理传统的欧洲大陆各国和证券市场发育不够成熟的发展中国家，美国部分州的"蓝天法"与欧洲大陆国家的公司法，是核准制的代表。我国的证券发行实行的是审核制度。

形式审核（注册制）与实质审核（核准制）的区分在于审核机关是否对公司的价值作出判断。

实质审查具有两层含义：一种是指行政机关对披露内容的真实性进行核查与判断，另一种是指行政机关对披露内容的投资价值作出判断。在界定股票发行中的核准制时，一般取实质审查的第二种含义，即判断公司证券的投资价值与风险。

因为申报材料是否真实，主要是由市场中介（如律师、会计师、审计师）核查与担保。由此，形成了形式审核与实质审核的二元对立：形式审核的典型代表是美国，指的是在披露哲学的指导下，"只检查公开的内容是否齐全，格式是否符合要求，而不管公开的内容是否真实可靠，更不管公司经营状况的好坏……坚持市场经济中的自由原则，认为政府无权禁止一种证券的发行，不管它的质量有多糟糕。"

实质审核，是"授权监管制度，除非证券发行以及关联交易的具体条件确保发起人与公众投资者有一个公平关系，并且向公众投资者提供一个与承担的风险成合理比例的收益，否则监管机构可不予核准"。[①]

## 二、股票的发行形式

### （一）首次公开发行

首次公开发行（Initial Public Offerings，IPO）是指公司首次在发行市场上发行股票。首次公开发行一般都是发行人在满足必须具备的条件并经证券主管部门审核批准或注册后，通过证券承销机构或做市商面向社会公众公开发行股票。通过初次发行，发行人不仅募集到了所需资金，而且完成了股份有限公司的设立或转制。一般来说，一旦首次公开上市完成后，这家公司就进入证券交易所或报价系统挂牌交易。

---

① http://xueyuan.51zjxm.com/jinrongmingci/20100621/14.html.

## （二）增资发行、配售股票

增资发行是指股份公司上市以后，在满足一定条件的前提下，为达到增加资本金、并购重组或者其他目的而增加股本的发行行为。公司增资的方式有向现有股东配售股份、向社会公众公开增发股份、向特定投资对象增发股份、公司债券转换为公司股份等。如果说 IPO 是一种增量发行的话，增发是一种存量发行，在不增加新的股份公司的前提下，增加现有上市公司资本金规模。不管以何种形式、为达到何种目的增加发行，增发股票都是上市公司的一种再融资行为。

向现有的股东配售股份，又称为配股，是指有资格、需要为某种目的扩大股本规模的公司以一定的价格（有溢价配售，但绝大部分时间是折价配售）按照一定比例向现有股东出售股票，现有股东有权根据配售股票价格、当前市场情况等因素决定是否接受配售。

向社会公众发行股票，又称公开增发，是指公司为了一定目的、以一定的价格向社会公众出售股票，投资者可以按照一定的程序申请购买股票，公司按照增发的数量和合格的申请数量以及一定的规则确定可以购买股票的投资者和他们所能购买的股票数量。

向特定投资对象增发股份，又称为定向增发，或者说私募。上市公司定向增发的目的比较复杂，有的是为了实施股权激励，例如，有条件地向公司高管或者普通员工的定向增发；有的是基于产业或者行业的良好的发展前景，需要融资扩张；有的是为了调整股权结构、规范公司治理；有的涉及资产重组、收购、吸收合并、股份回购等方方面面，例如为母公司资产注入而对母公司的定向增发股份而不是现金支付完成；在吸收合并过程中以股份为对价获得对方资产等。定向增发的对象是特定人，而不是广大社会公众投资者，是由增发目的和增发程序、成本等因素决定的。

公司如果发行了可转换债券，当可转债持有人行使转换权利时，公司应按照当时约定的条件允许债券持有人行权，同时收回公司债券。通过这一过程，公司的负债减少，公司的股本增加了，公司的资产负债结构发生了改变。

不管是以何种形式出现，公司增加发行是有条件的，要受到证券管理部门的严格监管。

# 三、股票发行方式

各国不同的政治、经济、社会条件，特别是金融体制和金融市场管理的差异使股票的发行方式也多种多样。根据不同的分类方法，股票发行方式可以概括如下。

## （一）根据发行的对象不同，划分为公募和私募

### 1. 公募

公募又称公开发行，是指向社会大众公开发行股票的方式。采用这种方式，可以扩大股东的范围，分散持股，有利于提高公司的社会性和知名度，筹资潜力大，也可增加股票的适销性和流通性。公开发行可以采用股份公司自己直接发售的方法，也可以支付一定的发行费用通过金融中介机构代理。

### 2. 私募

私募又称不公开发行，是指发行者只对特定的对象发行股票的方式。通常在两种情况下采用：一是配股，又称股东分摊，即股份公司按股票面值向原有股东分配该公司的新股认购权，这

种新股发行价格往往低于市场价格，如果有的股东不愿认购，他可以自动放弃新股认购权，也可以把这种认购权转让他人，从而形成了认购权的交易。二是定向增发。无论是配股还是定向增发，由于发行对象是既定的，不仅可以节省委托中介机构的手续费，降低发行成本，还可以实现特殊目的、调动股东和内部的积极性、完成再融资。当然，为了防止上市公司利益输送和不公平交易，定向增发股票一般都有12～36个月的锁定期，锁定期内特定对象投资者不得在一二级市场转让公司所发行的股票，购买股票的特定对象可能面临市场风险和损失流动性代价。

私募市场主市场既包括股票（股权）、债券、基金等金融产品，也涵盖了场内及场外的交易方式。境外成熟资本市场通常是以私募市场、场外市场为基础发展壮大起来的。我国资本市场在过去20多年中，主要围绕交易所市场和公募市场展开，私募市场刚刚起步，发展空间和潜力巨大。当前，培育私募市场，不仅可以健全多层次资本市场体系，拓展市场服务范围，增强对新兴产业、中小微企业的服务能力，还能够有效拓宽居民投资渠道，激发民间投资活力，提高社会资金使用效率。

### （二）根据发行者推销出售股票的方式不同，划分为直接发行与间接发行

#### 1. 直接发行

直接发行又叫直接招股，是指股份公司自己承担股票发行的一切事务和发行风险，直接向认购者推销出售股票。采用直接发行方式时，要求发行者熟悉招股手续，精通招股技术并具备一定的条件。如果当认购额达不到计划招股额时，新建股份公司的发起人或现有股份公司的董事会必须自己认购出售的股票。因此，只适用于有既定发行对象或发行风险少、手续简单的股票。在一般情况下，不公开发行的股票或因公开发行有困难（如信誉低所致的市场竞争力差、承担不了大额的发行费用等）的股票；或是实力雄厚，有把握实现巨额私募以节省发行费用的大股份公司股票，才采用直接发行的方式。

#### 2. 间接发行

间接发行又称间接招股，是指发行者委托证券发行专业中介机构出售股票的方式。这些中介机构作为股票的推销者，代为办理一切发行事务，承担一定的发行风险并从中获得相应的收益。

股票的间接发行有以下3种方法：

（1）代销，又称为代理招股，推销者只负责按照发行者的要求推销股票，代理招股业务，而不承担任何发行风险，在约定期限内能销多少算多少，期满仍销不出去的股票退还给发行者。由于全部发行风险和责任都由发行者承担，证券发行中介机构只是受委托代为推销，因此，代销手续费较低。

（2）承销，又称余额包销，股票发行者与证券发行中介机构签订推销合同明确规定，在约定期限内，如果中介机构实际推销的结果未能达到合同规定的发行数额，其差额部分由中介机构自己承购下来。这种发行方法的特点是能够保证完成股票发行额度，一般较受发行者的欢迎，而中介机构因需承担一定的发行风险，故承销费高于代销的手续费。

（3）包销，又称全额包销，当发行新股票时，证券发行中介机构先用自己的资金一次性地把将要公开发行的股票全部买下，然后再根据市场行情逐渐卖出，中介机构从中赚取买卖差价。若有滞销股票，中介机构减价出售或自己持有，由于发行者可以快速获得全部所筹资

金，而推销者则要全部承担发行风险，因此，包销费更高于代销费和承销费。股票间接发行时究竟采用哪一种方法，发行者和推销者考虑的角度是不同的，需要双方协商确定。一般说来，发行者主要考虑自己在市场上的信誉、用款时间、发行成本和对推销者的信任程度；推销者则主要考虑所承担的风险和所能获得的收益。

**（三）按照投资者认购股票时是否缴纳股金，划分为有偿增资、无偿增资和搭配增资**

**1．有偿增资**

有偿增资就是指认购者必须按股票的某种发行价格支付现款，方能获得股票的一种发行方式。一般公开发行的股票和私募中的股东配股、私人配股都采用有偿增资的方式，采用这种方式发行股票，可以直接从外界募集股本，增加股份公司的资本金。

**2．无偿增资**

无偿增资是指认购者不必向股份公司缴纳现金就可获得股票的发行方式。发行对象只限于原股东，采用这种方式发行的股票，不能直接从外部募集股本，而是依靠减少股份公司的公积金或盈余结存来增加资本金。一般只在股票派息分红、股票分割和法定公积金或盈余转作资本配股时采用无偿增资的发行方式，按比例将新股票无偿交付给原股东，其目的主要是为了股东分益，以增强股东信心和公司信誉或为了调整资本结构。

**3．搭配增资**

搭配增资是指股份公司向原股东分摊新股时，仅让股东支付发行价格的一部分就可获得一定数额股票，例如某股票当前股价为 10 元/股，股东只需缴纳 7 元/股便可以获得一定数量的股票，其不足资金由公司的公积金充抵，获得配售股票的购买中可以在二级市场即期或者限期卖出获利。这种发行方式一般是按比例配售，也是对原有股东的一种优惠，同时，上市公司也可以很快实现增资目的。

上述这些股票发行方式，各有利弊及条件约束，股份公司在发行股票时，可以采用其中的某一方式，也可以兼采几种方式。当前，世界各国采用最多、最普遍的方式是公开和间接发行。

## 专栏 5-1

### 我国股票市场 IPO 发行方式

根据 2009 年 9 月 17 日证监会 37 号令《证券发行与承销管理办法》，首次公开发行股票可以根据实际情况，采取向战略投资者配售、向参与网下配售的询价对象配售以及向参与网上发行的投资者配售等方式。实际操作中企业选择股票发行方式，应符合中国证监会的政策规定，尊重市场习惯，考虑不同发行方式下的发行风险、股票二级市场表现、股东结构等因素。现阶段，IPO 股票发行主要采用网下向询价对象询价配售与网上资金申购定价发行相结合的方式。根据《证券发行与承销管理办法》，询价分为初步询价和累计投标询价。发行人及其主承销商可以根据初步询价结果确定发行价格区间，在发行价格区间内通过累计投标询价确定发行价格。中小企业板 IPO，发行人及其主承销商可根据初步询价结果确定发行价格，不再进行累计投标询价。

网上资金申购（俗称打新股）定价发行方式，是指主承销商利用证券交易所的交易系统发行所承销的股票，投资者在指定的时间内以确定的发行价格通过与证券交易所联网的各证券营业网点进行委托申购股票的一种发行方式，投资者在进行委托申购时应全额缴纳申购款项。根据深圳证券交易所 2009 年 6 月发布实施的《资金申购上网公开发行股票实施办法（2009 年修订）》的规定，申购单位为 500 股，每一证券账户申购委托不少于 500 股；超过 500 股的必须是 500 股的整数倍，但不得超过主承销商在发行公告中确定的申购上限（申购上限原则上不超过网上发行总量的千分之一），且不超过 999 999 500 股。网上申购投资者最终获得新股的数量应根据总申报量和该股票计划发行数量，按比例配售（俗称中签率）。在此之前，申购者的申购资金会被全额冻结，直至该股票上市流通。

网下向询价对象询价配售主要包括两种方式：一是主承销商借助交易所网下发行电子平台和登记结算公司登记结算平台进行的网下发行。其主要步骤为：①在初步询价阶段，询价对象申报拟申购价格及申购量；②主承销商根据报价结果，确定发行价格（区间）及有资格参与申购的配售对象；③在申购阶段，有资格参与申购的配售对象全额划交申购款（采用累计投标方式定价的还需申报申购价格）；④会计师验资，主承销商配售股票。具体操作内容详见《深圳市场首次公开发行股票网下发行电子化实施细则》（2009 年修订）。二是由主承销商自理的网下发行。符合发行对象要求的投资者根据主承销商发行公告的要求直接向保荐机构提交申购委托，申购结束后，保荐机构根据申购结果按照发行方案确定有效申购及发行价格，并将股票配售给有效申购的投资者。在目前的 IPO 发行过程中，网下发行采用第一种方式。

对于通过网下初步询价确定股票发行价格的，网下配售和网上发行均按照定价发行方式进行。对于通过网下累计投标询价确定股票发行价格的，参与网上发行的投资者按初步询价区间的上限进行申购。网下累计投标确定发行价格后，资金解冻日网上申购资金解冻，中签投资者将获得申购价格与发行价格之间的差额部分及未中签部分的申购余款。

## 四、股票发行条件

各证券交易所规定的股票上市条件各不相同，证交所规定申请条件主要基于一定的公司规模、合理的资本结构、盈利能力和规范的公司治理，这是保障公司上市之后正常运行，也是给广大投资者带来合理的投资收益的基础。申请发行的条件一般包括以下方面的内容：①最低资本额。②盈利能力，一般用税后净收益占资本总额的比率来反映获利能力。③资本结构，一般用最近一年的财产净值占资产总额的比率来反映。④股权分散情况，一般规定上市公司的股东人数，股东过于集中不利于公司治理和投资者利益保护。

### （一）申请首次公开发行条件

纽约证交所对美国国内公司上市的条件要求如下。

（1）普通股的发行额按市场价格计算不少于 4 000 万美元，公司的有形资产净值不少于 4 000 万美元。

（2）公司最近一年的税前盈利不少于 250 万美元，前两年每年的税前收益不得低于 200 美元。

（3）社会公众拥有该公司的股票不少于110万股。

（4）公司至少有2 000名投资者，每个投资者拥有100股以上的股票。

纳斯达克对申请上市公司的基本要求如下。

（1）有形资产净值500万美元以上，或最近一年税前净利75万美元以上，或最近3年其中两年税前收入75万美元以上，或公司资本市值5 000万美元以上。

（2）最近3个会计年度连续盈利，最近24个月内曾公开发行证券的，不存在发行当年营业利润比上年下降50%以上的情形。

（3）最近3年以现金或股票方式累计分配的利润不少于最近3年实现的年均可分配利润的30%。

（4）需有300人以上的公众持股，每人持股100股以上。

我国主板市场上市公司的基本条件如下。

（1）股本总额不低于人民币5 000万元，无形资产比例不能超过20%。

（2）发行前3年累计净利润不得低于3 000万元人民币，前3年累计净经营性现金流超过5 000万元人民币，或者累计营业收入超过3亿元。

（3）发行股本总额超过5 000万元，公众持股超过25%，如果发行后股本总额超过4亿元，公众持股比例可以降低要求至大于或等于10%。

我国创业板市场上市的基本条件如下。

（1）主体资格：发行人是依法设立且持续经营3年以上的股份有限公司。

（2）资产要求：最近一期末净资产不少于2 000万元。

（3）股本要求：企业发行后的股本总额不少于3 000万元。

（4）盈利要求：最近两年连续盈利，或最近两年净利润累计不少于1 000万元，且持续增长；或者最近一年盈利，且净利润不少于500万元，最近一年营业收入不少于5 000万元，最近两年营业收入增长率均不低于30%。

## （二）申请配股的上市公司必须满足的基本条件

（1）前一次发行的股份已经募足，募集资金使用效果良好。

（2）公司上市超过3个完整会计年度，最近3年连续盈利。

（3）本次配股募集资金后，公司的净资产收益率应达到或超过同期银行存款利率水平。

（4）公司一次配股发行股份总数，不得超过该公司前一次发行并募足股份后其股份总数的30%。

（5）认股股东不履行配售承诺，或者代销期满后实际配售股票未达到要求拟配售额度70%的，发行人应按照发行价格加上银行同期存款利率返还已经认购的股东。

## （三）申请增发的上市公司必须满足的基本条件

（1）满足配股条件的前4项。

（2）最近3个会计年度加权平均净资产收益率平均不低于6%。扣除非经常性损益后的净利润与扣除前的净利润相比，以低者作为加权平均净资产收益率的计算依据。

（3）发行价格应不低于公告前20个交易日公司股票均价或前一个交易日的均价。

（4）非公开发行的股份的发行对象不得超过 10 个，自发行结束之日起，12 个月内不得转让；控股股东、实际控制人及其控制的企业认购的股份，36 个月内不得转让。

# 第三节　股票流通市场

股票流通市场是投资者买卖已经发行股票的场所，又称为二级市场，这个市场是以已经发行的股票为基本交易对象而形成的反映供求关系及其机制的总和，价格是其运行机制基础，股票的价格不仅仅反映市场的供求状况，而且能够包含上市公司及国际国内市场诸多信息，是国民经济的"晴雨表"。这一市场为股票提供了流动性，同时通过市场的价格机制合理地引导资金流向效率最高的地方，实现资源配置。

## 一、股票流通市场的功能

从"功能论"的角度而言，股票流通市场是金融市场功能实现的典型代表，对上市公司而言，一级市场只是完成了资本职能的转换，资本职能效应并没有完全体现出来，价格的博弈也相对简单，并没有体现出市场的完全竞争，二级市场的流通较好地实现了这些功能。其功能主要包括以下几种。

### 1．创造流动性

流通市场为股票创造流动性，投资者可以根据自己的投资计划和市场变动情况，随时买卖股票，可以使长期投资短期化，在股票和现金之间随时转换，即能够迅速脱手换取现值。

### 2．价格发现

在"流动"的过程中，投资者将自己获得的有关信息反映在交易价格中，而一旦形成公认的价格，投资者凭此价格就能了解公司的经营概况，公司则知道投资者对其股票价值即经营业绩的判断，这样一个"价格发现过程"降低了交易成本。

### 3．反映功能

股票流通市场上的价格是反映经济动向的"晴雨表"，它能灵敏地反映出资金供求状况、市场供求、行业前景和政治形势的变化，是进行经济预测和分析的重要指标。对于企业来说，股权的转移和股票行市的涨落是其经营状况的指示器，还能为企业及时提供大量信息，有助于它们的经营决策和改善经营管理。

### 4．优化控制权的配置

同时，流动也意味着控制权的重新配置，当公司经营状况不佳时，大股东通过卖出股票放弃其控制权，这实质上是一个"用脚投票"的机制，它使股票价格下跌以"发现"公司的有关信息并改变控制权分布状况，进而导致股东大会的直接干预或外部接管，而这两者都是"用手投票"行使控制权。由此可见，二级市场另一个重要作用是优化控制权的配置，从而保证权益合同的有效性。

发行活动是股市一切活动的源头和起始点，同时也是流通市场的基础和前提。流通市场是发行市场得以存在和发展的条件。发行市场的规模决定了流通市场的规模，影响着流通市场的交易价格。没有发行市场，流通市场就成为无源之水、无本之木，在一定时期内，发行市场规模过小，容易使流通市场供需脱节，造成过度投机，股价飚升；发行节奏过快，股票供过于求，对流通市场形成压力，股价低落，市场低迷，反过来影响发行市场的筹资。所以，发行市场和流通市场是相互依存、互为补充的整体。

## 二、股票流通交易机制和证券交易所

证券交易所是股票交易和实现流通的场所，它不仅为股票的流通交易提供场地设备等物化的条件，同时制定规则来保障股票以合理的价格有序流通，形成了一整套合理高效的交易机制，是现代证券交易制度的基础。

### （一）证券交易所的组织形式

证券交易所的组织形式分为公司制证券交易所和会员制证券交易所两种。

（1）公司制证券交易所。公司制证券交易所是以股份有限公司形式设立的、以盈利为目的的法人团体，一般是由银行、证券公司、信托机构以及各类民营公司共同出资建立的。公司制的证券交易所本身是一家公司，其运行模式完全公司化，它可以发行股票，并流通转让，例如我国香港的联交所。但任何成员公司的股东、高级职员、雇员都不能担任证券交易所高级职员，以保证交易的公正性。

（2）会员制证券交易所。会员制证券交易所是以会员协会形式设立、不以盈利为目的的法人团体，一般由证券公司、投资银行等证券商组成。会员大会是其最高权力机构，决定交易所的基本经营方针，理事会为执行机构。会员必须缴纳各项经费，会员对证券交易所的责任仅仅以其缴纳的会员费为限。所有会员都有选举和被选举权，参加交易所组织的证券交易，并享受证券交易所提供的服务。只有会员才能进入交易大厅进行证券交易，其他人要买卖证券交易所上市的证券只有委托会员进行。我国上海和深圳的证券交易所均实行会员制。

## 专栏 5-2

**我国股票市场上开盘价和收盘价的形成机制**

一、在证券交易中，根据交易价格撮合的时间是否连续，可以分为连续竞价与集合竞价。

连续竞价是指交易者在输入其买卖指令后，只要系统中有能与其匹配成交的存量指令，输入的指令即可立即执行，因而，在交易时间内，任何时点上交易都可发生，其成交价格完全由"即时"的市场供求订单决定。

集合竞价是在规定时间内将订单数量累积到一定数量后，再通过竞价最大限度地实现订单执行的一种价格生成机制，集合竞价的成交价为"单一"价格，所有执行成交的订单均按该价格成交。一般来讲，对交易不太活跃的股票，采取集合竞价的方式较好，可以提高订单执行效率，最大限度地完成订单执行，而对交易活跃的股票，集合竞价则不利于订单的执行，会造成订单执行的时间成本增加。

目前，集合竞价一般被各证券市场用在开盘价格的生成上。开盘价采用集合竞价机制的证券市场有欧美市场（除巴黎）、澳大利亚、马尼拉、泰国以及我国台湾和沪深证券交易所；此外韩国和东京证券市场（上午收盘除外）和吉隆坡开盘、收盘价均采用集合竞价；交易时间全部实行连续竞价的有中国香港和新加坡（中国台湾市场实际上是交易日内一直用集合竞价，只是每次竞价的时间间隔很短而已）。除了固定交易时间内采用固定的竞价方法外，许多交易所对暂停交易又重新开盘的股票也采取了集合竞价的方式，而暂停交易前的订单如未取消，则重新开盘后继续有效。

连续竞价与集合竞价作为两种不同的价格生成机制，各有其特点。

（1）就其对市场流动性的影响而言，连续竞价比集合竞价为市场提供的流动性更强，使交易者可随时变现，市场成交量也较大，因而具有变现快、市场广度大的优点。但对于市场深度而言，则可能会显得不足，因而，它更适合于活跃类证券的交易；集合竞价则没有市场广度和流动性优势，但对于不活跃的股票，则可增大其成交机会。

（2）就对市场的稳定性影响而言，在连续竞价方式下，根据价格优先、时间优先的原则，同一笔委托可以以多个价格成交，因而价格波动较大，而集合竞价则是以最终成交数量最多的价格成交，因而价格波动较小，特别是出现大宗委托单时，不会引起价格的大幅度波动。从此意义上看，集合竞价有稳定市场的优势，而且，由于集合竞价是定期发生的，因而无须做市商，无须承担流动性交易成本。

（3）从对市场有效性的影响看，由于集合竞价是间隔性价格生成机制，因而，参与交易者有相对充裕的时间获得更多的信息，价格更能反映真实价值；而连续竞价对信息交易者则不利，因而可能因信息非对称程度强而牺牲一部分市场效率，研究也表明，集合竞价更有利于发现真实价格，可提高市场有效性。

二、集合竞价与连续竞价机制对开盘和收盘价格形成的影响

目前，我国沪深证券市场在开盘时，均采用集合竞价价格形成机制，收盘价格采取连续竞价机制，但二者也略有不同，沪市是以最后一笔交易的成交价作为收盘价，而深市则是将最后一分钟的交易加权平均作为收盘价。这种收盘价格的修正机制无疑比以最后一笔成交价为收盘价会使价格更具稳定性。

我国沪深两市开盘竞价是在早上9点25分执行，在9:15~9:25之间的10分钟内，交易所开始接受订单累积，其集合竞价的原则，是在有效委托范围内以保证实现成交量最大的价格作为开盘价。如果有两个以上价位满足条件，选取符合下列条件之一的价位：

（1）高于选取价格的有效买入委托和低于该价格的有效卖出委托全部成交。

（2）与选取价格相同的一方须全部成交。如满足以上条件的价格有两个，则选取距上一收市价格最近的价格（上交所则取两个价格的中间价）。在集合竞价开盘价形成到连续竞价开始，中间有5分钟的间隔（9:25~9:30），这对投资者消化集合竞价信息，判断一天的行情有利。

早上9点30分以后，开始进入逐笔竞价阶段，集合竞价中未成交的订单自动转到连续竞价中按价格优先、时间优先的顺序逐笔排列，价格的确定法为：

（1）最高买入价与最低卖出价相同，则该价格为成交价。

（2）买入委托高于即时市价时，按市价成交；卖出委托价低于市价时，也按市价成交，未成交部分继续参与连续竞价。

在集合竞价方式下，开盘之前的供需不平衡信息无法得以完全地公开披露，一般的交易者无法估测可能的价格变动，也无法估测投资者报单和撤单的意愿，结果不平衡性和价格变动会比本来应有的要更大，这是开盘时价格波动偏大的最主要的结构性原因。了解这一点对进一步研究改善我国证券市场的机制和结构有很大帮助。最后特别应该指出的是，由于沪深两市的收盘价形成机制稍有差异，上海是以最后一笔交易的价格作为收盘价，而深圳则是对收盘前一分钟的交易价格加权平均得到收盘价，因而，深圳的开盘收盘对数收益方差之比，比上海略小，这种差异，一方面说明深圳的收盘价调整可能起到了改善作用，另一方面，二者都大于1，又说明两种交易机制对价格形成的影响确实存在。

## （二）证券交易所的交易制度

交易制度是证券市场微观结构的重要组成部分，它对证券市场功能的发挥起着关键的作用。交易制度的优劣可从以下6个方面来考察：流动性、透明度、稳定性、效率、成本和安全性。

（1）流动性是指以合理的价格迅速交易的能力，它包含两个方面：即时性和低价格影响。前者指投资者的交易愿望可以立即实现；后者指交易过程对证券价格影响很小。流动性的好坏具体可用如下 3 个指标来衡量：市场深度、市场广度和弹性。如果说在现行交易价格上下较小的幅度内有大量的买卖委托，则市场具有深度和广度。如果市场价格因供求不平衡而改变，而市场可以迅速吸引新的买卖力量使价格回到合理水平，则称市场具有弹性。

（2）透明度指证券交易信息的透明，包括交易前信息透明、交易后信息透明和参与交易各方的身份确认。其核心要求是信息在时空分布上的无偏性。

（3）稳定性是指证券价格的短期波动程度。证券价格的短期波动主要源于两个效应：信息效应和交易制度效应。合理的交易制度设计应使交易制度效应最小化，尽量减少证券价格在反映信息过程中的噪声。

（4）效率，交易制度的效率主要包括信息效率、价格决定效率和交易系统效率。信息效率指证券价格能否迅速、准确、充分反映所有可得的信息。价格决定效率指价格决定机制的效率，如做市商市场、竞价市场中价格决定的效率等。

（5）证券交易成本包括直接成本和间接成本。前者指佣金、印花税、手续费、过户费等。后者包括买卖价差、搜索成本、迟延成本和市场影响成本等。

（6）安全性主要指交易技术系统的安全[1]。

### 1．交易制度的类型

根据价格决定的特点，证券交易制度可以分为做市商交易制度和竞价交易制度。

（1）做市商交易制度也称报价驱动制度。在典型的做市商制度下，证券交易的买卖价格均由做市商给出，买卖双方并不直接成交，而向做市商买进或卖出证券。做市商的利润主要来自买卖差价。但在买卖过程中，由于投资者的买卖需求不均等，做市商就会有证券存货（多头或空头），从而使自己面临价格变动的风险。做市商要根据买卖双方的需求状况、自己的存货水平以及其他做市商的竞争程度来不断调整买卖报价，并由此直接决定价格的涨跌。

---

① 吴祥林. 证券交易制度分析[M]. 上海：上海财经大学出版社，2001.

（2）竞价交易制度也称委托驱动制度。在此制度下，买卖双方直接进行交易或将委托通过各自的经纪商送到交易中心，由交易中心进行撮合成交。按证券交易在时间上是否连续，它又分为间断性竞价交易制度和连续竞价交易制度。

① 间断性竞价交易制度也称集合竞价制度。在该制度下，交易中心（如证券交易所的主机）对规定时段内收到的所有交易委托并不进行一一撮合成交，而是集中起来在该时段结束时进行。因此，集合竞价制度只有一个成交价格，所有委托价在成交价之上的买进委托和委托价在成交价之下的卖出委托，都按该唯一的成交价格全部成交。成交价的确定原则通常是最大成交量原则，即在所确定的成交价格上满足成交条件的委托股数最多。集合竞价制度是一种多边交易制度，其最大优点在于信息集中功能，即把所有拥有不同信息的买卖者集中在一起共同决定价格。当市场意见分歧较大或不确定性较大时，这种交易制度的优势就较明显。因此，很多交易所在开盘、收盘和暂停交易后的重新开市都采用集合竞价制度。

② 连续竞价制度是指证券交易可在交易日的交易时间内连续进行。在连续竞价过程中，当新进入一笔买进委托时，若委托价大于等于已有的卖出委托价，则按卖出委托价成交；当新进入一笔卖出委托时，若委托价小于等于已有的买进委托价，则按买进委托价成交。若新进入的委托不能成交，则按"价格优先，时间优先"的顺序排队等待。这样循环往复，直至收市。连续竞价制度是一种双边交易制度，其优点是交易价格具有连续性。

目前世界上大多数证券交易所都实行混合的交易制度。如纽约证交所实行辅之以专家的竞价制度，伦敦证交所部分股票实行做市商制度，部分股票实行竞价制度。巴黎、布鲁塞尔、阿姆斯特丹证交所对交易活跃的股票实行连续竞价交易，对交易不活跃的股票实行集合竞价。包括我国在内的亚洲国家和新兴证券市场大多实行竞价交易。

**2．证券交易委托的种类**

证券交易委托是投资者通知经纪人进行证券买卖的指令，其主要种类有以下几种。

（1）市价委托，是指委托人自己不确定价格，而委托经纪人按市面上最有利的价格买卖证券。市价委托的优点是成交速度快，能够快速实现投资者的买卖意图。其缺点是当行情变化较快或市场深度不够时，执行价格可能跟发出委托时的市场价格相去甚远。

（2）限价委托，是指投资者委托经纪人按他规定的价格，或比其更有利的价格买卖证券。具体来说，对于限价买进委托，成交价只能低于或等于限定价格；对于限价卖出委托，成交价只能高于或等于限定价格。

（3）停止损失委托，是一种限制性的市价委托，是指投资者委托经纪人在证券价格上升到或超过指定价格时按市价买进证券，或在证券价格下跌到或低于指定价格时按市价卖出证券。

（4）停止损失限价委托，它是停止损失委托与限价委托相结合的产物。当市价达到指定价格时，该委托就自动变成限价委托[①]。

**3．保证金与信用交易制度**

信用交易又称"保证金交易"，指客户按照法律规定，在买卖证券时只向证券商交付一定的保证金，由证券商提供融资或融券进行交易。客户采用这种方式进行交易时，必须在证券

---

① 张亦春、郑振龙、林海：《金融市场学》[M]. 北京：高等教育出版社，2008.

商处开立保证金账户，并存入一定数量的保证金，其余应付证券或价款不足时，由证券商代垫，保证金比例通常为 5%～10%，并视价格确定是否追加资金。信用交易具体分为融资买进和融券卖出两种。其中，融资买入证券为"买空"，融券卖出证券为"卖空"。

信用交易因提供信用，创造供给及需求，以满足投资人运用财务杠杆获取更大利润之欲望；故证券信用交易不但是满足投资人需求的产物，更具有活跃股市，增加证券买卖连续性及调节市场供需，稳定证券价格等良性机能，因为证券信用交易基本上以追求短期价差利润为目的，所以其本质具有投机色彩，如果不能合适地管理，难免造成涨时助涨，跌时助跌之弊①。

（1）信用交易对客户来说最主要的好处。

① 客户能够超出自身所拥有的资金力量进行交易，甚至使得手头没有任何证券的客户从证券公司借入，也可以从事证券买卖，这样就大大便利了客户。因为在进行证券交易时通常有这样的一种情况，当客户预测到某股票价格将要上涨，希望买进一定数量的该股票，但手头却无足够的资金；或者预测到某股票价格将下跌，希望抛售这种股票，可手中又恰好没有这类股票，很显然如采用一般的交易方式，这时无法进行任何交易。而信用交易，在证券公司和客户之间引进信用方式，即客户资金不足时，可以由证券公司垫款，补足保证金与客户想要购买全部证券所需款的差额。这种垫款允许客户日后归还，并按规定支付利息。当客户需要抛出，而缺乏证券时，证券公司就向客户贷出证券。通过这些方式满足了客户的需要，使之得以超出自身的资金力量进行大额的证券交易，市场也更加活跃。

② 具有较大的杠杆作用。这是指信用交易能给客户以较少的资本，获取较大的利润的机会。例如，我们假定某客户有资本 10 万元，他预计 A 股票的价格将要上涨，于是他按照日前每股 100 元的市价用自有资本购入 1 000 股。过了一段时间后，A 股票价格果然从 100 元上升到 200 元，1 000 股 A 股票的价值就变成 20 万元（200 元/股×1 000 股），客户获利 10 万元，其盈利与自有资本比率为 100%。如果该客户采用信用交易方式，将 10 万元自有资本作为保证金支付给证券公司，再假定保证金比率为 50%（即支付 50 元保证金，可以购买价值 100 元的证券），这样客户便能购买 A 股票 2 000 股。当价格如上所述上涨，2 000 股 A 股票价值便达到 40 万元，扣除证券公司垫款 10 万元和资本金 10 万元后，可获得 20 万元（有关的利息，佣金和所得税暂且不计），收益率为 200%。显然采用信用交易，可以给客户带来十分可观的利润。但是，如果股票行市未按客户预料的方向变动，那么采用信用交易给客户造成的损失同样也是巨大的。

（2）信用交易的弊端也很多，主要是杠杆效应放大了风险。仍以上面的例子为例：当客户用其自有资金 10 万元，作为保证金，假定保证金率仍为 50%时，该客户可用每股 100 元的价格购入 2 000 股 A 股票。假如以后 A 股票的价格不是像该客户预计的那样上涨，而是一直下跌的话，我们假定它从每股 100 元跌到 50 元，这时 2 000 股 A 股票的价值从 20 万元（100 元/股×2 000 股）变成了 10 万元（50 元/股×2 000 股），损失了 10 万元（证券公司垫款的利息及费用暂时不计），其损失率为 100%。假如该客户没有使用信用交易方式，那么 10 万元自有资本，在 A 股票每股价格 100 元时，只能购入 1 000 股，以后当每股价格同样从 100 元下跌到 50 元之后，该客户只损失了 5 万元（100 元/股×1 000 股-50 元/股×1 000 股）。其损失率为

---

① 信用交易，http://libsvr.sfi.org.tw/download/knowledge.

50%，大大低于信用交易方式的损失率。

因此，一般认为信用交易方式是有风险的，应该谨慎地运用。另外，从整个市场看，过多使用信用交易，会造成市场虚假需求，人为地形成股价波动。为此，各国对信用交易都进行严格的管理。例如，美国从 1934 年开始，由联邦储备银行负责统一管理。该行的监理委员会，通过调整保证金比率的高低来控制证券市场的信用交易量。另外，各证券交易所也都订有追加保证金的规定。例如，当股票价格下跌到维持保证金比率之下时，经纪人有权要求客户增加保证金，使之达到规定的比率，不然的话，经纪人就有权出售股票，其损失部分由客户负担。同时证券公司为了防止意外，当客户采用信用交易时，除了要求他们支付保证金外，证券公司还要求他们提供相应的抵押品，以确保安全，通常被用作抵押品的，就是交易中委托买入的股票。

【例 5-1】 融资买入交易

A 股票 10 元，投资者看涨，保证金购买。初始保证金 50%，维持保证金 30%，年利率为 6%，自有资金 10 000 元。一年后股价上涨为 14 元或者下跌为 7.5 元。问题：1. 可借款多少？2. 投资收益率是多少？3. 股价下跌到什么价位投资者收到追加保证金通知？

解：1. 因为保证金比率为 50%，所以可借款 10 000 元，购买 2 000 股。

2. 投资收益率：

上涨到 14 元时：$[14 \times 2\,000 - 10\,000\,(1+6\%) - 10\,000]/10\,000 = 74\%$

下跌到 7.5 元时：$[7.5 \times 2\,000 - 10\,000\,(1+6\%) - 10\,000)/10\,000 = -56\%$

3. 保证金比率＝保证金/股票市值

$7.5 \times 2\,000 - 10\,000/(7.5 \times 2\,000) = 33.3\%$

假设股价跌到 $x$ 价位时会收到追加保证金通知，则有：

$(2\,000x - 10\,000)/2\,000x = 30\%$

可以求得 $x = 7.143$。所以，当股价跌到 7.143 元/股时，投资者会收到追加保证金通知。

【例 5-2】 融券卖空交易

自有资金 9 000 元，看跌 B 股票。目前市价 18 元。初始保证金率为 50%，维持保证金率为 30%。没有利息支付。股价不久下跌到 12 元。计算：1. 可以卖空多少股票？2. 下跌后投资收益率是多少？3. 当股价上升到什么价位会收到追加保证金通知？

1. 可以卖空 1 000 股。因为初始保证金率为 50%

2. 股价下跌到 12 元后，投资者的投资收益率为 $(18-12) \times 1\,000/9\,000 = 66.67\%$

3. 如果股票不跌反升，你有可能收到追加保证金通知。假设当股票价格上升到 $x$ 时，你才会收到追加保证金通知，则有：

$(18 \times 1\,000 + 9\,000 - 1\,000x)/1\,000x = 30\%$

$x = 20.77$

融券交易是指投资者看空股票价格，虽然他手中并没有这只股票可供卖出，他可以向经纪人缴纳一定比例保证金介入股票，在市场中卖出，在一定时间之后，买回该股票还给经纪人，另行缴纳一定融券手续费即可。融券卖空交易风险巨大，第一，从理论上分析，卖空者只有在股票下跌时才有可能获得收益，投资者融券卖空股票的最大收益是当这只股票价格归零时；但如果股票价格不跌反而上涨，理论上股票价格上涨空间无限。第二，融券是有期限的，不管是经纪人还是券商，不可能无限持有该股票所有筹码，多数时候需要从其他券商和经纪人手中借入股票，而一旦证券的所有人需要卖出股票时，则卖空者需要在市场中买入股票归还，所以，一般而言，融券有期限规定，也就是说，不管卖空者是盈利还是亏损，到期必须买入股票归还原股票所有者。如果在卖空期间，该股票出现现金分红的情形，现金红利仍然归其所有者，而不是卖空者。

为了防止过分投机，证交所通常规定只有在最新的股价出现上涨的时候才允许卖空，并且，卖空所得必须全额保存在经纪人处开设的保证金账户。

## 三、场外市场

场外交易市场是相对于证券交易市场而言的，凡是在证券交易所之外的股票交易活动都可以称作场外市场。由于这种交易起源于各证券商的柜台，因此又称为柜台交易（Over-The-Counter，OTC）或者店头（垫头）市场。

与正规的证券交易所相比，场外市场没有固定的交易场所和统一的交易制度，规模有大有小，分散在各地，交易的证券以不在交易所上市的证券为主。它主要由柜台交易市场、第三市场、第四市场组成。

随着信息技术的发展，证券交易的方式逐渐演变为通过网络系统将订单汇集起来，再由电子交易系统处理，场内市场和场外市场的物理界限逐渐模糊。目前，场内市场和场外市场的概念演变为风险分层管理的概念，即不同层次市场按照上市品种的风险大小，通过对上市或挂牌条件、信息披露制度、交易结算制度、证券产品设计以及投资者约束条件等作出差异化安排，实现了资本市场交易产品的风险纵向分层。

### （一）场外市场的特点

（1）场外交易市场是一个分散的无形市场。

（2）场外交易市场的组织方式采取做市商制。场外交易市场与证券交易所的区别在于不采取经纪制，投资者直接与证券商进行议价交易，由做市商报价维持市场流动性和交易的连续性。做市商的收入主要来源于买卖价差，但做市商不可能像交易所的特种会员一样承担维持市场稳定的责任，当市场价格发生剧烈波动的时候，做市商可能会停止交易，以避免自身更大损失。

（3）场外交易市场是一个以议价方式进行证券交易的市场。在场外交易市场上，证券买卖采取一对一交易方式，对同一种证券的买卖不可能同时出现众多的买方和卖方，也就不存在公开的竞价机制。场外交易市场的价格决定机制不是公开竞价，而是买卖双方协商议价。

（4）场外交易市场的管理比证券交易所宽松。由于场外交易市场分散，缺乏统一的组织和章程，不易管理和监督，其交易效率也不及证券交易所。

### （二）场外市场的主要功能

场外市场是场内市场的补充，它们一起承担和完成股票市场的基本功能，其作用主要体现在以下几个方面。

（1）场外交易市场是证券发行的主要场所。相对于场内交易市场上市的严格要求和复杂程序，场外市场发行条件和程序简单，按照美国"自由市场法则"，任何公司都有发行证券的自由，只要有人购买。在美国，场外市场发行和交易的股票数量远远多于证券交易所。

（2）场外交易市场是证券交易所的必要补充。场外交易市场是一个"开放"的市场，投资者可以与证券商当面直接成交，不仅交易时间灵活分散，而且交易手续简单方便，价格又可协商。这种交易方式可以满足部分投资者的需要，因而成为证券交易所的卫星市场。

（3）拓宽融资渠道，改善中小企业融资环境。不同融资渠道的资金具有不同的性质和相互匹配关系，优化融资结构对于促进企业发展、保持稳定的资金供给至关重要。目前，中小企业，尤其是民营企业的发展，在难以满足现有资本市场约束条件的情况下，很难获得持续稳定的资金供给。场外交易市场的建设和发展拓展了资本市场积聚和配置资源的范围，为中小企业提供了与其风险状况相匹配的融资工具。

（4）提供风险分层的金融资产管理渠道。资本市场是风险投资市场，不同投资人具有不同的风险偏好。建立多层次资本市场体系，发展场外交易市场能够增加不同风险等级的产品供给、提供必要的风险管理工具以及风险的分层管理体系，为不同风险偏好的投资者提供了更多不同风险等级的产品，满足投资者对金融资产管理渠道多样化的要求。

在美国，场外市场分为三块：纳斯达克小盘股市场（Small Cap Market）、场外公告板（OTCBB）和粉单（Pink Sheets）。

纳斯达克（National Association of Securities Dealers Automated Quotations，NASDAQ）是美国全国证券交易商协会为了规范混乱的场外交易和为小企业提供融资平台，于1968年2月8日创建。纳斯达克的特点是收集和发布场外交易非上市股票的证券商报价，它现已成为全球第二大的证券交易市场。现有上市公司总计5 400多家，纳斯达克又是全世界第一个采用电子交易并面向全球的股市，它在55个国家和地区设有26万多个计算机销售终端。纳斯达克本来只是一个电子通信网络结构，它允许大量的市场参与者通过它进行交易，因为它有一个自动报价系统能够极大地提高交易效率，所以最初的纳斯达克仅仅是竞争性交易商基于报价的系统。随后，纳斯达克通过收购扩张后成为一个本身上市的证券和场外证券交易平台，其股票市场又分为两个部分：纳斯达克全国市场（Nasdaq National Market, NNM）和小盘股市场。纳斯达克全国市场是针对小盘股市场而言的，比较正规，有严格的入市门槛和监管的正规的证券交易市场，与纽约证券交易所相比，纳斯达克上市交易的是高新科技小盘股。但是相对于具有场外市场性质的纳斯达克小盘股而言，其股票规模仍然比较大，因为后者上市的股票规模更小、股价更低，一般低于1美元/股，交易的都是非上市的股票。但是在纳斯达克系统，这两个分市场是互通的，当纳斯达克小盘股股票价格达到1美元/股以上，满足其他条件就可以转板为上市公司，进入纳斯达克全国市场交易。

美国交易的股票机制更加清晰的一个分类是：

① 交易所上市股票：全国性交易所和地区性交易所。

② 纳斯达克上市场外交易股票：纳斯达克全国市场（NNM）和纳斯达克小盘股市场。

③ 非纳斯达克场外交易股票：包括非上市的场外公告板和粉单。

场外公告板是一个规定的电子报价服务，显示场外交易权益证券实时的报价、最新销售价格和成交量信息。这些权益证券通常是没有在纳斯达克和全国性交易所上市的证券。场外公告板不是纳斯达克股票市场的一部分，跟纳斯达克没有关系。

场外公告板提供超过 3 300 个证券的交易，包括超过 230 个做市商的参与。交易的公司无须向纳斯达克登记或报告。但是，通过场外公告板交易的所有证券的发行必须符合美国证券交易委员会（SEC）或其他监管当局的定期登记要求。在场外公告板交易的公司必须要完整地报告（即符合 SEC 登记的所有要求），但没有市场资本值、最低股价、公司治理或其他的要求。那些由于达不到最低资本值、最低股价或其他要求而被股票交易所"摘牌"的公司的结局常常是到场外公告板交易。

第二个非纳斯达克场外市场是"粉单"。粉单是一个电子报价系统，显示交易商对许多场外交易证券的报价。做市商和其他买卖场外交易证券的经纪商们可以使用粉单发布他们的出价和要价。"粉单"的名字来源于在使用电子系统之前历史上所使用的报价单纸张的颜色。如今，它们通过粉单有限公司(这是一个私有公司)发布。粉单有限公司既不是纳斯达克的经纪交易商，也没有在 SEC 注册，它也不是一个股票交易所。

在粉单交易，公司不需要满足任何要求（例如，在 SEC 登记），在粉单交易的公司往往股东人数较少或特别小，或者交易较少。绝大多数达不到像纽约证券交易所等这种股票交易所的上市要求。很多这种公司不向 SEC 提交定期报告和经审计的财务报表，这使得投资者很难得到关于这些公司可靠的无偏的信息。

由于这些原因，SEC 认为在粉单挂牌的公司 "属于风险最大的投资"，并建议潜在投资者对他们计划要投资的公司进行仔细研究。按规定购买粉单股票是困难的，经纪交易商们被命令排除那些不成熟的投资者，许多投资者有理由担心这些股票的价格很容易被操纵，因而会避开这些股票。

### （三）第三市场

第三市场是指原来在证交所上市的股票移到场外进行交易而形成的市场，换言之，第三市场交易是既在证交所上市又在场外市场交易的股票，以区别于一般含义的柜台交易。长期以来，美国的证交所都实行固定佣金制，而且未对大宗交易折扣佣金，导致买卖大宗上市股票的机构投资者（养老基金、保险公司、投资基金等）和一些个人投资者通过场外市场交易，并形成专门的市场，市场因佣金便宜、手续简单而备受投资者欢迎。

但在 1975 年 5 月 1 日，美国的证券交易委员会宣布取消固定佣金制，由交易所会员自行决定佣金，而且交易所内部积极改革，采用先进技术，提高服务质量，加快成交速度，从而使第三市场不像以前那样具有吸引力了。

### （四）第四市场

第四市场是指大机构（和富有的个人）绕开通常的经纪人，彼此之间利用电信网络直接进行的证券交易。这些网络允许会员直接将买卖委托挂在网上，并与其他投资者的委托自动配对成交。由于没有买卖价差，其交易费用非常便宜，从而满足了一些大机构投资者的需要。

**专栏 5-3**

股权分置改革

上市公司的股份原则上应该是全流通的。当然，其总股本中也有少量股份是被公司章程锁定的，属于雇员持股计划部分或是对关键雇员奖励部分。

在我国，20 世纪 80 年代后期的股份制改造的过程中，出现了两种倾向：一是优先让城镇集体所有制企业试点改制；二是在改制过程中尽可能保证公有股份占绝对控股的优势地位，且不允许流通转让。因此，我国股市在 20 世纪 90 年代初期就形成了中国特色国有股、法人股和社会公众股。国有股和法人股不可以上市，不可以流通；只有比例极小的社会公众股被允许挂牌流通。这样我国上市公司从一开始就是"非完全上市公司"，上市公司的总股份被割裂为流通股与非流通股两部分。这也就是我国的股权分置现象。

这种"中国特色"的股权结构直接导致了三个结果：其一，人为设定的"一股独大"，从根本上扭曲了上市公司法人治理结构内在的合理性，结果导致国企改制在产权结构上的"换汤不换药"，股市成为国企的纯粹融资场所，极大地挫伤了投资者积极性，同时造成我国股票市场在相当长的一段时间内不景气。其二，大比例的国有股与法人股不能上市流通转让，不利于国有资产存量的活化、保值、增值，同时不利于国有资本的自由进退，更为严重的是，它阻碍了股市资源配置功能的深化。其三，仅有占总股本 1/3 多一点的社会公众股可供流通，这样不仅会扭曲市场供求的真实性，而且还会纵容投机，使股价失真，进而让股市失去经济"晴雨表"的功能。

股权分置改革（简称"股改"）就是要在市场条件变化的情况下，对这两类股东的股份予以重新确认，实现股票全面流通。其目的就是要改善上市公司的治理结构，以消除制度赋予非流通股股东对公司的垄断控制权，防止同股不同权和同股不同利的现象继续发生。2005 年 4 月 29 日，中国证监会正式启动股权分置改革，至 2006 年年底，沪深两市 90% 以上的公司完成了股改任务。

## 四、股价指数

为了判断市场股价变动的总趋势及其幅度，我们必须借助股价平均数或指数，在计算时要注意以下四点。

（1）样本股票必须具有典型性、普遍性，为此，选择样本股票应综合考虑其行业分布、市场影响力、规模等因素。

（2）计算方法要科学，计算口径要统一。

（3）基期的选择要有较好的均衡性和代表性。

（4）指数要有连续性，要排除非价格因素对指数的影响。

### （一）股票价格平均数的计算

股票价格平均数反映一定时点上市场股票价格的绝对水平，它分为简单算术股价平均数、修正的股价平均数和加权股价平均数三类。

### 1. 简单算术股价平均数

简单算术股价平均数是将样本股票每日收盘价之和除以样本数得出的，即：

$$简单算术股价平均数 = \frac{1}{n}(P_1 + P_2 + \cdots + P_n) = \frac{1}{n}\sum_{i=1}^{n} P_i$$

其中，$n$ 为样本的数量，$P_n$ 为第 $n$ 只股票的价格。

假设股票 A、B、C、D 某日收盘价分别为 10、16、24、30，股价平均数为（10 + 16 + 24 + 30）/4 = 20

世界上第一个股票价格平均数——道琼斯股票价格平均数在 1928 年 10 月 1 日前就是使用简单算术平均法计算的。

简单算术平均数虽然计算较简便，但它有以下两个缺点：

（1）它未考虑各样本股票的权重，从而未能区分重要性不同的样本股票对股价平均数的不同影响。

（2）当样本股票发生拆细、派发红股、增资等情况时，股价平均数就会失去连续性，使前后期的比较发生困难。

### 2. 修正的股价平均数

修正的股价平均数有以下两种。

（1）除数修正法，又称道氏修正法。这是美国道琼斯公司为克服简单算术平均法的不足，在 1928 年创始的一种计算股价平均数的方法。该法的核心是求出一个除数，以修正因股票拆细、增资、发放红股等因素造成的股价平均数的变化，以保持股价平均数的连续性和可比性。具体做法是以新股价除以旧股价平均数，求出新除数，再以计算期的股价总额除以新除数，从而得出修正的股价平均数，即：

新除数 = 变动后的新股价总额 / 旧股价平均数

修正的股价平均数 = 报告期股价总额 / 新除数

接上例，假设上例 D 股票 1 股分割为 3 股，股价发生了相应的变动，10 元/股，这时：平均数为（10 + 16 + 24 + 10）/4 = 15

新除数为（10 + 16 + 24 + 10）/20 = 3

修正的股价平均数为（10 + 16 + 24 + 10）/3 = 20

这样，当样本股票发生拆细、派发红股、增资等情况时，股价平均数仍然能够准确地反应股票价格的变动状况。

（2）股价修正法。股价修正法就是将发生股票拆细等变动后的股价还原为变动前的股价，使股价平均数不会因此变动。例如，假设第 $j$ 种股票进行拆细，拆细前股价为 $P_j$；拆细后每股新增的股数为 $R$，股价为 $P'$，则修正的股价平均数的公式为：

$$\frac{1}{n}\left[P_1 + P_2 + \cdots + (1+R) \times P'_j + \cdots + P_n\right]$$

由于 $(1+R) \times P'_j = P_j$，所以，股价平均数不受股票分割的影响。

### 3. 加权股价平均数

加权股价平均数根据样本股的相对重要性进行加权平均计算，其权数 $Q$ 可以是成交股数、股票总市值、总股本等，其公式是：

$$加权股价平均数 = \frac{1}{n}\sum_{i=1}^{n}P_iQ_i$$

### （二）股票指数的计算

股价指数是反映不同时点上股价变动情况的相对指标，它是某一个时点价格与基期价格的比值。通常是将报告期的股票价格与选定的基期价格相比，并将两者的比值乘以基期的指数值，即为报告期的股价指数。股价指数的计算方法主要有两种：简单算术股价平指数和加权股价指数。

#### 1．简单算术股价指数

（1）相对法，又称平均法，先计算样本股的股价指数，再加总平均。

$$股价指数 = \frac{1}{n}\sum_{i=1}^{n}\frac{P_1^i}{P_0^i}$$

其中，$P_0^i$ 表示第 $i$ 种股票的基期价格，$P_1^i$ 表示第 $i$ 种股票的报告期价格，英国《经济学家》普通股价指数就是用这种方法计算的。

（2）综合法，先将样本股的基期和报告期的价格分别加总，然后相比求出股价指数。

$$股价指数 = \frac{\sum_{i=1}^{n}P_1^i}{\sum_{i=1}^{n}P_0^i}$$

#### 2．加权股价指数

加权股价指数是根据各期样本股票的相对重要性予以加权，其权重可以是成交股数、总股本等。按时间划分，权数可以是基期权数，也可以是报告期权数。以基期成交股数(或总股本)为权数的指数称为拉斯拜尔指数，其计算公式为：

$$加权股价指数 = \frac{\sum P_1Q_0}{\sum P_0Q_0}$$

以报告期成交股数（或总股本）为权数的指数称为派许指数。其计算公式为：

$$加权股价指数 = \frac{\sum P_1Q_1}{\sum P_0Q_1}$$

其中 $P_0$ 和 $P_1$ 分别表示基期和报告期的股价，$Q_0$ 和 $Q_1$ 分别表示基期和报告期的成交股数。拉斯拜尔指数偏重基期成交股数（或总股本），而派许指数则偏重报告期的成交股数（或总股本）。目前世界上大多数股价指数都是派许指数，只有德国法兰克福证券交易所的股价指数为拉斯拜尔指数。

### （三）沪指和深指现状

#### 1．上海证券交易所股价指数

（1）指数系列。目前，上海证券交易所股价指数系列共包括 4 类 10 个指数。第 1 类，成分指数，包括上证 180 指数，其前身为上证 30 指数；第 2 类，综合指数，包括上证综合指数；第 3 类，分类指数，包括上证 A 股指数、上证 B 股指数、上证工业类指数、上证商业类指数、上证房地产业类指数、上证公用事业类指数、上证综合业类指数；第 4 类，基金指数，包括上证基金指数。以上 10 项指数中，上证综合指数最常用。

（2）采样范围。纳入指数计算范围的股票称为指数股。纳入指数计算范围的前提条件是该股票在上海证券交易所挂牌上市。上证 180 指数的样本股是在所有 A 股股票中抽取最具市场代表性的 180 种样本股票；综合指数类的指数股是全部股票（A 股和 B 股）；分类指数类是相应行业类别的全部股票（A 股和 B 股）。

（3）选样原则。包括选样标准和调整方法两方面的原则。这里以上证 180 指数来说明。上证 180 指数的选样标准是遵循规模（总市值、流通市值）、流动性（成交金额、换手率）、行业代表性三项指标，即选取规模较大、流动性较好且具有行业代表性的股票作为样本；关于上证 180 指数样本股的调整方法，上证成分指数依据样本稳定性和动态跟踪相结合的原则，每半年调整一次成分股，每次调整比例一般不超过 10%，特殊情况时也可能对样本进行临时调整。

（4）计算方法。上证指数系列均以"点"为单位，首先，指数计算要确定基日、基期(除数)与基期指数。

上证 30 指数，以 1996 年 1 月至 3 月为基期，基期指数定为 1 000 点，自 1996 年 7 月 1 日起正式发布。上证 180 指数是上证 30 指数的延续，从 2002 年 7 月 1 日正式发布。基点为 2002 年 6 月 28 日上证 30 指数的收盘点数，即 3 299. 06 点。

上证综合指数，以 1990 年 12 月 19 日为基期，基期指数定为 100 点，自 1991 年 7 月 15 日起正式发布。

上证 A 股指数，以 1990 年～12 月 19 日为基期，基期指数定为 100 点，自 1992 年 2 月 21 日起正式发布。

上证 B 股指数，以 1992 年 2 月 21 日为基期，基期指数定为 100 点，自 1992 年 2 月 21 日起正式发布。

其他分类指数类指数，以 1993 年 4 月 30 日为基期，基期指数统一定为 1 358. 78（该日上证综合指数收盘值），自 1993 年 6 月 1 日起正式发布。

上证基金指数，以2000年5月8日为基期，2000 年 5 月 9 日开始发布，基期指数定为 1 000。

其次，指数计算要选定计算公式。上证指数系列均采用派许加权综合价格指数的基本公式计算，即以指数股报告期的股本数作为权数进行加权计算。这里以上证 180 指数来说明计算公式。上证 180 指数以样本股的调整股本数为权数，公式如下：

$$\text{报告期指数} = \frac{\text{报告期成分股的调整市值}}{\text{基期成分股的调整市值}} \times 1\ 000$$

其中，调整市值 = $\Sigma$（市价×调整股本数），基期成分股的调整市值亦称为除数，调整股本数采用分级靠档的方法对成分股股本进行调整而得到。根据国际惯例和专家委员会意见，上证成分指数的分级靠档方法如表 5-1 所示。例如，某股票流通股比例（流通股本/总股本）为 7%，低于 10%，则采用流通股本为权数；某股票流通股比例为 35%，落在区间（30，40）内，对应的加权比例为 40%，则将总股本的 40%作为权数。

表 5-1　上证成分指数分级靠档方法

| 流通比 (%) | ≤10 | (10, 20) | (20, 30] | (30, 40] | (40, 50] | 50, 60] | 60, 70] | (70, 80] | >80 |
|---|---|---|---|---|---|---|---|---|---|
| 加权比 (%) | 流通比例 | 20 | 30 | 40 | 50 | 60 | 70 | 80 | 100 |

最后，在以上方面都得到妥善处理的基础上，就可以进行指数的实时计算。具体做法是，在每一交易日集合竞价结束后，用集合竞价产生的股票开市价（无成交者取昨日收市价）计算开市指数，以后每有一笔新的成交，就重新计算一次指数，直至收盘。每 15 秒向外发布一次。通过卫星通信网络向国内外实时发布。

**2．深圳证券交易所股价指数**

（1）指数种类。深圳证券交易所股价指数共有 3 类 13 项，其中最有影响的是深证成分指数。第 1 类，综合指数类，包括深证综合指数、深证 A 股指数、深证 B 股指数；第 2 类，成分股指数类，包括深证成分指数，其中又包括成分 A 股指数和成分 B 股指数，成分 B 股又可细分为工业分类指数、商业分类指数、金融分类指数、地产分类指数、公用事业指数、综合企业指数；第 3 类，包括深证基金指数。

（2）基期与基期指数。其中深证综合指数以 1991 年 4 月 3 日为基日，1991 年 4 月 4 日开始发布，基期指数为 100；深证 A 股指数以 1991 年 4 月 3 日为基日，1992 年 10 月 4 日开始发布，基期指数定为 100；深证 B 股指数以 1992 年 2 月 28 日为基日，1992 年 10 月 6 日开始发布，基期指数定为 100；成分指数类指数以 1994 年 7 月 20 日为基日，1995 年 1 月 23 日开始发布，基期指数定为 1 000；深证基金指数以 1996 年 3 月 15 日为基日，1996 年 3 月 18 日开始发布，基期指数定为 1 000。

（3）计算范围。纳入指数计算范围的股票称为指数股。

综合指数类的指数股是深圳证券交易所上市的全部股票。全部股票均用于计算深证综合指数，其中的 A 股用于计算深证 A 股指数，B 股用于计算深证 B 股指数。

成分股指数类的指数股（即成分股）是从上市公司中挑选出来的 40 家成分股。成分股中所有 A 股和 B 股全部用于计算深证成分指数，其中的 A 股用于计算成分 A 股指数，B 股用于计算成分 B 股指数。成分股按其行业归类，其 A 股用于计算行业分类指数。

（4）成分股选取原则。纳入成分股指数类计算范围的成分股的一般选取原则包括以下方面。首先是要有一定的上市交易日期，为了考察上市股票的市场表现和代表性，需要股票有一定的上市交易日期；其次，要有一定的上市规模，所谓的规模以每家公司一段时期内的平均流通市值和平均总市值作为衡量标准；最后，要交易活跃，以每家公司一段时期内的总成交金额作为衡量标准。

根据以上标准定出初步名单后，再结合下列各项因素评选出 40 家上市公司（同时包括 A 股和 B 股）作为成分股，计算深证成分指数：①公司股份在一段时间内的平均市盈率；②公司的行业代表性及所属行业的发展前景；③公司近年的财务状况、盈利记录、增长展望及管理素质等；④公司的地区代表性等。

（5）计算方法。综合指数和成分股指数类均为派许加权价格指数，即以指数股的计算日股份数作为权数，采用连锁公式加权计算。两类指数的权数分别为：

综合指数类：股份数＝全部上市公司的总股份数

成分股指数类：股份数=成分股的可流通股本数

指数股中的 B 股用外汇平均汇率将港币换算为人民币，用于计算深证综合指数和深证成分指数。深证 B 股指数和成分 B 股指数仍采用港币计算。

每一交易日集合竞价结束后，用集合竞价产生的股票开市价（无成交者取昨日收盘价）计算开市指数，然后用连锁方法计算即时指数，直至收市。指数通过卫星通信网络实时向国内外发布。

## 专栏 5-4

### 沪深 300 股指期货合约内容介绍

在中金所上市交易的沪深 300 股指期货合约如表 5-2 所示。

表 5-2　在中金所上市交易的沪深 300 股指期货合约

| 合约标的 | 沪深 300 指数 |
|---|---|
| 合约乘数 | 每点 300 元 |
| 报价单位 | 指数点 |
| 最小变动价位 | 0.2 点 |
| 合约月份 | 当月、下月及随后两个季月 |
| 交易时间 | 9:15～11:30，13:00～15:15 |
| 最后交易日时间 | 9:15～11:30，13:00～15:00 |
| 每日价格最大波动限制 | 上一个交易日结算价±10% |
| 最低交易保证金 | 合约价值的 12% |
| 最后交易日 | 合约到期月份的第三个周五（遇法定节假日顺延） |
| 交割日期 | 同最后交易日 |
| 交割方式 | 现金交割 |
| 交易代码 | IF |
| 上市交易所 | 中国金融期货交易所 |

（1）合约月份。我们知道，股指期货合约都有到期日，到期日即最后交易日，在到期日收市时尚未被平仓的持仓头寸就要进行现金交割，合约月份就是指股指期货合约到期交割时所在的月份。沪深 300 股指期货合约的最后交易日为合约到期月份的第三个周五（遇法定假日顺延），交割日期与最后交易日相同。这里提醒投资者注意两点：第一，最后交易日是合约到期月份的第三个周五，不是月末。第二，投资者在最后交易日前要根据持仓目的，选择是提前平仓还是持有到期交割，切不可像有些投资者那样买股票长期投资后不管。

沪深 300 股指期货的合约月份有 4 个，即当月、下月及随后的两个季月，季月指 3 月、6 月、9 月、12 月。也就是说，同时有 4 个合约在交易。例如，在 2010 年 3 月 2 日的沪深 300 股指期货仿真交易中，就同时有 IF1003、IF1004、IF1006、IF1009 这 4 个合约在交易，其中，IF1003 为当月合约，IF1004 为下月合约，IF1006 和 IF1009 为随后的两个季月合约。以 IF1006 为例，IF 为沪深 300 股指期货合约的交易代码，10 指 2010 年，06 指到期交割月份为 6 月份，其余依此类推。

3 月份的第三个周五是 3 月 19 日，则 3 月 19 日就为 IF1003 合约的最后交易日和交割日。IF1003 交割完毕后不再交易，同时新合约挂牌上市。例如，在 3 月 21 日（周一），新合约 IF1005 挂牌交易，此时 4 个在同时交易的合约为 IF1004、IF1005、IF1006 和 IF1009，这时 IF1004 即为当月合约，该合约的最后交易日为 4 月份的第三个周五，即 4 月 16 日。

（2）交易时间。沪深 300 股指期货的交易时间为 9:15～11:30，13:00～15:15，开盘比股票交易提前 15 分钟，收盘比股票交易晚 15 分钟。提醒投资者注意，在最后交易日，沪深 300 股指期货交易的收盘时间与股票交易相同，都为 15:00。

资料来源：《沪深 300 股指期货合约内容介绍》，载《上海证券报》，2010-03-02。

# 第四节　证券投资基金

截至 2013 年 6 月，我国证券投资基金数量达到 1 346 只（证监会主代码口径统计），管理基金份额 2.001 6 万亿份，基金净值 1.756 8 万亿元[①]，相比 2007 年 6 月 330 只基金，1.24 万亿份基金份额[②]，我国证券投资基金无论是市场规模，还是投资者数量都在迅速发展，成为我国权益证券市场中一支重要力量。它不仅增加了投资品种、活跃了金融市场，而且促进了我国健康稳定的、多层次的金融市场的发展与完善。

## 一、证券投资基金的概述

证券投资基金是一种利益共享、风险共担的集合证券投资方式，即通过发行基金单位，集中投资者的资金，由基金托管人托管，由基金管理人管理和运用资金，从事股票、债券等金融工具投资。

证券投资基金起源于 1868 年的英国，是在 18 世纪末 19 世纪初产业革命的推动后产生的，而后兴盛于美国，现在已风靡全世界。在不同的国家，投资基金的称谓有所区别，英国和我国香港称之为"单位信托投资基金"，美国称为"共同基金"，日本则称为"证券投资信托基金"，这些不同的称谓在内涵和运作上无太大区别。在我国，20 世纪 80 年代末出现了投资基金形式，并从 90 年代以后快速发展。

### （一）证券投资基金的特征

基金作为一种现代化的投资工具，主要具有以下三个特征。

（1）集合投资，规模优势。基金是这样一种投资方式：它将零散的资金巧妙地汇集起

① 中国证券投资基金 2013 年上半年行业统计报告，中国基金网：http://www.chinafund.cn/article/201374/201374_239757.html.
② 中国证监会统计信息：http://www.csrc.gov.cn/pub/newsite/sjtj/.

来，交给专业机构投资于各种金融工具，以谋取资产的增值。基金对投资的最低限额要求不高，投资者可以根据自己的经济能力决定购买数量，有些基金甚至不限制投资额大小，完全按份额计算收益的分配，因此，基金可以最广泛地吸收社会闲散资金，汇成规模巨大的投资资金。在参与证券投资时，资本越雄厚，优势越明显，而且可能享有大额投资在降低成本上的相对优势，从而获得规模效益的好处。

（2）组合投资，分散风险。在投资活动中，风险和收益总是并存的，因此，"不能将所有的鸡蛋都放在一个篮子里"，这是证券投资的箴言。但是，要实现投资资产的多样化，需要一定的资金实力，尽管个体投资者也可以购买大量证券进行分散化的组合投资，但分散化程度受到资金规模限制，而基金则可以帮助中小投资者解决这个困难。基金可以凭借其雄厚的资金，分散投资于多种证券，借助于资金庞大和投资者众多的公有制使每个投资者面临的投资风险变小，另一方面又利用不同的投资对象之间的互补性，达到分散投资风险的目的。

（3）专业理财，降低成本。如果投资者单独直接与财务顾问协商并享受财务顾问的服务，需要支付较高的服务费。基金实行专家管理制度，这些专业人员具有丰富的投资经验。他们善于运用先进的技术手段分析各种信息资料，能对金融市场上各种品种的价格变动趋势作出比较正确的预测，最大限度地避免投资决策的失误，提高投资成功率。同时，基金在交易时更具有谈判能力，交易成本、保管费和记录成本等都比个体投资者低，规模效应明显。

### （二）证券投资基金的作用

（1）基金为中小投资者拓宽了投资渠道。对中小投资者来说，存款或购买债券较为稳妥，但收益率较低；投资于股票可能获得较高收益，但风险较大。证券投资基金作为一种新型的投资工具，将众多投资者的小额资金汇集起来进行组合投资，由专家来管理和运作，经营稳定，收益可观，为中小投资者提供了较为理想的间接投资工具，大大拓宽了中小投资者的投资渠道，成为大众化的投资工具。在美国，有50%左右的家庭投资于基金，基金占所有家庭资产的40%左右。

（2）有利于证券市场的稳定与发展。第一，基金的发展有利于证券市场的稳定，证券市场的稳定与否同市场的投资者结构密切相关。基金由专业投资者经营管理，其投资经验比较丰富，收集和分析信息的能力较强，投资行为相对理性，客观上能起到稳定市场的作用。同时，基金一般注重资本的长期增长，多采取长期的投资行为，较少在证券市场频繁进出，能减少证券市场的波动。第二，基金作为一种主要投资于证券市场的金融工具，它的出现和发展增加了证券市场的投资品种，扩大了证券市场的交易规模，起到了丰富和活跃证券市场的作用。

## 二、证券投资基金分类

### （一）按基金的组织方式分类

#### 1.契约型基金

契约型基金又称为单位信托基金，是指把投资者、管理人、托管人三者作为基金的当事人，通过签订基金契约、发行受益凭证而设立的一种基金。契约型基金是基于契约原理而组织起来的代理投资行为，没有基金章程，也没有董事会，而是通过基金契约来规范三方当事人的行为。基金管理人负责基金的管理操作。基金托管人作为基金资产的名义持有人，负责基金资产的保管和处置，并对基金管理人的运作实行监督。

**2．公司型基金**

公司型基金是按照公司法以公司形态组成的，该基金公司以发行股份的方式募集资金，投资者因为认购基金而成为该公司的股东，享有投资收益，承担风险并通过股东大会行使权利。基金设有董事会和持有人大会，重大事项由董事会讨论决定。

尽管契约型基金和公司型基金在很多方面存在不同，但从投资者的角度看，这两种投机方式并无多大区别，他们的投资方式都是把投资者的资金集中起来，按照基金设立时所规定的投资目标和策略，将基金资产分散投资于众多的金融产品上，获取收益后再分配给投资者。

**3．雨伞型基金、基金中的基金**

严格地说，雨伞型基金只是一种基金的组织形式，在某一基金（一般称为母基金）下再组成若干个"子基金"，降低基金规模，或者形成基金特色以吸引投资者。目前国际上"雨伞型基金"已经发展到"基金族"的概念了，基金扩张不仅仅局限于同一类型，跨类型、市场的基金组合为投资者选择提供便利，例如，投资者只要很低的成本便可以方便地在同一个"基金族"中从股票基金转换为货币市场基金。基金中的基金是以本身或者其他基金单位为投资对象的基金，它的投资选择面更广，风险得以更大限度地分散。

**（二）按照基金募集方式分类**

**1．公募基金**

公募基金是受政府主管部门监管的，向不特定投资者公开发行受益凭证的证券投资基金，这些基金在法律的严格监管下，有着信息披露、利润分配、运行限制等行业规范。公募基金的特点主要有：享受市场整体的回报，规模越大，基金获取市场平均利润的可能越大；四权分立、信息透明、风险分担。

**2．私募基金**

私募基金是指通过非公开方式，面向少数投资者募集资金而设立的基金。由于私募基金的销售和赎回都是通过基金管理人与投资者私下协商来进行的，因此它又被称为向特定对象募集的基金。广义的私募基金除指证券投资基金（又称为阳光私募）外，还包括私募股权基金、私募风险投资基金。

与公募基金相比，私募基金具有十分鲜明的特点。①私募基金通过非公开方式募集资金，私募基金不得利用任何传播媒体做广告宣传。②在募集对象上，私募基金的对象只是少数特定的投资者，圈子虽小门槛却不低。如在美国，对冲基金对参与者有非常严格的规定：若以个人名义参加，最近两年个人年收入至少在 20 万美元以上；若以家庭名义参加，家庭近两年的收入至少在 30 万美元以上；若以机构名义参加，其净资产至少在 100 万美元以上，而且对参与人数也有相应的限制。③和公募基金严格的信息披露要求不同，私募基金这方面的要求低得多，加之政府监管也相应比较宽松，因此私募基金的投资更具隐蔽性，运作也更为灵活，相应获得高收益回报的机会也更大。此外，私募基金一个显著的特点就是基金发起人、管理人必须以自有资金投入基金管理公司，基金运作的成功与否与他们的自身利益紧密相关。从国际目前通行的做法来看，基金管理者一般要持有基金 3%～5%的股份，一旦发生亏损，管理者拥有的股份将首先被用来支付参与者，因此，私募基金的发起人、管理人与基金是一个唇齿相依、荣辱与共的利益共同体，这也在一定程度上较好地解决了公募基金与生俱来的经理人利益约束弱化、激励机制不够等弊端。

### （三）按基金运作方式分类

#### 1．封闭式基金

封闭式基金是指基金份额总额在基金合同期限内固定不变，基金份额持有人不得申请赎回的基金，又称为固定型投资基金。基金单位的流通采取在证券交易所上市的办法，投资者日后买卖基金单位都必须通过证券经纪商在二级市场上进行竞价交易。

封闭式基金的期限是指基金的存续期，即基金从成立起到终止之间的时间，基金期限届满即为基金终止，管理人应组织清算小组对基金资金进行清产核资，并将清产核资后的基金净资产按照投资者的出资比例进行公正合理的分配。在存续期，封闭式基金也可以在二级市场进行交易，但其价格往往与每单位净值存在差价，即折价或者溢价交易，大部分二级市场交易的封闭式基金处于折价交易状态。

#### 2．开放式基金

开放式基金是指基金管理公司在设立基金时，发行基金单位的总份额不固定，可视投资者的需求追加发行；投资者也可根据市场状况和各自的投资决策，或者要求发行机构按现期净资产值扣除手续费后赎回股份或受益凭证，或者再买入股份或受益凭证，增持基金单位份额。为了应付投资者中途抽回资金，实现变现的要求，开放式基金一般都从所筹资金中拨出一定比例，以现金形式保持这部分资产。这虽然会影响基金的盈利水平，但这是开放式基金的流动性对价和吸引投资者的重要特征。

#### 3．封闭式基金与开放式基金的区别

①期限不同。②规模限制不同，封闭式基金在招募说明书中列明其基金规模，在封闭期限内未经法定程序认可不能再增加发行。开放式基金规模不固定，主要受投资者的申购和赎回影响。③交易方式不同。封闭式基金在封闭期限内不能赎回，持有人只能寻求在二级市场交易；开放式基金的投资者则可以在首次发行结束一段时间（多为 3 个月）后，随时申购和赎回，买卖方式灵活。④管理人投资策略不同。封闭式基金适合基金管理人进行长期投资，基金资产的投资组合能有效在预定计划内进行。开放式基金因为存在随时赎回的压力，基金资产不能全部用来投资，更不能把全部资本用来进行长线投资，必须保持基金资产的流动性，在投资组合上需选择一定比例流动性较好的资产。

从发达国家金融市场来看，开放式基金已成为世界投资基金的主流。世界基金发展史从某种意义上说就是从封闭式基金走向开放式基金的历史。

### （四）按投资目标分类

#### 1．成长型基金

它追求的是基金资产的长期增值，基金管理人通常将基金资产投资于信誉度较高、有长

期成长前景或长期盈余的所谓成长公司的股票。

**2．收入型基金**

基金主要投资于可带来现金收入的有价证券，以获取当期的最大收入为目的，一般可分为固定收入型基金和股票收入型基金。固定收入型基金的主要投资对象是固定收益证券，如债券和优先股；后者主要投资于收入型股票博取收益。

**3．平衡型基金**

将资产分别投资于两种不同特性的证券上，并在以取得收入为目的的债券及优先股和以资本增值为目的的普通股之间进行平衡。这种基金一般将 25%～50% 的资产投资于债券及优先股，其余的投资于普通股。平衡型基金的主要目的是从其投资组合的债券中得到适当的利息收益，与此同时又可以获得普通股的升值收益。投资者既可获得当期收入，又可得到资金的长期增值，通常是把资金分散投资于股票和债券。平衡型基金的特点是风险比较低，缺点是成长的潜力不大。

**（五）按投资标的分类**

**1．债券基金**

以债券为主要投资对象的证券投资基金。由于债券的年利率固定，因而这类基金的风险较低，适合于稳健型投资者。

**2．股票基金**

股票基金是指以股票为主要投资对象的证券投资基金。股票基金的投资目标侧重于追求资本利得和长期资本增值。股票型基金是目前参与者最多、市场规模最大的基金，专业性、收益性和良好的流动性获得了广大投资者钟爱，由于聚集了巨额资金，几只甚至一只基金就可以引发股市动荡，所以各国政府对股票基金的监管都十分严格，不同程度地规定了基金购买某一家上市公司的股票总额不得超过基金资产净值的一定比例，防止基金过度投机和操纵股市。例如，在我国，单一基金持有某公司股票不得超过其流通股本的 10%，不得以超过基金资本金的 10% 的资金规模购买单一股票证券。

**3．货币市场基金**

货币市场基金是以货币市场为投资对象，其投资工具期限在一年内，包括银行短期存款、国库券、公司债券、银行承兑票据及商业票据等。货币市场基金具有良好的流动性，通常被认为是无风险或低风险的投资。

**4．指数基金**

为满足投资者能获取与市场平均收益相接近的投资回报而设计的一种功能上近似于所编制的某种证券市场价格指数的基金，它的投资组合等同于市场价格指数的权数比例，收益随着当期的价格指数上下波动。指数基金的优势是：①管理、交易费用较低。②风险较小。由于指数基金的投资非常分散，可以完全消除投资组合的非系统风险。③分散风险的投资组合适合于稳健投资者，以机构投资者为主，适合机构投资者避险套利。

**5．衍生证券基金**

衍生证券基金是指以衍生证券为投资对象，主要包括期货基金、期权基金和认购权证基金。由于衍生证券一般是高风险的投资品种，因此，这种基金的风险较大，但预期的收益水平比较高。

### （六）按基金资本来源和运用地域分类

#### 1．合格的境外机构投资者（Qualified Foreign Institutional Investor，QFII）

QFII 制度是指允许经核准的合格境外机构投资者，在一定规定和限制下汇入一定额度的外汇资金，并转换为当地货币，通过严格监管的专门账户投资当地证券市场，其资本利得、股息等经审核后可转为外汇汇出的一种市场开放模式。QFII 的一个重要特征是不参与上市公司治理，只是被动地买入和卖出，并且每家 QFII 持有单一股票份额不能超过其流通股份的 10%。

在一些国家和地区，特别是新兴市场经济的国家和地区，由于货币没有完全可自由兑换、资本项目尚未开放，外资介入有可能对其证券市场带来较大的负面冲击，因此 QFII 制度是一种有限度地引进外资、开放资本市场的过渡性的制度，主要是管理层为了对外资的进入进行必要的限制和引导，使之与本国的经济发展和证券市场发展相适应，控制外来资本对本国经济独立性的影响、抑制境外投机性游资的冲击、推动资本市场国际化和健康发展。截至 2012 年年底，具备投资境内市场的 QFII 机构数量达到 201 家，投资于股票市场的资产规模超过 100 亿美元[①]。

#### 2．人民币合格境外机构投资者（RMB Qualified Foreign Institutional Investors，RQFII）

QFII 机制是指外国专业投资机构到境内投资的资格认定制度。R 代表人民币，RQFII 境外机构投资人可将批准额度内的外汇结汇投资于境内的证券市场。2011 年 8 月 17 日，时任国务院副总理李克强在我国香港出席论坛时表示，将允许以人民币境外合格机构投资者方式（RQFII）投资境内证券市场，起步金额为人民币 200 亿元，试点机构投资于股票及股票类基金的资金不超过募集规模的 20%。对 RQFII 放开股市投资，是侧面加速人民币的国际化。

简单地理解，QFII 是外国投资机构拿外币到中国开立账户，换成人民币，投资中国股市；RQFII 是外国投资机构直接用自己手上的人民币，通过基金外派机构投资中国股市。

#### 3．合格的境内机构投资者（Qualified Domestic Institutional Investors，QDII）

QDII 是指在人民币资本项下不可兑换、资本市场未开放条件下，在一国境内设立，经该国有关部门批准，有控制地允许境内机构投资境外资本市场的股票、债券等有价证券投资业务的一项制度安排。

### （七）创新性基金产品

如果说改革是国家发展最大红利的话，那么创新可以说是基金发展的最大红利。基金创新给投资者带来了便利，降低了交易成本，提高了获得收益的可能性的同时，给基金业注入新的活力，不仅是激活了存量投资者，还吸引了增量潜在投资者，成为推动基金发展的红利。

#### 1．对冲基金

从时间上来看，对冲基金（Hedge Funds）不能说是现在的创新产品，早在 1966 年，阿尔

---

[①] 吴倩：《QFII 资产规模重回百亿美元大关》，广州日报，2012.5.19.

费雷德·温斯洛·琼斯（Alfred Winslow Jones）在管理投资组合时就已经使用了"对冲"市场风险策略。现在美国有 9 000 多家私人管理的对冲基金管理着超过 1.3 万亿美元资产。之所以称其为创新性基金，首先，它在 20 世纪 60 年代出现时就是为了规避管制；其次，即使到了现在，这种基金仍然在不断的创新变化中，无论是产品设计、技术开发与应用，还是市场销售，创新无时无处不在。

正是因为对冲基金的这种持续不断的创新性变化，我们很难准确地定义它。掌管着世界最著名的对冲基金之一——量子基金的金融大鳄乔治·索罗斯如此定义对冲基金：对冲基金参与到许多投资中，其主要的资金募集者都是成熟的投资者，而且不受监管当局的规则约束。基金管理者的报酬是以基金的业绩而不是管理资产的多少为基础，"业绩基金"也许是一个更好的名称[1]。

美国总统金融市场顾问团对对冲基金给出了如下定义：对冲基金一般用来描述一系列有着共同特点的不同类型投资工具。虽然并不是法定的定义，但是这一词汇包含了任何私人募集，由投资专家组织和管理，并不向公众披露信息的投资工具[2]。

英国金融服务局也给列出了几个与对冲基金投资特点相关的特征，所有具备这些特征的基金都能够被划为对称基金。

（1）以私人投资合伙制或离岸投资公司形式组织。

（2）在多个市场（包括股票市场、债券市场、外汇和衍生品市场）采取多样化的交易策略。

（3）运用多种类型的交易手段和工具，其中包括卖空、杠杆化和衍生工具等。

（4）给管理者提供较大比例的业绩激励。

（5）主要向富人和机构募集资金，并有较高的最低募集额度[3]。

（6）更加强调风险控制，在追求超额收益的同时，注重运用如衍生品等金融工具降低损失的风险。风险控制比对冲更具一般性。对冲，指的是将风险消除；风险控制，指的是将风险降低到投资者可以接受的程度。几乎没有对冲基金将风险完全对冲。

通过这样的描述之后，我们虽然也很难准确地给出一个简洁的定义，但是我们已经基本了解了对称基金的主要特征，其实"对冲"已经不是这种基金的主要特点了，现在许多基金的投资均采用"风险对冲"的策略，但它们不是对冲基金，区别于其他基金的重要特征应该在上面分析的其他几个方面。

目前世界上主要包括市场导向型、公司重组型、收敛交易型（有风险套利）和机会主义型对冲基金等类型。由于大家对金融市场和金融机构还知之甚少，很难对每一个类型进行完整的叙述，所以在这里我们只给出概括性描述。

（1）市场导向型对冲基金，是存在系统性风险的基金，我们知道，系统性风险是无法通过分散化的投资组合来消除的。在这一类型的对冲基金中，有些对冲基金采取以下的投资策略：股票买卖、股票择时和卖空。

① George Soros, *Open Society: Reforming Global Capitalism* (New York: Publish Affairs, 2000), p.32.
② Report of The President's Work Group on Financial Markets, *Hedge Funds, Leverage, and the Lessons of Long-term Capital Management*, April 1999.
③ Financial Service Authority, *Hedge Fund and the FSA*, Discussion Paper 16, 2002, p.8.

（2）公司重组型对冲基金，主要投资于受到重大公司事件影响的投资组合。这些事件包括：兼并、收购或者破产。

（3）收敛交易型对冲基金。在金融市场上，价格和收益率之间的关系已经是确定的。例如，在债券市场上，两种不同债券收益率之间的差异是处于一定范围以内的。如果证券收益或者价格之间的关系不一致，并且我们预期价格或者收益率之间的关系会向历史均衡点移动，那么我们就可以抓住这个机会获得收益。当这种价格的不一致产生出一个完全无风险的收益，那么获取这种收益的投资策略就叫作套利策略。在套利策略中，盈利被称为无风险收益，所以一些市场人士也称这种策略为无风险套利策略，虽然这种无风险只是相对而言。套利机会一般是很少的，一旦出现，一般也会很快消失。那些以套利为目标的对冲基金发现要找到套利机会非常困难。

相反，另一些价格或者收益率的不一致则不是那么的短暂。它们实际上反映了金融市场参与者对那些历史关系已经改变的金融产品价格的重新考量。此时，再通过这种机会去获取收益的风险在于价格或者收益率可能不会朝预期的方向变化。也许对对冲基金的管理者们来说，他们用来获取收益的且自认为是低风险的交易策略可能是一种有风险的套利策略。他们的这种策略可能使价格或者收益率的偏差回到或者收敛到历史的均衡关系上。因此，这些对冲基金就被称为收敛交易型对冲基金。

（4）机会主义型对冲基金。在 4 种对冲基金中，机会主义型对冲基金的范围最广泛。基金管理人可以投资于特殊的股票或债券，或者投资于分散化的组合。这一类型的对冲基金包括两种：全球宏观对冲基金和基金的基金。例如，基于对 1992 年英国宏观经济的判断，对冲基金认为英镑会贬值，结果英镑最终贬值。1997 年，国际宏观经济表明泰国的货币泰铢被高估，将要贬值，而最终泰铢贬值。

## 补充阅读 5-1

### 美国长期资本管理公司的兴衰

1993 年，默顿（Merton）与斯科尔斯（Scholes）在华尔街最具闯劲的勇士之王梅里韦瑟（Meriwehter）的领导下，创建了长期资本管理公司(LTCM)。同时产生了数以亿计的看似无风险的利润。但是，1998 年俄罗斯爆发了金融风暴，这引起了国际金融市场的一片恐慌，对冲交易赖以存在的假设不再存在，LTCM 遭遇灭顶之灾。在美联储主席格林斯潘的协调下，世界上最大的 14 家投资银行在 LTMC 瓦解时，向它提供了 35 亿美元的缓冲支持，从而使它安全陨落，同时也拯救了他们自己。有学者评论布莱克-斯科尔斯（Black-Scholes）期权定价公式是金融界最危险的发明。

四大天王

美国长期资本管理公司是一家主要从事定息债务工具套利活动的对冲基金公司，主要活跃于国际债券和外汇市场，利用私人客户的巨额投资和金融机构的大量贷款，专门从事金融市场炒作。与量子基金、老虎基金、欧米伽基金一起被称为国际四大"对冲基金"。

**梦幻组合**

长期资本管理公司的掌门人是梅里韦瑟，被誉为能"点石成金"的华尔街债务套利之父。他聚集了华尔街一批证券交易的精英加盟：1997 年因期权定价公式获得诺贝尔经济学奖的默顿和斯科尔斯；前财政部副部长及联储副主席戴维·莫里斯（David Mullis）。这个精英团队内荟萃职业巨星、公关明星、学术巨人，真可称为"梦幻组合"。

在 1994~1997 年间，长期资本管理公司资产净值从 12.5 亿美元增加到 48 亿美元，增长了 2.84 倍，投资回报率分别为 28.5、42.8、40.8、17%。长期资本管理公司的成功秘籍主要是默顿和斯科尔斯将历史信息、市场理论和学术研究报告和市场信息有机结合在一起，形成了一套较完整的电脑数学自动投资模型。他们利用计算机处理大量历史数据，通过连续而精密地计算得到两种不同金融工具间的正常历史价格差，然后结合市场信息分析它们之间的最新价格差。如果两者出现偏差，并且该偏差正在放大，电脑立即建立起庞大的债券和衍生工具组合，大举入市投资；经过市场一段时间的调节，放大的偏差会自动恢复到正常轨迹上，此时电脑指令平仓离场，获取偏差的差值。

**法宝之瑕**

但是不能忽视的是这套电脑数学自动投资模型中也有一些致命之处。

（1）模型假设前提和计算结果都是在历史统计基础上得出的，但历史统计永不可能完全涵盖未来现象。

（2）长期资本管理公司投资策略是建立在投资组合中两种证券的价格波动的正相关的基础上。尽管它所持核心资产——德国债券与意大利债券正相关性为大量历史统计数据所证明，但是历史数据的统计过程往往会忽略一些小概率事件，即上述两种债券的负相关性。

**阴沟翻船**

长期资本管理公司万万没有料到，俄罗斯金融风暴引发了全球的金融动荡，结果它所做空的德国债券价格上涨，它所做多的意大利债券等证券价格下跌，它所期望的正相关变为负相关，结果两头亏损。它的电脑自动投资系统面对这种原本忽略不计的小概率事件，错误地不断放大金融衍生产品的运作规模。长期资本管理公司利用从投资者那儿筹来的 22 亿美元作资本抵押，买入价值 3 250 亿美元的证券，杠杆比率高达 60 倍。由此造成该公司的巨额亏损。它从 5 月俄罗斯金融风暴到 9 月全面溃败，短短的 150 天资产净值下降 90%，出现 43 亿美元巨额亏损，仅余 5 亿美元，已走到破产边缘。9 月 23 日，美联储出面组织安排，以美林、摩根为首的 15 家国际性金融机构注资 37.25 亿美元购买了长期资本管理公司的 90%股权，共同接管了该公司，从而避免了它倒闭的厄运。

**2．上市开放式基金**

上市开放式基金（Listed Open-ended Funds，LOF）是一种既可以同时在场外市场进行基金份额申购或赎回，并通过份额转托管机制将场外市场与场内市场有机联系在一起的一种开放式基金。不过，投资者如果是在指定网点申购的基金份额，想要上网抛出，须办理一定的转托管手续；同样，如果是在交易所网上买进的基金份额，想要在指定网点赎回，也要办理一定的转托管手续。LOF 能够在保持现行开放式基金运作模式不变的基础上，增加交易所发行和交易的渠道。

（1）主要特点。

① 上市开放式基金本质上仍是开放式基金，基金份额总额不固定，基金份额可以在基金合同约定的时间和场所申购、赎回。

② 上市开放式基金发售结合了银行等代销机构与交易网络两者的销售优势。银行等代销机构网点仍沿用现行的营业柜台方式销售，交易所系统则采用新股上网定价方式发行。

③ 上市开放式基金获准上市交易后，投资者既可以选择在银行等代销机构按当日收市的基金份额净值申购、赎回基金份额，也可以选择在交易所按撮合成交价交易。

（2）交易原理。

LOF 基金简单的交易原理如图 5-1 所示。

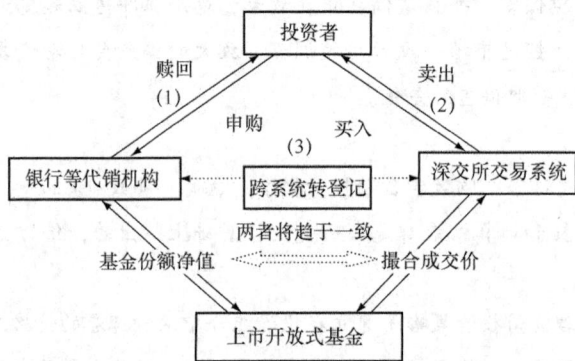

图 5-1　LOF 基金基本运行原理

（3）主要作用。

① 降低交易费用。投资者通过二级市场交易基金，可以减少交易费用。目前 LOF 交易费用只有交易佣金，为 3‰，较大的交易量可以低至 1‰左右。开放式基金按类型有所不同。按双向交易统计，场内交易的费率两次合并为 6‰，场外交易申购加赎回股票型基金为 15‰以上。很显然，场外交易的成本远大于场内交易的成本。

② 加快交易速度。开放式基金场外交易采用未知价交易，T+1 日交易确认，申购的份额 T+2 日才能赎回，赎回的金额 T+3 日才从基金公司划出，需要经过托管银行、代销商划转，投资者最迟 T+7 日才能收到赎回款。

LOF 增加了开放式基金的场内交易，买入的基金份额 T+1 日可以卖出，卖出的基金款如果参照证券交易结算的方式，当日就可用，T+1 日可提现金，与场外交易比较，买入比申购提前 1 日，卖出比赎回最多提前 6 日。减少了交易费用和加快了交易速度直接的效果是基金成为资金的缓冲池。

③ 提供套利机会。LOF 采用场内交易和场外交易同时进行的交易机制为投资者提供了基金净值和围绕基金净值波动的场内交易价格，由于基金净值是每日交易所收市后按基金资产当日的净值计算，场外的交易以当日的净值为准采用未知价交易，场内的交易以交易价格为准，交易价格以昨日的基金净值作参考，以供求关系实时报价。场内交易价格与基金净值价格不同，投资者就有套利的机会。

LOF 基金套利操作提供给投资者两种套利机会。

（1）当 LOF 基金二级市场交易价格超过基金净值时，以下简称 A 类套利，LOF 基金有二级市场交易价格和基金净值两种价格。LOF 基金二级市场交易价格，如股票二级市场交易价格，一样是投资者之间互相买卖所产生的价格。而 LOF 基金净值是基金管理公司利用募集资金购买股票、债券和其他金融工具后所形成的实际价值。交易价格在一天交易时间里，是连续波动的，而基金净值是在每天收市后，由基金管理公司根据当天股票和债券等收盘价计算出来的。净值一天只有一个。

当 LOF 基金二级市场交易价格超过基金净值时，并且这样的差价足够大过其中的交易费用（一般申购费 1.5%+二级市场 0.3%交易费用），那么 A 类套利机会就出现了。

具体操作：

① 进入相关券商资金账户（该账户必须挂深圳股东卡），选择股票交易项目下的"场内基金申赎"，输入 LOF 基金代码，然后点击"申购"和购买金额后，完成基金申购。

② T+2 交易日，基金份额将到达客户账户。也就是说，您星期一申购的 LOF 基金，如中间无休息日，份额将星期三到您的账户。

③ 从申购（也包括认购）份额到达您账户的这一天开始，任何一天，只要市场价格大于净值的幅度超过套利交易费用（一般情况下，该费用=1.5%申购费+0.3%交易费用=1.8%），无风险套利机会就出现了。

例如，您以 1 元净值申购，二级市场价格在 1.018 元以上时，如价格在 1.04 元，那么，您以 1.04 元卖出。扣除交易费用 0.018 元，您将获益 1.04-1.018=0.022 元，收益率达 2.2%。

以上是 A 类套利过程。

（2）当 LOF 基金二级市场交易价格低于基金净值时（这种情况常常出现于熊市或下跌市），以下简称 B 类套利。

当 LOF 基金二级市场交易价格低于基金净值时，并且这样的差价足够大过其中的交易费用（一般情况下，该费用=二级市场 0.3%交易费用+赎回费用 0.5%=0.8%）时，那么 B 类套利机会就出现了。

具体操作：

① 进入相关券商资金账户（该账户必须挂深圳股东卡），选择股票交易，像正常股票买卖交易一样，输入基金代码（注意：此处不进入"场内基金申赎"）买入即可。这个过程被称为 LOF 基金二级市场买入，和买卖封闭式基金一样。

② 您在二级市场买入的 LOF 基金份额，在第二天（T+1 日）到达您的账户，从这一天开始，任何一天，当 LOF 基金二级市场交易价格低于基金净值时，并且这样的差价足够大过其中的交易费用（一般情况下，0.8%）时，那么您就可以在股票交易项目下的"场内基金申赎"赎回了。

例如，您第一天以 1 元在二级市场买入 LOF 基金，第二天您就可以赎回了，并且您赎回时，当天基金净值是 1.04 元，那么扣除 0.008 元交易费后，您获益 0.032 元，收益率达 3.2%。

### 3．交易型开放式指数基金

交易型开放式指数基金，通常又被称为交易所交易基金（Exchange Traded Funds，简称

ETF），是一种在交易所上市交易的、基金份额可变的一种开放式指数基金。ETF 作为指数基金，集开放式、封闭式以及股票的优点于一身，它既可以像封闭式基金和股票一样可以当日实时交易，又像开放式基金一样可以自由地赎回。

20 世纪 90 年代后，基金越来越受到个人投资者的欢迎。但基金却因以下两个缺点经常受到人们的批评。第一个缺点是基金的份额是按当天闭市后价格进行定价的，当天的交易也只能按闭市后的价格进行定价。尤其是，交易（如申购和赎回）不能以交易日的任一交易时间的价格进行，只能以闭市后的价格进行。第二个缺点是与税收和投资者对税收的控制权有关。前面已经说过，当基金股东赎回资产时，即使剩下的股东继续持有基金份额，却要面临交资本利得税的问题。

相反，封闭式基金能在交易日内任意时刻在股票交易所进行交易。但在多数情况下，基金组合的资产净值（组合资产的价值减去负债的价值）和封闭式基金的买卖价格存在很大的差异，这一差异称作溢价（当封闭式基金的价格高于基金资产净值时)或折价(当封闭式基金的价格低于基金资产净值时）。

综上所述，基金和封闭式基金的相似点在于：都是基于证券组合的工具，都具有市场价值和资产净值。但封闭式基金由于能在交易所进行交易，所以交易是连续进行的。因此，封闭式基金能通过付保证金进行卖空交易。但由于封闭式基金的份额总数是固定的，封闭式基金的交易价格会高于或低于基金资产净值，即封闭式基金会溢价或折价进行交易。

另外，基金份额总是按资产净值的价格进行交易，这是因为基金的发起人每天都会不断发行新的基金单位或赎回已发行的基金份额，发行基金份额的总数可能增加或减少。但基金公司不能快速精确地评估大多数基金份额的价值，只能以闭市后的价格每天赎回一次。

如果有一种投资工具能结合开放式基金和封闭式基金的优点，岂不是很完美？这样的投资工具要求投资组合能以基金资产净值的价格在交易日内连续进行交易（这时不存在折价或溢价）。这类投资工具将在证券交易所进行交易，因此称作交易所交易基金，或更普遍地简称为 ETF。ETF 与传统的指数基金的不同点在于买卖交易方式。ETF 能够像股票一样在交易所全天候地交易，这就意味着 ETF 也可以进行保证金买空卖空（如借钱来买卖 ETF），甚至还可以进行 ETF 的期权交易。既然它们能在交易所交易，就存在最小交易单位。它还具有开放式基金的特点，因为 ETF 流通在外的份额会发生变化。

为了确保 ETF 的价格与基金组合的资产净值非常接近，代理人可在 ETF 份额和 ETF 组合之间进行套利，但要保证 ETF 和证券组合的价值相等。当 ETF 份额的价格低于基金组合，代理人就会买入价格低的 ETF 份额、卖出价格高的证券组合获取利益，反之则买入价格便宜的证券组合、卖出价格低的 ETF 份额。套利行为使得 ETF 份额的价格与 ETF 组合的资产净值相等，而进行套利的代理人称作套利者。

现存最早的 ETF 是美国证券交易所在 1993 年推出的标准普尔存托凭证（SPDRs）。自 1993 年首次面世后，ETF 发展十分迅速。截至 2007 年年底，美国市场上已有 629 只 ETF，总资产达 6 084 亿美元；8 031 只基金，总资产为 120 201 亿美元。最初发行的 ETF 都是以美国和国际上著名的股票指数和债券指数作为标的组合，如标普 500 指数、道琼斯工业平均指数、罗素 2000 指数、雷曼债券指数、MSCI 新兴市场指数。这些指数后面内容都会涉及。而

ETF 则涵盖更窄的标的指数，包括金融、保健、工业、自然资源、稀有金属、科技、公用事业和房地产等行业指数。反过来，这些指数是为了满足 ETF 选择新的涵盖范围更小的需要而特别设计的。

我国香港 1999 年推出盈富基金。我国内地推出的第一个 ETF 是 2004 年 12 月 30 日，华夏基金管理公司以上证 50 指数为模板，募集设立的"上证 50 交易型开放式指数证券投资基金（50ETF）"，并于 2005 年 2 月 23 日在上交所上市交易。深交所推出的第一个 ETF 是 2006 年 2 月 21 日的易方达深证 100ETF。

（1）交易所交易基金的设立与赎回流程。

投资者投资于基金时，购买基金份额的价格与按每日闭市后基金组合市值计算的基金份额净值相等。但买卖 ETF 的过程与一般的基金具有很大不同。投资者并不是直接从基金公司买卖 ETF 份额，而是按由 ETF 供需状况决定的价格而不是基金份额净值通过交易所从别的投资者那里购买。但 ETF 的基金组合净值在交易时段可随时计算和获取，且与组合中的证券走势相关。

个体投资者并不能直接与 ETF 的发行人进行业务联系。只有少数大额投资者又称拥有许可权的投资者可参与 ETF 业务。当拥有许可权的投资者想出售 ETF 份额时，他们把 ETF 份额交出，收到的是 ETF 基金组合中的一揽子证券而不是现金。在购买 ETF 份额时，投资者要先购买 ETF 基金组合中的一揽子证券（证券比例与 ETF 基金组合中证券配置比例一致），然后将一揽子证券交给 ETF 发行人，得到 ETF 份额，而不是用现金直接购买。

一般来说，拥有许可权的投资者主要是与 ETF 基金有契约关系且规模较大的机构投资者。拥有许可权的投资者向 ETF 发行人认购或赎回 ETF 份额时，只能进行大额认购/赎回单位交易，一般以 5 万~10 万美元作为交易单位。拥有许可权的投资者可通过向 ETF 发行人提供一揽子股票换取 ETF 发行人的基金份额认购新的 ETF 份额，也可通过把 ETF 份额交给 ETF 发行人赎回一揽子股票。这类转换只是类别转换，不存在成本或税收效应。这种免税处理也是 ETF 优于基金的主要优势之一。而且，这种"类别转换"的申购和赎回构成使得 ETF 的市场价格与资产净值相近，否则就存在投资者可获利的套利机会，而套利活动反过来促使 ETF 的市场价格与资产净值靠拢。

仔细考虑一下拥有许可权的投资者与决定标的组合资产净值的个股市场、ETF 基金之间的动态关系。当 ETF 的需求很大时，ETF 的价格将高于 ETF 标的组合的资产净值，那么拥有许可权的投资者可通过先购买一揽子股票（相对于 ETF 比较便宜），然后用一揽子股票申购 ETF 份额进行套利。这种套利活动一般有两种结果。第一，市场上可用的证券减少，ETF 组合的资产净值和 ETF 份额增加，这使得 ETF 组合的资产净值与 ETF 份额的价格相等。拥有许可权的投资者通过套利使得 ETF 组合的资产净值与其价格之间的偏离消失，ETF 重新跟踪标的的一揽子股票。第二，ETF 市场扩大，流通在外的 ETF 份额数量增加，拥有许可权的 ETF 投资者可出售在公开市场中申购的 ETF 份额，ETF 基金组合中的证券数目增加。

下图给出了前面所讨论的 ETF 申购赎回过程。A 过程是 ETF 份额的申购，当 ETF 价格高于 ETF 资产净值时，ETF 份额数目就会增加；B 过程是 ETF 份额的赎回过程，当 ETF 价格低于 ETF 资产净值时，ETF 份额数目就会减少。A 过程和 B 过程都显示出 ETF 的"开放式"特点。

ETF 的申购赎回过程如图 5-2 所示。

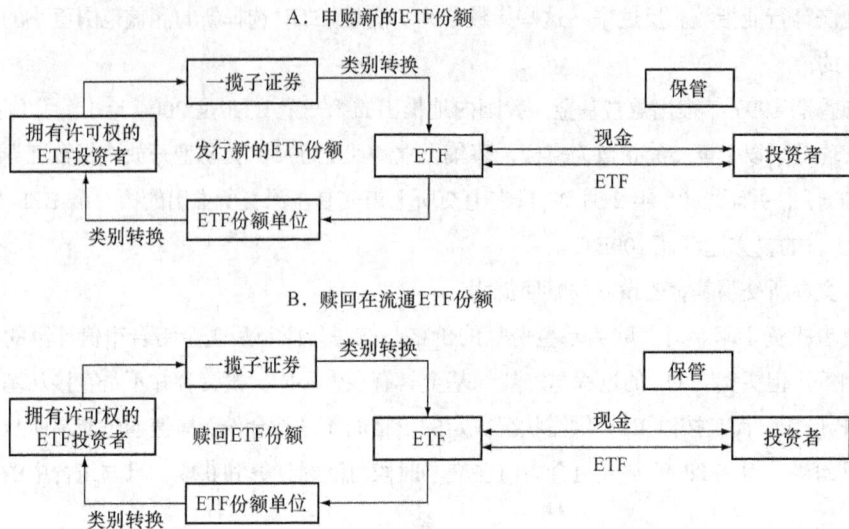

A．申购新的ETF份额

B．赎回在流通ETF份额

图 5-2　ETF 的申购赎回过程

（2）基金和 ETF 的相对优势。

1993 年引入之后，ETF 发展特别迅速。显然，ETF 对于投资者来说具有很大的吸引力，那么它的优势又有哪些呢?

首先，基金每天只进行一次定价，且申购赎回价格与资产净值一致。ETF 在交易所交易，因此能连续进行报价。由于在交易所交易，ETF 可进行卖空交易，且可使用限价指令和止损指令。ETF 还允许杠杆交易，但基金则不可以。

其次，消极型基金（不包括积极型的对冲基金）和 ETF（大多数都是消极型的）的费率都比较低，但 ETF 更低。特别是对于大额投资，ETF 则因费用比较低而比较合适。

最后，关于税收问题（在我国市场还没有），基金的投资者即使没有赎回基金份额，也可能要面临交资本利得税，这是基金为了偿还其他基金投资人赎回基金份额的资金而出售组合中的证券造成的。ETF 无须出售持有证券，而是通过类别转换来应对投资者的赎回，因此不存在这个问题。因此，在税收问题上 ETF 比基金更有效。

当然，基金也有优势。首先，ETF 常常是十分消极管理的组合或指数，而基金常常提供多种类型的积极管理型基金。除此之外，无论是积极管理型还是消极管理，基金都不收交易费或手续费，只有统一的管理费用。一般基金与 ETF 的区别如表 5-3 所示。

表 5-3　一般基金与 ETF 的区别

| | 基金 | ETF |
|---|---|---|
| 多样性 | 可选择性多 | 只限于指数基金 |
| 税收 | 红利和已经实现的资本利得必须交税，当别的投资者赎回资金时，可能会产生利得和损失；当指数中股票价格变化时，可能产生利得和损失 | 红利和已经实现的资本利得必须交税，当别的投资者赎回资金时，不会产生利得和损失；当指数中股票价格变化时，可能产生利得和损失 |

续表

| | 基金 | ETF |
|---|---|---|
| 多样性 | 可选择性多 | 只限于指数基金 |
| 估值 | 基于实际价格的资产净值 | 以资产净值的价格申购或赎回，二级市场价格可能高于或低于资产净值，但这种偏离可能会因为套利的存在而消失 |
| 定价时点 | 闭市后 | 连续地 |
| 费用 | 指数基金很低 | 很低，甚至低于指数型基金 |
| 交易成本 | 不收取交易费，收基金管理费 | 经纪费 |
| 管理费 | 不同基金有差异 | 基金类别差异较大 |

## 补充阅读 5-2

### 美国对冲基金风云

据不完全统计，目前全球约有 9 000 多家对冲基金，而美国就占其中一半，基金管理规模约占 70%以上。全球排名前十的对冲基金大部分都在美国。

老虎基金

由朱利安·罗伯逊创立于 1980 年的老虎基金是举世闻名的对冲基金，到 1998 年其资产由创建时的 800 万美元，迅速膨胀到 220 亿美元，并以年均盈利 25%的业绩位列全球第二。

在对冲基金业里，老虎基金创造了极少有人能与之匹敌的业绩。老虎基金在亚洲金融风暴中翻云覆雨，也成为华尔街最成功的宏观对冲基金之一。

老虎管理旗下共有 6 只基金，都是罗伯逊在 20 世纪 80 年代陆续创立的，以各种猫科动物命名。除在 1980 年创建以其商标命名的老虎基金外，1986 年他建立了美洲豹基金和美洲狮基金，1987 年还组建了狮子、美洲豹猫基金。

但是，1998 年是老虎基金的折戟年。罗伯逊先后在日元和卢布上损失近 20 亿美元。在全球"宏观"投资失手后，罗伯逊再次转向股市，彼时适逢科技股浪潮，而罗伯逊仍坚持买入大量"旧经济"股份，并同时沽空热门"新经济"科技股。此后，为势所迫，又追入已过势的"新经济"高位接棒，在科技股上又输了一把。至 2000 年 2 月底，老虎基金市值下跌至 5 成，每股资产从高峰时的 154 万美元跌至 82 万美元，幅度高达 47%，不得不宣布解散。

量子基金

量子基金是全球著名的大规模对冲基金，是美国金融家乔治·索罗斯旗下经营的 52 只对冲基金之一。量子基金是高风险基金，主要借款在世界范围内投资于股票、债券、外汇和商品。量子基金没有在美国证券交易委员会登记注册，而在库拉索离岸注册。它主要采取私募方式筹集资金。

在过去的 30 多年里，量子基金的平均回报率高达 30%以上。然而，自 1998 年以来，投资失误使得量子基金遭到重大损失。先是索罗斯对 1998 年俄罗斯债务危机及对日元汇率走势的错误判断使量子基金遭受重大损失，之后投资于美国股市的网络股也大幅下跌。至此，索罗斯的量子基金损失总数近 50 亿美元。2011 年 7 月，索罗斯宣布将结束其 40 年的对冲基金经理生涯。

富达基金

美国富达投资集团是目前全球最大的专业基金公司。富达投资集团注重"自下而上"的选股策略，善于发掘股价被低估或者股价落后于市场涨幅，具有长期投资潜力的公司的股票，因此其基金经理的作用非常重要，而且富达集团也拥有许多世界知名的基金经理，彼得·林奇就是其中最著名的一个，在他管理麦哲伦基金的 13 年里，年均收益率为 29%，而同期标准普尔 500 指数的涨幅平均只为 14%。

近几年，美国对冲基金的整体收益率有所下降。第一，2008 年的次贷危机对市场冲击非常大，很多对冲基金亏损，但对冲基金的亏损远远小于共同基金的亏损，只是过去的下跌把平均收益率拉低了。第二，逐年来看，2009 年的对冲基金市场是复苏的，与 2010、2011 年的收益率相比次贷危机前也是下降的。

资料来源：http://finance.sina.com.cn/money/smjj/20120615/135912324458.shtml.

## 读后讨论

在美国对冲基金高速繁荣背后，近年来导致美国对冲基金收益率下降的原因是什么？

## 【本章小结】

1. 股票是投资者向公司提供资本的权益合同，是公司的所有权凭证。这种所有权表现为股东对公司的剩余索取权和剩余控制权。股票具有不可偿还性、可参与性、收益性、流动性及风险性等特征。

2. 根据权益组合设计不同，股票可以分为普通股和优先股，而根据风险收益特征的不同，普通股又可分为蓝筹股、成长股、收入股、周期股、防守股、投机性股票以及概念股。优先股根据剩余索取权是否可以跨时期累积，分为累积优先股与非累积优先股；根据剩余索取权是不是股息和红利的复合，可分为参加优先股和非参加优先股；还可分为可转换优先股以及可赎回优先股。

3. 股票发行市场是指通过发行股票进行筹资活动的市场，它主要是为资本需求者提供融资平台，又称初级市场或一级市场。

4. 根据行政部门对股票发行的监督管理方式的不同，我们将世界各国对证券发行的审核分为两种形式，即注册制和审核制。

5. 股票发行形式有首次公开发行（IPO）以及增资发行、配售股票两种；股票发行方式，根据发行的对象不同，可分为公募和私募；根据发行者推销出售股票的方式不同，划分为直接发行与间接发行；按照投资者认购股票时是否缴纳股金，划分为有偿增资、无偿增资和搭配增资。

6. 股票流通市场具有创造流动性、价格发现、反映功能、优先控制权的配置等功能。

7. 证券交易所的组织形式分为公司制证券交易所和会员制证券交易所两种。

8. 证券交易制度可以分为做市商交易制度和竞价交易制度。

9. 信用交易又称"保证金交易",指客户按照法律规定,在买卖证券时只向证券商交付一定的保证金,由证券商提供融资或融券进行交易。信用交易分为融资买进(即买空)和融券卖出(即卖空)两类。

10. 股价指数是反映不同时点上股价变动情况的相对指标,它是某一个时点价格与基期价格的比值。其计算方法主要有两种:简单算术股价平均指数和加权股价指数。

11. 证券投资基金是一种利益共享、风险共担的集合证券投资方式,即通过发行基金单位,集中投资者的资金,由基金托管人托管,由基金管理人管理和运用资金,从事股票、债券等金融工具投资。

12. 按基金的组织方式,证券投资基金可分为契约型基金、公司型基金、雨伞型基金;按基金募集方式可分为公募基金、私募基金;按基金运作方式可分为封闭式基金、开放式基金;按投资目标不同可分为成长型基金、收入型基金和平衡型基金;按投资标的不同可分为债券基金、股票基金、货币市场基金、指数基金和衍生证券基金;按基金资本来源和运用地域不同可分为合格的境外机构投资者、人民币合格境外机构投资者、合格的境内机构投资者。

13. 创新性基金产品主要有对冲基金、上市型开放式基金、交易型开放式指数基金

## 【 重要概念 】

剩余索取权　　剩余控制权　　优先认股权　　优先股　　连续竞价　　集合竞价
市价委托　　限价委托　　停止损失委托　　停止损失限价委托　　场外交易市场
第三市场　　第四市场　　股价指数　　开放型基金　　封闭式基金
公司型基金　　契约型基金　　对冲基金

## 【 练习题 】

1. 简述股票与债券的区别。

2. 简述股票流通市场的功能。

3. 证券投资基金有哪些特征?

4. 封闭式基金与开放式基金有哪些区别?

5. 计算题

(1)假设 A 公司股票目前的市价为每股 20 元。用 15 000 元自有资金加上从经纪人处借入的 5 000 元保证金贷款买入了 1 000 股 A 股票。贷款年利率为 6%。

① 如果 A 股票价格立即变为 22 元、20 元和 18 元,在经纪人账户上的净值会变动多少百分比?

② 如果维持保证金比率为 25%,A 股票的价格跌到多少才会收到追加保证金通知?

③ 如果购买时只用了 10 000 元自有资金，那么②的答案会有何变化？

④ 假设该公司未支付现金红利。一年以后，如果 A 股票价格变为 22 元、20 元和 18 元，投资收益率为多少？投资收益率与该股票股价变动的百分比有何关系？

（2）假设 B 公司股票目前市价为每股 20 元，你在你经纪人保证金账户存入 15 000 元并卖空 1 000 股票。保证金账户上的资金不生息。

① 如果该股票不支付现金红利，则当一年以后该股票价格变为 22 元、20 元和 18 元时，投资收益率是多少？

② 如果维持保证金比率为 25%，B 股票的价格上升到多少时会收到追加保证金通知？

③ 若该公司一年内每股支付了 0.5 元现金红利，则①和②的答案会有什么变化？

# 第六章　普通股价值分析

1. 掌握不同类型的股息贴现模型。
2. 掌握不同类型的市盈率模型。
3. 了解市盈率、市净率的影响因素及其优缺点。
4. 了解自由现金流量分析法。

## 开篇案例

### 从市盈率估计股票价值

从 2014 年年初开始，上证指数就在 2 000 点附近徘徊，而随之而来的，是沪市股票平均市盈率持续下降。在 2013 年上市公司年报披露之后，净利润的上市进一步拉低了沪市股票，特别是大盘蓝筹股的市盈率。截至 5 月 12 日，上交所 948 只股票的平均市盈率仅有 9.8 倍，这一数字不论是在纵向上还是横向上都已跌入谷底。中证指数公司的数据显示，沪市股票最近一年的平均市盈率为 10.88 倍。而拉长到更长的时间轴上看，与 2005 年沪指跌至 998 点和 2008 年沪指跌至 1 664 点时相比，现在的沪市股票"便宜得多"。2005 年 7 月底和 2008 年 10 月底，沪市股票平均市盈率分别为 15.9 倍和 14 倍，这意味着，目前沪市平均估值水平较金融危机时仍低 30%。

### 案例导读

金融市场中存在各种类型的股票，投资者在选择股票投资之前，首先要考虑的是股票的价值，市盈率的高低则能够在一定程度上反映出股票的价值。近期沪市股票市盈率普遍较低，一方面显示出对股票估值相对偏低，另一方面也能从股票价值的变化反映出各类经济体的运作走向。股票市场变化迅速，如何正确判断股票价值，从而合理选择股票进行投资，一定的理论模型和适当的公司价值分析能够起到相当作用。

普通股价值分析是对普通股票价值的动态分析，既包括普通股票发行定价，又包括交易过程中的估值，股票的定价和估值既有理性的计算，更有对市场供求的感性判断，是一个非常复杂的过程，包含着对普通股这种特殊金融资产的定性和定量分析，定量分析是基础。在本书的第四章中，我们采用了收入资本法分析债券的基本价值，该方法同样适合于普通股票的价值分析，因为，从理论上来讲，投资者购买股票主要是为了获得未来的股息收入，即未来现金流。本章首先介绍最基础的、定量的绝对估值模型——股息贴现模型，随后介绍几种定性的相对估值方法：市盈率、市净率和自由现金流分析方法。

# 第一节　绝对估值法：股息贴现模型

对普通股价值分析其实是通过定量分析来判断一家公司的价值，同时与它的当前股价进行对比，得出股价是否偏离价值的判断，进而指导我们的投资。以股息贴现模型为代表的绝对估值方法的作用主要基于基本价值规律：价格围绕价值上下波动，对普通股票进行准确估值，发现价格被低估的股票，在股票的价格低于内在价值的时候买入，而在股票的价格回归到内在价值甚至高于内在价值的时候卖出以获利。

股息贴现模型（Dividend Discount Model，DDM），是现金流折现模型的一种特殊形式，多用于为公司的股权资产定价，是一种最常见的绝对估值模型。其用于以投资者角度估算公司股票价格的合理值，其基本原理是把预期将来派发的一系列股息按利率贴现成现值，一系列股息的净现值的总和相加即为该股票的合理价值。这个方程又可称为戈登增长模型，以学者迈伦·J·戈登命名，学术界传统地认为是戈登在1959年首先提出这模型，但实际上其理论基础可追溯至1938年由经济学家约翰·伯尔·威廉姆斯发表的文章《投资价值理论》[①]。

## 一、股息贴现模型的一般形式

由于未来现金流取决于投资者的预测，并且其支付是在未来实现的，所以需要用贴现率将未来现金流调整为现值。在选择贴现率时，不仅需要考虑货币的时间价值，而且应该反映未来现金流的风险值。公式可以表述如下：

$$P_0 = \frac{D_1}{1+r} + \frac{D_2}{(1+r)^2} + \frac{D_3}{(1+r)^3} + \cdots = \sum_{t=1}^{\infty} \frac{D_t}{(1+r)^t} \qquad (6\text{-}1)$$

其中，$P_0$代表某一企业股权的现值（当前股票价格）、$D_t$代表当前预测的未来第$t$期发放的股息、$r$代表股息的贴现率，即权益成本（对投资者来说，是他的期望回报率），又称为资本化率。这个模型假定股票的价值等于其内在价值，而股息是投资者追求所获得的唯一现金流。但是，在实践中，我们经常会遭遇到另外一种情况，即投资者购买股票不仅仅是为了获得利息收入，他们还追求利差收入，即低价买入，高价抛出。由于未来的股息有不确定性，故公式可改写为：

$$P_0 = \frac{D_1}{1+r} + \frac{D_2}{(1+r)^2} + \cdots + \frac{D_n + P_n}{(1+r)^n}$$

$n$代表持有股票的时间长度，这个公式强调投资股票不仅旨在收取股息，还能说明股票价

---

[①] 马克·鲁宾斯坦：《投资思想史》[M]. 北京：机械工业出版社，2009.

格上升所带来的资本增值亦是投资的目的。

另外，大多数投资者并非在买进股票之后长期或者永久性地持有该股票，而是持有一段时间之后卖出，根据收入资本法，卖出股票现金流也应该纳入股票价值计算。那么，股息贴现模型能否解释？

假设投资者在第三期期末抛出该股票，该股票的内在价值为：

$$P_0 = \frac{D_1}{1+r} + \frac{D_2}{(1+r)^2} + \frac{D_3}{(1+r)^3} + \frac{P_3}{(1+r)^3} \tag{6-2}$$

其中，

$$P_3 = \frac{D_4}{1+r} + \frac{D_5}{(1+r)^2} + \frac{D_6}{(1+r)^3} + \cdots = \sum_{t=1}^{\infty} \frac{D_{t+3}}{(1+r)^t} \tag{6-3}$$

把式（6-3）代入式（6-2）

$$P_3 = \frac{D_1}{1+r} + \frac{D_2}{(1+r)^2} + \frac{D_3}{(1+r)^3} + \frac{D_4/(1+r) + D_5/(1+r)^2 + \cdots}{(1+r)^3} \tag{6-4}$$

由于 $\frac{D_{t+3}/(1+r)^t}{(1+r)^3} = \frac{D_{t+3}}{(1+r)^{t+3}}$ ，所以，式（6-4）可以简化为

其中，

$$P = \frac{D_1}{1+r} + \frac{D_2}{(1+r)^2} + \frac{D_3}{(1+r)^3} + \frac{D_4}{(1+r)^{3+1}} + \frac{D_5}{(1+r)^{3+2}} + \cdots$$
$$= \sum_{t=1}^{\infty} \frac{D_t}{(1+r)^t} \tag{6-5}$$

所以，股息贴现模型同样能够说明投资者在购买、持有某公司股票一段时间，抛售的时候的内在价值计算。

在式（6-5）中，预期收益率 $r$ 和持有期限 $t$，取决于投资者自身，该股票的价值关键在于每期现金流 $D_1$、$D_2$、$D_3$……。如果我们用 $g$ 表示现金流（即股息）的变动率，则有：

$$g_t = \frac{D_t - D_{t-1}}{D_{t-1}} \tag{6-6}$$

根据对增长率的不同假设，我们可以建立满足特殊条件的一般模型：零增长模型、不变增长模型、两阶段增长模型、三阶段增长模型等。

## 二、零增长模型

根据上面对式的定义我们知道，零增长表示 $g = 0$，即 $D_1 = D_2 = D_3 = \cdots D_t$。

我们再看看式（6-1）：

$$P_0 = \frac{D_1}{1+r} + \frac{D_2}{(1+r)^2} + \frac{D_3}{(1+r)^3} + \cdots = \sum_{t=1}^{\infty} \frac{D_t}{(1+r)^t}$$

当 $D_1 = D_2 = D_3 = \cdots D_t$ 时，我们可以简化为：

$$P_0 = \frac{D_1}{1+r} + \frac{D_2}{(1+r)^2} + \frac{D_3}{(1+r)^3} + \cdots = D_0 \sum_{t=1}^{\infty} \frac{1}{(1+r)^t}$$

当 $r>0$ 时，$1/1+r<1$，可以把上式简化为

$$P_0 = \frac{D_0}{r}$$

（6-7）

这就是零增长模型的一般表达式。

【例 6-1】 假定某公司在未来无限时期支付的每股股利为 8 元，其公司的必要收益率为 10%，可知每股该公司股票的价值为 8／0.1 = 80（元），而当时每股股票价格为 65 元，每股股票净现值为 80 - 65 = 15（元），因此该股股票被低估 15 元，建议可以购买该种股票。

零增长模型的应用似乎受到相当的限制，毕竟假定对某一种股票永远支付固定的股利是不合理的。但在特定的情况下，在决定普通股票的价值时，这种模型也是相当有用的，尤其是在决定优先股的内在价值时。因为大多数优先股支付的股利不会因每股收益的变化而发生改变，而且由于优先股没有固定的生命期，预期支付显然是能永远进行下去的。

## 三、不变增长模型

原始折算现金流的股息贴现模型需要对未来无限期的股息进行预测，在实践操作过程中，股息存在较大的不确定性，所以这种预测存在较大的难度。因此，如果期望每年股息维持相同百分比增加，股息贴现模型可改写成以下形式：

$$P = \frac{D_1}{r-g}$$

（6-8）

同样的，$P$ 是股价的现值，$g$ 是股息的期望永久增长率，$r$ 是公司的权益成本，从投资者角度来说，就是他的期望回报率。$D_1$ 是下年度的股息（已知值，非期望值）。当公司管理层公布下年度的股息时，不应该采用现行股息和增长率来计算其股价。

这个模型有三个假定条件

（1）股息无限增长，并且会无限支付，即在式（6-1）中，$t$ 趋向大（$t\to\infty$）。

（2）股息的增长速度是一个常数，即 $g$ 为常数。

（3）贴现率大于股息增长率，即 $r-g>0$。

这样式（6-8）才有意义；在实践中，投资者购买股票除要求获得所有的股息收入之外，还要求系统性或者非系统性风险溢价、流动性溢价等补偿；也就是说，只有贴现率（投资者所要求的收益率）高于股息增长率的时候，投资者才会购买股票。

这一模型的含义是：股东从公司获得的收入的根本来源是股息，所以股东权益的当前价值等于其未来所获得的股权的现值之和。

等式的推导方法一：

模型把无穷级数相加，从而得出股票现行价格 $P$。通俗来说，股息的增长率在本模型中可被假定为永久保持不变，从而股息是按同一比例逐年增加。

$$P = \sum_{t=1}^{\infty} D_0 \times \frac{(1+g)^t}{(1+r)^t}$$

$$P = D_0 \times \frac{1+g}{1+r} \times \frac{1+r}{r-g}$$

$$P = \frac{D_0(1+g)}{r-g}$$

$$P = \frac{D_1}{r-g}$$

另一种推导方法：

投资者的投资期内总回报（Total Return）可分成两部分：一部分是投资者获得的股息收入（Income），另一部分则是股价上升带来的回报，即是资本的增值（Capital Gain）。以文字表达算式如下：

股息收入+资本增值=总回报

等式上的三个部分同时除以现时股票价格，于是三部分转为

Dividcnd Yicld-Growth=Cost Of Equity

把文字表达式转回代数式为

$$\frac{D}{P} + g = r, \frac{D}{P} = r - g$$

$$P = \frac{D}{r-g}$$

这种推导办法把股价的增长率作为股息增长率的近似数，也把公司的资本成本作为投资者期望总回报的近似数，这样推导算式才得以成立。要把公司的资本成本当作投资者期望回报的近似值，唯一的假设是此公司完全是股权融资，不存在任何借贷或债券融资。至于股价的增长近似于股息的增长，则因为此模型暗示股价的增长来自于未来股息，以及现金流所带来的股票价格净现值增加，因此股价的增长率和股息的增长率只有微小的差异。

【例 6-2】 假如 2013 年某公司支付每股股利为 1.8 元，预计在未来日子里，该公司股票的股利按每年 5% 的速率增长。因此，预期下一年股利为 1.8×(1+0.05) = 1.89（元）。假定必要收益率是 11%，该公司的股票等于 1.8×[(1+0.05)/(0.11−0.05)] = 1.89/(0.11−0.05) = 31.5（元）。如果当时每股股票价格是 40 元，那么这个股票被高估 8.5 元，建议当前持有该股票的投资者出售该股票。

零增长模型实际上是不变增长模型的一个特例。特别是，假定增长率等于零，股利将永远按固定数量支付，这时，不变增长模型就是零增长模型。

从这两种模型来看，虽然不变增长的假设比零增长的假设有较小的应用限制，但在许多情况下仍然被认为是不现实的。但是，不变增长模型却是多元增长模型的基础。

## 四、三阶段增长模型

多元增长模型是普遍被用来确定普通股票内在价值的贴现现金流模型。这一模型假设股利的变动在一段时间内并没有特定的模式可以预测，在此段时间以后，股利按不变增长模型进行变动。因此，股利流可以分为两个部分：在股利无规则变化时期的所有预期股利的现值；包括从时点 T 来看的股利不变增长率变动时期的所有预期股利的现值。

正如假设所指出，$r-g$ 不应该是负数，换言之，股息的增长率不能高于贴现率。但是，某些时候公司可能派发大额的特别股息（如公司大规模出售资产、大股东操控管理层玩弄财技得到

大笔现金等），股息增长率可能短期内大幅度上升，这时候股息贴现模型可修改为两阶段的股息增长模型，这样在不违反模型的假设下，可使模型适应这些特殊情况评估股票价值。二阶段模型的前半部分表示股息快速增长，后半部分是表示股息水平回复固定的增长率：

$$P = \sum_{t=1}^{n} \frac{D_0(1+g_1)^t}{(1+r)^t} + \frac{D_n[(1+g_1)^t(1+g_2)]}{(r-g)} \tag{6-9}$$

其中，$g_1$ 表示短期内表现超然的期望增长率、$g_2$ 表示回复固定的增长率，$t$ 代表短期增长率出现的时间长度。

同理，模型也可加入股息增长率递减的情况，求出三阶段的股息增长模型：

$$P = \sum_{t=1}^{A} \frac{D_0(1+g_a)^t}{(1+r)^t} + \sum_{t=A+1}^{B-1} \left[\frac{D_{t-1}(1+g_t)}{(1+r)^t}\right] + \frac{D_{B-1}(1+g_n)}{(1+r)^{B-1}(r-g)} \tag{6-10}$$

其中，$g_a$ 表示短期内表现超然的期望增长率，$g_t$ 表示后续另一短期股息呈现下降的增长率，$n$ 代表该后续短期，$g_n$ 表示回复固定的增长率，$t$ 代表短期增长率出现的时间长度。

三阶段模型将股息增长分成三个不同的阶段，如图 6-1 所示，第一阶段期限为 A，股息增长是一个常数（$g_a$）；第二阶段（期限为 A+1 到 B-1），是股息的变化期，假设它是按照一种线性的方式从 $g_a$ 变化到 $g_n$，$g_n$ 是第三阶段的股息增长率。如果 $g_a > g_n$，股息表现为递减的状态；反过来是一种递增的状态。

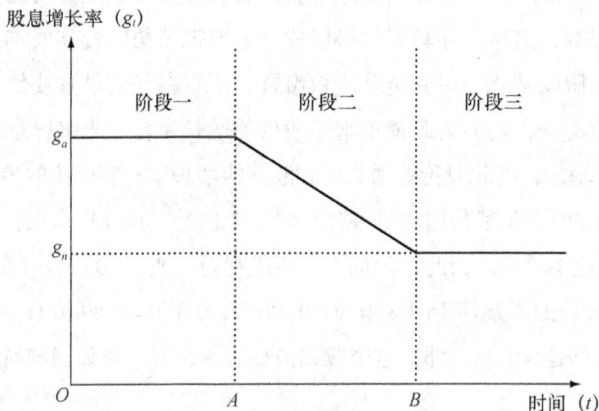

图 6-1　三阶段股息增长模型

阶段一（A 点）和阶段三（B 点）的股息增长率是常数，问题是阶段二的不同时点上的股息增长率（$g_2$）的确定。假设第二阶段任意时点上的股息增长率为 $g_t$，可以用下列公式计算：

$$g_t = g_a - (g_a - g_n)\frac{t-A}{B-A} \tag{6-11}$$

【例 6-3】假设某股票初期支付的股息为 2 元/股，随后两年的股息增长率为 10%，从第 3 年开始，股息增长率递减，到第 6 年开始保持 7%的增长速度。投资者要求的必要收益率为 12%。请问该股票的合理价格是多少？

首先要求股息增长率 $g_t$：

$D_0 = 2$，$r = 12\%$，$g_1 = 10\%$，$A = 2$，$B = 6$

$g_3 = 0.1 - (0.1 - 0.07)\dfrac{3-2}{6-2} = 9.25\%$

$$g_4 = 0.1 - (0.1 - 0.07)\frac{4-2}{6-2} = 8.5\%$$

$$g_5 = 0.1 - (0.1 - 0.07)\frac{5-2}{6-2} = 7.75\%$$

可以求出每一期的股息收入如表 6-1 所示。

表 6-1　某股票三阶段股息收入

|  | 年份 | 股息增长率（%） | 股息/（元/每股） |
|---|---|---|---|
| 第 1 阶段 | 1 | 10 | 2.2 |
|  | 2 | 10 | 2.42 |
| 第 2 阶段 | 3 | 9 | 2.64 |
|  | 4 | 8 | 2.85 |
|  | 5 | 7 | 3.05 |
| 第 3 阶段 | 6 | 7 | 3.26 |

将表 6-1 的数据代入式（6-10），可以求出该股票的内在价值。

$$P = \sum_{t=1}^{4}\frac{2(1+0.1)^t}{(1+0.12)^t} + \sum_{t=3}^{5}[\frac{D_{t-1}(1+g_t)}{(1+0.12)^t}] + \frac{D_5(1+0.07)}{(1+0.12)^5(0.12-0.7)}$$

$$= 46.37$$

在实践运用中，这个模型的实用价值并不是很高，除了股息贴现模型固有的一些缺陷之外，在很大程度上基于式（6-10）中的第二部分的计算非常困难。为此，福勒和夏（Fuller and Hsia，1984）在三阶段模型的基础上提出了 H 模型，大大简化了现金流贴现的计算。

## 五、H 模型

H 模型是三阶段增长模型中的一种特殊形式，H 模型假设股利增长率有两个发展阶段，第一阶段一开始会出现很高的预期初始股利增长率，接着股利增长率开始出现逐年递减。等递减到一定阶段，股利增长率就会以一定的比例稳定增长。可用于那些当前股利增长率较高，但是当公司规模越来越大时，预期增长率将随时间逐渐下降的公司。

福勒和夏的 H 模型假定：股息的初始增长率为 $g_a$，然后以线性的方式递减或递增；从 2H 期后，股息增长率成为一个常数 $g_n$，即长期的正常的股息增长率；在股息递减或递增的过程中，在 H 点上的股息增长率恰好等于初始增长率 $g_a$ 和常数增长率 $g_n$ 的平均数。当 $g_a$ 大于 $g_n$ 时，在 2H 点之前的股息增长率为递减，如图 6-2 所示。

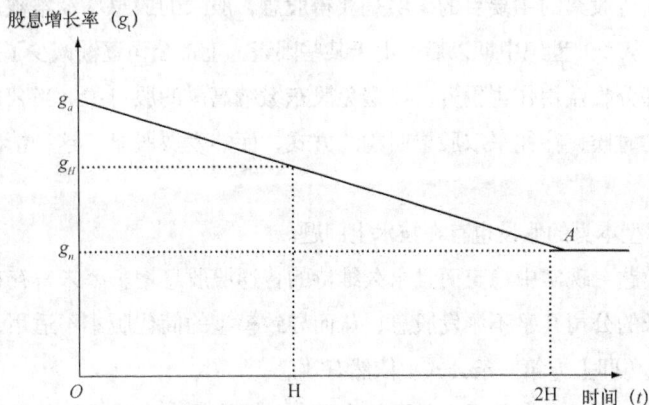

图 6-2　H 模型示意图

在图 6-2 中，当 $t=H$ 时，$g_H = \frac{1}{2}(g_a + g_n)$。在满足上述假定条件情况下，福勒和夏证明了 H 模型的股票内在价值（$V$）的计算公式为

$$V = \frac{D_0}{r-g}[1 + g_n + H(g_a - g_n)] \qquad （6-12）$$

与三阶段增长模型的公式相比，H 模型的公式有以下几个特点：

（1）在考虑了股息增长率变动的情况下，大大简化了计算过程。

（2）在已知股票当前市场价格 $P$ 的条件下，可以直接计算内部收益率：

$$NPV = V - P = \frac{D_0}{r-g}[1 + g_n + H(g_a - g_n)] - P = 0$$

因为 $IRR = NPV/V$，两边同时除以 $V$，

$$IRR = \frac{D_0}{P}[1 + g_n + H(g_a - g_n)] + g_n \qquad （6-13）$$

（3）在假定 H 位于三阶段增长模型转折期的中点（换言之，H 位于股息增长率从 $g_a$ 变化到 $g_n$ 的时间的中点）的情况下，H 模型与三阶段增长模型的结论非常接近。

【例 6-4】沿用【例 6-3】已知条件：

$D=2, g_a=10\%, A=2, B=6, g_n=7\%, r=12\%$

假设 $H = \frac{1}{2}(2+6) = 4$，那么代入式（6-12），得到：

$$V = \frac{2}{0.12 - 0.7} \times [1.07 + 4 \times (0.1 - 0.07)] = 47.6(元)$$

与三阶段模型相比，$H$ 模型的误差率为：

$$\mu = \frac{47.6 - 46.37}{46.37} \times 100\% = 2.65\%$$

那么，H 模型的估算结果是可信的。

## 六、股息贴现模型的缺陷

如前所述，股息贴现模型产生于 1938 年，由美国经济学家约翰·伯尔·威廉姆斯最早提出。当时投资者买进股票的主要目的确实是获得股息，股票的股息率经常被用来和债券的收益率对比。但是，从 20 世纪中期以后，由于某些因素，上市公司逐渐减少了股息的发放，转而倾向于保留大部分收益用作再投资，以避免股东缴纳高昂的股息税。当公司需要把一部分资金分配给股东的时候，往往采取股票回购的方式，而非发放股息。这种情况是股息贴现模型无法应对的。

除此之外，模型本身的假设也存在技术上问题。

（1）股息率问题：现实中稳定而且永久维持的普通股股息增长率未曾存在，这假设明显失真，业绩高增长的公司几乎不派发股息，从而导致模型的简化版本不适用，但按逐期现金流贴现的模型形式（即上方第一条公式）依然有效。

（2）派息问题：未必所有普通股股票均会派息，因为派息会导致股价短期下降，而且公

司管理层可能更倾向于股息资本化，即不派发股息而为公司保留现金作投资（会计学称为留存收益）。假若没有股息，股东没有现金流的增加，他所持有的股票现值也不会有所增长。因此，更常见的办法是借用莫迪尼亚尼-米勒定理，假定股息派发与否对公司价值没有影响，从而在模型中以每股溢价取代股息作为参数。但是，溢价增长率又不同于股息增长率，两者的计算结果可能有别。

（3）模型中，股价对股息增长率的变化非常敏感，而股息增长率只是一个期望数据。

（4）投资者预期问题：如果投资者没有预期收取股息，模型便意味着股票没有任何价值。因此，必须假设投资者预期会收到现金。

但是，由于优先股的股息是固定且必须派发的，且优先股亦无到期日，其回报形式类似于永久年金或者债券，因此股息贴现模型可适用于评估优先股的价值。因为优先股股息数额固定，换言之，$g$ 等于 0，未来股息总和的现值就相当于股价，其计算公式即是：$P_0 = \dfrac{D_1}{r}$。

# 第二节　相对估值法：市盈率模型

股息贴现模型是一套很严谨的估值方法，是一种绝对定价方法，想得出准确的估值，需要对公司未来发展情况有清晰、准确的了解。就准确判断企业的未来发展来说，判断成熟稳定的公司相对容易一些，处于扩张期的企业未来发展的不确定性较大，准确判断较为困难。所以股息贴现模型进行估值一直被认为理论上非常完美，但实用性不强。以市盈率模型为代表的相对估值法因其简单易懂，便于计算而被广大普通投资者广泛使用。

市盈率是指在一个考察期内（通常以一年为单位），股票的价格和每股收益的比率，或者说是某种股票每股市价与每股盈利的比率，很多时候以 P/E 表示。简单地理解，市盈率表示投资者购买该股票，通过公司盈利获取回报、收回投资的年数。投资者通常利用该比例值估量某股票的投资价值，或者用该指标在不同公司的股票之间进行比较。

我们通常认为，市盈率越高，投资者收回投资的时间越长，该股票价格被高估的可能性越大。

市盈率 PE 是简洁有效的估值方法，其核心在于 E 的确定。从直观上看，如果公司未来若干年每股收益为恒定值，那么 PE 值代表了公司保持恒定盈利水平的存在年限。这有点像实业投资中回收期的概念，只是忽略了资金的时间价值。而实际上保持恒定的 E 几乎是不可能的，E 的变动往往取决于宏观经济和企业的生存周期所决定的波动周期。所以在运用 PE 值的时候，E 的确定显得尤为重要，由此也衍生出具有不同含义的 PE 值。E 有两个方面，一个是历史的 E，另一个是预测的 E。对于历史的 E 来说，可以用不同 E 的时点值，可以用移动平均值，也可以用动态年度值，这取决于想要表达的内容。对于预测的 E 来说，预测的准确性尤为重要，在实际市场中，E 的变动趋势对股票投资往往具有决定性的影响，而 E 值受到诸多因素的影响。

# 一、市盈率模型的一般表达式

我们从上一节不变增长的股息贴现模型中知道 $V = \dfrac{D_1}{r-g}$，其中，$V$ 代表股票的内在价值，$D_1$ 代表第一期支付的利息，$r$ 代表贴现率，$g$ 代表股息增长率，尽管股票市场单一股票价格 $P$ 可能偏离其基本价值 $V$，但是，在均衡市场中：

$$P = V = \frac{D_1}{r-g} \tag{6-14}$$

而股票的每一期的股息是当期的每股收益（$E$）乘以派息比率（$b$），即：$D = E \times b$，代入式（6-14）得：

$$P = \frac{D_1}{r-g} = \frac{E_1 \times b_1}{r-g}$$

取消有关变量的下标，将上式移项，就推导出来不变增长的市盈率模型的一般表达式：

$$\frac{P}{E} = \frac{b}{r-g} \tag{6-15}$$

等式的左边就是市盈率模型的标准表达式。

# 二、市盈率影响因素分析

观察式（6-15），我们至少能够清晰地看到这些指标之间的如下关系。

（1）市盈率与派息率成正比，也就是说，派息率越高，市盈率越高。在公司实践经营活动中，如果公司将更多的盈利派发，在盈利一定的前提下，公司积累资金自然减少，扩大再生产、再投资能力降低，不利于下一期盈利水平的上升。

（2）市盈率与贴现率负相关、与股息增长率正相关。也就是说，投资者要求收益率，或者是必要的收益率越高，市盈率越低；股息增长率越高，市盈率越高。

这是就模型而言的表层关系。

进一步分析，首先，我们假设：

① 派息比率固定不变，恒等于 $b$；

② 股东权益收益率（Return on Equity，ROE）不变，是一个常数；

③ 没有外部融资。

根据股息增长率的定义得知，$g = \dfrac{D_1 - D_0}{D_0}$，其中，$D_1 = bE_1, D_0 = bE_0$，所以：

$$g = \frac{D_1 - D_0}{D_0} = \frac{b(E_1 - E_0)}{bE_0} = \frac{(E_1 - E_0)}{E_0} \tag{6-16}$$

根据股东权益收益率（$ROE$）的定义，$ROE_1 = \dfrac{E_1}{BV_0}, ROE_0 = \dfrac{E_0}{BV_{-1}}$，其中 $BV_0$ 表示第 0 期股票账面价值，$BV_{-1}$ 表示前一期股票账面价值，代入式（6-16），得到：

$$g = \frac{(E_1 - E_0)}{E_0} = \frac{ROE(BV_0 - BV_{-1})}{ROE(BV_{-1})} = \frac{BV_0 - BV_{-1}}{BV_{-1}} \tag{6-17}$$

由于没有外部融资，所以账面价值的价值变动（$BV_0 - BV_{-1}$）应该等于每股收益扣除支付股息之后的余额，即 $E_0 - D_0 = E_0(1-b)$，代入式（6-16），得到：

$$g = \frac{BV_0 - BV_{-1}}{BV_{-1}} = \frac{E_0(1-b)}{BV_{-1}} = ROE(1-b) \qquad （6-18）$$

这个公式说明股息增长率与股东权益收益率 ROE 成正比，与派息率负相关。

那么股东权益收益率又是由哪些因素决定的呢？ $ROE$ 有两种计算方式：

$g=ROE(1-b)=ROA \times L(1-b)=PM \times ATO \times L(1-b)$，其中，前者是以每股税后收益除以每股股东权益账面价值，后者是以公司总税后收益（Earnings After Tax，EAT）除以公司总股东权益账面价值（Equity，称为 EQ），所以两种计算方式结果没有差异。把股东权益收益率 $ROE$ 的第二种公式稍微调整：

$$ROE = \frac{EAT}{EQ}$$

分子分母同时乘以 A（公司总资产），

$$ROA = \frac{EAT}{A} = \frac{EAT}{S} \times \frac{S}{A} = PM \times ATO$$

$\frac{EAT}{A}$ 的数学表达是公司税后收益除以公司总资产，经济学表达含义是税后收益占总资产的比率，我们称为资产净利率（Return on Assets，ROA）。

$\frac{A}{EQ}$ 是总资产除以股东权益账面价值，经济学上称为杠杆比率或者权益比率（Leverage Ratio，称为 L）。所以：

$$ROE = \frac{EAT}{A} \times \frac{A}{EQ} = ROA \times L \qquad （6-19）$$

股东权益收益率与资产净利率成正比，与杠杆比率成正比，这就是杜邦公式。

进一步分解，根据 $ROA$ 的定义知道：

$$ROA = \frac{EAT}{A} = \frac{EAT}{S} \times \frac{S}{A} = PM \times ATO \qquad （6-20）$$

其中，$EAT$ 是总税后收益，$S$ 代表公司的总销售额，$\frac{EAT}{S}$ 代表公司的销售净利率（After-tax Profit Margin，又称为 PM）；$\frac{S}{A}$ 表示销售额占总资产的比率，又称为总资产周转率（Asset Turnover Ratio，ATO）。式（6-20）表示资产净利率与销售净利率、总资产周转率成正比。

将式（6-20）代入式（6-19），再将式（6-19）代入式（6-18）：

$$g = ROE(1-b) = ROA \times L(1-b) = PM \times ATO \times L(1-b) \qquad （6-21）$$

从式（6-21）可以看出，股息增长率与公司的税后净利润率（$ROE$）、销售净利率（$PM$）、总资产周转率（$ATO$）、权益比率（$L$）成正比，与派息率成反比。

再把式（6-21）代入式（6-15），得到：

$$\frac{P}{E} = \frac{b}{r-g} = \frac{b}{r-ROE(1-b)} = \frac{b}{r-ROA \times L \times (1-b)} = \frac{1}{ROE + \frac{r-ROE}{b}} \qquad （6-22）$$

如果 $r > ROE$，市盈率与派息率负相关。

$r < ROE$，市盈率与派息率正相关。

$r = ROE$，市盈率与派息率不相关。

可见，派息率与市盈率之间的关系也是不确定的。在公司初创阶段，一般而言，股东权益收益率 ROE 会比较高，甚至高于投资者期望回报率 r，即 $r<ROE$，此时派息率上升会导致市盈率降低；公司发展进入成熟阶段之后，股东权益收益率 ROE 会降低，甚至降到低于投资期望回报率 r，此时 $r>ROE$，公司在这个时候提高派息率只会导致市盈率升高。

就杠杆率与市盈率的关系而言，也存在不确定性。在式（6-22）的第二等式中：

$$\frac{P}{E}=\frac{b}{r-g}=\frac{b}{r-ROE(1-b)}=\frac{b}{r-ROA\times L\times(1-b)}$$

假设 b、r、ROA 都不变，则市盈率与杠杆率负相关；而在实践中杠杆率的变动往往会带来公司经营风险的变化，进而影响期望回报率 r。例如，杠杆率上升导致公司经营的风险上升，$\beta$ 系数上升，投资者期望回报率要求上升，市盈率反而会上升。

### 三、市盈率模型估值的优缺点分析

在实践市场操作中，市盈率模型被广泛应用，与股息贴现模型相比其优点明显。

（1）计算市盈率的数据容易取得，并且计算相对简单。

（2）市盈率把价格和收益联系起来，直观地反映投入和产出的关系。

（3）市盈率涵盖了增长率、派息率、股东权益收益率、杠杆率、风险补偿率等的影响，具有明显的综合性优势。可以以市盈率及其综合指标在市场中进行横向和纵向比较，判断股票价格的合理性以指导投资行为。

（4）对于那些在短时间内没有支付股息的公司，同样可以用市盈率模型估值，这是股息贴现模型所不适用的。

同样，市盈率模型也存在缺陷。

（1）市盈率模型的理论基础较为薄弱，而以现金流为基础的股息贴现模型论证合理、逻辑严密。

（2）市盈率模型只能决定相对值的大小比较，而没有一个绝对值标准。

（3）每股盈利为负时，市盈率没有意义。

（4）在使用市盈率进行类比的价值比较时，市盈率除了受企业本身基本面的影响以外，还受到整个经济景气程度的影响。在整个经济繁荣时市盈率上升，整个经济衰退时市盈率下降。如果目标企业的 $\beta$ 值为 1，则评估价值正确反映了对未来的预期。如果企业的 $\beta$ 值显著大于 1，经济繁荣时评估价值被夸大，经济衰退时评估价值被缩小。如果 $\beta$ 值明显小于 1，经济繁荣时评估价值偏低，经济衰退时评估价值偏高。如果是一个周期性的企业，则企业价值可能被歪曲。

# 第三节　相对估值法：市净率与自由现金流分析

合理的估值模型选择是股票市场合理投资的基础，无论是股息贴现模型还是市盈率模型都有其缺陷，只能作为普通股估值参考。同样，市净率和自由现金流分析是股票市场估值方法的补充。

# 一、市净率

市净率指的是每股股价与每股净资产的比率，在股价恒定的情况下，每股净资产越高，市净率越低，反之亦然。一般来说，市净率较低的股票，投资价值较高，相反，则投资价值较低。市净率用 $P/B$ 表示：

$$市净率 = \frac{P}{B} = \frac{当前每股股价}{当前每股净资产}$$

要理解市净率，首先得了解净资产，净资产也称为股东权益，是股东对公司的投资，包括两个部分。其一是股东的缴入资本，即股东缴入的股本、缴入股本时的溢价或资本公积。其二是留存收益，即股东把盈利追加对公司的投资。因此，无论缴入资本还是留存收益，究其实质，是股东对公司的投资。

股东对公司投资的终极目的是获得更多的收益，这也是我们理解市净率主要决定因素的基本线索。如果某公司的净资产报酬率为全社会平均报酬率的 2 倍，从获取收益的角度而言，该公司股东 1 元的投资或 1 元的净资产，相当于其他公司 2 元的净资产，或者说该公司 1 元的净资产能够卖到 2 元的价格，其市净率就应该为 2 倍。既然股东投资的目的是为了获得较高的回报收益，那么上市公司的净资产报酬率越高，股东单位的投资利润也就越高，其单位净资产也就越有价值，其市净率也就越高，反之则相反。简言之，净资产报酬率，是决定市净率的最重要的因素。

净资产在一定程度上受到会计准则的影响。会计稳健原则会导致会计师总是尽可能不高估收入、不低估费用；不高估资产、不低估负债。稳健原则将有可能导致账面上的净资产系统性低估。例如，理论上 1 元的净资产，在资产负债表上就只有 0.8 元。如果市场有足够的智慧，那么市场就能够矫正这种低估，此时账面上 0.8 元的净资产就能够卖到 1 元的价格，市净率就为 1.25 倍。

## （一）市净率影响因素分析

从式（6-18）得知：

$$g = \frac{BV_0 - BV_{-1}}{BV_{-1}} = \frac{E_0(1-b)}{BV_{-1}} = ROE(1-b)$$

其中，$BV_{-1}$ 表示前一期股票账面价值，$E_0$ 表示初期股息，$b$ 表示派息率。从第二等式进一步推导：

$$BV_{-1} = \frac{E_0(1-b)}{g}$$

抽象期限因素，假设每股股价为 1 单位，则有：

$$\frac{1}{BV} = \frac{g}{E(1-b)} \tag{6-23}$$

（1）市净率与股息增长率正相关，上市公司股息支付越多，留存收益，或者股东追加投资降低，净资产减少，市净率上升。

（2）市净率与每股收益负相关，每股收益越高，市净率越低。在股价恒定的情况下，每股收益提升会带来留存收益增加、公积金增加，即股东投资的增加——净资产增加。

（3）市净率与派息率存在正相关关系

由于股票的价值=市净率×每股净资产，在每股收益一定的情况下，股利支付率越高，所有的股东收益提高，促使股价上升，市净率也随之上升。即使股利支付率提高后，股价不变，但因净资产相对减少，市净率也会上升。因此股利支付率与市净率呈正相关关系。

（4）市净率与 $\beta$ 系数存在负相关关系

股价是与股票所面临的风险程度相对应的，而 $\beta$ 系数是衡量股票报酬受系统性风险影响程度的指标，$\beta$ 系数越大，股价报酬受风险影响的程度就越高，在收益一定时，股票价格就越低。股票价格的降低，在每股净资产不变的情况下，就会使市净率下降。所以，市净率与 $\beta$ 系数呈负相关关系。

（5）市净率与公司每股资本公积存在负相关关系

上市公司每股的资本公积体现公司的股东权益，每股的资本公积越大，公司转增股本的能力就越大，股票稀释的可能性就越大，从而可能使股价下降，最后导致市净率的下降，因而每股股票的资本公积与市净率呈负相关关系。

### （二）市净率模型估值的优点、局限性

#### 1．市净率估价模型的优点

（1）净利为负值的企业不能用市盈率进行估价，而市净率极少为负值，可用于大多数企业。

（2）净资产账面价值的数据容易取得，每股账面价值比每股净收益更加稳定，不像利润那样经常被人为操纵，特别是在每股收益特别高和特别低的时候，市净率分析比市盈率分析更加具有可信性。

（3）如果会计标准合理并且各企业会计政策一致，市净率的变化可以更加直观、准确地反映企业价值的变化。

#### 2．市净率的局限性

（1）少数企业的净资产是负值，市净率没有意义，无法用于比较。因此，这种方法主要适用于需要拥有大量资产、净资产为正值的企业。

（2）市净率对每股净资产的计算主要是对有形资产进行估值，对无形资产（如专利、品牌价值、人力资本等）无法形成一个标准的估计值，对高科技、服务性、成长型企业的估值受限。市场中，市净率的行业差别较大，没有一个客观标准说明差异性存在的合理性，测度差异性的合理值。

（3）账面价值的计算大多是以历史数据为基础，虽然新的会计准则要求以公允价值计算资产，但对于大多数资产而言，其调整的计价标准不统一，在一定程度上会影响其计价的客观性，影响估值的可比性。

（4）市净率指标常常容易掩盖一些问题。净资产还只是资产，在市场中，投资者不仅仅关心净资产，更加关心这些资产能不能带来收益，或者其收益的大小。对于上市公司的净资产也要具体分析，有些净资产能够帮助企业持续经营并创造利润，有的净资产则可能纯粹是破铜烂铁。

所以市净率只是一个相对估值指标，不是绝对估值标准，在市场中不能说市净率越低，投资价值越高。例如，在股票市场低迷的时候经常出现"跌破净资产"的股票，但这些股票不一定就是最具有投资价值的股票。有些股票跌破净资产是因为其资产收益率不高，甚至是亏损，资产无法带来收益。对于同一个股，市净率水平越低，安全系数越高的说法应该是对的。但是对于不同个股，则要具体情况具体分析。

考虑到这些局限性，目前市场更多使用修正的市净率模型。

### （三）修正的市盈率、市净率模型

市净率 $PB$ 适合于周期的极值判断，对于股票投资来说，准确预测 $E$ 是非常重要的，$E$ 的变动趋势往往决定了股价是上行还是下行。但股价上升或下降到多少是合理的呢？$PB$ 可以给出一个判断极值的方法。例如，对于一个有良好历史 $ROE$ 的公司，在业务前景尚可的情况下，$PB$ 值低于 1 就有可能是被低估的。如果公司的盈利前景较稳定，没有表现出明显的增长性特征，公司的 $PB$ 值显著高于行业（公司历史）的最高 $PB$ 值，股价触顶的可能性就比较大。这里提到的周期有三个概念：市场的波动周期、股价的变动周期和周期性行业的变动周期。这里的 $PB$ 值也包括三种：整个市场的总体 $PB$ 值水平、单一股票的 $PB$ 值水平和周期性行业的 $PB$ 值变动。当然，$PB$ 值有效应用的前提是合理评估资产价值。

常见的相对分析法中市盈率、市净率的修正公式如表 6-2 所示。

表 6-2　市盈率、市净率修正公式

| 基本模型 | 修正的比率 | 计算公式 | 关键因素 |
| --- | --- | --- | --- |
| 市盈率 | 修正市盈率=实际市盈率/（预期增长率×100） | （1）目标企业每股价值=修正平均市盈率×增长率×100×目标企业每股净利<br>（2）目标企业每股价值=可比企业修正市盈率×增长率×100×目标企业每股净利 | 关键因素是增长率。因此，可以用增长率修正实际的市盈率，把增长率不同的同业企业纳入可比范围 |
| 市净率 | 修正市净率=实际市净率/（股权报酬率×100） | 目标企业每股价值=修正平均市净率×目标企业股权报酬率×100×目标企业每股净资产 | 关键因素是股权报酬率。因此，可以用股权报酬率修正实际的市净率，把股权报酬率不同的同业企业纳入可比范围 |

## 二、自由现金流分析

### （一）自由现金流的定义

自由现金流（Free Cash Flow）是一种财务方法，用来衡量企业实际持有的能够回报股东的现金，指在不危及公司生存与发展的前提下可供分配给股东（和债权人）的最大现金额。自由现金流在经营活动现金流的基础上考虑了资本型支出和股息支出。尽管你可能会认为股息支出并不是必需的，但是这种支出是股东所期望的，而且是以现金支付的。自由现金流等于经营活动现金。自由现金流表示的是公司可以自由支配的现金。如果自由现金流丰富，则公司可以偿还债务、开发新产品、回购股票、增加股息支付。同时，丰富的自由现金流也使得公司成为并购对象。

自由现金流量可分为企业整体自由现金流量和企业股权自由现金流量。整体自由现金流量是指企业扣除了所有经营支出、投资需要和税收之后的，在清偿债务之前的剩余现金流量；股权自由现金流量是指扣除所有开支、税收支付、投资需要以及还本付息支出之后的剩余现金流量。整体自由现金流量用于计算企业整体价值，包括股权价值和债务价值；股权自由现金流量用于计算企业的股权价值。股权自由现金流量可简单地表述为"利润＋折旧－投资"。

自由现金流的计算

科普兰教授（1990）阐述了自由现金流量的计算方法：自由现金流量等于企业的税后净营业利润（即将公司不包括利息收支的营业利润扣除实付所得税税金之后的数额）加上折旧及摊销等非现金支出，再减去营运资本的追加和物业厂房设备及其他资产方面的投资。它是公司所产生的税后现金流量总额，可以提供给公司资本的所有供应者，包括债权人和股东。

自由现金流量＝（税后净营业利润＋折旧及摊销）－（资本支出＋营运资本增加）

净营运利润（EBIT）－税金（EBIT×税率）＝NOPAT[税后净营运利润]

NOPAT[税后净营运利润]－净投资－营运资金变化净值＝自由现金流量

## （二）自由现金流量表现形式

自由现金流量随自由现金流量的定义衍生出两种表现形式：股权自由现金流量（Free Cash Flow of Equity，FCFE）和公司自由现金流量（Free Cash Flow of Firm，FCFF），FCFE是公司支付所有营运费用、再投资支出、所得税和净债务支付（即利息、本金支付减发行新债务的净额）后可分配给公司股东的剩余现金流量，其计算公式为：

FCFE＝净收益＋折旧－资本性支出－营运资本追加额－债务本金偿还＋新发行债务

FCFF是公司支付了所有营运费用、进行了必需的固定资产与营运资产投资后可以向所有投资者分派的税后现金流量。FCFF是公司所有权利要求者，包括普通股股东、优先股股东和债权人的现金流总和，其计算公式为：

$$FCFF＝息税前利润×（1-税率）＋折旧-资本性支出-追加营运资本$$

股息贴现模型估值法是最严谨的对企业和股票估值的方法，原则上该模型适用于任何类型的公司。自由现金流替代股利，更科学、不易受人为影响。当全部股权自由现金流用于股息支付时，FCFE模型与股息贴现模型（DDM）并无区别。

但总体而言，股息不等同于股权自由现金流，时高时低，原因有以下4点。

（1）稳定性要求（不确定未来是否有能力支付高股息）。

（2）未来投资的需要（预计未来资本支出/融资的不便与昂贵）。

（3）税收因素（累进制的个人所得税较高时）。

（4）信号特征（股息上升/前景看好；股息下降/前景看淡）。

## （三）自由现金流的的经济意义

企业全部运营活动的现金"净产出"就形成"自由现金流"，自由现金流的多寡一定程度上决定一家企业的生死存亡。一家企业长期不能产出自由现金流，它最终将耗尽出资人提供的所有原始资本，并将走向破产。

（1）"自由现金流"充裕时，企业可以用"自由现金流"偿付利息、还本、分配股利或回购股票等。

（2）"自由现金流"为负时，企业连利息费用都赚不回来，而只能动用尚未投入经营（含投资）活动的、剩余的出资人（股东、债权人）提供的原始资本（假定也没有以前年度"自由现金流"剩余）来偿付利息、还本、分配股利或进行股票回购等。

（3）当剩余的出资提供的原始资本不足以偿付利息、还本、分配股利时，企业就只能靠拆东墙补西墙（借新债还旧债，或进行权益性再融资）来维持企业运转。当无墙可拆时，企业资金链断裂，其最终结果只能寻求被购并重组或申请破产。

### （四）公司自由现金流量的决策含义

自由现金流量为正：公司融资压力小，具发放现金股利、还旧债的能力；同时，也隐含公司扩充过慢、盈余成长率较低。

自由现金流量为负：表明再投资率较高，盈余成长率较高，同时，隐含公司扩充过快；公司融资压力大，取得现金最重要，须小心地雷股；借债困难，财务创新可能较大，可能发可转换债规避财务负担；在超额报酬率呈现正数时，负的自由现金流量才具有说服力。

## 补充阅读

### 新浪微博成功在美国纳斯达克上市

我国新浪微博于 2014 年 4 月 17 日正式在美国纽约纳斯达克上市，适逢纽约股市连跌三周，导致新发售的股票规模大幅缩水，虽然"升"不逢时，但当日新浪微博逆市上涨 19%，每股价格为 20.24 美元，总市值达 41 亿美元。

公开资料显示，新浪微博此次共发行 1 680 万美国存托股，发行价在此前预估的每股 17～19 美元定价区的低端 17 美元，由于发售的股票规模有所缩减，共筹款 2.86 亿美元，远逊最初公布的 5 亿美元预期。

截至当日收盘，新浪微博股价上涨了 3.24 美元，涨至 20.24 美元，涨幅达 19%。据此计算，新浪微博总市值已超过 40 亿美元。

新浪微博是现今中国最大的社交网络平台，有中国的推特（Twitter）之称。公布数据显示，截至 2014 年 3 月，微博月活跃用户 1.438 亿，日活跃用户 6 660 万，是中国活跃度最高的社交媒体。新浪微博上有超过 8 万个各类政府机构和官员的微博账号、70 多万个个人认证账号和 40 多万家企业认证账号，在政府、企业、明星名人与普通网友的互动中扮演着重要角色。商业化方面，2013 年第四季度新浪微博营业利润达到 300 万美元，成为中国第一个盈利的社交媒体平台。2014 年第一季度，微博整体营业收入达到 6 750 万美元，同比增长 160.6%。

新浪微博上市正值美国首次公开募股市场普遍疲软之际，也是在互联网公司股价陷入长达一个月的回调背景下进行的。2014 年 3 月初以来，推特股价累计下跌了 18%。本周，有 11 只股票在纽约股市首次公开募股，其中 9 只股票低于预期，但两家登陆华尔街的中国公司"幸免于难"。

微博 17 日的首次公开募股以上涨报收，外界更愿意将其解读为一个积极的信号，尤其是对其他希望在美国市场上市的中国科技公司是一个积极信号。

与受到高度关注的新浪微博不同，同一天，新浪公司旗下的新浪乐居成功登陆纽约证券交易所，首次发行数量 1 000 万股，定价 10 美元。截至当日收盘，乐居上涨 18.6%，涨至每股 11.86 美元。

资料来源：http://news.sohu.com/20140418/n398431690.shtml.

## 读后讨论

新浪微博在美国纳斯达克上市的经验能给中国其他互联网科技公司在美国上市带来什么启示？

## 【本章小结】

1. 普通股价值分析的方法有股息贴现模型、市盈率模型、市净率模型以及自由现金流量分析方法。

2. 股息贴现模型是现金流折现模型的特殊形式，其基本原理是把预期将来派发的一系列股息按利率贴现成现值，一系列股息的净现值的总和相加，即为该股票的合理价值。

3. 根据对增长率的不同假设，可以建立满足特殊条件的一般模型：零增长模型、不变增长模型、两阶段增长模型、三阶段增长模型等。

4. 对于股息贴现模型，如果股票的市场价格低于（或高于）其内在价值，则说明该股票价格被低估（或高估）；如果股票的贴现率低于（或高于）其内部收益率，则说明该股票价格被低估（或高估）。

5. 对于市盈率模型，如果股票的实际市盈率低于（或高于）其正常市盈率，则说明该股票价格被低估（或高估）。

6. 市净率指的是每股股价与每股净资产的比率，在股价恒定的情况下，每股净资产越高，市净率越低，反之亦然。市净率与股息增长率正相关，与每股收益负相关，与派息率正相关，与 $\beta$ 系数负相关，与公司每股资本公积负相关。

7. 自由现金流是一种财务方法，用来衡量企业实际持有的能够回报股东的现金，等于经营活动现金。

8. 自由现金流量可分为企业整体自由现金流量和企业股权自由现金流量。整体自由现金流量是指企业扣除了所有经营支出、投资需要和税收之后的，在清偿债务之前的剩余现金流量，用于计算企业整体价值，包括股权价值和债务价值；股权自由现金流量用于计算企业的股权价值，可简单地表述为"利润＋折旧－投资"。

## 【重要概念】

股息贴现模型　　内部收益率　　零增长模型　　不变增长模型　　三阶段增长模型
H 模型　　市盈率模型　　市净率

## 【复习思考题】

1. 某公司的股票目前的股息是 1.8 美元/股。经预测该公司股票未来的股息增长率为 5%，假定贴现率为 11%，如果公司股票的当前市价为 40 美元，你会如何操作该公司的股票？

2. 预期 A 公司的股息增长率为 5%。

若预期 2014 年年底的股息为 8 美元/股，贴现率为 10%，计算该公司股票的内在价值。

若预期每股盈利 12 美元，计算股东权益收益率。

试计算市场为公司的成长而支付的成本。

3. 无风险资产收益率为 8%，市场组合收益率为 15%，股票的 $\beta$ 系数为 1.2，派息比率为 40%，最近每股盈利 10 美元，每年付一次的股息刚刚支付，预期该股票的股东权益收益率为 20%。

求该股票的内在价值。

假如当前的股价为 100 美元/股，预期一年内股价预期价值相符，求持有该股票一年的回报率。

# 第七章　衍生证券市场

1．了解衍生证券市场的发展、参与者以及金融远期、期货、期权和互换的概念、特征与功能。

2．了解金融远期与金融期货的区别及期货价格和远期价格、期货价格与现货价格的关系。

3．掌握金融期货合约的定价及看涨-看跌期权的平价关系。

4．了解金融期权的基本特性、主要类型与盈亏分布及期权的定价。

5．掌握利率互换和货币互换的设计和安排。

6．了解组合衍生证券产品。

## 开篇案例

## 2014年4月欧洲金融期货市场成交低迷

2014年4月，欧洲金融期货市场成交量同比大幅下滑，欧洲期货交易所发布的数据报告显示，4月该交易所日均成交量同比大幅减少，全月日均成交870万张，同比减少110万张，其中，金融期货成交量惨淡，股指衍生品交易量同比下降12%，股票衍生品同比下降29%，利率衍生品则同比下降46%。整个4月，欧洲期货交易所利率衍生品共交易合约3 300万张，其中欧洲长期国债期货的交易量为1 210万张，欧洲中期国债期货的交易量为810万张，欧洲短期国债期货的交易量为540万张。相比之下，美国市场相对乐观，芝加哥商品期货交易所4月数据月报显示，利率衍生品共成交6 394万张，同比增长12.6%，其中股指衍生品共成交337万张，同比下降2.1%；利率期货成交量同比上涨7.8%，其中10年期美国国债期货合约成交量同比增长5.6%，5年期美国国债期货合约成交量同比增长27.8%，2年期美国国债期货合约成交量同比增长38.9%。

### 案例导读

衍生证券市场的运行变化与整个经济形势密切相关，同时也与各国执行的经济政策息息相关。受欧债危机的影响，欧洲金融期货市场受到较大冲击；随着欧债危机的平息，西班牙、葡萄牙相继退出经济援助计划，欧元区经济复苏的信号逐渐增强，但由于欧洲央行政策的不确定性，大多投资者都将目光转移到了美国，从而导致4月欧洲金融期货市场复苏较为缓慢。而美国方面，市场波动率大，央行政策明朗，美联储的态度也日趋明确。在利率衍生品方面，欧元过去一段时间整体稳定，而人民币对美元上升了 3%，美元略微贬值，利率曲线波动率较大，对于套期保值和投机交易来说，都是非常好的交易对象。从长远看，由于美国衍生工具比较多，对冲的机会更多，加上市场波动率较大，对于结构性产品和高频交易等都会带来很好的效益。因此，全球金融机构还是会更多关注美国市场。

金融市场涵盖的范围很广，随着科技的发展、投资需求的提高，除了前面章节学到的现货市场之外，衍生证券市场的发展也日益加速并不断完善，衍生证券市场也紧密依赖于现货市场。本章将讲述衍生证券市场，了解衍生证券市场的含义及特征，明确衍生证券市场中衍生品的类型，掌握各类产品的操作以及产品定价，从更全面的角度学习衍生证券市场。

# 第一节　衍生证券市场概述

衍生证券市场是以衍生证券为发行和交易对象的证券市场。与现货市场不同的是，衍生证券市场主要是根据一定的合约在未来买入或卖出金融资产；而与现货市场存在的联系则是，合约的价格是从标的金融资产中衍生出来的，如股价指数、利率等。

与现货市场相比，衍生证券市场存在以下几方面优势。第一，根据新的经济信息来调整投资者的投资组合风险，能够降低交易成本。第二，衍生证券市场中的投资者可以根据不同合约的特点以及风险、回报的预期来进行套期保值、套利等，从而规避风险以及获得收益。第三，由于一些衍生品市场中可能会吸引大量的交易，而交易期限更为灵活，因此衍生证券市场比现货市场更具有流动性。

## 一、衍生证券市场的发展历程

### （一）国外衍生证券市场的发展

20 世纪 70 年代以后，以金融创新为核心的金融改革开始兴起，而以期货、期权等衍生证券为核心的金融工具的创新更加成为了这场金融改革核心的核心。

衍生证券是世界上发展最快、交易量最大的金融工具。1848 年芝加哥期货交易所（Chicago Board of Trade, CBOT）成立，开始了有组织的期货交易。1865 年用标准的期货合约取代了远期合同，并实现了保证金制度。2006 年 10 月 17 日，美国芝加哥商业交易所（CME）和芝加哥期货交易所（CBOT）宣布已经就合并事宜达成最终协议，两家交易所合并成全球最大的衍生品交易所——芝加哥交易所集团。而 1973 年由芝加哥期货交易所的会员组建了芝加哥期权交易所（Chicago Board Options Exchange, CBOE），建立了期权的交易市场，推出标准化合约，开始交易世界上第一个标准化的期权产品，使期权交易产生革命性的变化。到 20 世纪 80 年代初期，期权交易规模越来越大，期权产品也越来越多样化。期货和期权都在迅速发展，1998 年世界各交易所金融期货和金融期权的交易量高达 387.7 万亿美元。以 1979 年的货币互换和 1981 年的利率互换为标志，金融互换产品开始诞生和发展。20 世纪 80 年代以后，越来越多的证券工具在基础证券产品上衍生而成。20 世纪 90 年代以来，由于规则和做法的日益标准化，衍生证券柜台交易所具有的灵活性的优势日益突现。而并不是所有的交易都在交易所内进行，场外交易（Over-the-Counter，OTC）是交易所交易市场的重要替代，随着市场的发展，场外市场规模远大于交易所市场。

### （二）我国衍生证券市场的发展

我国衍生证券市场建立较晚且发展还不健全。1992 年 12 月，上海证券交易所首先向证券公司推出了国债期货交易。到 1995 年，各地挂牌的国债期货合约已经达到 60 多个品种。但是由于出现了"327 国债事件"等严重违规操作现象，市场极度混乱，1995 年 5 月 17 日，中国证监会被迫发布了《关于暂停国债期货交易试点的紧急通知》，我国金融衍生品市场的初步尝试以全面失败而告终。2005 年 5 月 16 日，中国人民银行发布《全国银行间债券市场债券远期交易管理规定》，此后，中国工商银行和兴业银行做成首笔银行间市场债券远期交易，也标志着我国金融衍生品市场恢复发展的开始。随后，人民币利率互换、人民币外汇掉期陆续推出。2006 年 9 月 8 日，国内以金融期货交易为目标的中国金融期货交易所在上海挂牌成立，中国衍生证券市场正在逐步发展。

## 二、衍生证券的定义及类型

衍生证券也称"金融衍生工具"（Financial Derivatives Instrument），是一种价值依赖于比他更基本的标的资产价值的证券。即衍生证券是根据现实需要在其他资产价值的基础上衍生出来的，不论是证券市场的股票、债券价格，还是农产品市场中大豆、玉米的价格，都可以是衍生证券的标的变量。衍生证券通过一定的组成合约来进行交易，因此在衍生证券市场中存在多种衍生证券。

根据不同的分类标准，衍生证券可以分为不同的类型。

（1）按照基础工具种类划分，衍生证券市场可以划分为：股权式衍生工具、货币衍生工具和利率衍生工具。

（2）按照基础工具的交易形式不同，衍生证券市场可以分为两类：市场交易双方的风险收益对称和市场交易双方风险收益不对称。

（3）按照金融衍生工具自身交易的方法及特点，衍生证券市场主要可以分为以下几类：金融远期、金融期货、金融期权、金融互换。这一分类方法也是最主要的分类方法，也是本章讲解的主要内容。

## 三、衍生证券的特征及功能

衍生证券虽然是根据基本的资产衍生而来的，但是在衍生证券市场的交易中，衍生证券存在自己的特点及功能。

（1）衍生证券是一种契约，其交易属于"零和游戏"，遵循了"有输必有赢，输赢必相等"的规则。即在衍生证券市场中，各参与者买入或者卖出各种契约，一些投资者能够根据合理的预测获得收益，而一些投资者因为判断的失误会遭受一定的损失，因此，衍生证券的交易将市场中存在的风险在投资者之间进行了再分配，而在交易过程中并没有创造新的财富。

（2）衍生证券存在较高的杠杆效应。金融衍生证券交易一般只需要支付少量的保证金或者权利金就可以签订远期大额合约或者互换不同的金融工具。通过较少的投入而存在较高的收益，这就是吸引众多投资者进入衍生证券市场的原因；但是高杠杆性带来高收益的同时，投资者承担的风险和损失也成倍放大。因此衍生证券的杠杆效应在一定程度上决定了其高投机性和高风险性。

（3）衍生证券具有高风险性。首先，衍生证券是交易双方通过对利率、汇率、股价等因素变动趋势进行预测，约定在未来某一时间按一定条件进行交易或者选择交易，因此跨期交易的特点突出。但是由于金融市场变化迅速且影响其变动的因素众多，不是所有的投资者都能准确判断其变化趋势，这就会给一部分投资者带来风险。其次，杠杆效应下，基础工具价格的轻微变动也可能造成衍生证券的大幅波动，从而加大了投资者要承担的风险与损失。再次，衍生证券的不稳定性也会加剧风险的产生。

（4）套期保值、投机及套利并存下的风险规避。不同类型的投资者存在于衍生证券市场既可以让投资者通过不同的期限组合进行套期保值，免受风险带来的损失，也可以让投资者根据对市场的预测进行投机、套利，从而获得更高的收益。这一方面分散了市场所集中的风险，使避险者能够轻易地转移风险；另一方面也为市场注入了活力，节省大量的交易成本，增强了资产的流动性，提高了市场的运作效率。

## 四、衍生证券市场的参与者

在衍生证券市场中主要存在三类投资者：套期保值者、投机者、套利者，他们在衍生证券市场上进行套期保值、投机及套利活动。

（1）套期保值（Hedging），即交易者配合在现货市场的买卖，在期货市场买进或卖出与现货市场交易品种、数量相同、方向相反的期货合同，以期望在未来某一时间通过卖出或买进此期货合同来补偿因现货市场价格变动带来的实际价格风险。套期保值主要利用期货市场和现货市场进行相反的交易建立近期和远期之间的一种对冲机制，以使价格风险降低到最低限度。

（2）投机（Speculation），即根据对市场的判断，把握机会，利用市场出现的价差进行买卖从中获得利润的交易行为。投机者可以"买空"（Long），也可以"卖空"（Short）。

（3）套利（Arbitrage），即在某种实物资产或金融资产（在同一市场或不同市场）拥有两个价格的情况下，以较低的价格买进，较高的价格卖出，从而获取无风险收益。套利通常涉及在某一市场或金融工具上建立头寸，然后在另一市场或金融工具上建立与先前头寸相抵消的头寸，在价格回归均衡水平后，所有头寸即可结清以了结获利。

## 专栏 7-1

### 信用衍生产品

对违约和公司破产的关注，促使保护投资者、避免违约风险的新技术出现。如今这些流行的信用风险避险工具成为信用衍生工具。它将风险（而非信贷资产本身）从贷款者转移给其他愿意承担风险从而获得费用的个人或机构。

比较有代表性的信用衍生产品主要有信用违约互换、总收益互换、信用联系票据和信用利差期权四种。信用衍生产品具有分散信用风险、增强资产流动性、提高资本回报率、扩大金融市场规模和提高金融市场效率五个方面的功效，但其功效的发挥也面临障碍，未来的发展相应将出现新的变化。目前，在我国，信用衍生产品的发展还是空白，但利用信用衍生产品将有助于缓解银行业出现的"惜贷"、化解金融不良资产以及缓解中小企业融资难，显然信用衍生产品在我国有极大的应用前景。

资料来源：http://baike.baidu.com.

## 专栏 7-2

### 2011 年、2012 年我国衍生证券交易变化情况

2011 年，债券远期共达成交易 436 笔，成交金额 1 030 亿元，同比（2010 年，债券远期共达成交易 967 笔，成交金额 3 183.4 亿元）下降 67.7%。从标的债券来看，债券远期交易以政策性金融债为主，其交易量占总量的 63.5%。从期限来看，2～7 天品种交易量占比最高，为 62.1%。

2011 年，人民币利率互换市场发生交易 2 万笔，名义本金总额 2.7 万亿元，同比（2010 年交易量为 1.2 万笔，名义本金总额为 1.5 万亿元）大幅增加 80%。从期限结构来看，1 年及 1 年期以下交易最为活跃，其名义本金总额 2 万亿元，占总量的 74.7%。从参考利率来看，2011 年人民币利率互换交易的浮动端参考利率包括 7 天回购定盘利率、SHIBOR 以及一年期定存利率，与之挂钩的利率互换交易名义本金占比分别为 51.5%、45.5% 和 2.9%，与 2010 年同期相比，以 SHIBOR 为浮动端参考利率的互换交易占比有明显上升。

2011 年，远期利率协议较为清淡。远期利率协议全年共成交 3 笔，名义本金额共 3 亿元。

2012 年，衍生产品交易活跃度有所下降，债券远期共达成交易 56 笔，成交金额 166.1 亿元，同比下降 83.9%。从标的债券来看，债券远期交易以政策性金融债为主，其交易量占总量的 73.9%。从期限来看，2～7 天品种交易量占比最高，为 63.3%。

2012 年，人民币利率互换市场发生交易 2.1 万笔，名义本金总额 2.9 万亿元，同比增加 8.5%。从期限结构来看，1 年及 1 年期以下交易最为活跃，其名义本金总额 2.2 万亿元，占总量的 77.5%。从参考利率来看，2012 年人民币利率互换交易的浮动端参考利率包括 SHIBOR、7 天回购定盘利率以及人民银行公布的基准利率，与之挂钩的利率互换交易名义本金占比分别为 50.0%、45.3% 和 4.7%，与 2011 年同期相比，以 SHIBOR 为浮动端参考利率的互换交易占比有明显上升。

与 2011 年一样，2012 年远期利率协议较为清淡。远期利率协议全年共成交 3 笔，名义本金额共 2 亿元。

资料来源：2011 年、2012 年金融市场运行情况.

# 第二节　金融远期市场

早在古希腊和古罗马时代，在商品买卖中就存在远期交易。这种交易方式能够转移生产和贸易活动中由于季节性等原因造成价格变动而导致损失的风险，方便成本核算与商品定价，在商品交易中沿用至今，并被引入现代金融市场。

## 一、金融远期的定义及其特征

金融远期是指双方约定在未来的某一确定时间，按确定的价格买卖一定数量的金融资产的约定。金融远期市场即进行远期合约交易的市场。在合约中规定在将来买入标的物的一方称为多方，而在未来卖出标的物的一方称为空方。合约中规定在未来买卖标的物的价格成为交割价格。

远期是为了规避现货交易的风险而产生的。它的特征有以下几点：

（1）协议非标准化。每个合约的条款由买卖双方单独协商完成，因此在交割地点、交割时间、交割价格、合约规模等细节上都有较大的灵活性。

（2）场外交易。远期合约是场外交易的工具，市场上没有服务于远期合约交易的清算所，一定程度上不利于信息的传递以及买卖双方的交流。

（3）无保证金要求。远期合同的交易无需缴纳保证金，因此当价格变动对一方有利时，他可能会面临另一方违约的风险。

## 二、金融远期的分类

金融远期合约包括远期利率协议、远期外汇合约、远期股票合约等。

### 1．远期利率协议

远期利率协议（Forward Rate Agreement，FRA）是指交易双方约定在未来某一日期，在交换协议期间内一定名义本金的基础上，分别以合同利率和参考利率计算的利息的金融合约。

关于远期利率协议，我们还需要了解一些常见术语。

（1）合同金额：合同规定的名义本金额；

（2）交易日：远期利率协议成交的日期；

（3）起算日：合同规定的开始日期；

（4）确定日：确定参照利率的日期；

（5）结算日：名义借贷开始的日期；

（6）到期日：名义借贷到期的日期；

（7）结算金：在结算日，根据协议利率和参照利率之间的差额计算出来的，由交易一方付给另一方的金额；

（8）协议利率：协议中双方商定的利率；

（9）参照利率：在确定日用以确定结算金的、在协议中指定的某种市场利率。

远期利率协议相关术语如图 7-1 所示。

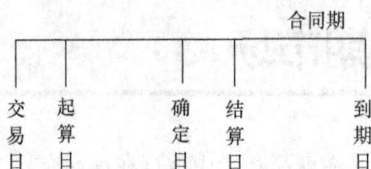

图 7-1　远期利率协议相关术语示意图

远期利率协议下，借贷双方在结算日并不直接交割合同金额，而是交割结算日时协议利率与参照利率之间的差额与合同金额乘积的贴现值，即结算金。如果参照利率超过协议利率，那么卖方（即名义贷款人）就要支付买方（即名义借款人）一笔结算金，以补偿买方在实际借款过程中因利率上升而造成的损失。结算金计算公式如下：

$$结算金=\frac{(r_r-r_k)\times A\times\dfrac{D}{B}}{1+r_r\times\dfrac{D}{B}}$$

其中，$r_r$ 表示参照利率，$r_k$ 表示协议利率，$A$ 表示合同金额，$D$ 表示合同期天数，$B$ 表示年基准（如美元是 360 天，英镑是 365 天）。

### 2. 远期外汇合约

远期外汇合约（Forward Exchange Contract）指交易双方约定在将来某一时间按约定的远期汇率买卖一定金额的某种外汇的合约。

在上述定义中，远期汇率指两种货币在未来某一日期交割的买卖价格。其通常有两种报价方法，一种是直接报出远期汇率的实际价格，另一种是报出远期汇率与即期汇率的差额，若远期汇率高于即期汇率，这一差额就称为升水（Premium），反之则为贴水（Discount）；若远期汇率等于即期汇率，则称为平价（at part）。

远期外汇合约可以分为直接远期外汇合约与远期外汇综合协议两类。

（1）直接远期外汇合约，指双方约定买方在合同日按照合同规定的直接远期汇率用第二货币向卖方买入一定名义金额的原货币，然后在到期日再按合同中规定的到期日直接远期汇率把一定名义金额原货币出售给卖方的协议。

（2）远期外汇综合协议，指双方约定买方在结算日按照合同规定的结算日直接远期汇率用第二货币向卖方买入一定名义金额的原货币，然后在到期日再按合同中规定的到期日直接远期汇率把一定名义金额原货币出售给卖方的协议。从本质上来说，远期外汇综合协议是名义上的远期对远期掉期交易。

从定义中可以看出来，直接远期外汇合约和远期外汇综合协议的区别在于前者的远期期限是从现在开始算的，而后者的远期期限是从未来的某个结算日开始算的。

### 3. 远期股票合约

远期股票合约（Equity Forwards）是指在将来某一特定日期按特定价格交付一定数量单个股票或一揽子股票的协议。

在美国，有些公司非常看好本公司未来的股价走势，因此在制定股票回购协议时就采用这种远期股票合约的形式。由于远期股票合约出现的时间不长，其交易记录也有限，因此本书对其不做详细解说。

# 第三节 金融期货市场

金融期货市场是国际资本市场创新和发展的产物，是专门进行金融期货交易的场所，在很大程度上是借鉴了商品期货市场的成功经验，但金融期货的发展更为迅速，并显示了强大的生命力和影响力。

## 一、金融期货市场概述

### （一）金融期货市场的产生与发展

20 世纪 70 年代初，西方国家出现了严重的通货膨胀，固定汇率制被浮动汇率制所取代，国内外经济环境和体制安排的转变使经济活动的风险增大；另外，由于布雷顿森林体系及国际货币制度的崩溃，以及金融自由化和金融创新浪潮的冲击，国际资本市场上利率、汇率和股票价格指数波动幅度加大。频繁而大幅度的汇率波动给进出口商、银行金融机构等多方面带来了风险。原有的远期交易由于流动性差、信息不对称、违约风险高等缺陷而无法满足人们急剧增长的需要。为了规避风险，满足多样化的投资需求，金融期货市场应运而生。

1972 年 5 月，美国的芝加哥商业交易所设立国际货币市场分部，推出了外汇期货交易。此后美国和其他国家的交易所竞相模仿，纷纷推出了各自的外汇期货合约，大大丰富了外汇期货的交易品种，并引起了其他金融期货品种的创新。1975 年 10 月，美国芝加哥期货交易所推出了第一张利率期货合约——政府国民抵押贷款协会（GNMA）的抵押凭证期货交易，同年，开始交易美国政府国库券期货合约。1982 年 2 月，美国堪萨斯州期货交易所（KCBT）推出价值线综合指数期货交易，标志着金融期货三大类别的结构初步形成。

建立在商品、股票、债券等基础产品之上的期货衍生品，是现代市场定价体系的核心和专业风险管理工具。截至 2013 年年底，我国共上市 38 个商品期货品种和两个金融期货品种，形成了覆盖农产品、金属、能源、化工和金融等国民经济重要领域的期货品种体系，成交量居于世界前列。

### （二）金融期货合约的定义和特点

金融期货合约（Futures Contracts），是指协议双方同意在约定的将来某个日期按照约定的条件（包括价格、交割地点、交割方式）买入或卖出一定标准数量的某种金融资产的标准化协议。合约中规定的价格就是期货价格（Futures Price）。

金融期货交易具有期货交易的一般特征，它与商品期货的差异主要是其合约标的物不是实物商品，而是金融产品，如外汇、债券、股票指数等。金融期货交易主要具有以下特点：

（1）金融期货交易的对象是标准化的期货合约。期货交易所为进行期货交易而设计的期货合约。对指定金融工具（如外汇、股票价格指数）的种类、价格、数量、交收月份及地点都作出统一规定，有固定的格式和内容，只有合约的交易价格是可变的。金融期货合约交割期限大多是 3 个月、6 个月、9 个月或者 12 个月，最长期限是两年，交割期限内的交割时间随交易对象而定。

（2）期货合约交易均在交易所进行，交易双方不直接接触，而是各自与交易所的清算部或者专设的清算公司结算。清算公司充当所有期货买者的卖者和所有期货卖者的买者，因此交易双方不用担心对方违约。

（3）采用有形市场形式，实行保证金制度和逐日盯市制度。期货交易所采用会员制，只有交易所会员才有资格进场交易。经纪公司通常要求交易者在交易之前必须存入一定数量的保证金，这个保证金叫作初始保证金（Initial Margin），一般按成交金额的 10%缴纳。在每天交易结束时，保证金账户都要根据期货价格的涨跌而进行调整，以反映交易者的浮动盈亏，即所谓的盯市（Marketing to Market）。当保证金账户的余额超过初始保证金水平时，交易者可随时提取现金或者用于开新仓；而当保证金账户的余额低于交易所规定的维持保证金（Maintenance Margin）水平时，经纪公司就会通知交易者限期把保证金补足到初始保证金水平，否则就会被强制平仓。

（4）期货合约的买者或卖者可在交割日之前采取对冲交易来结束其期货头寸，而无需进行最后的实物交割。尽管如此也不应忽视交割的重要性。由于有了最后交割的可能性，期货价格和标的物的现货价格之间才具有了内在联系。期货交割月份越近，期货价格也就越接近标的资产的现货价格。

### （三）金融期货市场内的运作机制

金融期货一般是在交易所内进行的，一个完整的金融期货市场一般由四部分组成：金融期货交易所、金融期货结算所、金融期货经纪公司和金融期货交易者。

客户要进行期货交易，首先要选择一家期货经纪公司（该公司是期货交易所的会员），并与经纪公司签订相关协议、开立交易账户并存入保证金。然后客户就可以根据自己的要求向经纪公司发出交易指令。经纪公司收到客户的委托单后交给公司的出市代表，由出市代表根据客户的指令进行买卖交易。目前大多采用计算机自动撮合的交易方式。结算所每日进行结算并将结果书面通知经纪公司，经纪公司则向客户提供结算清单。客户可以根据交易结果提出要求，若提出平仓要求，出市代表则将其原持有的合约进行平仓；若不平仓，则实行逐日盯市制度。按当天结算价结算账面盈利时，经纪公司将盈利差额交予客户；若出现账面亏损，客户则要向经纪公司补交亏损差额以达到维持保证金的要求。

### （四）金融期货的类型

目前，在世界各大金融期货市场，交易活跃的金融期货合约有数十种之多。根据各种合约标的物的不同性质，金融期货主要可以分为三大类：外汇期货、利率期货和股价指数期货。

（1）外汇期货是指协议双方同意在未来某一时期，根据约定价格（汇率）买卖一定标准数量的某种外汇可转让的标准化协议。外汇期货的标的物是外汇，其相关期货合约有英镑、加拿大元、欧元、欧洲美元等的期货合约。以外汇为标的的期货合约是金融期货中最先产生的品种，主要是为了规避外汇风险，如商业性汇率风险和金融性汇率风险。

（2）利率期货是指协议双方同意在约定的将来某个日期按约定条件买卖一定数量的某种长、短期信用工具的可转让的标准化协议。如长期国债期货、短期国债期货和欧洲美元期货。利率期货主要是为了规避利率风险而产生的。

（3）股价指数期货的标的物是股价指数。由于股价指数是一种很有特色的商品，它没有具体的实物形式，双方在交易时只能把股价指数的点数换算成货币单位进行结算。最具有代表性的股价指数期货有美国的道琼斯股票指数和标准普尔 500 股票指数、英国的金融时报工业普通股票指数以及中国香港的恒生指数等。

### （五）金融期货的功能

金融期货具有商品期货的一般功能，但是金融期货主要的功能有：套期保值功能、套利功能、价格发现功能和规避风险功能。

（1）套期保值功能。期货套期保值就是利用期货合约为现货市场上的证券买卖交易进行保值。它的基本做法是在期货市场上买进（或卖出）与现货市场上的证券数量相同的该证券的期货合约，以期在未来的某一时间在现货市场上卖出（或买进）证券时，能够通过在期货市场上卖出（或买进）相同数量的该证券的期货合约来补偿和冲抵因现货市场上价格变动带来的实际价格风险，以一个市场上的盈利来弥补另一个市场上的风险。套期保值可分为空头套期保值和多头套期保值。下面以外汇期货多头套期保值进行说明：

美国某进口商 2 月 10 日从德国购进价值 125 000 欧元的一批货物，1 个月后支付货款。市场上 3 个月期欧元期货合约价格为 0.401 美元/欧元。美国进口商担心欧元升值而使进口成本增加，因此该进口商进行多头套期保值。如果 1 个月后欧元升值，则整个交易过程如表 7-1 所示。

表 7-1　外汇多头套期保值过程

| 现货市场 | 期货市场 |
| --- | --- |
| 2 月 10 日 | 2 月 10 日 |
| 现汇汇率：0.398 4 美元/欧元<br>125 000 欧元折合 49 800 美元 | 买入 1 份 3 月期欧元期货合约（开仓）<br>价格：0.401 美元/欧元<br>总价值：50 125 美元 |
| 3 月 10 日 | 3 月 10 日 |
| 现汇汇率：0.411 4 美元/欧元<br>125 000 欧元折合 51 425 美元 | 卖出 1 份 3 月期欧元期货合约（平仓）<br>价格：0.413 美元/欧元<br>总价值：51 625 美元 |
| 结果：损失 1 625 美元（3%） | 结果：盈利 1 500 美元 |

因此通过金融期货市场的套期保值，期货市场的盈利能够抵补现货市场的亏损，从而降低了外汇升值造成的损失。

（2）套利功能。套利功能是指利用同一合约在不同市场上可能存在的短暂价格差异进行买卖，赚取差价，或者用同一合约在不同时期根据价差进行买卖，或者利用不同的合约在同一市场上利用价格差异来进行套利，因此金融期货市场可以有跨市套利、跨期套利、跨品种套利，套利者能够从价格差异中赚取利润，获得收益。下面以股票价格指数买空套利进行说明：

某年 2 月 10 日，3 个月期的 NYSE（纽约股票指数）指数期货价格为 400.45 点，6 个月期的 NYSE 指数期货价格为 408.75 点。某投资者认为，3 个月期的期货价格上升速度快于 6 个月期的，于是买入 1 份 3 个月期的合约，同时卖出 1 份 6 个月期的合约，点数差价为 8.3。2 月 24 日，3 个月和 6 个月期的合约的价格分别为 409.85 点和 411.75 点。该投资者认为时机成熟，卖出 1 份 3 个月期的 NYSE 指数期货合约，买进 1 份 6 个月期的 NYSE 指数期货合约。这时差价变为了 1.9 点。其利润计算如下：

3 个月的合约盈利为：（409.85-400.45）×500=4 700（美元）

6 个月的合约盈利为：（408.75-411.75）×500=-1 500（美元）

净盈利为：4 700-1 500=3 200（美元）

因此投资者从套利中得到了一定的利润，体现了股票价格指数期货的套利功能。

（3）价格发现功能。价格发现功能，是指在交易所内对多种金融期货商品合约进行交易的结果能够产生这种金融商品的期货价格体系，能够提供各种金融商品的有效价格信息。与现货市场相比，金融期货市场有交易成本低、流动性强、市场集中、信息及时透明等优势，这就更能够利用期货、现货价格之间的关系影响甚至决定现货价格，从而发挥价格发现功能。

（4）规避风险功能。衍生证券产生的原因和动机之一就是为了规避风险。投资者通过购买相关的金融期货合约，通过在期货市场上建立与其现货市场上相反的头寸，并根据市场的不同情况采取到期前对冲平仓或到期履约交割的方式来实现规避风险的目的。但是值得注意的是，单个主体能够通过期货交易达到规避风险，而对整个社会而言，期货交易通常不能消除风险，它只是将风险在不同投资主体之间进行转移，也相当于博弈中的"零和游戏"。

## 二、金融期货和金融远期的比较

金融期货合约和金融远期合约虽然都是在交易时约定在将来某一时间按约定的条件买卖一定数量的某种标的物的合约，但是它们仍然存在很多区别。远期合约与期货合约的比较如表 7-2 所示。

表 7-2　远期合约与期货合约的比较

| 区别 | 远期合约 | 期货合约 |
|---|---|---|
| 标准化程度不同 | 遵循"契约自由"原则，具有较大的灵活性；但流动性较差，二级市场不发达 | 标准化合约，流动性强 |
| 交易场所不同 | 没有固定的场所，是一个效率较低的无组织分散市场 | 在交易所内交易，一般不允许场外交易。期货市场是一个有组织的、有秩序的、统一的市场 |
| 违约风险不同 | 合约的履行仅以签约双方的信誉为担保，违约风险较高 | 合约的履行由交易所或清算公司提供担保，违约风险低 |
| 价格确定方式不同 | 交易双方直接谈判并私下确定，存在信息不对称，定价效率低 | 在交易所内通过公开竞价确定，信息较为充分、对称，定价效率较高 |
| 履约方式不同 | 绝大多数只能通过到期实物交割来履行 | 绝大多数都是通过平仓 |
| 合约双方关系不同 | 必须对对方的信誉和实力有充分的了解 | 对对方完全不了解 |
| 结算方式不同 | 到期才进行交割清算，期间均不进行结算 | 每天结算，浮动盈利或亏损通过保证金账户体现 |

虽然金融远期合约和金融期货合约存在很多不同，且金融期货合约更具有安全性、标准化，金融远期合约违约风险更高，但是在需求化多样的金融市场上，金融期货合约和金融远期合约能够达到互补，满足不同投资者的需求，以使得衍生证券多样化。

## 三、金融期货的定价

期货合约是约定在未来以事先协定的价格买卖某种商品或者资产的双边合约。在合约中，对有关交易的标的物、合约规模、交割时间和标价方法等都有标准化的条款规定。金融期货的标的物包括各种金融资产，如股票、外汇、利率等。

### 1．复利与连续复利

连续复利在衍生证券定价中有相当广泛的应用。假设数额为 $A$ 的资金以年利率 $R$ 投资了 $n$ 年。如果利息按每一年计一次复利，则上述投资的终值为

$$A(1+R)^n$$

如果每年计 $m$ 次利息，其他条件不变，则上述投资的终值为

$$A(1+\frac{R}{m})^{nm}$$

当 $m$ 趋于无穷大时，就成为连续复利（continuous compounding），此时的终值为

$$\lim_{m\to\infty} A(1+\frac{R}{m})^{nm} = Ae^{Rn}$$

举例设 $A$=10 000 元，$R$=8%，$n$=1，以连续复利计息，$A$ 的终值为

$$10\,000 \times e^{0.08} = 10\,832.9（元）$$

这个数值与用每天计复利得到的结果相近，从实际角度出发，通常认为连续复利和每天计复利相等。

假设 $R_e$ 是连续复利的利率，$R_m$ 是与之等价的每年计 $m$ 次复利的利率，从上面的公式可以得到：

$$(1+\frac{R_m}{m})^{nm} = e^{R_e n}$$

可得

$$R_e = m\ln(1+\frac{R_m}{m}) \Leftrightarrow R_m = m(e^{\frac{R_e}{m}}-1)$$

### 2．无收益资产期货合约的定价

假设金融期货合约的基础金融工具是无收益资产，如零息债券，则在无套利定价原理的假设下，到期日为 $t_1$ 的金融期货在 $t_0$ 时刻的理论价格 $F$ 满足：

$$F = Se^{(t_1-t_0)r}$$

其中，$S$——金融期货基础金融工具的现货价格，$r$——无风险利率。

上述金融期货理论价格公式又叫作无收益资产的现货—期货平价定理，它表明，无收益资产对应的期货价格等于其基础金融工具现货价格的终值。

【例 7-1】假设一年期的贴现债券价格为 900 美元，9 个月期无风险年利率为 4%，则该贴现债券 9 个月期的期货合约的理论交割价格为

$$F = 900 \times e^{0.04\times0.75} = 927.41（美元）$$

### 3．支付已知现金收益资产期货合约的定价

支付已知现金收益的资产，是指在到期前会产生完全可预测的现金流的资产，如附息票债券和支付已知现金红利的股票等。令已知所有现金收益的现值为 $I$，则到期日为 $t_1$ 的金融期货在 $t_0$ 时刻的理论价格 $F$ 满足：

$$F = (S-I)e^{(t_1-t_0)r}$$

这是支付已知现金收益资产的现货—期货平价公式，表明支付已知现金收益资产的期货价格等于基础金融工具现货价格与已知现金收益现值差额的终值。

### 4．支付已知收益率资产期货合约的定价

支付已知收益率的资产是指在到期前将产生与该资产现货价格成一定比率的收益的资产。令该收益率为 $k$，则到期日为 $t_1$ 的金融期货在 $t_0$ 时刻的理论价格 $F$ 满足：

$$F = Se^{(t_1-t_0)(r-k)}$$

这是支付已知收益率资产的现货—期货平价公式，表明支付已知收益率资产的期货价格等于按无风险利率与已知收益率之差计算的现货价格在 $t_1$ 时刻的终值。

### 5．期货价格与现货价格的关系

由前面期货的定价可以看到，期货价格与现货价格之间关系密切，现货价格对期货价格的涨跌起着重要的制约作用。期货价格和现货价格之间的关系可以用基差来描述。基差就是现货价格与期货价格之差，公式表示为：

$$基差=现货价格-期货价格$$

由公式可以看出，基差可能为正值也可能为负值，当期货合约到期时，基差为零，这表明期货价格收敛于标的资产的现货价格，如图 7-2 所示。

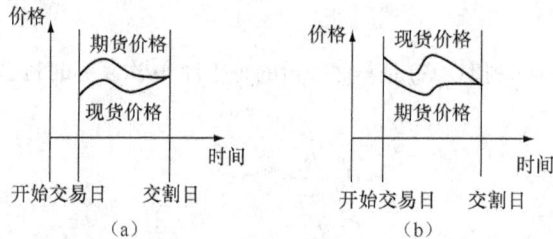

图 7-2　现货价格与期货价格之间的关系变化图

根据前面的定价公式可知，当标的资产没有收益，或者已知现金收益较小或已知收益率小于无风险利率时，期货价格应高于现货价格，如图 7-2（a）所示；当标的资产的已知现金收益较大，或者已知收益率大于无风险利率时，期货价格应低于现货价格，如图 7-2（b）所示。

期货价格收敛于标的资产的现货价格，是由于期货可以进行套利决定的。假定交割期间期货价格高于标的资产的现货价格，套利者可以通过买入标的资产、卖出期货合约并进行交割来获利，从而促使现货价格上升、期货价格下降；如果期货价格低于标的资产的现货价格，也可以进行反方向操作进行获利，从而促使期货价格收敛于现货价格。

## 专栏 7-3

### 我国金融期货市场运行现状

就我国当前期货交易来说，我国现有的期货交易所主要有 4 家，其中大连商品交易所、上海期货交易所、郑州商品交易所三家期货交易所以商品期货交易为主。而 2006 年 9 月 8 日挂牌成立的中国金融期货交易所（CFFEX）交易金融期货，这是中国内地成立的首家金融衍生品交易所，其上市的第一个品种是沪深 300 股指期货。其交易量和交易金额如表 7-3 所示。

表 7-3　2012 年 1 月至 2013 年 8 月沪深 300 股指期货月成交量和月成交金额

| 年月 | 成交量/手 | 成交金额/亿元 | 年月 | 成交量/手 | 成交金额/亿元 |
|---|---|---|---|---|---|
| 2012.1 | 5 541 616 | 40 230 | 2012.11 | 11 819 406 | 78 685.41 |
| 2012.2 | 7 936 552 | 60 768.49 | 2012.12 | 14 852 949 | 104 035.64 |
| 2012.3 | 6 998 856 | 54 838.26 | 2013.1 | 15 042 257 | 116 824.39 |
| 2012.4 | 6 062 540 | 46 742.59 | 2013.2 | 11 207 028 | 90 740.34 |
| 2012.5 | 7 207 413 | 56 844.05 | 2013.3 | 18 230 657 | 141 140.77 |
| 2012.6 | 7 139 091 | 54 311.21 | 2013.4 | 14 426 023 | 107 121.12 |
| 2012.7 | 8 888 926 | 64 685.87 | 2013.5 | 16 885 815 | 129 076.04 |
| 2012.8 | 8 028 120 | 56 102.81 | 2013.6 | 13 744 845 | 95 468.98 |
| 2012.9 | 11 013 803 | 74 890.60 | 2013.7 | 23 211 627 | 153 581.37 |
| 2012.10 | 9 572 553 | 66 271.51 | 2013.8 | 21 108 463 | 145 804.71 |

资料来源：中国证监会。

在 1995 年的"327"事件后，中国证监会暂停了国债期货交易。2012 年 2 月 13 日，中国国债期货仿真交易重启。2013 年 9 月 6 日，国债期货正式在中国金融期货交易所上市交易。5 年期国债期货合约如表 7-4 所示。

表 7-4　5 年期国债期货合约表

| 5 年期国债期货合约表 | |
|---|---|
| 合约标的 | 面值为 100 万元人民币、票面利率为 3%的名义中期国债 |
| 可交割国债 | 合约到期月首日剩余期限为 4～7 年的记账式附息国债 |
| 报价方式 | 百元净价报价 |
| 最小变动价位 | 0.002 元 |
| 合约月份 | 最近的三个季月（3 月、6 月、9 月、12 月中的最近三个循环） |
| 交易时间 | 09:15～11:30，13:00～15:15 |
| 最后交易日交易时间 | 09:15～11:30 |
| 每日价格最大波动限制 | 上一交易日结算价的 ±2% |
| 最低交易保证金 | 合约价值的 2% |
| 最后交易日 | 合约到期月份的第二个星期五 |
| 最后交割日 | 最后交易日后的第三个交易日 |
| 交割方式 | 实物交割 |
| 交易代码 | TF |
| 上市交易所 | 中国金融期货交易所 |

资料来源：中国金融期货交易所。

在衍生金融市场上，金融远期、金融期货、金融期权的发展都很迅速，投资者都是密切关注金融市场利率、汇率以及其他投资产品价格的变化来对冲金融风险、获取投资利润。而衍生金融市场还存在其他控制利率和资产价格风险的方法，如金融互换。随着国际资本自由流动的加速，金融互换日益成为各国进行规避风险的工具。

# 第四节　金融期权市场

## 一、金融期权市场概述

### （一）金融期权市场的产生与发展

20世纪70年代前，期权交易都是在非正式的场外市场进行的，金融期权还处在可有可无的地位。金融期权发展的重大突破发生在1973年，世界上第一个集中性的期权交易市场——芝加哥期权交易所（CBOE）成立，开始了期权交易，标志着期权合约标准化、期权交易规范化。此后美洲交易所（AMEX）、费城股票交易所（PHLX）和太平洋股票交易所等相继引入期权交易，期权开始了其迅猛的发展。

### （二）金融期权的定义及其特征

金融期权是以期权为基础的金融衍生产品，是指赋予其持有者在规定期限内按双方约定的价格（即协议价格或执行价格）购买或出售一定数量某种金融资产的权利的合约。

金融期权的特征有以下几点：

（1）交易对象是一种选择权。不同于其他的衍生产品，金融期权交易的对象并不是任何金融资产实物，而是一种买进或卖出金融资产的权利，这是它最显著的特点。金融期权只能在合约规定的购买有效期内行使，一旦超过合约规定的期限，则视为自动放弃该权利。

（2）期权交易双方享有的权利和承担的义务不一样。期权的买方享有权利，他有权在规定的时间内，决定是否买进或卖出标的金融资产，而期权的卖方只有履行该合约的义务，不得以任何理由拒绝。

（3）期权费。不论期权是否行使，买方都必须事先向卖方支付一笔期权费。

### （三）金融期权的分类

依据不同的标准，金融期权可以有多种分类方法。

**1. 按期权买者的权利划分**

（1）看涨期权。如果期权合约赋予买方从卖方购买标的物的权利，则称为看涨期权（Call Option）。

（2）看跌期权。如果期权合约赋予买方向卖方出售标的物的权利，则称为看跌期权（Put Option）。

**2. 按期权买者执行期权的时限划分**

（1）美式期权。美式期权（American Options）可以在到期日之前，包括到期日的任何时候执行。

（2）欧式期权。欧式期权（European Options）只能在到期日当天执行。

**3．按期权合约的标的资产划分**

（1）现货期权。现货期权可细分为利率期权、货币期权、股价指数期权、股票期权。

（2）期货期权。期货期权又可分为利率期货期权、货币期货期权、股价指数期货期权。

### （四）金融期权的功能

金融期权发展至今之所以成为当今金融市场上最受欢迎的金融衍生工具之一，是因为期权为交易者提供了诸多便利。

（1）期权向需要避险的交易者提供了一个类似于保险的单向套期保值工具，实现了将对称性风险向非对称性风险的转化。

（2）对希望借助基础金融工具价格的涨跌而进行投机的交易者，期权是一个较好的替代品。一般情况下，期权的价格都低于基础金融工具价格，这使得期权投机所需的资金较少，有助于降低交易成本，具有杠杆作用。

## 二、金融期权与金融期货的比较

为了更清楚地了解金融期权与金融期货的区别，我们将其列在了表 7-5 中。

表 7-5　金融期权与金融期货的区别

|  | 金融期权 | 金融期货 |
| --- | --- | --- |
| 交易标的物 | 一种选择权 | 金融资产实物 |
| 权利与义务 | 买方有权利，卖方只有义务 | 买卖双方均有权利和义务 |
| 标准化程度 | 标准化/非标准化 | 标准化 |
| 交易场所 | 场内/场外 | 期货交易所 |
| 盈亏风险 | 视具体情况而定 | 交易双方承担的盈亏风险是无限的 |
| 保证金 | 买方无须交，交易所交易卖方需交 | 买卖双方都需缴纳 |
| 买卖匹配 | 买方可视具体情况决定是否实行权利 | 到期必须进行买卖 |
| 套期保值 | 转出不利风险，转入有利风险 | 同时转出有利和不利风险 |

对于期权交易的盈亏风险，我们需要注意的是，看涨期权卖方的亏损风险可能是无限的，相应的，看涨期权买方的盈利风险也可能是无限的；看跌期权卖方的亏损风险可能是有限的，相应的，看跌期权买方的盈利风险也可能是有限的。此外，期权交易卖方的盈利风险是有限的（以期权费为限），而期权交易买方的亏损风险也是有限的（以期权费为限）。在下一部分我们将会详细讲述。

## 三、金融期权的盈亏分布

金融期权分为看涨期权和看跌期权两类，在金融期权交易中，交易者可分为期权买者与期权卖者，金融期权的这两种基本类型和两种基本交易者可以形成四种不同的组合，即四种交易策略：买进看涨期权、卖出看涨期权、买进看跌期权、卖出看跌期权。

在这一部分里，我们将了解金融期权的盈亏分布，这对于制定期权交易策略有着十分重要的作用。

## （一）看涨期权的盈亏分布

首先从期权买者的角度来分析。如果期权购买者以一定价格购买了某种标的物资产，若期权到期时，该标的物资产的市价比协议价格要低，则期权购买者会放弃期权，他的最大损失即之前购买期权时所支付的期权费；若期权到期时，该标的物资产的市价要高于协议价格，但高出的价格没有超过期权费，此时期权买者仍会选择执行该期权，虽然会有亏损，但亏损不会超过期权费（当高出的价值等于期权费时，期权购买者刚好实现盈亏平衡）；若期权到期时，该标的物资产的市价要高于协议价格，且高出的价格大于期权费，则期权购买者将会实现盈利，且盈利是无限的。看涨期权买者的盈亏分布如图7-3（a）所示。

对于同一看涨期权来说，期权买者和卖者的盈亏是刚好相反的，据此我们可以得出看涨期权卖者的盈亏分布，如图7-3（b）所示。

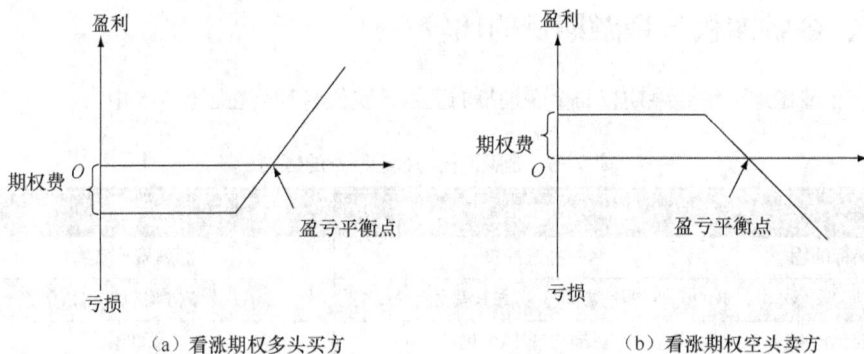

（a）看涨期权多头买方　　　　　　　　　（b）看涨期权空头卖方

图7-3　看涨期权盈亏分布图

从图7-3可以看出，对于看涨期权的买家来说，亏损风险是有限的，其最大亏损限度是期权价格，而其盈利风险是无限的。相反，对于看跌期权的卖家来说，盈利风险是有限的，其最大盈利限度是期权价格，而其亏损风险是无限的。

## （二）看跌期权的盈亏分布

同样的，我们先从期权买者的角度来分析。如果期权购买者以一定价格购买了某种标的物资产。若期权到期时，该标的物资产的市价比协议价格要高，则期权购买者会放弃期权，他的最大损失即之前购买期权时所支付的期权费；若期权到期时，该标的物资产的市价要低于协议价格，但低出的价格没有超过期权费，此时期权买者仍会选择执行该期权，虽然会有亏损，但亏损不会超过期权费（当低出的价值等于期权费时，期权购买者刚好实现盈亏平衡）；若期权到期时，该标的物资产的市价要低于协议价格，且低出的价格大于期权费，则期权购买者将会实现盈利，但不同于看涨期权的情况，其盈利是有限的。看涨期权买者的盈亏分布如图7-4（a）所示。

期权卖者与期权买者的盈亏同样也是相反的，如图7-4（b）所示。

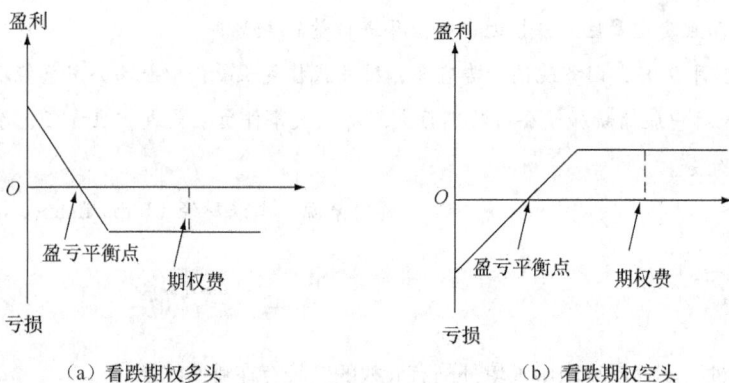

(a) 看跌期权多头　　　　　　　(b) 看跌期权空头

图 7-4　看跌期权盈亏分布图

从图中可以看出，看跌期权买者的盈利风险是有限的，其最大盈利限度是协议价格减去期权价格后再乘以每份期权合约所包括的标的资产的数量，此时标的资产的市价为零；看跌期权买者的亏损风险也是有限的，其最大亏损限度是期权价格。相反，看跌期权卖者的亏损风险是有限的，其最大亏损限度是协议价格减期权价格再乘以每份期权合约所包括的标的资产的数量，此时标的资产的市价为零；看跌期权卖者的盈利风险也是有限的，其最大盈利限度是期权价格。

## 补充阅读 7-1

### "中航油"事件

中国航空油料集团公司成立于 2002 年 10 月 11 日，是以中国航空油料总公司及所属部分企事业单位为基础组建的国有大型航空运输服务保障企业，是国家授权投资机构和国家控股公司试点，主要从事航空油料及其他成品油的批发、储存、零售及成品油的境外期货套期保值经营等业务。中国航油（新加坡）股份有限公司（简称中航油）是以经济持续、高速增长的中国为依托的石油类跨国企业，是中国航空油料集团公司在新加坡的分公司。

2003 年下半年，中航油开始参与 200 万桶的原油期货买卖，初期获利；2003 年下半年，中航油开始交易石油期权。

2004 年上半年，油价攀升，中航油亏损 3 000 万美元；2004 年 10 月 20 日，母公司提前配售 15% 的股票，将所得的 1.08 亿美元资金贷款给中航油；2004 年 10 月 26 日～28 日，公司因无法补加一些合同的保证金而遭逼仓，蒙受 1.32 亿美元的实际亏损；2004 年 11 月 8 日～25 日，公司的衍生商品合同继续遭逼仓，截至 25 日的实际亏损达 3.81 亿美元；2004 年 12 月 1 日，在亏损 5.5 亿美元后，中航油向法庭申请破产保护令。

2005 年 2 月，中航油掌门陈久霖入狱；2005 年 5 月，中航油公布重组方案；2005 年 12 月，BP 入股中航油。

2006 年 2 月，林日波掌舵中航油；2006 年 3 月 22 日，新加坡高院正式批准中航油重组方案；2006 年 3 月 29 日，经历一年重组风波的中航油终于复牌。中航油在衍生产品交易过程中，严重违反内控程序、授权和止损制度形同虚设，导致巨额亏损。中航油在国际市场上应该是石油买家，按规定只能套期保值——买进和需求相当的期货期权，不能卖空。实际上，它不但卖空，而且卖空量巨大，接近中国全年进口量的 15%。

2007 年 2 月 7 日，国务院国资委宣布，孙立代替英长斌任中航油公司总经理，英长斌、陈久霖等 4 人对中航油新加坡公司特别巨大经济损失事件负主要或相应责任，予以责令辞职或获党纪政纪处分。

资料来源：新浪财经（http://finance.sina.com.cn）.

## 读后讨论

1. "中航油"事件反映出中国境外国有股权的监管存在哪些问题？
2. "中航油"事件和巴林银行倒闭案有什么相似之处？

## 四、期权定价模型

### （一）二项式期权定价模型

二项式定价模型假设标的资产的未来价格仅有两种情形：上涨或下跌。现在对二项式定价模型做以下基本假设：

（1）资本市场完美无摩擦、无交易成本、无税、无融券限制、证券可无限分割。

（2）借贷利率相等，均为无风险利率。

（3）每一期的借贷利率（$r$）、上涨报酬率（$u$，$u>1$）及下跌报酬率（$d$，$d<1$）均为已知，且 $u>r>d$。如果 $u$ 和 $d$ 都大于 $r$，则投资者将可借资金买进资产，无论涨跌皆可获利，不符合市场套利的原则。

下面我们将对二项式定价模型进行推导。假设 $t$ 时期资产标的物的价格为 $S$，（$t+1$）时期的标的物价格有两种可能：上涨时 $S_1$ 为 $uS$，下跌时为 $dS$，若此标的物的期权价格在 $t$ 时期为 $C$，则当标的物在（$t+1$）时期价格为 $uS$（或 $dS$）时，期权价格为 $C_u$（或 $C_d$）。当执行价格为 $K$ 时，期权价格具体表示如下：

$S$ 上涨为 $uS$ 时，$C_u = \max(0, S_1 - K) = \max(0, uS - K)$

$S$ 下跌为 $dS$ 时，$C_d = \max(0, S_1 - K) = \max(0, dS - K)$

单期二叉树如图 7-5 所示。

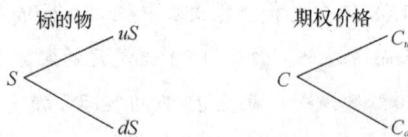

图 7-5　单期二叉树

图 7-5 表示了标的物和期权价格在 $t$ 及（$t+1$）时期价格变化的关系。由于 $S$、$uS$、$dS$ 均为已知，$C_u$ 和 $C_d$ 也可由 $uS$ 和 $dS$ 计算得知，故唯一的未知数为期权价值 $C$，下面我们将推导 $C$ 的合理价值。

以期权本身含义而言，借入相当于执行价格的金额买入一定数量的标的物，并期待在未来价格上涨时出售该标的物以还清本利，为形成此投资组合，我们假设借入金额为 $B$ 的贷款，利率为 $r$，同时买入数量为 $h$ 的标的物。当在 $t$ 时期建立起投资组合后，若市场不存在无风险套利的机会，则无论（$t+1$）时期标的物价格是涨还是跌，期权的价格都应与投资组合的报酬相等，用公式表示如下：

$$huS - BR = C_u，hdS - BR = C_d，其中 R = (1+r)$$

联立上述方程式可解出：

$$h = \frac{C_u - C_d}{S(u-d)}，B = \frac{dC_u - uC_d}{R(u-d)}$$

若期初无现金流量的支出，则有：$hS-B=C$，将 $h$ 和 $B$ 的值代入，则可解出 $C$ 值：

$$C = \frac{(R-d)C_u + (u-R)C_d}{R(u-d)}$$

令 $P=（R-d）/（u-d）$，则上式可进一步简化为：

$$C = \frac{P \times C_u + (1-P) \times C_d}{R}$$

以上推导过程是以单期为计算基础，但是它同样适用于超过一期（$t>1$）的期权价值，我们用相同的方法即可推导出来，这里不做详细的叙述。

### （二）B-S 模型

布莱克—斯科尔斯模型是布莱克和斯科尔斯在 1973 年给出的欧式股票看涨期权的定价公式。他们建立的期权定价模型被称为著名的 Black-Scholes 模型（以下简称 B-S 模型）。

B-S 公式最大的实用性就在于，该模型避免了对未来股票价格概率分布和投资者风险偏好的依赖。布莱克和斯科尔斯建模的基本思想是：通过一种投资策略，买入一种股票，同时卖出一定份额的该股票看涨期权，构成一个无风险的投资组合，即投资组合的收益完全独立于股票价格的变化。在资本市场均衡条件下，根据资本资产定价模型，这种投资组合的收益应等于短期利率。因此，期权的收益可以用标的股票和无风险资产构造的投资组合来复制，在无套利机会存在的情况下，期权价格应等于购买投资组合的成本。

原始的 B-S 模型有以下几个假设。

（1）股票买权必须为欧式期权。

（2）标的股价为对数正态分配。

（3）标的股票不配发股利或其他现金分配。

（4）完美市场假设，即没有交易成本及税等。

（5）证券可无限制细分买卖。

（6）存在无风险利率 $r$，且为固定不变。

（7）可以卖空。

下面我们将对 B-S 公式进行推导。

首先我们复制一个包含股票及买权的投资组合，使得此投资组合报酬走势和每期股票价格变化相同，而此投资组合的价值（$V$）为

$$V = n_s S + n_c C \tag{7-1}$$

式（7-1）中，$n_s$ 及 $n_c$ 各代表股数及买权数量，而为了能使投资组合的报酬与股价报酬无异，$n_s$ 及 $n_c$ 必须计算出来，因此对式（7-1）的股票进行偏微分，并令其值为零，即 $\frac{\partial V}{\partial S} = 0$。

$$\frac{\partial V}{\partial S} = n_s \frac{\partial S}{\partial S} + n_c \frac{\partial C}{\partial S} = 0$$

$$n_s + n_c \frac{\partial C}{\partial S} = 0 \qquad (7\text{-}2)$$

我们限制投资组合中的期权为一个卖出买权，即式（7-2）中 $n_c = -1$，在这个限制下可以解出让 $\frac{\partial V}{\partial S} = 0$ 的股数 $n_s$。

$$n_s - 1 \times \frac{\partial C}{\partial S} = 0$$

$$n_s = \frac{\partial C}{\partial S} \qquad (7\text{-}3)$$

式（7-3）即期权的对冲比例，换言之，若卖出一个期权同时持有 $\frac{\partial C}{\partial S}$ 数量的股票，可确保每期获得无风险的利润，隐含投资组合价值的变动会与每一期($t$)的无风险利率($r_f$)的报酬相等，此等式为

$$\frac{\mathrm{d}V}{V} = r_f \mathrm{d}t \qquad (7\text{-}4)$$

买权价格的变动首先可从对式（7-1）全微分，然后再将式（7-4）代入，并且令 $n_c = -1$ 及 $n_s = \frac{\partial C}{\partial S}$ 确保投资组合没有风险，整理后可得下列结果：

$$\mathrm{d}V = n_s \mathrm{d}S + n_c \mathrm{d}C$$

$$r_f V \mathrm{d}t = n_s \mathrm{d}S + n_c \mathrm{d}C$$

$$r_f (n_s S + n_c C) \mathrm{d}t = \frac{\partial C}{\partial S} \mathrm{d}S - \mathrm{d}C \qquad (7\text{-}5)$$

最后解出 $\mathrm{d}C$ 为

$$\mathrm{d}C = -r_f \frac{\partial C}{\partial S} S \mathrm{d}t + r_f C \mathrm{d}t + \frac{\partial C}{\partial S} \mathrm{d}S \qquad (7\text{-}6)$$

从式（7-6）中可以看出来，买权价格的变动率等于先前对冲投资组合价值的变动率，同时间接与无风险利率报酬相等。

求出买权价格变动率后，我们必须决定股价波动率后再转换为买权的价格波动率，布莱克和斯科尔斯假设股价变动率随时间变化而遵循几何布朗运动，即股价变动率 $\left( \frac{\mathrm{d}S}{S} \right)$ 伴随着预期对数报酬的轨迹而改变，实际的股价则在此轨迹的上方或下方波动，股价变动率的波动则由股价的方差决定。因此，每股股价变动率受股价对数报酬的平均值及方差所共同影响。几何布朗运动的定义为：

$$\frac{\mathrm{d}S}{S} = \sqrt{\mu} \mathrm{d}t + \sigma \mathrm{d}Z \qquad (7\text{-}7)$$

式中：$\mu$——对数报酬平均。

$\sigma$——对数报酬之标准差。

$Z$——标准正态分布，决定了股价变动率后，即可进行转换的工作。

由于股价遵循几何布朗运动，当买权价格为股价与时间的函数时[$C=f(S,t)$]，则买权的全微

分方程式为：

$$dC = \frac{\partial C}{\partial S}dS + \frac{\partial C}{\partial t}dt + \frac{1}{2}\frac{\partial^2}{\partial S^2}\sigma^2 S^2 dt \tag{7-8}$$

将式（7-8）代回式（7-6），即可求出合理的买权每一期价格变动率，使得对冲组合价值变动与无风险利率报酬相等，即：

$$dC = \frac{\partial C}{\partial S}dS + \frac{\partial C}{\partial t}dt + \frac{1}{2}\frac{\partial^2}{\partial S^2}\sigma^2 S^2 dt$$

$$= -r_f \frac{\partial C}{\partial S}Sdt + r_f C dt + \frac{\partial C}{\partial S}ds$$

将等式两边同除以 $dt$ 并解出 $\frac{\partial C}{\partial t}$ 后可得式（7-9）：

$$\frac{\partial C}{\partial t} = -r_f S \frac{\partial C}{\partial S} - \frac{1}{2}\frac{\partial^2 C}{\partial S}\sigma^2 S^2 + r_f C \tag{7-9}$$

再解式（7-9）的 $C$ 值，就可以得到 B-S 公式：

$$C = S \times N(d_1) - Ke^{-rxt} \times N(d_2)$$

其中，$d_1 = \dfrac{\ln(S/K) + (r + 0.5\sigma^2)t}{\sigma\sqrt{t}}$

$$d_2 = d_1 - \sigma\sqrt{t}$$

## 补充阅读 7-2

### 大豆风波

近年来，中国期货事业迅猛发展，与此同时，在急速发展的全球衍生产品的投资领域，"中国因素"越来越大地影响着世界商品价格的波动，中国人也开始大规模地参与国际商品和衍生品市场的交易。人们在更多地介入全球衍生品市场的同时，也暴露出了一些问题，非常值得反思。大豆风波是一个典型案例。

2004 年，芝加哥期权交易所大豆暴涨暴跌，引发了中国大豆进口商和加工商违约和巨额亏损。在我国，大豆原本并不是一种重要商品，对国民经济的影响非常有限。但伴随着中国经济的发展，人们对于油脂和肉食的需求不断扩大，导致中国对于大豆需求由出口国变成了进口国，而且进口额度越来越大，从 20 世纪 90 年代中期的几百万吨到现在的 2 500 万吨以上，而中国现在每年要消费的大豆大约在 4 000 万吨以上。但是就在 2002 年以后，中国和世界粮食形势发生了很大的逆转，粮食生产连续遭遇天灾的影响，粮食由过剩转向短缺。而中国经济的迅猛发展又使人民生活普遍改善，于是对于大豆的需求出现了极度旺盛的局面。从 2003 年夏季以后，伴随美国大豆等主要粮食歉收，芝加哥期权交易所大豆走出了一波凌厉的涨势。大豆期价从 2003 年 7 月底的 500 美分/蒲式耳的低点，一路涨至 2004 年 4 月前后的 1 000 美分/蒲式耳以上。本来这一切都是顺理成章的，但是最让人无法想象的是，在芝加哥期权交易所大豆冲上 1 000 美分/蒲式耳，达到 1 064 美分/蒲式耳的高点以后，大豆价格开始反转，一路下行，最后到年底的时候又跌至 500 美分/蒲式耳。

我国的加工商和进口商高价定购的大豆没有给其带来利润，而是带来了巨大的风险，最后变成了巨额的亏损。在这种情况下，中国油脂企业抗风险能力薄弱的问题显现出来，于是中国人开始大量违约，在国际上造成了非常不好的影响，甚至个别油脂企业至今都没有摆脱这种阴影的影响。由于国外的企业拒绝与违约企业合作，于是现在一些企业要进口大豆，还要拐弯抹角地以其他企业的名义进口。

总结这一事件，经事后分析，应该有这么几个方面的情况是值得注意到的：国际炒家首先是利用中国需求增长的情况，疯狂拉高大豆价格，而后在大豆期价虚高，抑制了有效需求的时候，又转手放空，导致中国人损失惨重，通过几年辛辛苦苦赢得并累积起来的一点大豆加工费如数交还给了国际游资。

当然，企业也要加强风险意识，积极和理智地参与套期保值。2004 年大豆暴涨暴跌的时候，一些油脂企业无论是进口现货还是做期货，都是一味地买入。这样当价格下跌的时候，出现了双倍的亏损。实际上，应该是在国际上买入大豆现货供压榨使用，另外应该在大连期货交易所卖出保值。这样，无论价格如何运行，利润已经锁定。企业应该加强对于市场的研究，在大豆和豆粕价格大涨的时候，其实市场已经发生了很大的变化，由于肉类价格没有大幅攀升，导致养殖业无法使用高价豆粕，需求严重萎缩，因此豆粕库存急剧增加，最后导致市场崩盘，这是明显的"羊群效益现象"。

# 第五节　金融互换市场

## 一、金融互换的概念

金融互换（Financial Swaps）是约定两个或者两个以上当事人按照商定条件，在约定的时间内交换一系列现金流的合约。通过金融互换可以将资产和负债从一种货币转换为需要的另一种货币或者从一种利率形式转换为另一种利率形式。

## 二、金融互换市场的产生与发展

金融互换市场于 20 世纪 70 年代末在平行贷款和背对背贷款的基础上发展起来，当时的货币交易商为了逃避英国外汇管制而开发了货币互换。而 1981 年 IBM 与世界银行之间签署的"利率互换协议"是世界上第一份利率互换协议。互换开始时是一种非标准化的合约，以满足不同客户的需求。但由于合约内容复杂，交易成本高，这阻碍了互换的发展。1984 年，一些从事互换交易的有代表性的银行开始了促进互换合约标准化的进程。1985 年，国际互换交易商协会（International Swaps Dealers Association，ISDA）成立，促成了互换合约的标准化，减少了互换交易的成本和时间，大大加快了金融互换的发展。

金融互换市场产生与发展的主要原因如下。

（1）金融互换市场发展的最初动因是帮助企业降低融资成本。这是因为互换双方在不同的资本市场上拥有比较优势，企业可以根据自身资金状况和对资金的不同需求选定对自己有利且成本较低的市场，而另一些企业也可以根据企业自身状况以及国内融资成本来选定互换对象。由于世界各地的投资者对同一发债机构的看法可能不同，同时也由于不同资本市场的税收和监管制度不同，这个机构在各个资本市场的融资成本不完全一样，因此，企业可以在某个市场以较低的举债成本借入不为其所需的资金，然后通过货币或利率互换，将该笔债务转换成其所需要的货币资金。

（2）企业和金融机构可以利用金融互换来规避资产组合中的风险头寸，从而达到套期保值。由于金融市场上资本价格波动大且变动迅速，利率、汇率成为主要盯住对象，一旦某国经济发生变化，利率大幅波动，这将增加借款人融资成本的不确定性，从而风险暴露更大。金融衍生品产生的基本动因就是为了规避风险、套期保值。在金融互换中，通过利率互换则能够根据各自商定的条件交换利息差额，从而减少信用风险等。

（3）金融互换市场发展的另一动因是金融市场中投机的广泛存在。随着金融自由化趋势的加强，世界各国资本市场的开放程度不断加大，资本的可自由流动会引导投资者专注于能够获取更高回报的市场。而另一方面，由于投机的存在，金融泡沫泛滥，短期投机资本充斥全球，同时由于市场信息的不对称性，一旦投机者拥有信息优势，能够根据对市场利率等的变动趋势作出合理的预期，在一定的时机投机者就可以运用衍生金融工具的高杠杆性调整固定利率和浮动利率资产的相对头寸进行投机以获取高额回报。

## 三、金融互换的理论依据

金融互换产生的理论基础是英国著名经济学家大卫·李嘉图提出的比较优势理论。该理论认为，在两国都能生产两种产品，且一国在这两种产品的生产上均处于有利地位，而另一国均处于不利地位的条件下，如果前者专门生产优势较大的产品，后者专门生产劣势较小（即具有比较优势）的产品，那么通过专业化分工和国际贸易，双方仍能从中获益。

金融互换则是比较优势理论在金融市场上的合理运用，根据比较优势理论，交易双方能够达到各自需要的资本需求，从而实现帕累托最优，以合理配置国际资本。而要进行金融互换只要满足以下两个条件：第一，双方对对方的资产或负债有需求。第二，双方在两种资产或负债上存在比较优势。

## 四、金融互换的功能

金融互换的产生一方面丰富了衍生产品的种类，另一方面也为筹资者提供了一种较好的筹资工具，其主要功能如下：

（1）运用金融互换可以在国际金融市场中进行套利，一方面能够降低筹资者的融资成本，提高资金的流转速度，另一方面也能够促进全球金融市场的一体化进程。

（2）金融机构可以利用互换进行资产负债管理。通过这种资产互换或负债互换，可以优化资产与负债的货币与期限结构，转移和防范中长期利率和汇率风险，实现资产负债的最佳匹配。

（3）投资银行家可以利用互换创造证券。互换多是在场外交易，可以规避外汇、利率及税收等方面的管制，从而灵活性更强，因此投资银行更能够创造出一系列的证券满足投资者的需要。

## 五、金融互换的种类

金融互换产生的时间不长，但是发展非常迅速且种类日益增多，除了传统的利率互换和货币互换外，其他形式的互换也展现在金融市场上。

### 1. 利率互换

利率互换（Interest Rate Swaps）是指交易双方同意在未来的一定时期内根据同种货币、同样的名义本金、不同利率形式进行的资产或者负债的现金流交换，其中一方的现金流根据浮动利率计算，而另一方的现金流根据固定利率计算。

利率互换主要有以下几种。

（1）固定利率—浮动利率互换。这是最基本的利率互换形式，也是最常用的利率互换形式。在这种利率互换中，一方想用固定利率债务换取浮动利率债务，支付浮动利率；另一方则是相反，从而形成互换基础，通过互换形成交易，满足双方需求。

（2）零息—浮动利率互换。在零息对浮动利率互换中，支付固定利率的一方在互换协议到期时一次性地向对方支付利息，而支付浮动利率的一方则要定期支付利息给对方。

（3）浮动利率—浮动利率互换。它也有时也称为基础互换，有多种形式。一种是以不同利率为基础的浮动利率的互换，如一方按 6 个月 LIBOR 利率进行支付，另一方按 6 个月大额存单或商业票据进行支付；另一种是双方盯住同一种浮动利率，但支付频率不同。

在利率互换中，期初或到期日都没有实际本金的交换，交易双方只是按照事先商定的本金交换利息差额，从而降低了信用风险。市场浮动利率以伦敦同业银行拆借利率（LIBOR）为基准，由于参与各方信用等级的不同，市场为其提供的利率也不同，因此参与交易的各方要根据各自的情况在 LIBOR 上附加一定的加息率来作为自己的浮动利率。

利率互换之所以能够形成，是因为交易双方在不同的利率借贷市场上具有比较优势。示例如下：

假设 A、B 两公司都想借 5 年期 200 万美元的借款，A 想借入 6 个月期相关的浮动利率借款，B 想借入固定利率借款。公司 A、B 通过互换交易商（假定为银行）来进行互换交易，银行可以每年赚取 0.1%的利差。由于两家公司信用等级不同，故市场向它们提供的利率也不同，如表 7-6 所示。

表 7-6 金融市场提供给 A、B 两家公司的借款利率

| | 固定利率 | 浮动利率 |
| --- | --- | --- |
| 信用等级 | AAA | BBB |
| 公司 A | 12.0% | LIBOR+0.1% |
| 公司 B | 13.4% | LIBOR+0.6% |
| 差别 | 1.4% | 0.5% |

从表 7-6 可以看出，公司 A 在市场上的借款利率均低于 B，即 A 在两个市场上具有绝对优势。但在固定利率市场融资成本差为 1.4%，浮动利率市场的融资成本差为 0.5%。因此，公司 A 在固定利率市场上有比较优势，但想借入浮动利率借款，公司 B 在浮动利率市场上有比较优势，但想借入固定利率借款，这是双方互换的基础。这样公司 A、B 可以在各自具有比较

优势的市场上分别借入固定利率资金和浮动利率资金，然后互换，从而能达到共同降低筹资成本的目的。那么公司 A 以 12%的固定利率借入 200 万美元，公司 B 以 LIBOR+0.6%的浮动利率借入 200 万美元。由于本金相同，双方不必交换本金，即 A 向 B 支付浮动利息，B 向 A 支付固定利息。

通过互换，双方总的筹资成本降低了 0.9%（LIBOR+0.1%+13.4%-12%-LIBOR-0.6%），这就是互换收益。由于互换交易商银行要赚取 0.1%，因此公司 A、B 只可以协商分享剩余的 0.8%的利差。假定双方各分享一半，则双方各得益 0.4%，那么公司 A 的借款利率为 LIBOR-0.3%，公司 B 的借款利率为 13%。利率互换的现金流程，如图 7-6 所示。

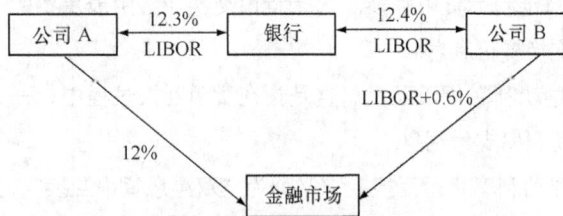

图 7-6　利率互换流程图

## 补充阅读 7-3

### Hartmax 公司对冲利率风险

Hartmax 公司是美国最大的男用成衣制造商和零售商。这间总部设在芝加哥的公司每年生产约 300 万套成衣，旗下拥有 Hart Schaffner and Marx、Kuppenheimer 和皮尔·卡丹等知名品牌。自 20 世纪 80 年代，Hartmax 通过兼并和开设新店面开始其扩张行动。这些举措直接导致其银行短期贷款从 1987 年的 5 700 万美元上升到 1989 年的 2.67 亿美元。贷款的增加使公司管理层开始关注其贷款的利率风险。为此，公司面临 3 种对冲策略的选择。①将短期债务置换成长期债务。②通过利率掉期交易将利率锁定。③进行利率上限、利率下限和利率上下限交易。

通过比较分析，Hartmax 认为一方面利用长期贷款和利率掉期这两种方式所能锁定的长期利率没有吸引力，另一方面，Hartmax 预计，其贷款总额会随时间的推移逐渐下降，目前并不希望将长期利率锁定，而导致今后的借款过多。通过这些分析，Hartmax 最终决定采用策略 3 实施对冲。

1989 年，Hartmax 购买了 5 000 万美元的利率上限，这在某种意义上是针对利率上涨的一种直接的"保险单"。1989 年 10 月，收益率曲线反转，短期收益率超过了长期收益率，并使利率下限合同价格上升。Hartmax 卖出利率下限，与年初卖出同样的利率下限相比，得到了较高的超额收益。

这样，通过非同时买入利率上限并卖出利率下限，Hartmax 创建了一个无代价的利率上下限，并使其借入资金成本控制在 8.75%，并将其利率下限控制在 7.5%。这一策略的实施结果是，Hartmax 为利率上升的风险暴露购买了"保险"，并在利率不低于 7.5%时能获得收益。

在具体实施中，Hartmax 通过 5 个利率上下限交易对其短期负债总额的一半 1.25 亿美元进行对冲。由于投机得当，其 8.75%的封顶利率与长期贷款利率相比，降低了 125 个基点。

资料来源：http://data.stock.hexun.com.

### 2. 货币互换

货币互换（Currency Swaps）是指交易双方约定在一定期限内将一种货币的本金和因此承担的利息与另一种货币的本金和相应的利息进行交换。实现互换的前提条件是交易双方分别需要对方拥有的币种且所持有货币的数值、期限相同。互换是一种债务保值工具，主要用来控制中长期汇率风险，把以一种外汇计价的债务或资产，转换为以另一种外汇计价的债务或资产，达到规避汇率风险、降低成本的目的。相对于利率互换来讲，货币互换涉及本金的互换，因此当汇率变动较大时，交易双方将面临一定的信用风险。

随着金融互换市场的健全，货币互换的种类也越来越丰富，主要有以下几种。

（1）固定利率—固定利率货币互换。这是货币交换业务中最重要的一种形式，是指双方均按照固定利率相互交换支付利息。

（2）固定利率—浮动利率货币互换。这是指在货币互换过程中，一方按照固定利率支付利息，另一方按照浮动利率支付利息。

（3）浮动利率—浮动利率货币互换。它又称为"双浮息货币互换"，其过程与前两种货币互换相仿，只是互换双方彼此承担对方按浮动利率付息的义务。

和利率互换一样，货币互换的主要原因是双方在各自国家中的金融市场上具有比较优势，示例如下：

公司 A 想要美元浮动利率借款，公司 B 想要加元固定利率借款，由于公司 A、B 的信用等级不同，两国金融市场对 A、B 公司的熟悉状况不同，因此金融市场向它们提供的利率也不同。公司 A、B 想通过银行进行货币互换，银行要求从中获得 0.5%的收益，如表 7-7 所示。

表 7-7　金融市场向 A、B 公司提供的借款利率

| | 公司 A | 公司 B | 利差 |
|---|---|---|---|
| 美元（浮动利率） | LIBOR+0.5% | LIBOR+1.0% | 0.5% |
| 加元（固定利率） | 5.0% | 6.5% | 1.5% |

从表 7-7 可以看出，公司 A 的借款利率均比 B 低，即公司 A 在两个市场都具有绝对优势，公司 A 在加元固定利率上有比较优势，公司 B 在美元浮动利率上有比较优势，但是公司 A 想通过美元浮动利率借款，公司 B 想通过加元固定利率借款，这是双方进行互换的基础。美元浮动利率借款的利差为 0.5%，加元固定利率借款的利差为 1.5%，因此互换总收益为 1%，支付银行 0.5%，剩余部分公司 A、B 可以相互协商。假定平均分配，则双方各得到 0.25%的收益。公司 A 可以按照 LIBOR+0.25%的年利率借入美元，公司 B 可以按照 6.25%的年利率借入加元。互换流程如图 7-7 所示。

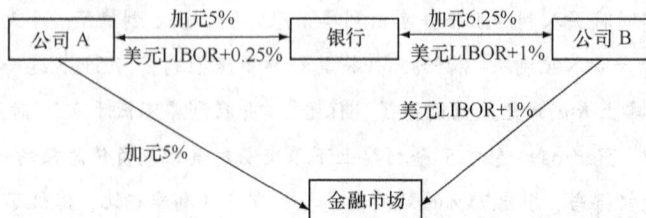

图 7-7　货币互换流程图

### 3．其他互换

除了基础的利率互换和货币互换之外，通过金融创新和不同设计方法产生的互换也层出不穷，其他形式的互换主要有以下几种。

（1）增长型互换、减少型互换和滑道型互换。在这三种互换中，名义本金是可变的。增长型互换的名义本金开始比较小，随后会逐渐增大。减少型互换则相反。而滑道型互换的名义本金则在互换期间增大或者减小。

（2）后期确定互换。在普通的涉及浮动利率的互换中，每次浮动利率都是在该计息期开始之前确定的。后期确定互换的浮动利率则是在每次计息期之后确定的。

（3）远期利率互换。这是利率互换的一个远期合约，合约的条件在签订时已确定，但互换合约的实施从双方约定的未来某一时间开始。这段间隔时间可能是几个星期，也可能是几个月或更长时间。这有助于那些已经确定融资或投资条件，但融资或投资是从一段时间以后开始的客户，使他们能够通过互换合约把融资或投资所面临的风险控制住，把融资或投资的成本降下来。

（4）反向利率互换。这是指希望退出利率互换合约的一方，通过安排一项相反内容的利率互换合约退出原先的合约。相反内容的利率互换合约，就是新安排的到期时间与原合约的剩余时间相同、有关的利率水平相同以及合约所涉及的名义本金相同的合约。投资者现有两个相反方向的利率互换合约，新合约正好抵消了原合约的作用。

（5）股票互换。股票互换是以股票指数产生的红利和资本利得与固定利率或浮动利率交换。投资组合管理者可以用股票互换把债券投资转换成股票投资。

# 第六节　组合衍生证券产品与衍生证券市场发展趋势

## 一、组合衍生证券产品

衍生证券市场中可能存在的创新是无限的。人们可以对金融工具（包括基础性的金融工具和衍生性的金融工具）的组合和分解创造出具有不同风险-收益结构的多种衍生产品以及它们的变形，以满足客户的不同需求。在这里我们将介绍几种组合衍生证券产品。

### （一）可转换证券

可转换证券是以公司债券为载体、允许持有人在规定时间内按规定价格转换为发债公司或其他公司股票的金融工具。可转换证券是一种混合型的金融产品，可以被视为普通公司债券与股本认购权证的组合体。按发行证券的属性，可转换证券可分为可转换债券和可转换优先股票两种。可转换债券是指证券持有者依据一定的转换条件，可将债券转换成为发行人普通股票的证券；可转换优先股票是指证券持有者可依据一定转换条件，将优先股票转换成发行人普通股票的证券。目前中国只有可转换债券。

### 1．可转换证券的要素

（1）转换期限，指可转换债券持有者行使转换权的有效期限。

（2）票面利率，指可转换债券作为一种债券时的票面利率，发行人根据当前市场利率水平、公司债券资信等级和发行条款确定，一般低于相同条件的不可转换债券。

（3）转换比率，是每张可转换债券能够转换的普通股的股数。用公式表示为：转换比率=债券面值／转换价格。

（4）赎回条款，指可转换债券的发行企业可以在债券到期日之前提前赎回债券的规定。赎回条款是上市公司所拥有的一项期权。

（5）回售条款。当发行公司的股票价格在一段时间内连续低于转股价格并达到某一幅度时，债券持有者有权按事先约定的价格将所持债券卖给发行公司的规定。回售条款是投资者所拥有的一项期权。

（6）转换价格修正条款。转换价格修正是指发行公司在发行可转换债券后，由于公司尚未送股、配股、增发股票、分立、合并、拆细及其他原因导致发行人股份发生变动，引起公司股票名义价格下降时而对转换价格所做的必要调整。

## 2．可转换证券的特点

可转换证券兼有债权和股权的特点，因此相对于一般债券和股票，它有一系列重要的特点。

（1）债权性。同一般债券一样，可转换债券也有规定的利率和期限。

（2）股权性。债券持有人通过转换可由债权人变为公司股东，参与企业的经营决策和红利分配。

（3）期权性。投资者拥有是否将债券转换为股票的选择权。

## 专栏 7-4

我国可转换债券实例如表 7-8 所示。

表 7-8　我国可转换债券实例

| 债券简称 | 西钢转债 | 债券代码 | 100117 |
|---|---|---|---|
| 上市日期 | 2003-08-26 | 债券面额 | 100 元 |
| 发行总额 | 49 000 万元 | 债券期限 | 5 年 |
| 起息日 | 2003-08-11 | 到期日 | 2008-08-10 |

（1）利率说明。可转换公司债券按票面金额从发行首日起开始计算利息，第一年利率为1.2%，第二年利率为 1.5%，第三年利率为 1.8%，第四年利率为 2.1%，第五年利率为 2.6%。可转债发行满 5 年，可转债持有人如不转股，公司按年利率 2.6%计算的五年利息扣除已支付利息后的余额支付补偿利息，即按"可转债持有人持有的可转债票面总金额×2.6%×5-可转债持有人持有的到期可转债五年内已支付利息"标准，补偿支付可转债持有人到期未转股可转债的利息。

（2）初始转股价说明。初始转股价为 5.34 元/股，以募集说明书刊登前 30 个交易日本公司 A 股收盘价的算术平均值 5.34 元为基准，上浮 0.1%。

（3）转股价格调整说明。当可转换公司债券发行后，公司面向 A 股股东进行了送红股、增发新股和配股、股份合并或拆分、股份回购、派息等情况使股份或股东权益发生变化时，将按上述调整条件出现的先后顺序，依次进行转股价格的调整。调整办法如下：设初始股价为 $P_0$，每股送红股数为 $N$，每股配股或增发新股数为 $K$，配股价或增发新股价为 $A$，每股派息为 $D$，则调整转股价 $PI$ 为：送股 $PI=P_0÷（1+N）$，增发新股或配股 $PI=（P_0+AK）÷（1+K）$，派息 $PI=P_0-D$。按上述调整条件出现的先后顺序，依次进行转股价格累积调整。调整值保留小数点后两位，最后一位实行四舍五入。

（4）付息说明。第一次付息日期为 2004 年 8 月 11 日，2005～2008 年每年的同一日即 8 月 11 日为付息日。本公司在每个付息日后 5 个交易日内完成当年付息工作。年利息的计算公式为 $I=b×i$，$I$ 为支付的利息额，$b$ 为可转换公司债券持有人持有的可转换公司债券票面总金额，$i$ 为年利率。可转债发行满 5 年可转债持有人如不转股，公司按年利率 2.6% 计算的 5 年利息扣除已支付利息后的余额支付补偿利息，按"可转债持有人持有的可转债票面总金额×2.6%×5-可转债持有人持有的到期可转债五年内已支付利息"标准，补偿支付可转债持有人到期未转股可转债的利息。

（5）赎回条款。①可转债发行后 6 个月内（2003 年 8 月 11 日至 2004 年 2 月 10 日），发行人不可赎回可转债；可转债发行 6 个月后，发行人可开始行使赎回权，且每年只能行使一次。若发行人每年首次满足②中赎回条件时不实施赎回，当年不能再行使赎回权。②在发行 6 个月后的转股期间（2004 年 2 月 11 日至 2008 年 8 月 10 日），如果本公司 A 股股票收盘价连续 20 个交易日高于当期转股价，并达到当期转股价 150%，则不论赎回前是否已向可转债持有人支付利息，发行人一律有权以面值加上在赎回日（在赎回公告中通知）当日的应计利息的价格赎回全部或部分未转换股份的可转债。

（6）回售条款。在可转换公司债券到期日前半年内，如果西宁特钢 A 股股票收盘价连续 20 个交易日低于当期转股价达 80%，经可转换公司债券持有人申请，可转换公司债券持有人有权将持有的可转换公司债券全部或部分以面值 108%（含当年期利息）的价格回售予本公司。投资者在回售条件首次满足后可以进行回售，且只能回售一次。附加回售条件和回售价格：可转债存续期内，如本次募集资金投资项目的实施情况与公司在本募集说明书中的承诺相比发生变化，根据中国证监会的相关规定可被视作改变募集资金用途或被证监会认定为改变募集资金用途的，可转债持有人有权在附加回售申报期内以面值 102%（含当年期利息）的价格向本公司回售可转债。可转债持有人在附加回售申报期内未进行附加回售申报的，视为对该次附加回售权的无条件放弃。

（7）特别向下修正条款。①修正权限与修正幅度：当公司 A 股股票连续 5 个交易日收盘价的算术平均值低于当期转股价，并达到当期转股价的 95%，公司董事会有权将当期转股价格进行向下修正，作为新的转股价。修正后的转股价应不低于决定修正转股价的董事会前 5 个交易日公司 A 股股票价格的平均值，修正次数不受限制。董事会有权修正转股价的底线为公司 2001 年 12 月 31 日的每股净资产值 2.41 元和修正时每股净资产值的，如果修正的幅度超过底线，应当由股东大会另行表决通过。②修正程序：应按本条第①款向下修正转股价时，本公司将刊登股东大会决议公告，公告修正幅度和股权登记日，并在公告中指定从某一交易日开始至股权登记日暂停可转债转股，从股权登记日的下一个交易日开始恢复转股并执行修正后的股价。

### 3．可转换证券的价值和价格

（1）可转换证券的理论价值。

可转换证券的理论价值又称投资价值或纯粹证券价值，这一价值相当于将未来一系列债息或股息收入加上面值按一定市场利率折成的现值。以可转换债券为例，一般每年支付一次利息的普通可转换债券的理论价值计算公式如下：

$$P_b = \sum_{i=1}^{n} \frac{C}{(1+r)^t} + \frac{F}{(1+r)^n}$$

其中，$C$ 表示债券年利息收入，$F$ 表示债券面值，$r$ 表示市场平均利率，$n$ 表示离到期的年限。

（2）可转换证券的转换价值。

转换价值是可转换证券实际转换时按转换成普通股的市场价格计算的理论价值。转换价值是由公司的基本普通股价值所决定的，随着普通股价值的变化而变化。当可转换债券的转换价值小于其理论价值时，投资者可继续持有债券。一方面可得到每年固定的债息，另一方面可等待普通股价格的上涨。如果直至债券的转换期满，普通股价格上涨幅度仍不足以使其转换价值大于理论价值，投资者可要求在债券期满时按面值偿还本金。或者在这一期间，投资者需要现金时，可以将它作为债券出售，其市场价格以债券的理论价值为基础，并受供求关系影响。只有当股票价格上涨至债券的转换价值大于债券的理论价值时，投资者才会行使转换权。股票价格越高，其转换价值越大。

（3）期权价值。

由于可转换证券的持有者不必立即转换，可转换证券的价值通常会超过理论价值和转换价值。持有者可通过等待并在将来利用理论价值与转换价值两者孰高孰低来选择对自己有利的策略。这份通过等待而得到的选择权（期权）也有价值，它将引起可转换证券的价值超过理论价值和转换价值。

（4）可转换证券的市场价格。

可转换证券的市场价格受供求关系的影响，可能与理论价值相同，也可能不同。当市场价格与理论价值相同时，称为转换平价；如果市场价格高于理论价值，成为转换升水；如果市场价格低于理论价值，则称为转换贴水。

### （二）认股权证

认股权证是一种约定该证券的持有人可以在规定的某段期间内，有权利（而非义务）按约定价格向发行人购买标的股票的权利凭证。

按照发行主体的不同，认股权证可分为股本认股权证和备兑权证。股本认股权证是由上市公司发行的，属于狭义的认股权证；而备兑权证则属于广义认股权证，是由上市公司以外的第三方（一般为证券公司、银行等）发行的，不增加股份公司的股本。

### 1．认股权证的要素

（1）交割方式。交割方式包括实物交割和现金交割。实物交割指投资者行使认股权利时从发行人处购入标的证券，而现金交割指投资者在行使权利时，由发行人向投资者支付市价高于执行价的差额。

（2）认股价格。认股价格是发行人在发行权证时所订下的价格，持证人在行使权利时以此价格向发行人认购标的股票。

（3）认购比率。认购比率是每张权证可认购正股的股数。

（4）杠杆比率。杠杆比率是正股市价与购入一股正股所需权证的市价之比，用公式表示为：杠杆比率=正股股价／（权证价格÷认购比率）。杠杆比率越高，投资者的盈利率就越高，同时承担的亏损风险也越大。

### 2．认股权证的发行

认股权证一般采取共同发行和单独发行两种方式，共同发行是最常见的方式。

（1）共同发行是发行人在发行优先股份或公司债券的同时，对投资者发行认股权证的方式。共同发行的认股权证将随优先股份或债券凭证一同给予认购者，在无纸化交易制度下，认股权证将随优先股份或债券一并由中央登记结算公司划入投资者账户。

（2）单独发行认股权证与优先股份或债券的发行没有内在的联系，而是发行人对老股东的一种回报，按老股东的持股数量以一定比例发放。

### 3．认股权证的交易

认股权证的交易既可以在交易所内进行，也可以在场外交易市场上进行，其交易方式与股票类似。

## 专栏 7-5

### 认股权证的发展

认股权证由于具有风险低、结构简单、便于运作的特点，逐渐成为新兴市场金融创新中的首选品种。截至 2000 年年底，国际证券交易所联合会（FIBV）的 55 个会员交易所中，已经有 42 个交易所推出了权证。在德国、澳大利亚、泛欧证交所等交易所买卖的权证数目已达到数百个之多，我国台湾地区权证产品也非常发达，而我国香港特别行政区自 2003 年以来已成为全球最大、最活跃的权证市场。

1992 年 6 月，沪市推出了我国第一个权证——大飞乐配股权证，此后相继有十几种权证在沪深证券交易所上市交易。但是到了 1996 年年底，管理层出于"抑制过度投机"的目的，取消了所有的权证交易。

2005 年 6 月 14 日，上海交易所制定《上海证券交易所权证业务管理暂行办法》，我国证券市场重新开始权证业务。2005 年 8 月 22 日，宝钢认购权证（简称为"宝钢 JTB1"，权证交易代码为 580000）在上海证券交易所上市流通，这标志着权证交易再一次登陆我国资本市场。

认股权证交易中最常见的价格是认股权证行使价，即以认股权证换取普通股的成本价。其计算公式为

$$行使价 = 认股权证的市价 \times \frac{每手认股权证的数目}{每手认股权证可换的普通数目} + 认股价$$

| 权证简称 | 首创 JTB1 | 发起人 | 北京首都创业集团有限公司 |
|---|---|---|---|
| 行权方式 | 百慕大式 | 权证类型 | 认购权证 |
| 存续起始日期 | 2006-04-24 | 存续截止日期 | 2007-04-23 |
| 存续期限/天 | 365 | 结算方式 | 证券给付 |
| 初始行权价 | 4.55 | 初始行权比例 | 1 |
| 发行方式 | 派送 | 最新行权价 | 4.40 |
| 行权价及比例调整公式 | ① 当公司股票除权时，认购权证的行权价格、行权比例将按以下公式调整：新行权价格=原行权价格×（公司股票除权日参考价/除权前一交易日公司股票收盘价）新行权比例=原行权比例×（除权前一交易日公司股票收盘价/公司股票除权日参考价）<br>② 当公司股票除息时，认购权证的行权比例保持不变，行权价格按下列公式调整：新行权价格=原行权价格×（公司股票除息日参考价/除息前一交易日公司股票收盘价） | | |

#### 4．认股权证的价值

（1）内在价值。认股权证的内在价值是指持有认股权证的潜在收益。其计算公式为

$$V=(P-E)\times N$$

其中，$V$ 表示认股权证的内在价值，$P$ 表示公司发行的每股普通股的市场价格，$E$ 表示认股权证的每股普通股的认购价格，$N$ 表示换股比例，即每张认股权证可购买的普通股票数。

（2）投机价值。如果普通股的市价高于或等于认股价格，则认股权证的内在价值就可能大于或等于零；当普通股的市价低于认股价格时，认股权证的理论价值小于零，但市场价格仍可能大于零，因为认股权证本身还有投机价值。也就是说，普通股的市价低于认股价格的现象只是暂时的，只要认股权证没有到期，普通股的价格就仍有超越认股价格的机会，其内在价值就会大于零。此外，认股权证也有杠杆作用，认股权证价值的变化幅度大于股价的涨跌幅度，这也是其投机价值的一种表现。

#### （三）抵押贷款衍生证券

抵押贷款是指借款者以指定的不动产作为物品保证向银行取得的贷款。在抵押贷款下，借款者必须预先确定贷款偿还计划，并提交一定的不动产作为抵押，如果借款者违约，贷款者就有权取消抵押物的赎回权，通过处置抵押物而收回债券。同时，在抵押贷款中，借款者往往有权利提前偿付贷款而无须缴纳相应的罚金。

抵押贷款衍生证券的标的资产就是金融机构发行的抵押贷款，基于抵押贷款产生的抵押贷款转手证券、抵押担保债券、本息分离抵押支持证券等都属于抵押贷款衍生证券。这些衍生证券的出现都使得抵押贷款的交易变得容易。

#### （四）信用衍生证券市场

信用衍生产品是 20 世纪 90 年代信用风险管理的最新发展，是指以贷款或债券的信用作为基础资产的金融衍生工具。其实质是一种双边金融合约安排，在这一合约下，交易双方对约定金额的支付取决于贷款或债券支付的信用状况，通常有两种方式对其进行交易，即期权或互换。信用衍生产品的出现为商业银行管理信用风险带来了新的手段和工具。

根据出现的顺序和复杂程度，信用衍生产品可以分为以下几类：

（1）单一产品，是指参考实体为单一经济实体的信用衍生产品，一般而言，包括单一名称信用违约互换（Credit Default Swap，CDS）、总收益互换（Total Return Swap，TRS）、信用联结票据（Credit-Linked Note，CLN）及信用差价期权（Credit Spread Option，CSO）等。

（2）组合产品，是指参考实体为一系列经济实体组合的信用衍生产品，包括指数 CDS、担保债务凭证（Collateralized Debt Obligation，CDO）、互换期权（Swaption）和分层级指数交易（Tranched Index Trades）等。

（3）其他产品，主要指信用固定比例投资组合保险债券（Constant Proportion Portfolio Insurance，CPPI）、信用固定比例债务债券（Constant Proportion Debt Obligations，CPDO）、资产证券化信用违约互换（ABCDS）和外汇担保证券（CFXO）等与资产证券化紧密结合的信用衍生产品。这类产品结构复杂，定价很不透明，即使在金融危机前信用衍生产品市场最为活跃的时期也乏人问津，而在危机后更是进一步销声匿迹。

## 二、衍生证券市场发展趋势

由于有着极强的派生能力和高度的杠杆性，使得衍生工具的发展速度极其惊人。综观全球的衍生证券市场，发现其有着如下的发展趋势。

### 1. 衍生证券市场交易量快速增长

自金融衍生工具出现以来，由于交易的灵活性使得它受到交易者的欢迎，因此交易量也呈现上涨的趋势。

### 2. 金融衍生产品创新不断加强，产品种类不断丰富

随着经济一体化、自由化的范围越来越广，各国间基于套利目的的需求大大增加，同时风险也随之增加，为实现套期保值、规避风险，市场对金融衍生产品的需求迅速增加。此外，由于科学技术的发展，尤其是通信、计算机的广泛运用，使得金融衍生品市场的创新和发展有了坚实的物质基础，这在一定程度上推动了衍生证券市场的发展。

### 3. 衍生品交易带来显著的聚集效应，已成为金融中心建设的重要推动力

金融是现代经济的核心，而衍生品市场是金融市场的高端，它以其他金融市场为基础，连通了各金融子市场，投资与管理均需要复杂的理论与技术手段。而衍生品交易中心是金融机构和金融人才聚集的场所，这种聚集效应促使现有产品的交易成本大幅下降，同时推动了新产品的开发，这种无可比拟的市场广度和深度，形成了吸引更多的金融机构汇聚的强大磁场，进一步强化了金融中心的优势，因此，衍生品交易中心已成为传统金融向现代金融过渡最主要的推动力之一。

## 补充阅读 7-4

### 巴林银行倒闭事件

1995 年 2 月，具有 230 多年历史、在世界 1 000 家大银行中按核心资本排名第 489 位的英国巴林银行宣布倒闭，这一消息在国际金融界引起了强烈震动。巴林银行 1763 年创建于伦

敦，它是世界首家商业银行。它既为投资者提供资金和有关建议，又像一个商人一样自己做买卖，也像其他商人一样承担风险。由于善于变通，富于创新，巴林银行很快就在国际金融领域获得了巨大的成功。它的业务范围也非常广泛：无论是到刚果提炼铁矿，从澳大利亚贩运羊毛，还是开掘巴拿马运河的项目，巴林银行都可以为之提供贷款。由于巴林银行在银行业中的卓越贡献，巴林银行的经营者先后获得了5个爵位。

巴林银行的倒闭是由于该行在新加坡的期货公司交易形成巨额亏损引发的。1992年，新加坡巴林银行期货公司开始进行金融期货交易不久，前台首期交易员里森，同时也是后台结算主管即开立了"88888"账户。开户表格上注明此账户是新加坡巴林期货公司的误差账户，只能用于冲销错账，但这个账户却被用来进行交易，甚至成了里森赔钱的隐藏所。里森通过指使后台结算操作人员在每天交易结束后和第二天交易开始前，在"88888"账户与巴林银行的其他交易账户之间做假账进行调整，里森反映在总行其他交易账户上的交易始终是盈利的，而把亏损掩盖在"88888"账户上。里森作为一个交易负责人，曾经通过大阪股票交易所、东京股票交易所和新加坡国际金融交易所买卖日经225股票指数期货和日本政府债券期货，从中赚取微薄的差价。由于差价有限，因此交易量很大，通过这种风险较低的差价交易，也一度为巴林银行赚取了巨额的利润，在1994年头7个月获利3 000万美元。

自1994年下半年起，里森认为日经指数将上涨，逐渐买入日经225指数期货，不料1995年1月17日关西大地震后，日本股市反复下跌，里森的投资损失惨重。里森当时认为股票市场对神户地震反应过激，股价将会回升，为弥补亏损，里森一再加大投资，在1月16～26日再次大规模建多仓，以期翻本。其策略是继续买入日经225期货，其日经225期货头寸从1995年1月1日的1 080张9503合约多头，增加到2月26日的61 039张多头（其中9503合约多头55 399张，9506合约5 640张）。据估计，其9503合约多头平均买入价为18 130点，经过2月23日，日经指数急剧下挫，9503合约收盘跌至17 473点以下，导致无法弥补损失，累计亏损达到480亿日元。

里森认为，日本股票市场股价将会回升，而日本政府债券价格将会下跌，因此在1995年1月16～24日大规模建日经225指数期货多仓的同时，又卖出大量日本政府债券期货。里森在"88888"账户中未套期保值合约数从1月16日2 050手多头合约，转为1月24日的26 379手空头合约，但1月17日关西大地震后，在日经225指数出现大跌的同时，日本政府债券价格出现了普遍上升，使里森日本政府债券的空头期货合约也出现了较大亏损，在1月1日到2月27日期间就亏损1.9亿英镑。

里森在进行以上期货交易时，还同时进行日经225期货期权交易，大量卖出鞍马式选择权，即在相同的执行价格下卖出一张看涨期权，同时卖出一张看跌期权，以获取期权权利金。里森通过卖出选择权获得了很多权利金来支付大量追加保证金，里森希望在一段时间里市场能够保持足够稳定，让选择权能够以接近执行价到期作废，从而使该政策获利。采取这样性质的策略的内存风险，在于市场的突然和未预计到的波动。鞍马式期权获利的机会是建立在日经225指数小幅波动上，波动损失维持在收到的权利金范围内假设基础上，由于日经225指数大幅下跌，这不仅使看跌期权变为价内期权，而且会因为波动率的增大使选择权价值进一步增大，从而卖方遭受更大的亏损。因此日经225指数出现大跌，里森作为鞍马式选择权的卖方出现了严重亏损，到 2 月 27 日，期权头寸的累计账面亏损已经达到 184 亿日元。

里森终于意识到问题的严重性，但已回天无力。2 月 24 日，巴林银行因被追交保证金，才发现里森期货交易账面损失 4 亿~4.5 亿英镑，约合 6 亿~7 亿美元，已接近巴林银行集团本身的资本和储备之和。26 日，英格兰银行宣布对巴林银行进行倒闭清算，寻找买主。27 日，东京股市日经指数再急挫 664 点，又令巴林银行的损失增加了 2.8 亿美元。截至 1995 年 3 月 2 日，巴林银行亏损额达 9.16 亿英镑，约合 14 亿美元。3 月 5 日，国际荷兰集团与巴林银行达成协议，接管其全部资产与负债，更名为巴林银行有限公司。3 月 9 日，此方案获英格兰银行及法院批准。至此，巴林银行 230 年的历史终于画上了句号。

资料来源：http://www.howbuy.com/news/166157.html.

## 读后讨论

巴林银行倒闭事件为金融衍生品交易带来哪些启示？

## 【本章小结】

1. 衍生证券市场中存在套期保值者、投机者、套利者三类投资者。

2. 金融远期是指双方约定在未来的某一确定时间，按确定的价格买卖一定数量的金融资产的约定。金融远期合约主要有远期利率协议、远期外汇合约和远期股票合约三种。

3. 金融期货合约是指协议双方同意在约定的将来某个日期按照约定的条件（包括价格、交割地点、交割方式）买入或卖出一定标准数量的某种金融资产的标准化协议。合约双方都缴纳保证金，并每天结算盈亏。合约双方均可单方通过平仓结算合约。金融期货主要有外汇期货、利率期货和股价指数期货三种。

4. 金融期货具有商品期货的一般功能，但是金融期货主要的功能有：套期保值功能、套利功能、价格发现功能和规避风险功能。

5. 连续复利的利率与每年计算 $m$ 次复利的利率可以互相换算。

6. $F = Se^{(t_1-t_0)r}$ 叫作无收益资产的现货—期货平价定理，它表明，无收益资产对应的期货价格等于其基础金融工具现货价格的终值；$F = (S-I)e^{(t_1-t_0)r}$ 是支付已知现金收益资产的现货—期货平价公式，表明支付已知现金收益资产的期货价格等于基础金融工具现货价格与已知现金收益现值差额的终值；$F = Se^{(t_1-t_0)(r-k)}$ 是支付已知收益率资产的现货—期货平价公式，表明支付已知收益率资产的期货价格等于按无风险利率与已知收益率之差计算的现货价格在 $t_1$ 时刻的终值。

7. 当标的资产没有收益，或者已知现金收益较小或已知收益率小于无风险利率时，期货价格应高于现货价格；当标的资产的已知现金收益较大，或者已知收益率大于无风险利率时，期货价格应低于现货价格。

8. 金融期权是以期权为基础的金融衍生产品，是指赋予其持有者在规定期限内按双方约定的价格（即协议价格或执行价格）购买或出售一定数量某种金融资产的权利的合约。期权分看涨期权和看跌期权两大类，这两大类期权又有美式期权和欧式期权之分。

9. 期权价值等于期权的内在价值加上时间价值。

10. 根据布莱克-斯科尔斯期权定价公式，一个不付红利的欧式看涨期权的定价公式为：

$$C = S \times N(d_1) - Ke^{-rxt} \times N(d_2)$$

其中，$d_1 = \dfrac{\ln(S/K) + (r + 0.5\sigma^2)t}{\sigma\sqrt{t}}$

$d_2 = d_1 - \sigma\sqrt{t}$

$N(x)$ 为标准正态分布变量的累计概率分布函数。

11. 金融互换是约定两个或者两个以上当事人按照商定条件，在约定的时间内交换一系列现金流的合约。互换是利用比较优势理论进行的，主要有货币互换和利率互换两种，并可衍生出众多其他品种。互换具有降低筹资成本，提高资产收益，管理利率风险，逃避外汇管制、利率管制和税收限制等功能。

12. 可转换证券是以公司债券为载体、允许持有人在规定时间内按规定价格转换为发债公司或其他公司股票的金融工具。可转换证券是一种混合型的金融产品，可以被视为普通公司债券与股本认购权证的组合体。

13. 认股权证是一种约定该证券的持有人可以在规定的某段期间内，有权利（而非义务）按约定价格向发行人购买标的股票的权利凭证。

## 【重要概念】

衍生证券　　远期价格　　金融远期合约　　远期利率协议　　远期外汇合约

金融期货　　看涨期权　　看跌期权　　利率互换　　抵押贷款衍生证券　　认股权证

## 【练习题】

1. 简述衍生证券的特征及功能。
2. 什么是金融期货？简述金融期货的特征及功能。
3. 简述远期合约与期货合约的区别。
4. 影响期权价格的因素包括那些？

## 计算题

1. 某交易商拥有 1 亿日元远期空头，远期汇率为 0.008 美元/日元。如果合约到期时汇率分别为 0.007 4 美元/日元和 0.009 美元/日元，请计算该交易商的盈亏状况。

2. 美国某公司预计其在 2014 年 5 月~11 月有季节性借款需求，平均余额为 500 万美元。公司为了避免利率风险，决定购买一个远期利率协议（FRA）来锁定 6 月期的远期利率，交易的具体内容如下：

名义本金：500 万美元　　　　　　　　　交易品种：6×12FRA

交易日：2013 年 11 月 18 日　　　　　　合约利率：7.23%

结算日：2014 年 5 月 20 日　　　　　　　　　合约期限：186 天

到期日：2014 年 11 月 22 日

假定在 2014 年 5 月 18 日（确定日），美元的 LIBOR 为 7.63%，求该公司在 2014 年 5 月 20 日收取的结算金数额。

3. 某投资者拥有 62.5 万美元的股票，现在标准普尔指数为 1 250，1 个月期指为 1 245（每点乘数为 500 美元），为防止股价下跌，于是卖出 1 份标准普尔 500 期货合约。1 个月后现货指数为 1 230 点。拥有的股票价值下降为 61.75 万美元。请计算该投资者套期保值结果。

4. 假设某种不支付红利的股票市价为 50 元，风险利率为 10%，该股票的年波动率为 30%，求该股票协议价格为 50 元、期限 3 个月的欧式看跌期权价格。

5. 有 X（AAA 级）、Y（BBB 级）两家公司，X 公司在固定利率市场能够借到年利率为 11% 的贷款（半年付息一次），在浮动利率市场能够借到利率为 LIBOR+0.1% 的贷款；Y 公司在固定利率市场能够借到年利率为 12.5% 的贷款（半年付息一次），在浮动利率市场能够借到利率为 LIBOR+0.4% 的贷款。现在 X 公司想要借入 3 年期浮动利率贷款，而 Y 公司想要借入 3 年期固定利率贷款。

（1）画图表分析两家公司在两个资金市场的比较优势。

（2）在没有中介的情况下，为两家公司设计一个利率互换（假定浮动利率支付方支付 LIBOR），画出互换图，说明两家公司实际支付的利率水平，以及优惠的程度。

（3）如果有中介，并且中介收取手续费 0.2%（假定浮动利率支付方和中介都是支付 LIBOR），画出互换图，说明两公司实际支付的利率水平，以及优惠的程度。

（4）请总结互换交易的主要功能和基本原理。

# 第八章　抵押与资产证券化

1. 理解资产证券化的含义、特征及一般程序。
2. 了解住房抵押贷款的发放程序及分类。
3. 了解住房抵押贷款支持证券的主要类型。
4. 了解资产支持证券的含义及主要类型。

## 开篇案例

### 信贷资产证券化试点扩大常态化扩容加速推进

2013 年 8 月 28 日，国务院总理李克强主持召开国务院常务会议，决定在严格控制风险的基础上，进一步扩大信贷资产证券化试点。

2013 年 3 月 20 日，中国工商银行获准发行 35.92 亿元"工元 2013 第一期信贷资产支持证券"，成为 2013 年首只信贷资产支持证券化产品；9 月 25 日，金额为 12.74 亿元的中国农业发展银行首期发元信贷资产支持证券成功发行，这也是 6 年来国内首次以公开招标方式发行的信贷资产证券化产品；11 月 18 日，国家开发银行在银行间债券市场成功发行 2013 年第一期开元铁路专项信贷资产支持证券，金额为 80 亿元。

## 案例导读

资产证券化是 20 世纪重要的金融创新之一，在发达国家取得了快速发展，尽管次级贷款证券化产品成了美国金融危机的元凶，引起了人们的质疑，但也应该看到，资产证券化作为一款金融创新产品，其本身并没有好坏之分，关键在于运用的方式和服务的目的。我国在资产证券化方面起步较晚，2005 年开始进行信贷资产证券化试点，2007 年启动的第二轮信贷资产证券化 500 亿元试点规模，截至目前已经陆续得到释放。2012 年信贷资产证券化再次起航，2013 年新一轮试点达到 4 000 亿元左右，标志着"常态化"扩容正在加速推进。这有助于推动我国金融市场体系结构性变革，实现直接融资和间接融资的逐步平衡。较高的流动性能增加资本市场的深度、广度和流动性，从而推动我国金融市场的发展。

# 第一节　资产证券化

资产证券化起源于美国的住房抵押贷款市场。1970 年美国的政府国民抵押协会，首次发行以抵押贷款组合为基础资产的抵押支持证券——房贷转付证券，完成首笔资产证券化交易，资产证券化就逐渐成为一种被广泛采用的金融创新工具而得到了迅猛发展。而在 20 世纪 90 年代，资产证券化也在日本、中国香港等亚洲地区得到快速发展。那么何谓资产证券化呢？它又有哪些具体特征，面临着哪些风险？

## 一、资产证券化的定义及其特征

资产证券化（Asset-backed Securitization）是指将那些缺乏流动性但有具有未来现金流的资产（如银行的贷款、企业的应收账款等）组建资产池，并以资产池所产生的现金流为支撑发行证券，转换为可以在金融市场上自由买卖的证券，使其具有流动性的行为。

### （一）基本定义

广义的资产证券化是指某一资产或资产组合采取证券资产这一价值形态的资产运营方式，它包括以下四类：①实体资产证券化：即实体资产向证券资产的转换，是以实物资产和无形资产为基础发行证券并上市的过程。②信贷资产证券化：就是将一组流动性较差的信贷资产，如银行的贷款、企业的应收账款，经过重组形成资产池，使这组资产所产生的现金流收益较为稳定并且预计今后仍将稳定，再配以相应的信用担保，在此基础上把这组资产所产生的未来现金流的收益权转变为可以在金融市场上流动、信用等级较高的债券型证券进行发行的过程。③证券资产证券化：即证券资产的再证券化过程，就是将证券或证券组合作为基础资产，再以其产生的现金流或与现金流相关的变量为基础发行证券。④现金资产证券化：是指现金的持有者通过投资将现金转化成证券的过程。

狭义的资产证券化是指信贷资产证券化。按照被证券化资产种类的不同，可分为抵押贷款支持的证券化（Mortgage-backed Securities, MBS）和资产支持的证券化（Asset-backed Securities, ABS）。

## 专栏 8-1

### 资产证券化的发展

美国是资产证券化的发端国家，也是全球最大的资产证券化市场。以政府国民抵押协会（GNMA）、联邦国民抵押协会（FNMA）、联邦住房贷款抵押公司（FHLMC）等为代表的具有政府背景的机构，是推动美国资产证券化快速发展的重要力量，在美国政府有关法律和税收优惠的保障下，在市场竞争和产品创新的原动力的推进下，美国的资产证券化发展最为迅速。截至 2005 年第三季度，美国住房按揭资产证券化（MBS）余额已达 5.9 万亿美元，非按揭资产证券化（ABS）余额已达 2 万亿美元，两项总和 7.9 万亿美元，占美国债务市场 25.3 万亿美元的 31%。资产证券化是美国资本市场最重要的融资工具，对美国经济和金融市场产生了巨大影响。

欧洲是美国以外世界上第二大资产证券化市场。由于金融体制和法律体系与美国不同，欧洲传统的证券化类型是表内证券化，真正意义上的资产证券化直到 20 世纪 80 年代才在欧洲出现。目前欧洲资产证券化的步伐正在大大加快，欧洲资产证券化发行总量增长很快，从 1996 年的 327 亿欧元增长到 2004 年的 2 435 亿欧元。2005 年前三季度共发行 1 962 亿欧元，其中居民住房抵押贷款 RMBS（Residential Mortgage-backed Securities）所占的比重最高，总量为 940 亿欧元，占发行量的近一半；第二部分为商用住房抵押贷款 CMBS（Commercial Mortgage-backed Securities），总量为 304 亿欧元，占 15.4%；债务抵押债券 CDOs（Collateralized Debt Obligations）总量为 223 亿欧元，占 11.3%；包括消费、商业、不动产和其他贷款的贷款证券占 5.1%；混合型抵押证券、汽车贷款、信用卡应收款分别为 42 亿欧元、41 亿欧元和 20 亿欧元；其他类由几项大的交易构成，如 80 亿欧元的德国邮政养老金证券等。

近年来，资产证券化在亚洲日本、韩国等国家也得到了快速发展。亚洲的资产证券化在 1997 年亚洲金融危机爆发前，经历了一个较长的探索和尝试过程。亚洲金融危机促进了资产证券化融资的发展，有关国家和地区也在法律、税收、监管等方面为资产证券化创造了有利条件，对利用资产证券化提高资本市场效率发挥了积极作用。国际投资银行的积极介入推动了亚洲资产证券化的发展。

### （二）资产证券化的特征

（1）资产证券化的基础资产主要是贷款、应收账款等具有可预计的未来现金流的资产。在资产证券化过程中，能产生可预见的现金收入是进行资产证券化的先决条件，资产证券化是以资产所产生的现金流为支持的。

（2）资产证券化是一种结构化的过程，将贷款、应收账款重组组合、打包并以证券的形式出售。

（3）资产证券化可实现再融资和将资产移出表外的目的，也是利用资本市场对资产收益和风险进行重新分配，是对既有资源的重新配置，使参与证券化的各方都从中收益。

（4）资产证券化可提高资产的流动性，将原先难以兑现的资产转换为可流动的证券。

总体而言，资产证券化是一种帕累托改进，即指在没有使任何人变坏的前提下，使得至少是一个人变得更好了。

## 二、资产证券化的一般程序

资产证券化的基本过程包括资产池的组建，交易结构的安排和资产支持证券的发行，以及发行后管理等环节。证券化融资的基本流程是：发起人将证券化资产出售给一家特殊目的机构（Special Purpose Vehicle, SPV），或者由 SPV 主动购买可证券化的资产，然后 SPV 将这些资产汇集成资产池（Assets Pool），再以该资产池所产生的现金流为支撑在金融市场上发行有价证券融资，最后用资产池产生的现金流来清偿所发行的有价证券。

一个完整的资产证券化融资过程的主要参与者有：发起人、投资者、特设信托机构、承销商、投资银行、信用增级机构或担保机构、资信评级机构、托管人及律师等。通常来讲，资产证券化的基本运作程序主要有以下几个步骤。

（1）重组现金流，构造证券化资产。发起人（一般是发放贷款的金融机构，也可以称为原始权益人）根据自身的资产证券化融资要求，确定资产证券化目标，对自己拥有的能够产生未来现金收入流的信贷资产进行清理、估算和考核，根据历史经验数据对整个组合的现金流的平均水平有一个基本判断，决定借款人信用、抵押担保贷款的抵押价值等，并将应收和可预见现金流资产进行组合，对现金流的重组可按贷款的期限结构、本金和利息的重新安排或风险的重新分配等进行，根据证券化目标确定资产数，最后将这些资产汇集形成一个资产池。

（2）组建特设信托机构，实现真实出售，达到破产隔离。特设信托机构是一个以资产证券化为唯一目的的、独立的信托实体，有时也可以由发起人设立，注册后的特设信托机构的活动受法律的严格限制，其资本化程度很低，资金全部来源于发行证券的收入。特设信托机构是实现资产转化成证券的"介质"，是实现破产隔离的重要手段。

（3）完善交易结构，进行信用增级。为完善资产证券化的交易结构，特设机构要完成与发起人指定的资产池服务公司签订贷款服务合同、与发起人一起确定托管银行并签订托管合同、与银行达成必要时提供流动性支持的周转协议、与券商达成承销协议等一系列的程序。同时，特设信托机构对证券化资产进行一定的风险分析后，就必须对一定的资产集合进行风险结构的重组，并通过额外的现金流来源对可预见的损失进行弥补，以降低可预见的信用风险，提高资产支持证券的信用等级。

（4）资产证券化的信用评级。资产支持证券的评级为投资者提供证券选择的依据，因而是构成资产证券化的又一重要环节。评级由国际资本市场上广大投资者承认的独立私营评级机构进行，评级考虑因素不包括由利率变动等因素导致的市场风险，而主要考虑资产的信用风险。

（5）安排证券销售，向发起人支付。在信用提高和评级结果向投资者公布之后，由承销商负责向投资者销售资产支持证券，销售的方式可采用包销或代销。特设信托机构从承销商处获取证券发行收入后，按约定的购买价格，把发行收入的大部分支付给发起人。至此，发起人的筹资目的已经达到。

（6）挂牌上市交易及到期支付。资产支持证券发行完毕到证券交易所申请挂牌上市后，即实现了金融机构的信贷资产流动性的目的。但资产证券化的工作并没有全部完成。发起人要指定一个资产池管理公司或亲自对资产池进行管理，负责收取、记录由资产池产生的现金收入，并将这些收款全部存入托管行的收款专户。

操作具体包含以下几步，如图 8-1 所示。

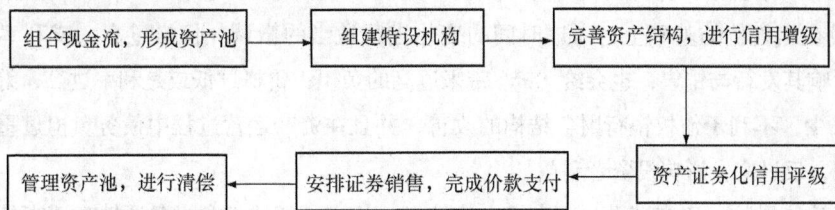

图 8-1　资产证券化的一般程序

### 三、资产证券化的风险

资产证券化所发行的债券，其风险与定价不仅具有一般债券的基本特征，同时它还具有资产支持证券的个性特点。

（1）利率风险，是由于利率的变化而给投资者带来的机会成本。当市场利率整体下降时，融资者希望筹集资金对原来的借款进行提前偿付，以减少成本，投资者会面临着再投资风险；当市场利率上升时，资产支持证券价格下降，若投资者抛售持有证券，将遭受损失。不同种类的资产支持证券，如不同的期限、息票利率、利息支付频率、本金分期摊还速度、当前收益率、隐含期权等，对于利率风险的敏感程度也不同，在其他条件都相同时，与该证券的息票利率和到期期限成正比。息票利率与市场利率的缺口变动决定该证券的价格波动，两者呈反向变化。理论上讲，资产支持证券的价格区间的下限是无风险的国债的收益率，低于这一收益水平的债券将无人问津；上限则取决于证券化资产的原始收益率；两者利差构成了 SPV 的收益空间。

（2）信用风险，产生于资产证券化这一融资方式的信用链结构。在资产证券的整个交易中，参与交易的有发起人、SPV、证券承销商、代表投资者管理和控制交易的受托人及其他服务商，由于每一方都很关键，在合约到期之前，任何一方对合约规定职责的放弃都会给投资者带来风险，一般来说，资产证券化的信用风险除了发起人破产以外还有以下几个方面：受托人风险，虽然受托人的经营状况不会直接影响由应收账款组合所带来的现金流量，但它却在很大程度上决定该资金受托后的安全性以及该资金转给投资者的及时性。所以，大多数交易都有严格的规定，对受托人的经营状况进行监控，这在一定程度上，能为投资者提供实质性保护，但他们并不能完全消除由于管理不当造成的潜在风险。正是在这个意义上，有关评级公司已经提醒投资者注意这种潜在的风险，如标准普尔公司投资者应将受托人或其他具有托管责任的代理人的不履约风险考虑在内；提前还款风险，是资产证券化面临的独特风险，如果贷款人提前还款，则会增加投资人现金流的不确定性，打乱投资安排，影响产品的价值；而提前还款的潜伏，也降低了资产证券化产品的平均到期期限，定价也将被拉低。

（3）技术风险，主要体现在证券化资产的选择、资产"打包"技术以及资产支持证券的定价等风险上。资产支持证券一方面要求资产池中的各个资产性能要高，另一方面要求相关性要低。要保证资产支持证券具有很高的稳定性和流动性，首先就要慎重选择资产，并在此基础上对资产池内的单项资产进行标准化处理，以及进行"打包"。但有些资产要做到这些并不容易。如对工商业贷款证券化时，统一标准就很难保证，对工商业贷款的"打包"就更复杂，所要求的技术也就更高。不慎重的选择资产和不谨慎的资产"打包"本身就蕴含着风险。另外，在做价格设计时，发行资产支持证券化的证券的定价也存在着一定的风险。发行价格一般在出售价的基础上，考虑时间的变化进行适当的微调，价格过高，或利率价格过低，会影响其发行与销售，也会给 SPV 带来过高的负担；价格过低或是利率过高，筹集的资金就会减少，不利于债权银行财务结构的改善，并且在资产运营过程中债务负担过重，大量风险积聚，反过来会影响投资者利益。

（4）法律风险，资产证券化中市场主体较多，他们之间的权利义务还缺乏清晰的法律界定，目前设立 SPV 与现行《公司法》、《破产法》和《民法通则》等存在较多的冲突。最主要的有：SPV 的破产隔离；SPV 必须能够控制现金流，并能保证资产担保证券的利息偿付；任何资金的混用应该控制在最小限度；任何与资产有关的风险均应转移给 SPV；达成协议的法律结构稳健的正确性。

（5）道德风险，信贷资产证券化涉及众多主体，包括发起人、SPV、第三方、投资银行等，每经历一个环节，有关债务人的资信状况、债务人的还款能力、贷款本身的现金流量等信息就要遭受不同程度的损失，不仅影响接收人对资产的价值的判断能力，而且可能会导致某些利益集团不当得益。

# 第二节　住房抵押贷款市场

在上节中提到了，资产证券化按照被证券化资产种类的不同，可分为抵押贷款支持的证券化和资产支持的证券化。抵押支持证券是以各种抵押债券（如各种住房抵押贷款等）或者抵押池的现金流作为支持的证券的统称。抵押贷款市场包括抵押贷款的一级市场（或发放市场）和抵押贷款交易的二级市场。用作贷款抵押的不动产可以分为两大类：单一家庭（1~4户家庭）住房和商业不动产。前一类包括独立楼房、联排楼房、合作楼房和公寓。商业不动产是指用以盈利的不动产，包括多家庭用的公寓楼、办公楼、工业用房（包括仓库）、购物中心、宾馆和保健设施（包括老人居住设施），本节的中心内容就是住房抵押贷款。

## 一、住房抵押贷款的发放

住房抵押贷款最初的贷款机构被称为抵押贷款发起人，住房抵押贷款的发起人主要包括储蓄机构、商业银行和抵押贷款银行。

发起人发放贷款的主要收益来源是抵押贷款的发放费和二级市场利率，二级市场利率是指发起人把贷款以高于发起成本的价格出售从而赚取利润。同时发起人还有两个潜在的收入来源，第一，为他们所发起的住房抵押贷款提供服务，收取服务费。第二，贷款发起人可以把抵押贷款保留在其投资资产组合中。

银行抵押贷款业务是指发起抵押贷款的业务，银行和储蓄机构从事银行抵押贷款业务。同时，还有一些非银行或储蓄机构的公司也参与到银行抵押贷款业务中。这些抵押银行一般不在其发放的抵押贷款中投资，这是他们与银行的储蓄结构的不同之处，他们的收益来源于发起费。商业银行则从所有 3 个渠道获取收益。

### （一）抵押贷款的发放程序

希望借款购房的人们会向住房抵押贷款人申请贷款，绝大多数的住房抵押贷款期限为 30年，但也有些短期的，如 20 年、15 年或 10 年。申请人将填写申请表，其中包括申请人的财务状况等信息，交付申请费；然后贷款发起人将对该申请进行信贷评估。发起人有关发起贷款的要求称为承销标准。

两条最主要的贷款标准是：①还款金额对收入比率（PTI）；②贷款金额对房产价值比率（LTV），PTI 比率是每月还款额除以月收入，用以衡量申请人每个月支付还款的能力（包括抵押贷款的月供和不动产税项）。这个比率越低，申请人越有能力支付要求的款项。房产购买价格与贷款金额之间的差额是首付。LTV 是贷款金额除以房产的市场（或评估）价值这样的一个比率，一旦借款人违约，贷款人必须要占有并出卖房产，此时 LTV 比率越低，对贷款人的保护就越大。

如果贷款人决定发放贷款，就向申请人发出一份承诺函，代表贷款人承诺向借款人提供资金。承诺函的有效期在 30~60 天之间。贷款人会在承诺函中要求借款人支付承诺费。承诺函使贷款人承担了履行的义务，而不是借款人承担了履行的义务，理解这一点很重要。如果借款人决定不购买房产，或用其他的融资途径来购买房产，那么所支付的承诺费就损失了。因此，承诺函写明：申请人通过支付一定的费用，可以有权利而没有义务要求贷款人以一定的利率和期限提供资金。

在申请人提交贷款申请时，贷款发起人会让申请人选择不同种类的抵押贷款。最基本的选择有固定利率、可调利率，或者两者的某种混合形式。在固定利率的情况下，贷款人一般会让申请人选择贷款利率确定的时间。申请人所享有的这些选择，包括决定是否购买房产，以及选择何时确定利率的权利，都使贷款发起人承担了特定的风险，而贷款发起人会保护自己降低这些风险带来的损失。

抵押贷款发起人可以：①把抵押贷款保留在其资产组合中；②把抵押贷款出卖给投资者这些投资者可能会把抵押贷款保留在资产组合中，也可能把抵押贷款放入资产池中，用来作为发行证券的抵押品；③把抵押贷款本身作为抵押品发行证券。当抵押贷款被用作发行证券的抵押品时，抵押贷款就被证券化了。我们将在下一节讨论住房抵押贷款的证券化。

当贷款发起人意图出卖抵押贷款时，他会从潜在的投资人（买家）那里获取一份承诺。抵押贷款的买家包括两家政府资助的机构（GSEs)和一些私人公司。因为这些机构把抵押贷款打包卖给投资人，因此这些机构被称为渠道机构。贷款发起人所确定的贷款利率称为贷款利率，这个利率是依据贷款的潜在购买方所要求的利率而确定的。在任何情况下，对于在将来的不同时点发放的贷款都有不同的利率（30 天、60 天或 90 天）。

### （二）抵押贷款服务机构

每一份抵押贷款都需要后续的服务，住房抵押贷款的服务包括：向抵押人收取每月归还的贷款本息并将款项转交贷款持有人，向抵押人发出还款通知，在还款逾期时提醒抵押人，保留贷款本金余额记录，管理为不动产税和保险目的设立的抵押账户，以及在必要时启动取消抵押物赎回权的程序。

抵押贷款服务机构（Mortgage Servicers）包括银行相关机构、储蓄机构相关机构，以及抵押贷款银行。抵押贷款服务有 5 项收入来源，最主要的是服务费，该费用是抵押贷款余额的一个固定百分比。因此，当抵押贷款分期偿还，余额逐渐减少时，服务费收入也就相应地减少了。第二项收入来源是服务机构可以从抵押账户余额中赚取的利息，借款人通常会在服务机构保留一个抵押账户。第三项收入来源是从月度的还款支付中赚取的资金利差。这是因为，服务机构收到款项后，可以略作停留再支付款项给投资人。第四项收入来源是 3 种潜在的附加费用：①如果款项没有及时支付，服务机构会收取滞纳金；②向借款人推销人寿或其他保险产品收取的佣金；③出售通信地址收取的费用。最后，如果服务机构本身就是贷款人，则还有其他的好处。这些借款人也是其他业务的潜在客户，如第二套房贷、汽车贷款、信用卡业务。

## 二、住房抵押贷款的分类

住房抵押贷款可以根据以下特征，划分为不同的种类：留置权状态、信贷分类、利率种类、分期还款种类、信贷担保、贷款余额、提前还款与提前还款风险。

### （一）留置权状态

抵押贷款的留置权状态是指，当债务人违约需要出卖物业清偿债务时，某抵押贷款的清偿顺序：如果某抵押贷款有第一留置权，其贷款人就有第一受偿权。抵押贷款也可以是第二留置权或低级留置权，那么在清算时，其贷款人就必须要等第一留置权的贷款人完全清偿后才能够受偿。

### （二）信贷分类

就信贷分类而言，优级贷款是指借款人具有良好信用质量的贷款，包括借款人有稳定的职业，良好的信用记录，不需要减低其信用质量即可保证充足的还款收入来源，对于所涉交易房产有足够的投入。次级贷款是指借款人的信贷质量较差的贷款。介于两者之间的是一个较为模糊的种类，称为可选 A 级贷款。这里的 A 是指承销系统中的评级 A。这些贷款被认为是优级贷款，不过某些特征增加了它们的信贷风险或者使得它们难以分类和评估。

在评估借款人的信贷质量时，贷款人会考察若干衡量指标。首先是申请人的信贷评分。一些公司从贷款机构收集个人的还款支付记录，运用统计模型，评估并量化个人的信用质量，形成评分。基本上，信贷评分是该借款人的信用记录的分数。信贷评分有不同方法，通常都被称为 FICO 评分。FICO 评分在 350 分到 850 分之间，分数越高，信用风险越低。

信贷评分是把贷款划分为优级和次级的主要标准。优级（或 A 级）贷款的 FICO 评分一般在 660 分或以上。可选 A 级贷款可能在某些重要方面有所不同。次级贷款的 FICO 评分一般在 660 分以下，贷款的期限和评级则随贷款人的不同而大不相同。一家贷款人可能认为 FICO 评分为 620 分的贷款是"B 级贷款"，而另一家贷款人则可能把同样的贷款评级为更高或更低，特别当贷款的其他特点要高于或低于平均水平时。

### （三）利率种类

抵押贷款的贷款利率，即借款人同意支付的利率，可以是固定的，也可以是可变的。如果是固定利率的抵押贷款（Fixed-rate Mortgage, FRM），利率在贷款合同签署之日确定，在整个贷款期间都不再改变。

如果是可变利率的贷款（Adjustable-rate Mortgage, ARM），那么利率在贷款期间内是可变的。贷款利率的确定是基于一个被称为"指数"或"参考利率"的基准利率，加上一个差额。在可变利率的贷款中，使用两种参考利率：①市场利率；②基于储蓄机构的资金成本计算所得的利率。

基础 ARM 会定期重新确定利率，除此之外没有其他条款影响每月的还本付息金额。通常会有其他条款影响抵押贷款利率，这些条款包括：①定期上限利率；②贷款期间上限利率和下限利率。定期上限限制了利率在重新设定日期时上升或下降的数额，定期利率上限以百分比的点数表示。大多数的 ARM 都有一个在整个贷款期间内的利率上限，这个利率上限是以最初的利率为基础来表示的，很多 ARM 对整个贷款期间的利率还会设有一个利率下限。

ARM 的一种常见形式是混合 ARM。这种贷款在某个确定的年份内（3 年、5 年、7 年、10 年）的贷款利率是固定的。在确定年期的末尾，利率就用与传统的 ARM 贷款非常相似的方式重新确定。

### （四）分期还款种类

每个月的贷款本金归还金额称为分期还款额（Amortization）。传统上，FRM 和 ARM 都是完全分期还款贷款（Fully Amortizing Loans）。这意味着，抵押贷款借款人每个月的还款金额不仅包括按照合同应付的利息，而且还要足以在最后一次还款时完全付清贷款本金。

完全分期还款的固定利率贷款在整个贷款期间的还款金额都是不变的。在 ARM 贷款的情况下，月度还本付息金额是定期调整的。因此，月度还本付息金额在每个利率重新确定日需要重新计算。这个重新确定月度还本付息金额的过程称为贷款的重算。

近年来，若干种非传统的分期还款方式在住房抵押贷款市场上流行起来。其中最常见的是仅付利息产品。这种贷款就是，在一个预先约定的被称为锁定期的期间内，借款人只需要支付利息。在锁定期之后，重算贷款以便此后的月度还本付息金额足以在剩余的贷款期内还清全部贷款。仅付利息产品可以是 FRM、ARM，或者混合 ARM。

## 专栏 8-2

### 住房抵押贷款实例

住房抵押贷款，又称按揭，是指银行向贷款者提供大部分购房款项，购房者以稳定的收入分期向银行还本付息，而在未还清本息之前，用其购房契约向银行作抵押，若购房者不能按照期限还本付息，银行可将房屋出售，以抵消欠款。我们通过一个实例来说明借款的真实利率。

某人按揭购买一套住房，申请住房抵押贷款 10 万元，贷款年利率是 12%，也就是说，每月抵押贷款的利率为 1%。这就意味着第一个月偿还的 1 100 元将被贷款人做如下分配：①1 000 元（1%×100 000）用于支付利息；②100 元用于贷款本金、保险费、税收等。为简单起见，假设支付 1 000 元的利息后剩下的 100 元全部用于偿还本金。这就意味着下个月剩余的贷款本金就只有 99 900（100 000-100）。当下个月支付 1 100 元时，支付的利息的部分将下降到 999 元，剩下的 101 元用于减少贷款本金。逐渐地，每月用于支付利息的部分将下降，而剩下的用于偿还本金的金额将增加。几年之后，随着抵押贷款的到期日临近，每月的支付将主要用于偿还贷款的本金。

借款者每月平均支付的金额的计算公式为

$$每月支付金额=借款本金×\frac{\frac{r}{12}×\left(1+\frac{r}{12}\right)^{t×12}}{\left[1+\left(\frac{r}{12}\right)\right]^{t×12}-1}$$

其中，$r$ 为借款利率，$t$ 为借入资金的年数。

假设某人按 12% 的利率借入 10 万元住房抵押贷款，为期 25 年，那么平均每月应还款金

$$额=100\,000×\frac{\frac{12\%}{12}×\left(1+\frac{12\%}{12}\right)^{25×12}}{\left[1+\left(\frac{12\%}{12}\right)\right]^{25×12}-1}=1\,053.24\ （元）$$

实际上，还有一个计算每月还款金额的更为简单的方法，即利用年百分率表（APR）。在年利率为 12%、25 年期、每月进行支付、支付次数为 300 次（25×12）的条件下，年百分率表给出了如下信息：每 100 元的融资，融资费用总额为 215.97 元，那么 10 万元贷款的融资费用总额为 215 970 元。

因此，每月平均还款额计算如下：

$$（融资费用总额+贷款额）/贷款支付次数=\frac{215\,970+100\,000}{300}=1\,053.23\ （元）$$

在这个例子中，我们可以看到支付的利息总额 215 970 元是借款 100 000 元的两倍多。

### （五）信贷担保

抵押贷款可以基于其是否获得由联邦政府、GSE 或私人渠道机构提供的相关的信贷担保而分类。

由联邦政府机构提供担保的贷款统称为政府贷款，由美国政府提供完全的担保。住房与城市发展部（HUD）下属的两家担保政府贷款的机构，第一家是联邦住房局（FHA），FHA担保贷款是提供给那些只能承担较低的首付，一般来说收入水平也较低的借款人的。第二家机构是属于美国退伍军人事务部的退伍军人局（VA）。VA 担保贷款提供给符合标准的退伍军人和预备役人员，帮助他们获得优惠贷款条件。

与政府贷款不同，有些贷款没有联邦政府的明确的担保。这些贷款被称为"常规融资"，在市场上也叫"常规贷款"。一个常规贷款可能在发起时没有担保，但是当它加入资产池中用来支持抵押贷款支持证券时，可能是符合获得担保的标准的。更确切地说，这些抵押贷款支持证券是由两家 GSE 发行的，这两家 GSE 是房利美和房地美。房利美和房地美是两家政府资助的机构（GSEs），它们的作用是对房产抵押贷款市场提供流动性支持。它们属于私有企业，但是拥有联邦政府颁发的特许状。因为房利美和房地美的担保不是美国政府的完全的担保，它们不属于政府贷款。

常规贷款也可以由私人抵押贷款保险机构保险。从投资者的角度来看，这些保险机构自身的信用评级决定了它们所提供保险的安全度。

## （六）贷款余额

对于贷款和由房利美和房地美担保的贷款，我们有贷款余额的限制。1~4 户家庭的住宅的最高贷款金额每年都会变化，变化的根据是由联邦住房金融局公布的平均住房价格（包括新建和原有住房）的变化率。这些贷款限额被称为一致限额，对于房利美和房地美同样适用，因为它们由同样的法规规定。超过一致限额的贷款称为超额贷款。

## （七）提前还款和提前还款风险

购房者通常早于原定的贷款到期日提前还款。借款人支付的超过每月还本付息金额的部分称为提前还款。

这种没有全部清偿抵押贷款的提前还款被大家称为部分提前款。如果客户部分提前还款，贷款不需要重算。反之，借款人仍按原来的月度金额还本付息。提前还款的影响是，在此后的月份还本付息中，用于偿还本金的部分就增多了。结果就是，贷款全部清偿的日期会早于原定的到期日。就是说，贷款期限缩短了。

更常见的一种提前还款是贷款余额全部清偿。所有的住房抵押贷款都有"出售到期"的条款，也就是说，如果房产被出售，则贷款余额必须要偿还。如果市场上的抵押贷款利率下降，借款人可以把现有的抵押贷款再融资，借款人也可能被提议采用更优惠的融资渠道。

实际上，借款人部分或全部提前偿还贷款的权利是一项看涨期权。降低借款人提前还款权利的住房抵押贷款是提前还款罚金抵押贷款。这种贷款要求提前还款的借款人支付罚金。罚金的设计是为了阻止借款人进行再融资，如果借款人在借款后的一定期限内提前还款，则需支付确定数额的罚金。

# 第三节　住房抵押贷款支持证券市场

根据证券偿付结构的不同，资产证券化可以分为过手证券与转付证券。过手证券是最早出现的抵押支持资产证券形式，这种证券代表的是投资者对基础资产组合的所有权，不作为发行人的债务出现在其资产负债表中，来自资产的现金流收入简单地"过手"给投资者以偿付证券的本息，投资承担基础资产产生的风险。与过手证券不同，在转付证券结构下，资产池产生的现金流并不直接过手给投资者，而是先对其进行剥离和重组，再向投资者偿付。如果说过手证券在性质上属于股权投资类工具，那么转付证券就属于债券类投资工具。

抵押支持证券是以各种抵押证券或者抵押池的现金流作为支持的证券的统称。根据对利息、计划偿还本金、提前偿还本金的方法不同，抵押支持证券可以分为三种：抵押过手证券、抵押担保证券和可剥离抵押支持证券。其中抵押担保证券和可剥离抵押支持证券是由抵押过手证券衍生出来的。

住房抵押贷款市场可以按照借款人的信用质量分为两部分：私有标示抵押贷款和次级抵押贷款。就市场规模而言，机构抵押贷款支持证券市场是美国投资级证券市场的最大部门。也就是说，在包括美国国债在内的所有投资级证券中，机构住房抵押贷款支持市场是最大的市场部门。

## 一、抵押贷款过手证券

抵押过手证券是抵押支持证券中最简单的一种形式。抵押过手证券是将一个或者一个以上抵押贷款集合起来建立一个抵押池并出售该抵押池的参与凭证形成的。抵押过手证券的现金流取决于标的抵押贷款的现金流，这些现金流包括每月规定的还款额和提前偿付本金。每月由抵押池产生的这些现金流扣除一定费用后再按比例"过手"给证券持有人。由于抵押贷款人始终具有提前偿付的动机，因此抵押过手证券存在着提前偿付风险。

非机构的抵押贷款支持，是指由除了政府国民抵押贷款协会、房地美、房利美 3 家之外机构发行的 MBS。由下列渠道机构发行：①商业银行（如花旗集团的花旗抵押贷款机构）；②投资银行；③与商业银行和投资银行都不相关的机构（如全国金融公司）。

机构过手证券由政府国民抵押贷款协会、房地美和房利美放行。该 3 家机构由国会设立，目的是为住房抵押贷款市场增加资本供给，并为活跃二级市场提供支持。

由政府国民抵押贷款协会担保的证券称为抵押贷款支持证券，该证券享有美国政府还本付息的完全信用担保，虽然政府国民抵押贷款协会提供担保，但它不是发行人。由政府国民抵押贷款协会担保并署名的过手证券由经其批准的贷款机构发行，如储蓄机构、商业银行和抵押银行。只有满足政府国民抵押贷款协会制定的包销标准的贷款机构才能获得批准。在对经批准的贷款机构发行的证券提供担保时，政府国民抵押贷款协会就允许这些贷款机构把没有流动性的单个贷款转换成了由美国政府担保的有流动性的证券。在这个过程中，政府国民抵押贷款协会就达到了它的目的，即为住房抵押贷款市场提供资金并提供活跃的二级市场。政府国民抵押贷款协会为担保收取费用，成为担保费。

虽然由房地美和房利美发行的 MBS 通常被称为"机构 MBS"，但房地美和房利美其实是由国会特许负有公共使命的股份公司，它们的股票在纽约证交所交易。房地美和房利美是政府资助的机构（GSE），这两家 GSE 的使命是支持抵押贷款市场的流动性和稳定性。它们通过以下方法到达目标：①买卖抵押贷款；②创造过手证券和为过手证券提供担保；③购买MBS。由房地美和房利美购买并作为投资持有的抵押贷款被保持在一个称为"留存组合"的资产组合中。然而，房地美和房利美发行的 MBS 并不由美国政府提供完全的信贷支持。MBS投资人是首先依赖基础贷款池中的现金流收回投资的，其次才依赖公司担保。然而，这里的公司担保和两家 GSE 向其他债权人提供的担保是同样的。与政府国民抵押贷款协会一样，两家 GSE 因为承担借款人的信用风险而收取担保费。

房利美发行的过手证券称为抵押贷款支持证券，而房地美的过手证券则称为参与凭证（PC）。房利美的所有 MBS 都有按期还本付息的担保。目前发行的房地美 PC 也有同样的担保，不过还有一些未偿还的 PC 是担保按期归还本息，对本金则担保在到期一年之内偿还。

## 二、抵押担保债务证券

投资于抵押过手证券存在提前偿付风险。不同的投资者对风险的偏好程度不同，为了满足不同投资者的风险偏好，抵押贷款产生的现金流可以被重新分配，从而使提前偿付风险也得到重新分配，形成一系列不同期限、不同息票率、不同风险程度的投资序列，抵押担保证券 CMO 应运而生。

CMO 是以抵押过手证券或抵押贷款本身的现金流为基础发行的一种衍生债券，又称为多级抵押支持债券。资产池中总的提前偿付风险并没有因为 CMO 的出现而减少，CMO 提供的只是风险的重新分配，在一部分投资者的风险暴露程度降低的同时，另一部分投资者的风险暴露程度却提高了。

为了介绍 CMO，我们来看接续还本结构 CMO-01。这是一个虚拟交易，CMO 的抵押物是一个面值 5 亿元的抵押过手证券，过手证券的息票利率为 7%，并且等于抵押池中贷款的息票率。四个序列的结构如表 8-1 所示。

表 8-1 四个序列的结构

| 债券序列 | 面值/亿元 | 息票率 |
|---|---|---|
| A | 2.5 | 7 |
| B | 1.25 | 7 |
| C | 1 | 7 |
| D | 0.25 | 7 |
| 面值总计 | 5 | |

层级 A 收取全部的本金支付，直到该层级的所有本金全部清偿；然后层级 B 收取全部的本金支付，直到该层级的全部清偿。接下来是层级 C 收取本金，直到该层级清偿，层级 D 开始收取本金。CMO 的创造是基于现金流的重新分配。现金流包括本金和利息，这些现金流要按照一定支付规则重新分配到不同层级。

在 CMO-01 中，各层级均定期收取利息，利息金额按照月初本金余额计算。然而，本金的分配则有特殊的方法。某一层级收取本金，直到该层级的本金全部得以清偿。具体而言，层级 A 收取全部的本金支付，直到该层级的所有本金，即 2.5 亿元全部清偿。然后层级 B 收取全部的本金支付，直到该层级的 1.25 亿元全部清偿。接下来是层级 C 收取本金，直到该层级清偿，层级 D 开始收取本金。虽然本金支付的优先顺序是确定的，每一期的本金支付的金额却并不确定。这取决于现金流情况，因此取决于抵押品过手债券的本金支付情况，而这又依赖抵押品过手债券的提前还款比率。

层级对提前还款风险已经提供了一些保障。因为，通过建立本金支付的规则，对本金的分配设立先后顺序，实际上减低了较短期限的层级 A 所面临的延长风险。这个保护来自其他 3 个层级。类似的，层级 C 和 D 为层级 A 和 B 提供了延长风险方面的保护。同时，层级 C 和 D 也从层级 A 和 B 获益，即层级 A 和 B 减低了层级 C 和 D 的收缩风险。

在 CMO-01 的结构中，利息的支付规则规定每月向每个层级支付利息。在很多依次支付的 CMO 中，至少有一个层级是不收取当期利息的。该层级的利息会作为应计利息，加入本金余额。这种债券类型通常称为应计层级，或叫 Z 债券，该债券类似一个零息债券。那些原本应支付给应计层级的利息用来加速支付前面几个层级的本金。

举例说明。考虑一个假想的 CMO-02 的结构。CMO-02 与 CMO-01 的抵押品相同，也有

4 个层级，每个层级的息票利率为 7%。

区别在于最后一个层级 Z，它是一个应计债券。应计层级的加入将缩短层级 A、B、C 的预期期限。层级 A、B、C 的平均年限都将比 CMO-01 中的平均年限相应缩短，原因在于层级 Z，由于本应支付给应计层级的利息分配给了其他层级，使得其他层级的平均年限缩短。而 CMO-02 中层级 Z 的平均年限，则比 CMO-01 中层级 D 的平均年限长。因此，加入应计层级创造了更长和更短的层级。应计债券吸引那些担忧再投资风险的投资者。因为没有息票利率需要再投资，在其他投资层次都清偿完毕之前，应计层级没有再投资风险。

虽然有了减低提前还款风险的创新产品，很多投资者对于投资 CMO 仍然有顾虑，他们认为 CMO 的现金流变数很大，是有显著提前还款风险的金融品。传统的公司债券购买者希望有一种结构，既满足公司债券的特点（即本金到期一次归还，或按时间表归还），又有较高的信用质量。CMO 能够满足第二个条件，但不满足第一个条件。

1987 年，CMO 的发行机构开始发行具有以下特点的债券：只要提前还款是在一个特定的范围里，现金流就是确定的。这些债券的现金流更可以预期，被称为按期还本付息类型层级债券（Planned Amortization Class Bond，PAC 债券），这种可预期性是因为有一个必须满足的本金归还时间表。抵押池中产生的现金流参照当期的提前还款率，应先用于满足 PAC 本金支付时间表要求的还款额，然后再发放给其他 CMO 序列的持有人。在 CMO 中，PAC 债券的持有人享有比其他层级高的优先权收取本金。PAC 债券在现金流方面的确定性，是以其他层级为代价的，这些其他层级叫做支持债券，或叫伴随债券，这些层级吸收了提前还款风险。所有本金都先用于支付还款时间表中确定的数额给 PAC 持有人，所以如果当期收到的本金总量较少，支持债券持有人很有可能无法收到当期归还的本金；如果当期提前偿付的本金数额较大，PAC 持有人还是收到事先规定的本金数额，其余的本金由支持债券持有人接收。PAC 债券的提前还款风险降低了，但其代价是支持债券的风险增加了。

## 三、可剥离抵押贷款支持债券

可剥离抵押支持证券是 1986 年由美国联邦国民抵押协会设计发行的一种衍生抵押产品。可剥离抵押支持证券重新分配了抵押池中产生的现金流，将现金流具体区分为利息和本金，利息全部支付给一类证券持有人，本金则全部支付给另一类证券持有人。可剥离抵押证券可以分为以下三类：

（1）合成息票过手证券，对息票和本金分别支付的方式。

（2）纯利息/纯本金证券。1987 年，可剥离抵押支持证券正式发行，这类证券从资产池中收到的所有利息都分配给纯利息证券持有人，收到的全部本金都分配给纯本金证券持有人。

（3）剥离式抵押担保证券，是 CMO 结构中的一个纯利息序列或者纯本金序列。

可剥离抵押证券可以用于对抗利率风险和提前偿付风险。纯本金部分能对抗利率降低带来的风险，这是因为利率降低时，提前还款率提高了，这时纯本金证券的持有者就能提前收回本金，较快实现收益。然而利率上升时纯本金证券的价值降低了，这是因为收回本金的时间延长，利率的上升又导致贴现因子的升高，使得未来现金流的现值降低，从而导致纯本金证券的价值降低了。

纯利息部分对于利率的反应则不尽相同。利率上升时，提前还款率降低了，未偿还本金的增多使每期能收到的利率数额增加了，这对于投资者似乎是一个好消息。然而，利率上升导致贴现因子上升则会部分抵消每期利息收入增多给投资人带来的喜悦。当利率降低时，提前还款的增加导致利息收入的减少，然而贴现率的降低弥补了投资人的部分损失。但让投资人失望的是，由于利率降低导致的利息减少和贴现因子降低的净结果仍然是纯利息部分价值的降低。

# 第四节　资产支持证券市场

我们在第一节说过，除了抵押贷款支持的证券化 MBS 之外，资产支持的其他证券化资产称为 ABS。

## 一、资产支持证券的定义

资产支持证券的抵押物是一揽子尽如人意资产的现金流。可以用作资产支持证券抵押品的资产分为两类：现存的资产或应收款，或者将来发生的资产或应收款。前一种抵押品的证券化称为现有资产的证券化，后一种抵押品的证券化称为将来现金流的证券化。被证券化的与房产无关的资产包括消费和商业贷款/应收款。被证券化的消费贷款/应收款包括汽车贷款和租赁，信用卡应收款，学生贷款，房屋改善贷款。被证券化的商业贷款/应收款包括贸易应收款（如保健应收款），设备租赁，经营资产（如飞机，海运货物集装箱），娱乐资产（如电影和音乐的版权），经营权贷款，小额商业贷款和批发业务。

对于一般的企业债，所有债权人对公司的全部资产享有求偿权，而 ABS 的持有人则只对某些特定资产享有求偿权，而不是公司的所有资产。这样的制度安排使得 ABS 的持有人在公司发生违约时有更加明确的求偿对象，而不用与公司的其他债权人共同瓜分公司的全部资产，实现了风险隔离。明确的求偿对象使投资者的利益受到更可靠的保护。

## 二、资产支持证券的分类

和 MBS 一样，ABS 的现金流模式也依赖于其抵押物的现金流模式，因此可以将 ABS 按现金流的特性分为规则现金流结构和无规则现金流结构。

### （一）规则现金流结构

规则现金流结构表现为标的抵押物的还本付息具有摊销时间表，这类证券的抵押资产主要是抵押贷款，汽车贷款、民政股本贷款、农业机械贷款等。抵押池中资产为抵押贷款的 ABS 通常被构造为过手证券形式和多级证券形式。过手证券又称为委托人信任，多级证券又称为所有者信托。

#### 1. 委托人信托

委托人信托是市场上最早的 ABS 形态，其现金流（包括利息、计划归还本金和提前偿付本金）按照一定的分配方式同时分配给证券持有人，平均期限取决于抵押资产的提前还款情况。提前还款情况发生得越频繁，证券的平均期限就越短。委托人信托的典型代表是汽车贷款支持证券。

汽车贷款支持证券的发行者主要是：汽车生产商下设的金融机构、商业银行和专门发放汽车贷款的金融机构等。汽车贷款支持证券的现金流包括每期规定的还款额（利息和应还本金）和提前偿还的本金。和抵押支持证券一样，提前偿还本金是汽车贷款支持证券的风险之一。顾客提前还款的原因可以归结为以下几点。①全额还能够享有某些优惠和产品折价。②汽车转手。汽车转手频数的高低与经济周期密切相关，经济萧条时车主的资金需求增加，因此车辆转手率提高了。③车辆损毁或丢失。④市场利率下降时，采取提前还款的方式，由于市场利率降低而导致的提前还款不是提前还款增多的主要原因，因为汽车生产厂商为了吸引顾客购车，通常会提供给顾客低于市场利率的贷款利率。

**2．所有者信托**

目前市场上用得最多的还是多级证券形式的 ABS，即所有者信托。过手证券的一个不足就是所有过手证券的投资者都承受着提前偿付风险，而多级证券从某种程度上克服了这一不足。多级证券将每期收到的现金流按照证券等级进行重新分配。证券等级包括短期货币市场级别、一年期级别、二年期级别和三年期级别。所有者信托按照投资级别的不同将每期收到的现金先支付利息给所有级别证券的持有人，之后按照期限由短到长依次支付本金。当货币市场级别的本息全部偿还以后，开始偿还一年期级别的本金，依次类推，直到所有本金支付完毕。这样的结构设计类似于接续还本结构 CMO。

**（二）无规则现金流结构**

无规则现金流结构中没有摊销时间表，这类证券的抵押池为那些循环贷款，如信用卡应还款和贸易应收款等。之所以称这类贷款为循环贷款是因为在循环期内，从这些贷款中收到的本金并没有分配给证券持有人，而是由信托人管理并再投资于与收到的本金额度相当的其他循环贷款，从而将抵押池的规模维持在一个比较稳定的水平。典型的无规则现金流结构的ABS 是信用卡应还款支持证券。

信用卡应还款支持证券，顾名思义，其抵押物就是信用卡应还款的现金流。信用卡持有人通常具有一定的信用额度，在这个额度内他们能够随意透支现金以满足日常生活需要。持有人有权利一次性全部或者部分偿还透支款项，然后再进行透支消费，只要他们的透支额度不超过他们的信用额度。由于信用卡持有人可以随意选择还款时间，信用额度也可以循环使用，因此信用卡应还款支持证券并不存在实际的到期时间，本金数量也是实时变动的。信用卡还款的利息定期支付给证券持有人，而信用卡持有人支付的本金在循环期内由托管人保管，并再投资于其他的应收款中，循环期的时间由 18 个月到 10 年不等。循环期结束以后，这些本金将不再进行再投资，而是支付给证券持有人。

# 三、资产支持证券化的优点

相比其他证券产品，资产支持型证券具有以下几个优点。

（1）具有吸引力的收益。在评级为 3A 级的资产中，资产支持型证券比到期日与之相同的美国国债具有更高的收益率，其收益率与到期日和信用评级相同的公司债券或抵押支持型债券的收益率大致相当。

（2）较高的信用评级。从信用角度看，资产支持型证券是最安全的投资工具之一。与其他债务工具类似，它们也是在其按期偿还本利息与本金能力的基础之上进行价值评估与评级的。但与大多数公司债券不同的是，资产支持型证券得到担保物品的保护，并由其内在结构特征通过外部保护措施使其得到信用增级，从而进一步保证了债务责任得到实现。大多数资产支持型证券从主要的信用评级机构得到了最高信用评级——3A 级。

（3）投资多元化与多样化。资产支持型证券市场是一个在结构、收益、到期日以及担保方式上都高度多样化的市场。用以支持型证券的资产涵盖了不同的业务领域，从信用卡应收账款到汽车、船只和休闲设施贷款，以及从设备租赁到房地产和银行贷款。另外，资产支持型证券向投资者提供了条件，使他们能够将传统上集中于政府债券、货币市场债券或公司债券的固定收益证券进行多样化组合。

（4）可预期的现金流。许多类型的资产支持型证券现金流的稳定性与可预测性都得到了很好的设置。购买资产支持型证券的投资者有极强的信心按期进行期望中的偿付。然而，对近期内出现的类似于担保的资产支持型证券，有可能具有提前偿付的不确定因素，因此投资者必须明白，此时现金流的可预测性就不那么准确了。这种高度不确定性往往由高收益性反映出来。

（5）事件风险小。由于资产支持型证券得到标的资产的保证，从而提供了针对事件风险而引起的评级下降的保护措施，与公司债券相比，这点更显而易见。投资者对于没有保证的公司债券的主要担心在于，不论现在的评级有多高，一旦发生对发行人产生严重影响的事件，评级机构将调低其评级。类似的事件包括兼并、收购、重组及重新调整资本结构，这通常都是由于公司的管理层为了提高股东的收益而实行的。

## 补充阅读

### 中国建设银行首发 27.65 亿元不良资产证券化产品

2008 年 1 月 24 日中国建设银行（以下简称建行）在全国银行间债券市场发行 21.50 亿元的"建元 2008-1 重整资产证券化信托优先级资产支持证券"，同时向中国信达资产管理公司定向发行 6.15 亿元的"建元 2008-1 重整资产证券化信托次级资产支持证券"。

建元 2008-1 重整资产证券化信托资产支持证券的基础资产为建设银行发放的五级分类为次级及次级以下的对公贷款，均为不良贷款，不良贷款资产包括 565 个债务人、1 000 笔贷款，未偿金额为 955 043.52 万元，本息余额合计 1 134 982.98 万元，资产分布在 11 个省、17 个行业。

这是首只由商业银行发行的不良资产证券化产品。2006 年 12 月，信达资产管理公司和东方资产管理公司分别发行了国内首批不良资产证券化产品"信元、东元 2006-1 重整资产支持证券"。

根据联合自信评估有限公司的信用评级报告，21.50 亿元的"建元 2008-1 重整资产证券化信托优先级资产支持证券"的评级结果为 AAA。

评级报告指出，资产池中不良资产的地域分散性较好，有抵押质押物的不良资产约占未偿本金余额 47%，而且，优先/次级的结构也对优先级资产支持证券提供了较强信用支持。

建元 2008-1 重整资产证券化信托资产支持证券的到期日为 2012 年 12 月 28 日，优先级为固定利率，每半年支付一次本息，本金快速偿付"次级资产支持证券"的本金及收益在"优先级资产支持证券"本息全部偿付完毕之后，每半年偿付一次。

本期资产支持证券发行结束后，发行人将申请在全国银行间债券市场交易优先级资产支持证券，次级资产支持证券按照中国人民银行的相应规定进行转让。

作为商业银行资产证券化的试点银行，建设银行分别于 2005 年 12 月和 2007 年 12 月发行了两只个人住房抵押贷款支持证券，规模分别为 30 亿元和 41.6 亿元。

资料来源：http://money.163.com/08/0118/03/42F84C08002524SC.html.

## 读后讨论

查阅相关资料，分析建行发行不良资产证券化产品的整个流程。

## 【本章小结】

1. 资产证券化是指将那些缺乏流动性但有具有未来现金流的资产（如银行的贷款、企业的应收款等）组建资产池，并以资产池所产生的现金流为支撑发行证券，转换为可以在金融市场上自由买卖的证券，使其具有流动性的行为。

2. 住房抵押贷款可以分为留置权状态、信贷分类、利率种类、分期还款种类、信贷担保、贷款余额、提前还款与提前还款风险。

3. 抵押支持证券是以各种抵押证券或者抵押池的现金流作为支持的证券的统称。根据对利息、计划偿还本金、提前偿还本金的方法不同，抵押支持证券可以分为三种：抵押过手证券、抵押担保证券和可剥离抵押支持证券。

4. 抵押过手证券是将一个或者一个以上抵押贷款集合起来建立一个抵押池并出售该抵押池的参与凭证形成的。

5. 抵押担保债务证券是以抵押过手证券或抵押贷款本身的现金流为基础发行的一种衍生债券，又称为多级抵押支持债券。

6. 可剥离抵押支持证券重新分配了抵押池中产生的现金流，将现金流具体区分为利息和本金，利息全部支付给一类证券持有人，本金则全部支付给另一类证券持有人。

7. 资产支持证券的抵押物是一揽子尽如人意资产的现金流。可以用作资产支持证券抵押品的资产分为两类：现存的资产或应收款，或者将来发生的资产或应收款。前一种抵押品的证券化称为现有资产的证券化，后一种抵押品的证券化称为将来现金流的证券化。按现金流的特性分为规则现金流结构和无规则现金流结构。

## 【重要概念】

资产证券化　　特殊目的机构　　住房抵押贷款　　抵押过手证券　　抵押转付证券　　抵押支持证券　　资产支持证券　　抵押担保债券　　可剥离抵押支持证券　　规则现金流结构　　无规则现金流结构

## 【练习题】

1. 资产证券化的定义是什么？有哪些特征？
2. 资产证券化的一般程序有哪些？
3. 简述资产证券化的风险。
4. 资产支持型证券具有哪些优点？

# 第四部分

# 金融市场基本理论

2008 年金融危机引发了众多经济学者的深刻反思，此次危机同 20 世纪 30 年代"大危机"一样，又是一次对既有货币金融理论的真实检验。检验结果表明，人们依然无法正确把握在新时代背景下金融与经济之间的正确关系，投资银行以风险理论、有效市场假说为理论支撑创造出诸多复杂，甚至难以控制风险的金融衍生品，以追求高风险溢价；政府监管机构以自由市场理论为依据放纵了投资者的野心。正是对金融理论认识的偏差导致了这场全球性金融危机，余波未息。

回顾金融理论发展历史，"大萧条"让人们选择了货币经济理论，此次金融危机又让我们看到了金融对经济的深刻而又久远的影响，先贤对金融理论的探究是曲折而又艰难，而时间却能让后人的探索与先辈的足迹相映成趣，正所谓"理论是灰色的，而生命之树常青"。金融世界的广阔，将使金融理论的探索者无法停止前进的脚步。

# 第九章　效率市场理论

**学习目标**

1. 了解效率市场假说的定义与假设条件。

2. 掌握有效市场的分类与特征。

3. 熟悉效率市场假说悖论。

## 开篇案例

### 2014 年中国对冲基金大爆发

如果说 2010 年是中国对冲基金起步的元年，那么 2014 年将是中国对冲基金大爆发的时代。如果说基金法的修改使私募基金具有了"名分"，那么基金业协会的注册备案制度则使其能正式地登堂入室。3 月以来，我国共有 230 多家基金备案，这加速了行业的竞争，而竞争的结果，必然是对冲基金的大发展。其次，投资者对信托产品的担心与日俱增，而未来投资者对 10%左右的理财产品的巨大需求，很可能由对冲基金来填补。据统计，2014 年共有 4 431 款信托产品到期，到期规模达 9 898 亿元，而对冲基金这两年逐步为人所了解，部分对冲策略在业绩上已有优秀的表现。2014 年对于基金经理和投资者来说，都将是最好的时代。

### 案例导读

投资的核心在于对证券未来收益率的预测，在寻找证券收益率决定因素这一方面，对冲基金扮演的角色尤为积极。对冲基金是从市场的无效率中获得巨大收益，其投资策略发展的历程，基本上也反映了效率市场理论的演化。近十几年来，效率市场假说是统计会计学、金融学研究的基本思想，也有相当多的文献验证了该假说的准确性，但是，进入 20 世纪 80 年代以后，一些学者发现了若干系统的、不符合效率市场假说预测的实证证据，关于效率市场假说的相关争论，也似乎正在演变成为一个无解的问题。

效率市场假说（Efficient Market Hypothesis，EMH）是由美国芝加哥大学尤金·法玛（Eugene F.Fama）提出的，是现代金融市场理论的基石。该假说认为，相关的信息如果不受扭曲，且在证券价格中得到充分反映，市场就是有效的，在股票价格对信息的迅速反应下，不可能存在任何获得高出正常收益的机会。

# 第一节 效率市场假说的理论渊源、内容与条件

## 一、效率市场假说的提出及其含义

效率市场假说是数量化资本市场理论的核心，同时也是现代金融经济学的理论基石之一。从理论来源上看，先有收益的统计方法、随机游走过程、奥斯本的七大假设，然后才有法玛的效率市场假说。

最早运用统计方法分析收益的是法国的路易斯·巴契利尔博士（Louis Bachelier）。他在1900年完成的博士论文《股票市场价格的随机特征》中使用统计方法分析股票、债券、期货、期权等市场的投资行为，并且认识到市场在信息方面的有效性：过去、现在的事件、未来事件的贴现值反映在市场价格中，但价格的变化并无明显关联。其"基本原则"是股价遵循平赌（Fair Game）模型。但由于当时无法理解他的两个假设，所以，巴契利尔的博士论文一直放置在图书馆的故纸堆中，几十年间没有什么针对股价行为的检验出现。期间，肯德尔（Kendall，1953）研究英国和美国的商品和证券价格，惊奇地发现股价变化的随机性；罗伯茨（Roberts，1959）展示了一个从随机数列产生的序列和美国的股价是无法区分的；奥斯本（Osborne，1959）发现股价行为和流体中的粒子行为差不多，并用物理学的方法来研究股价行为。1964年，保罗·古特纳[1]（Paul Cootner）慧眼识金，找到巴契利尔的论文并收集到《古特纳文集》中。

萨缪尔森（Samuelson，1965）通过数学证明澄清了平赌和随机游走的关系，从理论上论述了有效市场和公平赌博模型之间的对应关系，还为效率市场假说作了理论上的铺垫。

在总结了前人的理论和实证的基础上，并借萨缪尔森的分析方法和罗伯茨提出的三种有效形式，法玛在1970年提出了效率市场假说。

从20世纪70年代末开始，越来越多的金融学家发现有效市场假说并不能解释金融市场中诸多现象——他们称为市场异常，并试图用行为金融学理论来解释。1991年，法玛对其定义有所修改，提出考察有效性应根据扣除交易成本后的净收益或是经济利润，并指出对EMH的检验时常涉及资本定价的联合检验：只有在定价模型正确且市场的确存在超额利润的条件下市场才是无效的。这样，随着效率市场假说定义的修改和有效性条件的弱化，大部分市场异常并不能证明市场是无效的。马尔基尔在2003年对效率市场假说定义进一步放宽，他认为即使金融市场存在诸多"异常现象"，但只要没有基于信息的持续套利就是有效，即使人们能够察觉到套利机会，但无法实施，那么市场仍然是有效的。这个定义避免了格罗斯曼-斯蒂格利茨悖论（Grossman-Stiglitz Paradox）[2]。为了给人们寻找获得超额利润的动力，并且保持市场的有效性，应该允许勤勉的投资者获得额外收益来弥补信息成本。

---

[1] 金融经济学奠基者，他编写的《古特纳文集》是法玛有效市场研究的基础，同时也标志着数量经济研究时代的来临。

[2] 格罗斯曼和斯蒂格利茨证明，由于信息成本的存在，市场效率和竞争均衡不相容，价格不可能是充分显示的。因为，如果价格是信息有效的，就不会有人花费成本来收集信息并承担前期风险；而如果没有人去获取信息并据此决定其需求，新信息又不能被汇总或是以最快的速度体现到资产的价格中，于是价格就不会是信息有效的。

几乎在同一时期，约翰·缪斯（John Muth）提出了理性预期理论，该理论认为人们对未来的预期不仅依赖于过去的经验，而且与所有可以收集到的信息有关，即人们对未来的预期和人们依据一切可以收集到的信息所作出的最优预测相同。效率市场假说是理性预期理论在金融学中的平行发展，也就是说，有效市场理论是金融市场中的理性预期。

## 二、效率市场假说的内容

### （一）定义

法玛对市场效率是这样定义的：价格总是"充分地反映可获得信息的市场是有效的"。对定义的理解是：如果在一个证券市场中，价格完全反映了所有可以获得的信息，那么就称这样的市场为有效市场。衡量证券市场是否具有外在效率有两个标志：一是价格是否能自由地根据有关信息而变动；二是证券的有关信息能否充分地披露和均匀地分布，使每个投资者在同一时间内得到等量等质的信息。根据这一假设，投资者在买卖股票时会迅速有效地利用可能的信息。所有已知的影响一种股票价格的因素都已经反映在股票的价格中，因此根据这一理论，股票的技术分析是无效的。

市场效率亦可以理解为一个有效市场应该是一个拥有良好的监管体系、做市商以及成熟的市场机制的资本市场，市场具有很好的深度与流动性，在此市场中观察到的价格是真实价值的完美指标，市场价格准确地反映了市场上可得到的信息，并随着新信息的披露而作出相应的反应。根据这一假设，股票市场的价格是不可预测的，无论是碰运气或是根据内幕消息，在对股票价格进行预测中付出的时间、金钱和努力都是徒劳的，任何对股票的技术分析都是无效的。

1973 年，马尔基尔把效率市场假说介绍给广大投资者，马尔基尔给出了更明确的定义：如果一个直播市场在确定证券价格时充分、正确地反映了所有相关信息，这个资本市场就是有效的。正式地说，该市场被称为相对于某个信息集是有效的……如果将该信息披露给所有参与者时证券价格不受影响的话。更进一步说，相对于某个信息集有效……意味着根据（该信息集）进行交易不可能赚取经济利润。其数学表达式为：

$$f(P_t / \vartheta_{t-1}) = f_m(P_t / \varphi_{t-1}^m)$$

其中 $P_t = P_{1t} + P_{2t} + P_{3t} + \cdots + P_m$，是 $t$ 时期各种证券价格的向量。

$\vartheta_{t-1}$ 是 $t$-1 时期可以获得的所有信息的集合。

$f_m(P_t / \varphi_{t-1}^m)$ 是市场在 $\varphi_{t-1}^m$ 条件下估计的时期价格的概率密度函数。

$f(P_t / \vartheta_{t-1})$ 是市场在 $\vartheta_{t-1}$ 中所隐含的真实的时期价格的概率密度函数。

因此，在一个有效的市场中决定未来价格的概率密度函数利用了所有可以获得的信息；反之，在一个无效率的市场忽视或者错误地解读或者利用了信息集 $\vartheta_{t-1}$ 中的某些信息。

### （二）效率市场假说内容分析之一：市场效率

#### 1. 资本市场的效率应该包括运作效率、信息效率、配置效率

资本市场效率是指资本市场实现金融资源优化配置功能的程度。具体来说，包括两个层面：一是市场以最低交易成本为资金需求者提供金融资源的能力，这是运作效率的体现；二

是市场的资金需求者使用金融资源向社会提供有效产出的能力。高效率的资本市场，应是将有限的金融资源配置到效益最好的企业及行业，进而创造最大产出，实现社会福利最大化的市场。有效市场理论中的市场效率主要是指后者，强调市场的信息效率，即市场价格对信息及时、充分、准确的反映。

**2．效率市场假说的有效市场与完善市场的关注点的差异**

效率市场假说关注的是信息效率，并且实际上是强调信息效率实现时的市场均衡的实现和存在，进而强调市场均衡时的资金配置效率。

（1）不确定性下的预期效用：

$$E \left\langle \ \mu^i(w^i \tilde{}) \Big| y^i, p(y) = p \ \right\rangle$$

（2）确定性下的效用：

$$\mu^i \left\langle E(w^i) \Big| y^i \right\rangle$$

（3）仅有私人信息决定的证券收益产生的概率不会等于包含全部信息决定的证券收益的概率。

$$\mathrm{Prob} \left\langle \tilde{r} \Big| y^i \right\rangle \neq \mathrm{Prob} \left\langle \tilde{r} \Big| y^i, p(y) = p \right\rangle$$

证券产品的特征要求证券的有关信息能充分披露和均匀分布，使交易者同时得到等量等质的信息。

信息—预期—价格形成变动反应机制说明，证券市场价格是在理性预期条件下在信息占有基础上竞争出来的、形成的市场均衡价格（理性预期均衡）。所以，在证券价格形成中充分准确地反映了全部相关信息，则称其为有效市场。从某种意义上，法玛的有效市场指的是信息效率市场。市场的有效导致价格的有效，即如果在证券市场中，价格完全反映了所有可获得的信息，则在任何时点上，价格都是证券内在价值的最佳评估。可引申的结论是市场有效，从而价格形成有效，可达至最优资源配置即配置有效。

另一引申的结论是市场有效，价格有效，从而市场中不可能存在连续套利机会，不可能获得无风险套利利润。

## （三）内容分析之二——效率市场假说蕴含的资本市场在完全竞争条件下和信息分散条件下的一种均衡状态——理性预期均衡

我们在此理解的预期是对与目前决策有关的不确定的经济变量的未来值的预期。简单地说，是指在预期的形成过程中，参与人运用一切可用的信息所做的最佳预测。理性预期理论是效率市场假说的微观基础，或者效率市场假说是理性预期理论在金融学中的平行发展。从而效率市场假说描述的是资本市场的一种均衡状态——理性预期均衡。

理性预期本质上是一个均衡概念，而不仅仅是指个人行为的理性假设。理性预期均衡是传统瓦尔拉斯均衡在信息分散条件下的扩展，它是一种随机均衡。其均衡价格是整体私人信息 $\phi$ 的一个函数 $PE(\varphi)$。

如果所有交易者都在价格 $P$ 上选择使其期望效用最大化的需求，且这一需求的形成已经利用了交易者各自的私人信息以及包含在价格 $P$ 为市场结清价格（即 $PE(\phi) = P$）这一事件中的信息，那么对任给的信息当 $PE(\phi) = P$ 时，市场处于结清状态。

在理性预期均衡下，交易者没有重新订约的意愿，均衡处于稳定状态。它表示市场结清的均衡价格已不能为交易者提供新的可以利用的私人信息，也表示交易者已从均衡价格中窥探到其他交易者的所有私人信息，在这两种意义上，理性预期均衡完全揭示私人信息，市场将不存在利用新信息获利的可能。

理性预期均衡的实现是交易者遵循贝叶斯理性的结果。

## 三、效率市场假说的假设条件

效率市场假说是基于以下三个渐进的假定条件。

（1）投资者是理性的，因而可以理性地评估证券的价值。理性的投资者认为证券价格是未来现金流按照能够反映其风险特征的贴现率贴现之后的净现值，即内在价值。当投资者获得证券内在价值的信息时，他们就会迅速反应，买进价格低于其内在价值的证券，卖出价格高于内在价值的证券，从而使证券价格始终处于内在价值的均衡点。

由理性投资者参与的市场必然是一个均衡市场，投资者不可能获得超额收益，所以，其必然也是一个完全有效市场。

（2）虽然部分投资者是非理性的，但他们的交易是随机的，这些交易会相互抵消，因此不会影响价格。投资者的非理性行为并不能作为否定效率市场假说的依据，因为即使投资者是非理性的，在很多情况下，市场还是理性的。例如，非理性投资者的交易是随机的，这些投资者数量众多，只要他们的交易策略互不相关，他们的交易就可能互相抵消，从而不会影响市场效率。当然，这个假设的前提是非理性投资者的交易策略互不相关。

（3）虽然非理性投资者的交易行为具有相关性，但理性套利者的套利行为可以消除这些非理性投资者对价格的影响。进一步放开假设条件，如果部分非理性投资者串通故意操作某些股票的价格，例如，有些非理性投资者连续买进某股票，导致其市场价格高于其内在价值，由于市场套利者的存在，他们就有可能在卖空该证券的同时，买进其他"本质上相似"的证券以对冲风险，如果能够找到这种替代证券，套利者就可以获得无风险收益。由于这种套利活动不需要资本金，也无须承担风险，他们的无风险套利行为将使各种证券的价格迅速回到其内在价值的水平。弗里德曼甚至认为，在非理性投资者与理性投资者的这种博弈中，最终将会以非理性投资者亏损出局结束。

## 四、效率市场的必要条件

（1）存在大量的证券，以便每种证券都有"本质上相似"的替代证券，这些替代证券不但在价格上不能与被替代品一样同时被高估或低估，而且在数量上要足以将被替代品的价格拉回到其内在价值的水平。

（2）存在以利润最大化为目标的理性套利者，他们可以根据现有信息对证券价值形成合理判断。

（3）允许卖空。

（4）不存在交易成本和税收。

**专栏 9-1**

### 效率市场假说与证券分析业

在华尔街以及资本市场较发达的世界各地，证券分析业都是报酬最丰富的行业之一。优厚的报酬吸引了成千上万的优秀人才加入证券分析师的行列。他们到处收集各种信息，运用各种分析工具和手段，分析各种证券的价值，寻找价格被低估或高估的证券，并自己或建议客户采取相应的买卖行动。应该说，大量证券分析师的这种竞争性行动是促使资本市场走向效率的最重要力量。

然而，当市场达到充分有效的状态时，证券分析师花费大量成本和精力收集各种信息，并运用各种方法对这些信息进行分析处理都无助于他们击败市场。这样的话，就没有人再愿意去花费无谓的时间和金钱去收集和分析信息了，效率市场也就失去它存在的基础。可是，当资本市场逐渐变得无效时，信息的价值又开始突现出来，证券分析师又开始忙于收集和分析信息，市场效率的程度又逐步提高。最终，市场效率的程度将在收集和分析信息的边际成本等于其边际收益时达到均衡。

由此可见，只要收集和分析信息的边际成本不为零，资本市场就不可能达到完美有效的地步。正是基于这一点，格罗斯曼和斯蒂格利茨才指出，在现实生活中，完美的效率市场是不存在的。

从上面的分析我们还可以看出，收集和处理信息的成本越低、交易成本越低、市场参与者对同样信息所反映的证券价值的认同度越高，市场的效率程度就越高。

# 第二节  有效市场的类型和特征

## 一、有效市场的分类

根据罗伯兹（Roberts）对信息集大小的分类，效率市场分为三种。

（1）弱式效率市场，指当前证券价格已经充分反映了全部能从市场交易数据中获得的信息，这些信息包括过去的价格、成交量、未平仓合约等。因为当前市场价格已经反映了过去的交易信息，所以弱式效率市场意味着根据历史交易资料进行交易是无法获取经济利润的。这实际上等同宣判技术分析无法击败市场。

（2）半强式效率市场，指所有的公开信息已经反映在证券价格中。这些公开信息包括证券价格、成交量、会计资料、竞争公司的经营情况、整个国民经济资料以及与公司价值有关的所有公开信息等。半强式效率市场意味着根据所有公开信息进行的分析，包括技术分析和基础分析都无法击败市场，即取得经济利润。因为每天都有成千上万的证券分析师在根据公开信息进行分析，发现价值被低估和高估的证券，他们一旦发现机会，就会立即进行买卖，从而使证券价格迅速回到合理水平。

（3）强式效率市场，指所有的信息都反映在股票价格中。这些信息不仅包括公开信息，还包括各种私人信息，即内幕消息。强式效率市场意味着所有的分析都无法击败市场。因为只要有人得知了内幕消息，他就会立即行动，使证券价格迅速达到该内幕消息所反映的合理水平。这样，其他再获得该内幕消息的人就无法从中获利。

三种次级的效率市场假说之间的关系如图 9-1 所示。

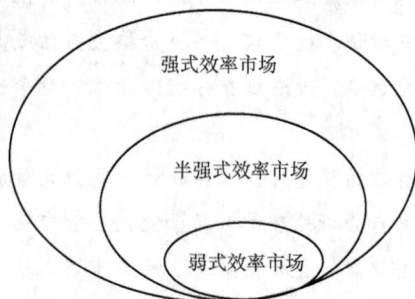

图 9-1 三种次级的效率市场假说之间的关系

## 二、有效市场的特征

（1）市场的无记忆性。只要当前价格中已经包含了全部过去价格的信息，则过去的记忆对未来的价格预测是毫无帮助的，价格的变动是纯粹的随机游走，因此否定了技术分析。

（2）市场价格可信赖。证券价格具有很高的供需弹性，微小的价格变动立即引发套利产生供需关系的变化，而且马上形成新的均衡，从而不可能持续地获取超过市场平均水平的收益，收益的大小只取决于所承担的风险的大小。各种财务假象（如因为送配股或改变会计方法使收益看上去发生变化）从长远看都是无效的。市场越有效率，财务包装的作用就越小。

（3）证券价格应迅速准确地反映收集到的未来关于定价的新资料和信息。

（4）证券价格从一个阶段到下一阶段的变化应该是随机的，因而今天的价格变化与昨天发生的价格变化或过去的任何一天的价格变化无关。

（5）区别将来某段时期的有利和无利的投资不可能以现阶段已知的这些投资的任何特征为依据。例如，你不可能创造一种交易规则，使用有效资料在一定时间内预测 $t+1$ 时是最有利的投资。

（6）如果我们把"投资专家"和"无知的投资者"区分开，我们将发现我们不能找到这两组人投资绩效的重要区别。换句话说，组与组之间及组内的投资者之间绩效的不同仍归因于机会，因不取决于一些系统的和持久的（如收集资料和分析资料的能力等）不同因素。

事实上，效率的概念不是一个非此即彼的概念。世界上没有一个绝对有效的市场，也没有一个绝对无效的市场，它们的差别只是度的问题。问题的关键不是某个市场是否有效，而是多有效。这就需要一个相对效率的概念，如期货市场相对于现货市场的效率、美国资本市场相对于中国资本市场的效率等。绝对效率只是为我们衡量相对效率提供一个基准。

# 第三节　效率市场假说的检验

对有效市场假说的检验是指通过经验或者实证数据验证证券市场中基于信息基础的证券价格敏感程度，并以此判断证券市场的有效度。

## 一、检验方法

一般而言，用于评估市场效率的检验方法可以分为两类：一类是将实际收益率与市场是有效率的假设条件下的应有收益率进行比较；另一类是进行模拟交易战略的测试，观察这些战略能否通过市场获得超额收益。

在第一类方法中，通常运用数学模型得出应有收益率，这些模型包括平赌、鞅和半鞅模型、随机游走模型等。在给定信息集合和一组收益率的时间序列后，用这些模型可验证观察到的收益率是否偏离市场效率。但是这种检验的不足是，这是一种"双重检验"——既是对市场效率的检验，又是对模型本身的检验。倘若由于模型自身的问题导致得出的应有收益率出现差错，则会影响对市场效率的判断。因此在检验中往往还需结合模拟交易策略进行检验，或者称为联合检验。

## 二、对弱式效率市场的检验

有效市场假说的弱式效率表明，一个投资者始终不能应用过去的证券价格信息赚取超过有价证券投资风险相应收益的投资收益。如果证券市场是弱式效率，通过技术分析，投资者将不能获取超额利润。

对弱式效率的检验主要集中在证券价格是否随机游走的问题。检验结果发现，随机游走是弱式效率的强形式，而半鞅更适用于弱式效率下各种股票的波动。根据经验数据以及应用过滤技术实施控股的投资策略也充分表明，在弱式有效市场，股票价格波动并没有为投资者提供赚取超额利润收益的任何信息。

多数研究者认为美国证券市场具备弱式有效市场的基本特征，中国证券市场是否属于弱式有效尚存在较大争议。

### 专栏 9-2

#### 逆转效应

德邦特和泰勒（De Bondt & Thaler，1985）比较两组公司的收益情况，一组是亏损最严重的公司，一组是盈利最多的公司。他们从 1993 年开始算起，把前 3 年表现最好的公司和最差的公司分别编组，各自作为一个组合，然后比较此后 5 年投资于两种组合所得的收益情况。他们发现基期的"失败"组合（投资于业绩最差的 35 只股票）的表现要比"优秀"组合（投资于业绩最好的 35 只股票）业绩好 25%。这种"失败"组合出现反弹、"优秀"组合出现衰落的逆转效应说明了股票市场对消息的过度反应。亏损公司股票由于太便宜，所以在今后一段时间会出现反弹，而绩优公司的股价已经被推到高位，所以今后的收益会逐渐走低。这说明了反向投资策略的可行性，即尽量投资于近期表现不佳的股票，而避免投资于表现较好的股票。

## 三、对半强式效率市场的检验

对半强式效率市场的检验主要围绕一些公布的信息对证券价格及投资收益的影响展开。其主要对象有以下几种。

（1）股票分割的作用。华尔街曾流传一种说法，即投资者应当选择即将宣布股票分割的公司的股票，理由是股票分割表明公司的利好，因此股价将随之上涨。但是实证研究得到的数据与结论并不一致。在美国证券市场上，股票分割前几个月股价上涨，而在股票分割消息公布以后，一般来说无超额收益率。股票分割前几个月产生超额收益率的原因是投资者预期公司的股利政策要发生变化。事实上，这些公司在股票分割的同时总伴随着股息的增加。而这种信息本身就向市场传递着这样的信息——经理对公司前景抱有信心。结果在消息公布前，投资者可能获得大量利润，而消息一经公布，便不再会有超额利润。类似的，并购消息在公布后，投资者也难有超额利润。研究结果与半强式效率假设一致。

（2）盈利公布的作用。盈利公布对股价的影响，像股票分割公布后对股价的影响一样，在利好消息公布之前股价已发生了变化，而在公布之后，除非与投资者预计的情况有较大差距（特别利好或出人意料地差），一般情况下，投资者难以获得超额收益。投资者对于公布信息的判断是将公司公布的实际盈利状况与其预期的盈利情况作比较，而不是简单地与上一年度的公司盈利状况进行比较。

（3）投资咨询机构建议的作用。研究表明，如果市场是半强式有效，则投资咨询机构的建议在被客户采用时将对股价产生影响，但并不是说，投资者采纳专家的建议就能获取超额收益，因为股价已经反映了这些信息。这与半强式有效率相一致。美国的一项研究发现，被股评家推荐的股票在被推荐前 6 个月中每个月都有超额收益率，但在被推荐前一个月，其最大超额收益率比正常收益率高出 1.8 个百分点，而在被推荐之后，股票就没有这样好的表现，超额收益率围绕着零收益率随机波动。这项研究结果说明，在前几个月有利好消息传入市场致使股票表现良好，从而引起分析人员的注意，经过渲染，传给公司经纪人，进而传给客户，但是这样的信息实际上并不能影响收益率。

公平评判金融分析家作用的一个方法，是把有效市场假说看作均衡价格行为的一个概述。由于期望随着新信息的到来而变化，市场将不断地从一个均衡到达另一个均衡。但是，信息传播到每个人所需的时间不同，并且由于每个人的期望和看法不同，所以市场不能立即到达下一个均衡。因此，市场上经常出现短暂的间隔期。金融分析家和经纪人因为意识到这点而能及时地利用这个时间差作出一种具有说服力的，能够使投资者相信的，似乎是合乎情理的分析判断。但因为金融家说分析的这些信息已经反映在股价中了，所以，投资者即使相信他们的分析、作出投资决策，也很难获得超额投资收益。所以，即使在有效市场中，宣传媒介对价格的影响同样不可忽视。

## 四、对强式效率市场的检验

按照法玛的定义，强式有效市场中证券的价格不仅反映了公开信息，也反映了内部信息。从某种意义上说，如果证券价格已经反映了所有的信息，就可以说市场价格就应该是完全信息加总的价格，否则，市场就达不到完全有效的标准。法玛的强式效率市场是信息加总的市场，在这种市场中，即使拥有内部信息的内幕人也不能从中获取超额利润。桑福德·格罗斯曼（Sanford Grossman）与斯蒂格利茨（1976）曾经提到过信息加总的机制，这一思想还可以追溯至哈耶克（Friedrich A. Hayek）的文章——《知识在社会中的运用》。哈耶克认为，在一个市场中存在着"有知识的"和"无知识的"两种类型交易者。有知识的交易者会获得对未来自然状态的更好估计，并据此信息进行交易，当所有有知识的交易者进行交易时，现价就受到影响；无知识的交易者不会投入任何资源收集信息，但是他们能从对价格变化的观察中，推断有知识交易者的信息。所有市场价格可以加总信息，以便使所有的交易者（有知识的和无知识的）都成为有知识的交易者。因此在对强式效率市场进行检验时，我们可以把焦点主要集中在职业投资管理者、证券交易所的专家经纪人和公司内幕人员的业绩上。

（1）职业投资管理者。人们常常认为，投资于共同基金的优点之一，就是有职业投资管理者代为运作，由于职业投资管理者有丰富的经验和相关的专业知识，因此可以获得超额收益。但事实果真如此吗？实证研究表明，平均而言，大多数共同基金的业绩不如标准普尔500；而且基金管理者的业绩每年是不一样的。这说明，基金管理者业绩的好坏完全由运气而不是由专业知识或内幕消息决定，代表机构的职业投资者不能通过内幕消息使委托人获取超额收益，所以对职业投资管理者而言，市场是强式有效率的。

（2）证券交易所的专家经纪人。专家经纪人由于保留着限价委托买卖的"记事簿"，他们以此可察觉到股票供求双方的力量变化，预测股票近期走向，他们还经常与专营股票的公司接触，有更多机会了解许多内幕消息。由于专家经纪人无须报告他们的交易情况和会计信息，很少见到有关专家经纪人交易盈利情况的研究发表。但是，从极少已发表的研究文章可以看出，专家经纪人盈利丰厚，在某些例子中甚至每年比正常收益率高一倍。这些研究成果表明通过获得内幕消息，专家经纪人能够获得超额收益率，市场并不总是有效的。

（3）公司内幕人员。公司内幕人员包括董事、高级职员、大股东等有机会获得内幕消息的其他公司雇员和有关人员。研究表明，内幕消息有助于公司内幕人员较好预测该公司股票价格的走势，公司内幕人员可赚得超额收益。贾菲（Jaffe，1974）甚至发现在美国执行证券委员会禁止内幕交易的规定对内幕交易毫无作用。监管规定至多只阻止了对内幕消息进行公开投机的大量事件的发生。

对内幕交易经验研究最有意义的是，它与市场没有加总信息的观点一致。按照法玛的强式效率，充分反映所有可获信息的市场应该是信息充分加总的市场。在这样的市场中，即使信息不为所有市场参与者所知，内幕人也不应当获取超额收益，因为他的交易活动会透露相关的市场信息，极有可能被其他投资者获悉，并加以利用。但是检验结果表明情况并非如此。显然，这种现象与强式市场效率假说相悖。对此，效率派的解释是：有关强式市场效率的任何结论都受到一定的限制：必须把资本市场的效率与竞争和信息市场的效率统筹考虑。

如果内幕人具有信息而进行垄断，那么这一事实可以被看作信息市场的无效率，而不是资本市场的无效率。过滤原则已经表明证券价格展示了实际的不相关性，至少是交易成本水平上的不相关。

## 五、效率市场假说的悖论和行为金融学的出现

巴菲特曾经说过，"如果市场是有效的，那么我就是街上的一个锡顶垃圾箱。"如果证券市场有效性存在，又怎么会存在像巴菲特这种可以赚到超额利润的投资大亨呢？在证券市场中，需要研究的各种现象太多，对效率市场假说的探讨发现其存在很多与事实不符的东西，有的称为"市场异象"，有的称为效率市场假说悖论。

### 1．小公司一月效应

与市场有效假说相关的最常见的一种市场异常现象，就是巴恩斯率先发现的规模效应或者说是小公司效应。巴恩斯发现随着公司相对规模的增长，无论总收益还是经风险调整过的收益率都会下跌。后来有人发现小公司效应在 1 月的前两个星期表现得最明显。因此严格来讲，这种规模效应又被称为"小公司一月效应"。

### 专栏 9-3

#### 一月效应

巴恩斯（Banz，1981）将在纽约股票交易所上市的股票按照规模划分为 5 个等级，他发现规模最小的一类公司的平均年收益率为 19.8%，远远高于规模最大的一类公司。在 1926～1996 年期间，纽约证券交易所中最大的 10%的股票年平均复合收益率为 9.84%，而最小的 10%的股票复合收益率为 13.83%。后来的研究发现，小公司效应在 1 月的前两个星期表现得最为明显。这个月小公司股票的收益要比大公司股票平均高出 4.8%。我们知道，公司的规模和日期的更替是市场预先了解的，这就意味着，小公司股票的超额收益是基于无时效的信息获得的，这显然不支持半强式效率市场假说的观点。

### 2．周末效应

一般从周五交易收盘到周一交易收盘这段时期内的股票收益率（表现在周一的收益率）大大低于一周中的其他日子，且收益为负。

### 3．市场过度反应

证券波动幅度大也违背了效率市场假说的理论。最为经典和明显的教训是纽约股市的"黑色星期一"，这场股市狂跌不仅给投资者带来巨大损失，而且给有效市场理论带来严重打击。

此外，效率市场假说的基本假设是线性范式，然而大量事实和研究表明市场并非如此，而是出现复杂的非线性特征。那么，股票市场指数收益率为什么是非线性的？

首先，从投资者的心理状态来看，不成熟、非理性的投资者对于均衡价格的预期在很大程度上决定着市场价格。投资者在某个价格区间内判断证券的价值，该区间由该公司的基本信息所决定，如盈利状况、管理绩效、新产品开发与宏观经济环境等。所谓基本分析就是利

用这类信息来确定价格。决定价格区间的另一个因素是投资者根据风险与收益来预测其他投资者对价格的预期水平。而技术分析就是利用这种心理来设定某个均衡价格的范围。于是，信息与心理反应相结合导致了对股票价值预期的偏倚。

由于心理活动的分布并非是随机的并呈正态分布，价格趋势一般围绕均衡价格波动。如果基本面良好，价格就会上升，趋向均衡价格。当其他投资者观察到趋势符合其对证券的正面预期，就会跟随买入，而市场也会保持对这种趋势的记忆，直到价格达到其均衡价格的上限，趋势发生逆转为止。当然，上述价格区间并非一成不变，关于个别证券和市场整体的信息均可改变价格区间。

从投资者的行为来看，即使成熟的投资者也并非总是规避风险。实践表明，参与资本市场风险投资的人一般都是风险偏好者，他们可能喜好风险，以期获得较高的收益。因此，他们容易将预期建立在对信息过分自信的判断基础上。于是，有时接收到信息后，对信息并不产生任何反应；而有时则对信息产生过度反应。对信息的这种反应方式，是一种非线性反应，并非理性投资者的线性反应。

其次，从信息的特性来看，信息被吸收到价格之中后，并非立即对市场失去意义，可能以后仍被重新记起，甚至出现在人们潜意识的回忆中。前面接收到的信息被接受后继续被市场吸收，市场成为信息的存储器，前面的信息仍然影响后面的价格变动。这已非简单的时间序列相关，信息的影响迅速衰减。例如，在市场中信息发布如果存在不及时、不真实、不完全、不准确、不客观等特征，信息的形成与发布常以成堆的方式集中出现，加大了市场中的非理性。

市场有效性假说根据中心极限定理，假设人们作为整体趋于理性，个人行为的偏差总有正有负，总体而言会相互抵消。但无证据可证明这种假设，相反，经常可见社会动乱、各种狂热和时尚这些贯穿整个人类历史始终的现象。在资本市场，尤其是我国这样不成熟、不规范的资本市场，投资者经常出现抢购、抢兑、挤提等事件，狂热的投资者在证券发行之际拼命抢购，在资产严重亏损后又固执地等待价格回升，直到其成为垃圾类资产。如对所谓"网络股"、"资产重组股"等投机概念的追捧则反映出投资者整体上的非理性。

实际上，单一投资者的这些非线性行为，或者说投资者行为受到非线性的心理因素的影响，在很大程度上会影响到市场价格的变动和投资收益率，群体行为就可能产生"羊群效应"和整个证券市场的非理性。这些现象已经超出了效率市场研究范畴。为了解释这些异象，一些金融学家将认知心理学的研究成果应用于对投资者的行为分析，至 20 世纪 90 年代，这个领域涌现了大量高质量的理论和实证文献，形成最具活力的行为金融学派。1999 年克拉克奖得主马修（Matthew Rabin）和 2002 年诺贝尔奖得主丹尼尔·卡尼曼（Daniel Kahneman）和弗农·史密斯（Vernon Smith），都是这个领域的代表人物，为这个领域的基础理论作出了重要贡献。将这些奖项授予这个领域的专家也说明了主流经济学对这个蓬勃发展的领域的肯定，更促进了这个学科的进一步发展。国外将这一领域称为"Behavioral Finance"，国内大多数的文献和专著将其称为"行为金融学"。

需要指出的是，虽然证券市场存在悖论，但这些并不足以从整体上完全推翻效率市场假说，行为金融学也没有形成一整套完整的理论体系，至少暂时还不能完全替代效率市场假说。如何完整地分析证券市场的所有现象，或者说，如何将效率市场假说与行为金融完美地发展、整合来解释证券市场的各种现象，将是金融理论未来的发展方向。

## 补充阅读

### 橡树资本董事长——投资想要赢，紧跟低效市场

2014 年 5 月，橡树资本（Oaktree Capital Management, L.P）公司董事长及联合创始人霍华德·马克斯（Howard Marks）先生发布了一份投资备忘录，分享他对于全球投资机会和策略的见解。

马克斯对有效市场假说的理解：成千上万聪明、懂电脑、客观、理智、有上进心且非常努力的投资者花费大量时间搜寻有关资产的信息，并分析这些信息对资产价值的影响。因此，所有可获得的信息会即时在市场价格中反映。这导致各项资产的市场价格精确反映其内在价值，因此，该资产的投资者获得的风险调整后回报与所有其他资产回报相比显得相对公平：不会多也不会少。因此，不会出现"低效率"或因资产定价错误而带来"超额回报"或"免费午餐"的情况。所以，没人能够展示高超的投资技巧（"阿尔法系数"）。即使一些人足够聪明会利用定价错误，但市场根本不会为他们提供利用错误的机会。因此，没人能打败市场。

尽管学者们称，在有效市场，各项资产的市场价格精确反映其内在价值，然而，马克斯认为，只有市场共识的价格才能最准确地估计资产的内在价值。换句话说，学者们认为市场价格正确，而马克斯认为市场价格可能是错的，但是任何个人都无法持续改善并利用这些定价错误。就价格"正确"这一点而言，市场可能不太有效率，但是就市场迅速对新信息作出反应而言，市场却很有效率。如此形成的价格或许不等于价值，却能反应每个人某一时点的最好集体思维。结论是一样的：没人能打败市场。

马克斯认为对市场效率的测试有两个方面：如果市场有效率，那么：①市场的风险调整后回报不可能比任何其他市场更好或更糟；②市场上没有投资者会在调整后风险方面比其他人表现更好。换言之，不存在跑赢市场的机会。

市场有效率吗？假说与事实相关吗？

事先说明，马克斯一直认为有效市场假说背后的理由是绝对合理及令人信服的，并且这种想法对我的思考方式造成了很大影响。

在参与者众多的市场，成千上万人寻找优秀的投资并努力避免不良的投资。一旦他们发现价格被低估的资产，就会买入，从而抬高价格，消除超额回报的可能性。同样，一旦他们发现价格被高估的资产，就会卖出或卖空，从而拉低价格并导致该资产的预期回报上升。马克斯认为期待聪明的市场参与者能消除定价错误是完全有道理的。

有效市场假说是一个令人信服的假说。但是这与现实世界相关吗？正如约吉·贝拉（Yogi Berra）所说，"在理论中，理论和实践不存在差异，但是在实践中，理论和实践存在差异。"答案就在于，任何假说都不会比其假设的前提更好。

马克斯相信很多市场非常有效率。每个人都知道这些市场，基本上了解并愿意投资于这

些市场。一般而言，每个人在同一时间获得相同信息（事实上，这是美国证监会的任务之一）。马克斯记忆中 1978 年时的市场正是如此，当时，在投资组合的管理过程中，他的原则是，"我永远都不会浪费时间在默克公司和礼来制药之间作出选择。"

但他同样认为有些市场比其他市场的效率低。不是每个人都知道或了解这些市场。这些市场可能充满争议，使人们对是否投资犹豫不决，它们可能对一些人来说风险太高，也可能很难进行投资、没有流动性或仅能通过锁定工具投资，因此有些人无法或不愿意参与。一些市场参与者可能可以通过合法手段获得比其他人更好的信息。因此，在低效市场可能会有优势及/或运气存在，因为市场价格往往存在错误，使得一些投资者能比其他人做得更好。

马克斯之所以认为没有一个市场是完全有效的，还有一个原因。牢记有关市场效率的假设：参与者必须客观且理智。无论市场如何，很少有投资者能够通过这一关。

有多少人足够理智，能够在价格快速上涨出现泡沫时忍住不买，或在资产价格即将跌至零点的大崩盘时忍住不抛？

我认为，关键在于：你不能忽视效率的概念，但与此同时你不能把它当作普遍真理。正如我在2001 年7 月的备忘录《阿尔法系数是什么》（*What's It All About, Alpha*）中所写道的：

如果我们完全忽视理论，就会铸成大错。我们会自欺欺人，认为自己比其他人懂得多，并能不断击败人满为患的市场……但是囫囵吞下整个理论的后果是，我们会把整个投资过程交给计算机，而错失技术熟练人士所能作出的贡献。

马克斯认为，与其希望市场能定期提供免费午餐，不如假定市场是有效率的。任何认为市场提供价格低估的投资，且足够聪明能发现并抓住机会的人，都应该负责证明这一点。与其假定遍地都是未被发现的廉价资产，不如对免费午餐是否存在持怀疑态度。

然而，请注意市场效率不应被视为广泛适用的原理，反而是布鲁斯·卡什（Bruce Karsh）教马克斯的"可反驳推定"更加适用。你应该承认市场效率是普遍规则，但在个别情况下并不适用。市场低效率的可能性不应被忽视。

## 读后讨论

1. 比较现在和过去的市场效率。
2. 你是如何看待现在市场的有效性的？

## 【本章小结】

1. 如果在一个证券市场中，价格完全反映了所有可以获得的信息，那么就称这样的市场为有效市场。

2. 效率市场需要如下必要条件：存在大量的证券；存在以利润最大化为目标的理性套利者；允许卖空；不存在交易成本和税收。

3. 根据信息集的大小，效率市场可以分为三种：弱式、半强式和强式效率市场。

4. 效率市场的特征包括以下几点：市场的无记忆性；市场价格可信赖；证券价格应迅速准确地反映收集到的未来关于定价的新资料和信息；证券价格从一个阶段到下一阶段的变化

应该是随机的；区别将来某段时期的有利和无利的投资，不可能以现阶段已知的这些投资的任何特征为依据；组与组之间及组内的投资者之间绩效的不同归因于机会。

5. 用于评估市场效率的检验方法可以分为两类：一类是将实际收益率与市场是有效率的假设条件下的应有收益率进行比较；另一类是进行模拟交易战略的测试，观察这些战略能否通过市场获得超额收益。

6. 对弱式效率的检验主要集中在证券价格是否随机游走的问题；对半强式效率市场的检验主要围绕一些公布的信息对证券价格及投资收益的影响展开；对强式效率市场的检验主要将焦点集中在职业投资管理者、证券交易所的专家经纪人和公司内幕人员的业绩上。

## 【重要概念】

效率市场假说　　理性预期均衡　　弱式效率市场假说　　半强式效率市场假说
强式效率市场假说　　理性　　随机　　效率市场假说的悖论

## 【练习题】

1. 效率市场假说有哪些假设条件和必要条件？
2. 半强式效率市场假说和强式效率市场假说分别有什么特征？
3. 简述有效市场的特征。
4. 有效市场理论对你有何启示？

# 第十章 利率基础理论

学习目标

1. 了解利率的含义和种类。

2. 掌握利率的计算方法。

3. 了解利率水平的决定及相关理论。

## 开篇案例

### 周小川：存款利率放开很可能在最近一两年实现

2014 年 3 月 11 日，十二届全国人民代表大会二次会议新闻中心在北京梅地亚中心举行记者会，邀请中国人民银行行长周小川等五位嘉宾就"金融改革与发展"的相关问题回答中外记者的提问。

在谈到我国利率市场化发展的问题时，周小川答道，市场上肯定存在一种力量是推动利率市场化的，因此各种新兴的业务、新兴的业务方式，也都是对利率市场化有推动作用的。他认为，存款利率放开肯定是在计划之中，应该也是利率市场化中的最后一步，并且很可能在最近一两年就能够实现。

### 案例导读

2013 年 7 月 20 日，央行全面放开金融机构贷款利率，这对中国金融市场利率市场化来说是历史性一刻，它将改变我国金融市场的利益格局及其市场行为。为了减少这种政策调整的套利行为，央行应尽早地创造条件，逐渐放开银行存款利率，跨出中国金融市场利率市场化最为重要、最为震撼的一步。

# 第一节 利率概述

## 一、利率的概念

利率是一段时间内因使用资本所支付的成本，借款人有偿转让一段时间资本的使用权，贷款人则支付一定的费用。

在日常生活中，我们可以接触到各种各样的金融工具，如商业票据、承兑汇票、国库券、股票等，不同的金融工具，本息的偿还和时间的安排都有很大的不同，利率水平的衡量也会不同，因此，我们首先要对不同的金融工具进行简单的了解。根据偿付本息期限安排的不同，我们可以进行以下分类。

### （一）简易贷款

贷款人按照事先约定的利率水平，在一定期限内向借款人提供一定数量的资金，至贷款到期日，借款人必须将本金全部偿还给贷款人，并额外支付一定的利息。银行向企业放贷一般属于这种类型。例如，某公司在年初以 8%的年利率向银行贷款 100 万元，期限为 1 年，则一年之后企业不仅需要偿还 100 万元的贷款，还需支付 8 万元的利息。

### （二）年金

年金是指在一段固定时期内有规律地收入（或支付）固定金额的现金流。养老金、抵押贷款等通常都采用这种形式。年金源自于自由市场经济比较发达的国家，是最常见的金融工具之一。在欧美国家，企业年金一般称为补充养老保险计划，美国一般实行私人养老金计划，而在欧盟，则以补充养老金计划和职业年金计划较为普遍。若第一次收（付）刚好在一期（如一年）以后，这种年金就称为普通年金。例如，某个人以这种方式向银行贷款 100 万元，期限为 25 年，年利率为 12%。那么，在未来 25 年内，该借款人每年年末都必须支付给银行 12.6 万元，直到期满为止。

### （三）附息债券

附息债券是指券面附有息票的债券，息票是按期领取利息的凭证，发行人在到期日之前，每年向债券持有人定期支付固定数额的利息，到期之后再按面值偿付。在这种方式下，债券持有者将息票剪下来出示给债券发行人，后者确认信息后，将利息支付给债券持有者。中长期国库券和公司债券通常采用这种形式。例如，一张面值为 1 000 元的附息债券，期限为 10 年，息票率 10%。债券持有者向债券发行人出示息票后，债券发行人每年支付 100 元的利息，在到期日再按面值 1 000 元本金并加最后一年的利息 100 元偿付。

### （四）贴现债券

贴现债券是指债券发行人以低于债券面值的价格出售债券，在到期日按债券面值偿付给债券持有人。美国短期国库券、储蓄债券以及所谓的零息债券通常采用这种形式。贴现债券与附息债券不同，贴现债券在持有期内不支付任何利息，仅仅在到期日按照债券面值偿付。例如，一张贴现债券面值 1 000 元，期限为一年，债券购买者以 900 元的价格购入该债券，一年后，债券持有人可以要求债券发行人按照面值偿付 1 000 元，而在到期日之前债券持有人得不到任何利息支付。

## 二、利率的计算方法

### （一）现值和终值

从以上四种类型的金融工具可以看出，不同的金融工具现金流产生的时间不同。投资者选择金融工具的依据，显然是想要获得利益最大化，债券的期限长短、支付方式等都会影响债券的收益率水平，那我们如何计算这些债券的收益呢？如何进行债券收益水平的比较呢？货币都具有时间价值，因此，我们先介绍货币的现值和终值的相关概念和计算。

我们都知道，现在投入一元钱，一年以后投资者收到的本利要多于现在的一元钱，同样的，一年后投资者收到的一元钱的价值要低于现在的一元钱。这就是货币的时间价值，是指当前持有者所持有的一定量货币比未来获得的等量货币具有更高的价值。假设投资者手中有一元钱，该投资者将其存入银行，或者购买债券，总之通过投资方式使其增值，这样一年以后该投资者通常会拥有多于一元钱的财富。这就是货币的现值和终值问题。现值是指未来某一时期一定数额的现金流量折合成现在的价值。终值是指现在的某一资金在一定时间后的价值。现值和终值是计算各种金融工具利率水平的基础。例如，假设银行利率为 5%，100 元存入一年以后，利息和本金一共 105 元，那这 105 元则是 100 元一年以后的价值，即为终值；而这 100 元则为一年后 105 元折合成现值的价值，即为现值。

**1．简易贷款的现值和终值**

如果 $r$ 代表利率水平，$PV$ 代表现值，$FV$ 代表终值，$n$ 为年限，则

$$PV = \frac{FV}{(1+r)^n} \tag{10-1}$$

从这个公式我们可以看出，现在投入一元钱，$n$ 年后这一元钱的价值肯定会高于现在的一元钱。因为利率是大于零的，分母必然会大于 1，这就说明，投资者只要用现有的资金投资就会得到利息收入。

**2．年金的现值和终值**

如果 $A$ 表示普通年金，$r$ 代表利率水平，$n$ 表示年金持续的时期数，则普通年金的现值计算公式为

$$PV = A\left[\frac{1}{r} - \frac{1}{r(1+r)^n}\right] \tag{10-2}$$

当 $n$ 趋向无穷大的时候，普通年金就变成永续年金，现值公式就变为

$$PV = \frac{A}{r} \tag{10-3}$$

从而推导出终值的计算公式为

$$FV = A \cdot \frac{(1+r)^n - 1}{r} \tag{10-4}$$

**3．附息债券的现值和终值**

附息债券实际上就是简易贷款和年金的结合。因此可以根据简易贷款和年金的现值与终值计算公式推算出附息债券的现值和终值。

某投资者购买了一份面值为 1 000 万元、息票率为 10%的 15 年期债券，利息为每年支付一次。投资者将获得的利息以 8%的年利率进行再投资，那么这笔投资 15 年以后的终值为多少？

投资者每年可以获得的利息为 1000 万 × 10%=100（万元）

因此，这笔投资实际上是 15 年期的面值为 100 万元的年金和 10 000 万元本金的组合。15

年以后的终值为

$$1\,000\,000 \times \frac{(1+8\%)^{15}-1}{8\%} + 10\,000\,000 = 37\,152\,125 \text{（元）}$$

**4．贴现债券的现值和终值**

贴现债券的现值和终值计算实际上跟简易贷款是一样的，在此就不再重复。在利率水平既定的情况下，通过计算把未来可以收到的某种金融工具的所有现金流的现值相加，就可以计算出金融工具的价值，从而可以进行不同金融工具之间的价值比较，再作出理性的选择。

## （二）到期收益率

到期收益率（Yield To Maturity），是指来自于某种金融工具的现金流的现值总和与其今天的价值相等时的利率水平。到期收益率是对利率的精确度量，是最重要的一种计算方法。其计算公式如下

$$P_0 = \frac{CF_1}{(1+y)} + \frac{CF_2}{(1+y)^2} + \frac{CF_3}{(1+y)^3} + \ldots + \frac{CF_n}{(1+y)^n} = \sum_{t=1}^{n} \frac{CF_t}{(1+y)^t} \tag{10-5}$$

其中，$P_0$ 表示金融工具的当前市价，$CF_t$ 表示在第 $t$ 时期的现金流，$n$ 表示时期数，$y$ 表示到期收益率。

**1．简易贷款的到期收益率**

在知道现值和终值的情况下，简易贷款的到期收益率计算是非常简单的。

某投资者向银行贷款 100 万元进行投资，一年以后，偿还全部本金以及 10 万元利息。显而易见，这笔贷款的现值为 100 万元，终值为 110 万元，根据到期收益率的概念，到期收益率是使得金融工具现金流的现值与今天价值相等时的利率水平，因此到期收益率的计算公式为

$$100 = \frac{100+10}{1+y}$$

$$y = \frac{100+10}{100} - 1 = 10\%$$

**2．年金的到期收益率**

以固定利率的抵押贷款为例，如现实生活中的房屋按揭贷款，借款人向银行申请贷款，然后每期向银行偿付固定金额，直至到期日贷款被完全偿付为止。因此，计算到期收益率时，贷款偿付额的现值相当于支付所有金额的现值之和。计算公式如下：

$$P_0 = \frac{C}{(1+y)} + \frac{C}{(1+y)^2} + \frac{C}{(1+y)^3} + \ldots + \frac{C}{(1+y)^n} \tag{10-6}$$

其中，$P_0$ 代表年金的当前市价，$C$ 代表每期的现金流，$n$ 代表期间数，$y$ 代表到期收益率。

某投资者购买了 1 000 元的公司债券，为期 25 年，每年可获得 126 元的利息，则到期收益率的计算公式为

$$PV = 1000 = \frac{126}{1+y} + \frac{126}{(1+y)^2} + \ldots + \frac{126}{(1+y)^{25}}$$

用利息查算表或者袖珍计算器，得出 $y = 12\%$

**3．附息债券的到期收益率**

附息债券的到期收益率计算方法与年金大致相同：使来自于一笔附息债券的所有现金流的现值总和等于该笔附息债券今天的价值。由于附息债券涉及了不止一次的支付额，因此，

附息债券的现值，相当于所有息票利息的现值总和再加上最终支付的债券面值的现值。计算公式如下：

$$P_0 = \frac{C}{(1+y)} + \frac{C}{(1+y)^2} + \frac{C}{(1+y)^3} + \ldots + \frac{C}{(1+y)^n} + \frac{F}{(1+y)^n} \quad (10\text{-}7)$$

其中，$P_0$ 代表年金的当前市价，$C$ 代表每期的现金流，$n$ 代表期间数，$y$ 代表到期收益率，$F$ 代表债券的面值。

在附息债券的价格、每期支付的息票利息、债券的期限与面值都是已知的情况下，代入相关的数据就可以得到到期收益率。

在附息债券到期收益率的计算过程中，我们可以得到这样的信息：①当附息债券的购买价格和面值相等时，到期收益率等于息票率。②当附息债券的价格低于面值时，到期收益率大于息票率；反之，当附息债券的价格高于面值时，到期收益率小于息票率。③附息债券的价格与到期收益率负相关。当债券价格上升时，到期收益率下降；反之，当债券价格下降时，到期收益率上升。这从到期收益率的计算公式可以看出。另一种经济学角度的解释就是：较高的利率水平意味着债券未来的付息支付和最终支付在折成现值时价值较少，因此，债券价格会比较低。

**4．贴现债券的到期收益率**

贴现债券的到期收益率的计算跟简易贷款大致相同。一般情况下，对于任何一年期贴现债券，$P_0$ 代表债券的购买价格，$F$ 代表债券面值，到期收益率的计算公式为

$$y = \frac{F - P_0}{P_0} \quad (10\text{-}8)$$

从这个公式可以看出，贴现债券的到期收益率与债券价格负相关。

一位投资者在市场上以 910 元的价格购买了一张面值为 1 000 元的一年期国库券，并持有到期，则该国库券的到期收益率为

$$PV = 910 = \frac{FV}{(1+r)^n}$$

$$r = \frac{1\,000 - 910}{910} = 9.89\%$$

到期收益率概念有一个重要的假定，就是所有现金流可以按计算出来的到期收益率进行再投资。因此到期收益率只是承诺的收益率（Promised Yield），它只有在以下两个条件都可以得到满足的条件下才会实现：①投资未提前结束。②投资期内的所有现金流都按到期收益率进行再投资。如果投资提前结束，则会产生不可预见的资本利或损失（Capital Gain or Loss），从而影响实际收益率。如果利率随时间而改变，现金流就无法按到期收益率进行再投资，这就是再投资风险（Reinvestment Risk）。显然，期限越长、中间的现金流越多，再投资风险就越大。

**（三）利率的折算惯例**

现实生活中，谈及利率，首先就会注意利率的时间长度，如年利率、月利率和日利率。年利率通常用百分比（%）表示，月利率用千分比（‰）表示，日利率用万分比（‰‰）表示。一般的计算过程中，我们都假定复利和贴现都是以年为单位进行的，并没有考虑到复利和贴现的频率，事实上，复利和贴现会在一年之中发生很多次，如一年计 1 次复利、一年计 2 次复利、一年计 m 次复利和连续复利等。因此利率的完整表达应该是一年计 1 次复利的年利

率、一年计 2 次复利的年利率等。由于这样比较麻烦，因此若无特殊说明，利率均指在单位时间中计一次复利，如年利率就是指一年计 1 次复利的年利率。而计算复利次数超过 1 次的均要特例说明，如连续复利年利率。知道了计算复利的频率和利率的时间长度后，就可以准确地计算利息。如某种存款年利率为 12%，一年计 4 次复利，则 100 元的存款在两年内可以得到的利息就是[100×（1+3%）$^4$-100]×2=25.10（元）。

在计算到期收益率时，如果现金流出现的周期是 1 年，那么到期收益率就是年收益率；如果现金流出现的周期为半年，那么到期收益率就是半年收益率。为了便于比较，我们一般把不同周期的利率折算成年利率。折算的办法有两种：一是比例法，二是复利法。

### 1．比例法

比例法就是简单地按不同周期长度，把一种周期的利率折算成另一种周期的利率。例如，半年期利率乘以 2 就等于年比例利率（Annual Percentage Rate）。同样，年利率除以 2 就等于半年比例利率。在进行到期收益率比较时，人们习惯上通常使用比例法。为了便于区别，人们把按比例法惯例计算出来的到期收益率称为债券的等价收益率（Bond-equivalent Yield）。比例法的计算方便、直观，但不够精确。

### 2．复利法

为了更精确地对不同周期的利率进行比较，可以用复利法把一种周期的利率折算成另一种周期的利率。例如，把半年利率折算成年利率，这种利率称为实际年利率（Effective Annual Rate），折算公式为

$$实际年利率=（1+半年利率）^2-1 \qquad (10\text{-}9)$$

同样，也可以将实际年利率折算成半年利率，折算公式为

$$半年利率=（1+实际年利率）^{1/2}-1 \qquad (10\text{-}10)$$

## 三、利率的种类

按照不同的标准可以将利率进行分类。

### （一）名义利率和实际利率

名义利率是指央行或其他金融机构所公布的利率，名义利率没有考虑物价变动的因素，事实上，如果物价水平发生变化，如发生通货膨胀，那么货币的购买力必然贬值，投资者获得的实际利益就会减少。名义利率剔除通货膨胀因素的影响，即为实际利率，实际利率更能真实地反映资金的借贷成本。

由于我们假设在贷款期内的货币单位的购买能力是不变的，我们所讨论的均衡利率既是名义利率也是实际利率，而在有通货膨胀的情况下，名义利率实际上是大于实际利率的。根据著名的费雪定理：

$$(1+i)=(1+r)\times(1+p) \qquad (10\text{-}11)$$

其中，$i$ 是名义利率，$r$ 是实际利率，$p$ 是贷款期内商品服务价格的预期变动百分比。将方程简化，因为 $r$ 和 $p$ 的乘积通常很小，可以忽略不计，因此上式可简化为

$$i = r + p \qquad (10\text{-}12)$$

由于预期通货膨胀率是无法准确观测和预知的，所以我们只能够合理地估计预期通货膨

胀率，再根据名义利率估算出合理的实际利率，实际上，实际利率的精确值是未知的。

### （二）固定利率和浮动利率

固定利率是指按照借贷合同约定的利率，在借贷期间不作调整的利率。固定利率不考虑借贷合同期间的物价变动和其他因素的影响，便于计算，如果借贷期间市场上资金供求关系发生很大变化，则可能使借贷一方蒙受损失。浮动利率是指借贷合同期限内可以变动的利率，浮动利率更好地反映了借贷市场上资金的供求状况，借贷双方可以根据市场变化情况调整利率。目前我国规定，浮动利率一般在每年的 1 月 1 日进行相应的调整。

### （三）官定利率、公定利率和市场利率

官定利率是政府官方或者授权部门制定的利率，具有权威性和强制性，是国家宏观调控的一种经济手段，如中央银行的再贴现利率。公定利率是指由非官方的金融组织如银行业协会确定的利率，一般对协会成员具有约束性。2000 年 9 月 21 日开始，我国商业银行的外币小额存款利率由银行同业协会制定。市场利率是根据借贷资本市场上的资金供求关系确定的利率，遵循市场规律，是真正意义上的利率。

### （四）长期利率和短期利率

借贷合同都是有期限的，借贷期限在一年以上的为长期利率，期限在一年以下的为短期利率，由于货币的时间价值，一般而言，长期利率要高于短期利率，但收益曲线为负的情况除外。

### （五）即期利率和远期利率

即期利率是指债券票面所注明的利率或购买债券时所获得的折价收益与债券面值的比率，是某一给定时点上无息证券的到期收益率。远期利率是指隐含在给定的即期利率之中，从未来的某一时点到另一时点的利率，如 3×6 远期利率则表示 3 个月后开始的期限为 6 个月的远期利率。

即期利率的计算公式为

$$P_t = \frac{M_t}{\left(1+S_t\right)^t} \tag{10-13}$$

其中，$P_t$ 代表 $t$ 年期无息债券的当前市价，$M_t$ 代表到期时价格，$S_t$ 代表 $t$ 年期即期利率。

如果我们已经确定了收益曲线，那么所有的远期利率，就可以根据收益率曲线上的即期利率求得。远期利率的计算公式为

$$f_{t-1,t} = \frac{\left(1+S_t\right)^t}{\left(1+S_{t-1}\right)^{t-1}} - 1 \tag{10-14}$$

其中，$f_{t-1,t}$ 代表第 $t-1$ 年至 $t$ 年间的远期利率，$S_t$ 代表第 $t$ 年期即期利率，$S_{t-1}$ 代表 $t-1$ 年期即期利率。

# 第二节　利率水平的决定及相关理论

我们都知道，在金融市场上，利率总是在不断变动的。到底是哪些因素决定了这些变动

或调整呢？或者说投资者可以根据哪些因素来预期利率水平的变动？本节所介绍的利率理论主要研究利率的决定因素、如何决定，以及利率的变动对经济的影响。

## 一、流动性偏好模型

### （一）均衡利率的决定

凯恩斯的流动性偏好理论模型通过对货币市场的均衡分析来决定利率水平。凯恩斯流动性偏好模型认为，利率水平是由货币供给和公众的货币需求共同决定的。公众以货币和债券的形式持有财富。这里的货币包括了现金和活期存款，流动性强，但收益不多；债券包括了长期的、生息的、不具有流动性的、具有一定风险且价格随利率变动的金融资产。

凯恩斯假定货币的供给完全由中央银行控制，货币供给作为一个外生变量，使得货币供给曲线是一条与横轴垂直的曲线。同时，凯恩斯认为人们持有货币主要有 3 个动机：交易动机、谨慎动机和投机动机。相应的，人们对货币的需求主要有交易性需求、谨慎性需求和投机性需求。当利率下降时，投资的利息收入不会太多，人们更倾向于将货币持有在手中；而当利率上升时，人们会选择将货币进行投资以获得更多的额外收入，如购买债券等。因此，货币的需求曲线是一条向右下方倾斜的曲线，反映了利率和货币需求之间的负相关关系。如图 10-1 所示，横轴代表货币总量 $M$，纵轴代表利率水平 $r$，货币供给曲线为垂直线 $M_s$，货币需求曲线为向右下倾斜的直线 $M_d$，它们的交点即为均衡利率 $r_0$。如果现在市场处于不均衡状态，利率低于均衡水平 $r_2 < r_0$，此时，货币需求为 $OM_2$，货币供给为 $OM_0$，在这一价格水平上，货币存在超额需求，人们希望抛售部分债券以满足货币需求，因此，债券价格会下降，从而利率水平会上升，直到上升到使货币市场达到均衡水平。同理，如果利率高于利率水平 $r_1 > r_0$，此时，货币需求为 $OM_1$，货币供给为 $OM_0$，显然存在超额的货币供给，人们希望持有多余的货币数量来购买债券，因此，债券价格会上升，从而利率水平会下降，直到下降到使货币市场达到均衡水平。

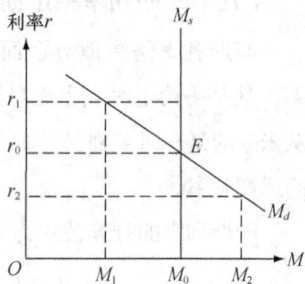

图 10-1　货币市场供求及其均衡

### （二）供给曲线的位移及其对利率的影响

通常的，由于利率变动导致的货币需求（货币供给）的变动，我们称为沿着需求曲线（供给曲线）的移动；与此同时，在每个给定的利率水平上，对于其他外生因素的变化导致的货币需求（货币供给）的变动，我们称为需求曲线（供给曲线）本身的变动。了解货币供给曲线位移的影响因素，对于均衡利率决定的分析是至关重要的。

#### 1. 货币需求曲线的位移及其影响因素

（1）收入水平。如图 10-2 所示，假定现在货币市场处于均衡状态，当人们收入增加时，可支配收入也随之增加，人们对货币的需求也会相应增加，从而使得货币需求曲线向右移动，得到一个新的均衡点，在这个点上，利率上升，均衡货币量保持不变。我们可以得出这样一个结论：在经济扩张时期，在其他经济变量保持不变的前提下，利率水平随着收入的增加而上升。同理，当人们收入降低时，对货币的需求也会降低，需求曲线左移，均衡利率下降，均衡供给量不变。

（2）价格水平。如果价格水平上升，假定名义货币量 $M$ 不变，那么实际货币余额 $M/P$ 就会下降。要保持实际货币余额 $M/P$ 不变，就必须使货币需求 $M_d$ 增加，货币需求曲线向右移动，此时，如果货币供给保持不变，在新的均衡点上，利率上升，均衡货币量保持不变（见图 10-3）；同理，如果价格下降，假定名义货币量 $M$ 不变，那么实际货币余额 $M/P$ 就会上升。要保持实际货币余额 $M/P$ 不变，就必须使货币需求 $M_d$ 下降，货币需求曲线向左移动，利率下降。我们可以得出这样一个结论：如果其他经济变量保持不变，利率水平随着价格水平上升而上升。

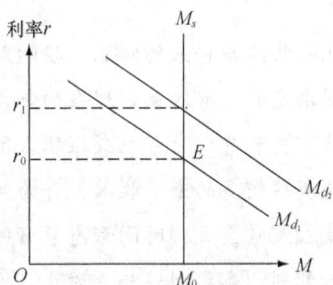

图 10-2　收入水平的变动　　　　图 10-3　价格水平的变动

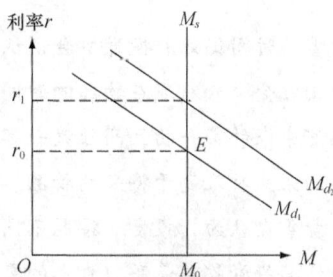

### 2．货币供给曲线的位移及其影响因素

在流动性偏好理论模型中，凯恩斯假定货币供给完全由中央银行控制，因此影响货币供给曲线的基本因素就是中央银行的货币政策。如图 10-4 所示，如果中央银行实行扩张性的货币政策，那么货币供给增加，货币供给曲线由 $M_{s_1}$ 右移到 $M_{s_2}$，在新的均衡点上，均衡利率水平由 $r_1$ 下降到 $r_2$，货币供给量由 $M_1$ 增加到 $M_2$。我们可以得出这样一个结论：在假定其他经济变量的前提下，货币供给量增加会使得利率下降，这一作用称为货币供给增加的流动性效应。当然，我们知道货币供给增加会导

图 10-4　货币供给的变动

致收入、价格等因素的变化，使得利率上升，这样利率最终是上升还是下降，就取决于上升和下降的程度，因此我们假定其他条件不变。

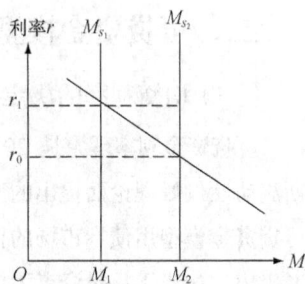

## 专栏

### 古典利率理论的代表人物及相关理论

古典利率理论是 18 世纪和 19 世纪由几位英国经济学家提出，由费雪于 20 世纪初完善的。古典利率理论最早关注无风险利率，以及其他长期因素，也被称为长期理论，而流动性偏好理论则注重短期因素的影响。

庞巴维克的时差论和迂回生产理论认为，从需求的角度来说，"现在的物品通常比同一种类和同一数量的未来的物品更有价值"，两者的差额就是利息。从供给的角度来说，利息是来源于"迂回生产"，即在生产出消费品以前，先生产出工具、设备、原料等中间产品，然后才

生产消费品，利息来源于生产时间的间隔。

马歇尔的等待说与资本收益说认为，利率是由资本的需求和供给所决定的，而资本的边际生产力是需求的决定因素，抑制现在的消费、"等待"未来的报酬则决定了资本的供给。二者的均衡就决定了利率水平，也就是人们等待的报酬——利息。同时，资本的生产力，即"借款人所愿付的利率，是他使用资本的预期收益率的尺度"，也决定着资本的需求。企业家为了实现利率最大化，对资本的需求就要达到资本的边际收益与利率相等，因此，资本的需求是利率的递减函数。马歇尔将"等待"作为支配资本公积的因素，包括积累财富、积累资本、为资本公积提供来源等意思。马歇尔将这种性质的"等待"称为储蓄，它是利率的递增函数。

费雪的时间偏好和投资机会说认为，利息产生于现在的物品与将来的物品交换的贴水，也就是由社会公众对现在物品的时间偏好和投资机会共同决定的。有人偏好现在的物品，也有人偏好未来的某一物品而让渡一部分现在的物品，这就需要利息作为补贴或报酬，因为现在物品的未来收入高于将来的物品。同时，也有人希望能获得较多的未来收入，并为此支付利息。费雪也认为，投资者按照不同的投资机会，进行收入流量最大、时间形态最好的投资安排，使其投资收益最高。资本的需求和投资将一直进行到利润率和利率相等为止。资本的供给则由公众的时间偏好决定。资本供给和资本需求相等，利率达到均衡。费雪最先研究实际利率和名义利率。

## 二、可贷资金模型

### （一）均衡利率的决定

可贷资金利率理论是 20 世纪 30 年代后期由罗伯逊和俄林等主要人物为拓展和修正凯恩斯流动性偏好理论而提出的。这一理论认为：利率是由可贷资金的供给和需求共同决定的。可贷资金模型用债券市场的供求均衡来分析利率水平。首先，债券发行人发行债券，向投资者出售，相当于从投资者手中募集资金，获得贷款，因此，债券的供给相当于可贷资金的需求；同样，投资者从债券发行者手中购买债券，向债券发行人提供资金，因此，债券的需求相当于可贷资金的供给。只要知道了债券需求曲线和供给曲线，就可以推导出利率水平和可贷资金之间的关系。

我们先看债券市场的均衡。用一般的供求分析方法，我们可以得出，在其他经济变量保持不变的情况下，债券价格下降，债券的需求量会增加，而债券供给量会减少；债券价格上升，债券的需求量会减少，而债券供给量会增加。如图 10-5 所示，用横轴表示债券量 $Q$，纵轴表示债券价格 $P$，在其他经济变量不变的情况下，债券的需求量随着价格上升而减少，债券的供给量随着价格上升而增加，因此，债券需求曲线 $B_d$ 向下倾斜，债券供给曲线 $B_s$ 向上倾斜，债券市场在交点处实现均衡，$P_0$ 为均衡价格，$Q_0$ 为均衡债券数量，债券市场的均衡在这就不多做讨论了。

从上面的章节我们得知，债券价格与到期收益率衡量的利率水平呈负相关关系，因此，我们可以进一步研究债券市场与利率水平之间的关系。在债券市场的均衡研究中，如图 10-6 所示，我们将纵轴调整成利率 $r$，横轴保持不变，在其他经济变量保持不变的情况下，债券的需求量会随着利率上升而增加，债券的供给量随着利率的上升而减少，因此，债券需求曲线 $B_d$ 向上倾斜，债券供给曲线 $B_s$ 向下倾斜，债券市场在交点处实现均衡，$r_0$ 为均衡利率，$Q_0$ 为均衡债券数量。如果利率低于均衡水平 $r_1 < r_0$，即价格高于均衡价格，这时候，债券的需求量为 $OQ_1$，债券的供给量为 $OQ_2$，显然在这一利率水平上，存在着超额的债券供给，人们希望抛售的债券数量多于人们愿意购买的债券数量，因此债券价格将会下降，而利率反而上升，这一过程将持续到债券市场回到均衡利率水平，实现均衡。如果利率低于均衡水平 $r_2 > r_0$，即价格低于均衡价格，这时候，债券的供给量为 $OQ_3$，债券的需求量为 $OQ_4$，显然在这一利率水平上，存在着超额的债券需求，人们愿意购买的债券数量多于人们希望抛售的债券数量，因此债券价格将会上升，而利率反而下降，这一过程将持续到债券市场回到均衡利率水平，实现均衡。

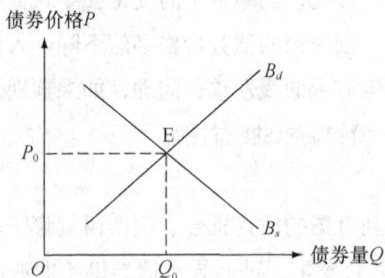

图 10-5　债券价格与债券市场

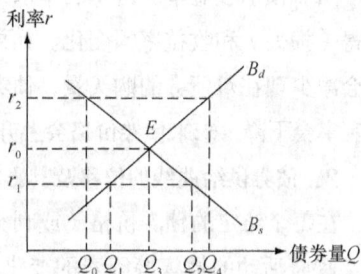

图 10-6　利率与债券市场

最后，由于债券的供给相当于可贷资金的需求 $L_d$，债券的需求相当于可贷资金的供给 $L_s$，因此，在上述基础上，将债券市场均衡的研究继续调整，就可以得出利率水平与可贷资金之间的关系。如图 10-7 所示，我们保持纵轴利率 $r$ 不变，将横轴调整为可贷资金量 $L$，从而可贷资金需求曲线 $L_d$ 向下倾斜，可贷资金供给曲线 $L_s$ 向上倾斜，可贷资金市场在交点处达到均衡，$r_0$ 为均衡利率，$L_0$ 为均衡可贷资金量。可贷资金模型与流动性偏好模型的研究方法大同小异，两种理论模型得出的预测结果也大体相同。

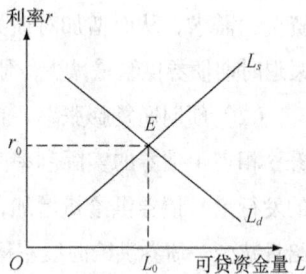

图 10-7　利率与可贷资金市场

### （二）供求曲线的位移及其影响因素

对于上述债券价格（或利率）变动导致的需求量（或供给量）的变动，我们称为沿着需求曲线（或供给曲线）的移动；与此同时，在每个给定的债券价格（或利率水平）上，对于其他外生因素的变化导致的需求量（或供给量）的变化，称为需求曲线（或供给曲线）本身的移动。了解供求曲线位移的影响因素对于均衡利率决定的分析是至关重要的。

#### 1. 债券需求曲线的位移及其影响因素

在每个给定的债券价格（或利率水平）上，影响债券需求的因素主要有财富量、风险、流动性和预期收益率，它们使得债券需求量发生变化，从而导致债券需求曲线的位移。

（1）财富量。一般情况下，财富量和债券需求量之间成正相关关系。经济的扩张会使得国民收入增加，国民收入增加导致人均财富增加，人均财富量的增加导致债券需求量增加，需求曲线向右移动；反之，经济的衰退会使得国民收入减少，国民收入减少导致人均财富减少，人均财富量的减少导致债券需求量减少，需求曲线向左移动。

（2）风险。我们都知道，人们愿意承担风险是希望能获得更高的收益，在债券价格水平容易发生变动时，债券的风险也就随之增加了。在这种情况下，如果风险增加了，而收益却没有提高，人们就会减少对债券的需求，使得需求曲线向左移动；同理，风险减少时债券的需求会增加，债券需求曲线向右移动。

（3）流动性。在其他条件不变的情况下，债券市场的流动性越高，债券的变现能力就越强，人们持有债券的风险就越小，就会增加对债券的需求，债券需求曲线右移；同理，如果债券市场的流动性较低，债券的需求就会减少，债券需求曲线左移。

（4）预期收益率。由于利率水平与债券价格负相关，因此，利率水平的变化会导致资本利得（损失）和收益率的变化。如果预期未来利率上升，则未来的债券价格必然下降，人们就会减少现在对债券的购买量，债券的需求量减少，债券需求曲线左移；同理，如果预期未来利率会下降，未来债券价格会上升，债券需求量增加，债券需求曲线右移。

**2. 债券供给曲线的位移及其影响因素**

在每个给定的债券价格（或利率水平）上，预期有利可图的投资机会、预期通货膨胀率以及政府活动的规模等因素的变化都会引起债券供给量的变化，进而导致债券供给曲线的位移。

（1）预期有利可图的机会。在经济扩张时期，由于投资机会的增多，人们会增加对可贷资金的需求，从而增加对债券的发行量，债券供给量增加，债券供给曲线右移；同理，经济衰退时期债券供给量减少，债券供给曲线左移。

（2）预期通货膨胀率。在名义利率保持一定水平不变的情况下，如果预期通货膨胀率上升，相当于债券的实际利率降低，这时候发行者实际承担的利息成本降低，人们会增加债券的发行量，债券供给量增加，债券供给曲线右移；同理，在预期通货膨胀率下降时，债券供给量减少，债券供给曲线左移。

（3）政府活动的规模。政府活动规模增大会使得政府购买增加，从而导致财政赤字增加，政府会加大融资力度，从而增加对债券的发行，债券供给量增加，债券供给曲线右移；同理，政府活动规模减小时，债券供给量减少，债券供给曲线左移。

## 补充阅读

### 我国将建立利率市场化定价机制

2013 年 11 月 26 日，中国人民银行行长周小川表示，我国正酝酿更进一步的利率市场化，要建立包括定价、报价在内的机制。

十八届三中全会《中共中央关于全面深化改革若干重大问题的决定》中提到，要健全反映市场供求关系的国债收益率曲线。对此周小川表示，我国现在已经有国债收益率曲线和其他类似的基本利率体系，但还需进一步加强和完善金融建设，让市场参与者有更明确的基准利率参考。

在这些改革的基础上，我国还将加快实现人民币资本项目下可兑换。周小川表示，我国将转变跨境资本流动的管理，使之有利于企业，以更低成本、更方便地从事金融市场的各种投资贸易活动；减少外汇管理体制中的行政审批，从过去重视行政审批转变为重视监测分析，从重视微观管理转变为重视宏观审慎管理，从正面清单转变为负面清单。与此同时，进一步方便国内和国外投资者双向开展在国际资本市场上的各项经济活动。

## 读后讨论

1. 在利率市场化加速推进下，应如何建立健全利率定价机制？
2. 我国应采取何种措施来加快存款利率的放开？

## 【本章小结】

1. 根据偿付本息期限安排的不同，人们日常生活中可以接触的金融工具大致可以分成四类：简易贷款、年金、附息债券和贴现债券。

2. 货币资金的时间价值涉及终值与现值两个概念。现值是指未来某一时期一定数额的现金流量折合成现在的价值。终值是指现在的某一资金在一定时间后的价值。现值和终值是计算各种金融工具利率水平的基础。

3. 到期收益率是指来自于某种金融工具的现金流的现值总和与其今天的价值相等时的利率水平。到期收益率只是承诺的收益率，它只有在以下两个条件都可以得到满足的条件下才会实现：①投资未提前结束。②投资期内的所有现金流都按到期收益率进行再投资。如果投资提前结束，则会产生不可预见的资本利得或损失，从而影响实际收益率。如果利率随时间而改变，现金流就无法按到期收益率进行再投资，这就是再投资风险。

4. 利率的折算方法有两种：比例法和复利法。按比例法惯例计算出来的到期收益率称为债券的等价收益率，按复利法折算出来的年利率称为实际年利率。

5. 名义利率指央行或其他金融机构所公布的利率，它没有考虑物价变动的因素。名义利率剔除通货膨胀因素的影响，即为实际利率，实际利率更能真实地反映资金的借贷成本。

6. 即期利率是指债券票面所注明的利率或购买债券时所获得的折价收益与债券面值的比率，是某一给定时点上无息证券的到期收益率。远期利率是指隐含在给定的即期利率之中，从未来的某一时点到另一时点的利率。

7. 在流动性偏好模型中，影响货币需求曲线位移的主要因素有收入水平和价格水平，假定货币供给曲线的位移主要取决于中央银行的货币政策。在均衡利率的决定中，如果其他经济变量保持不变，利率水平随着收入的增加而上升，随着价格水平的上升而上升；货币供给增加的流动性效应使利率水平下降，货币供给增加导致的收入效应、价格水平效应和通货膨胀预期效应会使利率水平上升，利率水平最终到底是上升还是下降，取决于上述四种效应的大小以及发挥作用时间的长短。

8. 在可贷资金模型中，影响债券需求曲线位移的主要因素有财富量、风险、流动性和预期收益率。在每个给定的债券价格（或利率水平）上，它们使得债券需求量发生变化，从而导致债券需求曲线的位移。影响债券供给曲线位移的主要因素有，预期有利可图的投资机会、预期通货膨胀率和政府活动的规模，在每个给定的债券价格（或利率水平）上，上述每个因素的变化都会引起债券供给量的变化，进而导致债券供给曲线的位移。

## 【重要概念】

年金　　贴现债券　　到期收益率　　现值　　终值　　货币时间价值　　实际年利率
债券等价收益率　　真实利率　　名义利率　　即期利率　　远期利率　　利率期限结构
流动性偏好　　可贷资金理论

## 【计算题】

A公司的20年期债券面值为1 000元，年息票率为8%，每半年支付一次利息，其市价为950元。请计算该债券的债券等价收益率和实际到期收益率。

# 第十一章　风险与组合投资理论

学习目标

1．了解金融风险的含义和分类。

2．掌握投资收益和风险的衡量。

3．准确理解投资组合和分散风险之间的关系。

4．掌握资本定价理论。

开篇案例

## 余额宝遭受冲击

余额宝是由支付宝为个人用户打造的一项余额增值服务，于 2013 年 6 月 13 日上线，在短短几个月的时间内发展迅速。2014 年以来，以余额宝为代表的互联网金融频频"出镜"：先是以高于银行活期存款利率十多倍的收益而大出风头，紧接着是央行调查统计司司长盛松成连续撰文建议将余额宝纳入央行存款准备金管理范畴，而近日市场又传闻余额宝 7 天年化收益率回落至 5%以下。

### 案例导读

随着余额宝的横空出世，中国互联网金融得到了快速发展。然而，风险与收益总是密不可分的，互联网金融的任何交易都是对信用的风险定价，由于金融产品的特殊性，它随时都可能由一项平常的投资产品转化为风险聚集。此外，互联网金融所募集到的资金要通过托管银行来进行，资金额动辄上千亿元，任何一个运行环节出现问题，这些金融产品过高的风险都将暴露。因此投资者应当正确看待以余额宝为代表的互联网金融产品的收益与风险。

# 第一节　金融风险概述

## 一、金融风险的定义

人们将多余的资金按照自己预测的价格或者利率进行投资，希望得到收益，但未来价格或者利率会怎么变化，人们是无法预测准确的，这样就导致了未来收益的未知性，这就是风险。准确地说，金融风险是指投资者在投资经营的过程中，由于各种事先无法预料的不确定因素带来的影响，使投资者的最终收益和预期收益发生一定的偏差的可能性。值得注意的是，风险并不等同于损失，最终收益也可能比预期收益更高，因为风险是指未来收益或亏损的不确定性或波动性。

## 二、金融风险的分类

金融风险的种类是多种多样的，按照来源可分为货币风险、利率风险、流动性风险、信用风险、市场风险和操作风险；按照会计标准可分为会计风险和经济风险；按照功能可分为系统性风险和非系统性风险。

### （一）按照来源分类

#### 1. 货币风险

货币风险又称为外汇风险，是指由于货币对外价值的变化所引起的风险。如今资本自由流动性日益增强，大多数国家实行浮动汇率制度，外汇市场的不稳定因素增加，汇率的不确定性变动更容易带来风险。

#### 2. 利率风险

利率风险是指由于金融市场利率水平的不确定性变动引起资产价格变化所带来的风险。目前，大多数国家都已经实行了利率市场化，我国也在逐步开放利率市场，这就使得利率更加多变。一般来说，利率上升会使得证券价格下降，利率下降会使得证券价格上升。

#### 3. 流动性风险

流动性指的是金融资产的变现能力以及变现时不易遭受损失的能力。流动性不足可能使得金融机构的偿债能力和资本结构等发生变化，从而带来风险。

#### 4. 信用风险

信用风险是指债务人或者证券发行人因为某些原因无法偿还或者无法按期偿还债务而给债权人或投资者带来的风险，也叫作违约风险。如果债务人或者证券发行机构的信用评级降低，则会导致其债券市场的价格下降，也会带来一定的损失。值得注意的是，信用风险不会带来额外的收益，在任何情况下都是只会带来损失。

#### 5. 市场风险

市场风险是指资本市场行情变动所导致的金融资产价格发生变化，使得实际收益率偏离预期收益率的不确定性，如证券价格的变动。一般来说，当人们对证券市场持乐观态度时，多数的证券价格通常会上升；当人们对证券市场持悲观态度时，多数证券价格会下降。

#### 6. 操作风险

操作风险一般是指金融机构的交易系统不完善、内控机制失灵或者日常操作等的失误所带来的风险。目前证券交易的创新和品种越来越多，其复杂程度也越来越高，操作风险也越来越复杂。最大的操作风险在于内部控制及公司治理机制的失效。

## （二）按会计标准分类

### 1．会计风险

会计风险是指在用记账货币的会计处理方法转换以各种外币计价的经营损益过程中，因汇率的变化所带来的风险，一般在财务报表中体现出来。会计可以根据现金流量、资产负债表的期限结构、币种结构等信息进行客观的评价。

### 2．经济风险

经济风险是指在实际的经济主体运作过程中产生的风险，比会计风险的范围更广。假设某企业有一笔以浮动利率计价的负债，利率上升就会使得偿还的利息成本增加，在财务报表中体现的就是会计风险；事实上，由于利率上升，供应商可能提前收回欠款，而购买商可能延迟支付欠款，这样会使得企业的流动性不足，带来更大的风险。从宏观角度来说，利率上升，投资需求会减少，国民收入会下降；利率上升还会导致国外短期资金大量流入，使得本币升值，不利于本国商品的出口，这些都会带来经济风险。

## （三）按功能分类

### 1．系统性风险

系统性风险是指对整个金融市场都有影响的风险，如经济周期、宏观经济政策的变动、汇率和利率的变动、政局的变化，等等。这类风险来自企业外部，无法通过分散投资或者投资组合来消除或者削弱，因此，又称为不可分散风险。

### 2．非系统性风险

非系统性风险是指由企业自身的原因导致的收益的变化而带来的风险。这类风险与特定的企业或行业有关，可以通过分散投资或者投资组合来降低，因此又称为可分散风险。正因为这种风险可以有效地降低甚至消除，所以投资者一般研究的就是在证券投资中，如何避免非系统性风险带来的损失。

# 第二节　投资收益和风险的衡量

## 一、单个证券的收益与风险的衡量

投资收益可以分为两个部分：股利收益（或利息收益）和资本利得（或减去资本损失）。这里的资本利得是指证券资产的期末价值与期初价值的差额。某段时间内股票投资的收益率，等于现金股利加上股票价格的变化，除以初始价格。证券资产的收益率可定义为

$$R = \frac{D_t + (P_t - P_{t-1})}{P_{t-1}} \tag{11-1}$$

其中，$R$ 为收益率，$t$ 指特定的时间段，$D_t$ 是第 $t$ 时期的现金股利（或利息收入），$P_t$ 是第 $t$ 时期的证券价格，$P_{t-1}$ 是第 $t-1$ 时期的证券价格，括号内的 $P_t - P_{t-1}$ 则是代表该段时间的资本利得或资本损失。

某一投资者购买了 100 元的股票，投资者每年可以收到 8 元的现金股利，一年以后，该

股票的价格上涨为 110 元，这样该股票这一年的投资收益率为

$$R = \frac{8+(110-100)}{100} \times 100\% = 18\%$$

我们都知道风险证券的收益是未知的，我们只能大概地推测可能发生的结果以及发生每种结果的可能性，即概率，因此这种情况下的收益率就可以用期望来表示：

$$\bar{R} = \sum_{i=1}^{n} R_i P_i \tag{11-2}$$

其中，$\bar{R}$ 为预期收益率，$R_i$ 为第 $i$ 种可能的收益率，$P_i$ 为收益率 $R_i$ 发生的概率。

某投资者购买了一家上市公司的股票，投资结果只有两种，如果盈利则可得到 20% 的收益，如果不盈利则可能亏损 8%，所以该股票的预期收益率为

$$\bar{R} = 20\% \times 0.5 + (-8\%) \times 0.5 = 6\%$$

在之前的章节我们知道，证券投资之所以有收益是因为投资者承担了风险。但风险是不确定的，不可预知的，因此预期收益率和实际收益率之间通常是有偏差的，偏差越大，说明投资的风险就越大。我们用统计学中的方差或标准差来衡量风险。

$$\sigma = \sqrt{\sum_{i=1}^{n} \left(R_i - \bar{R}\right)^2 P_i} \tag{11-3}$$

标准差的经济学含义为：当证券收益率服从正态分布时，2/3 的收益率在 $\bar{R} \pm \sigma$ 的范围内，95% 的收益率在 $\bar{R} \pm 2\sigma$ 的范围内。

## 二、两种证券组合的收益和风险的衡量

投资者虽然愿意承担风险，但每个投资者都希望能够有效地规避风险，为了避免"将所有鸡蛋放在一个篮子里"，构建一个证券投资组合就成了很好的选择，我们假设投资者将资金分别投资于风险证券 A 和 B，两者的投资比重分别为 $X_A$ 和 $X_B$，那么投资组合的收益率 $\bar{R}$ 的计算方法为

$$\bar{R} = X_A \bar{R}_A + X_B \bar{R}_B \tag{11-4}$$
$$X_A + X_B = 1$$

值得注意的是，投资组合的风险并不是单纯的以各自投资比重为权重的加权平均数，还应该考虑两种风险证券之间的相关性，即协方差。因此，投资组合的方差 $\sigma^2$ 的计算公式为

$$\sigma^2 = X_A^2 \sigma_A^2 + X_B^2 \sigma_B^2 + 2X_A X_B \sigma_{AB} \tag{11-5}$$
$$\sigma_{AB} = \sum_i \left(R_{Ai} - \bar{R}_A\right)\left(R_{Bi} - \bar{R}_B\right) \tag{11-6}$$

其中，$\sigma_{AB}$ 为风险证券 A 和 B 的协方差。协方差衡量的是两种风险证券的收益率一起变动的方向和幅度。

我们也可以用相关系数来考虑两种风险证券之间的相关性。协方差 $\sigma_{AB}$ 和相关系数 $\rho_{AB}$ 之间的关系为

$$\rho_{AB} = \frac{\sigma_{AB}}{\sigma_A \sigma_B} \tag{11-7}$$

相关系数的取值范围是介于-1 到 1 之间的，当 $\rho_{AB}=-1$ 时，说明两种风险证券的收益变动之间呈完全负相关关系；当 $\rho_{AB}=1$ 时，则说明两种风险证券的收益变动之间呈完全正相关关

系；当 $\rho_{AB}=0$ 时，则说明两种风险证券的收益变动之间完全不相关。图 11-1 是相关系数的三种典型情况。

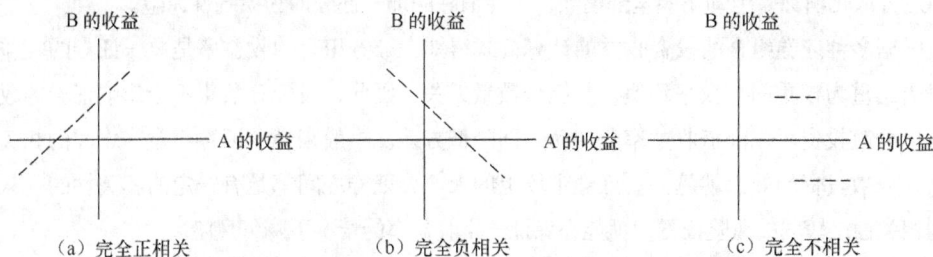

（a）完全正相关　　　　（b）完全负相关　　　　（c）完全不相关

图 11-1　相关系数的三种典型情况

### 三、多种证券投资组合的收益和风险的衡量

多种证券投资组合的收益和风险，可以从两种证券投资组合的收益和风险中拓展开来，投资组合的预期收益率 $\bar{R}$ 是以每个风险证券的投资比重为权重的收益率加权平均数，计算公式为

$$\bar{R} = \sum_{i=1}^{n} X_i \bar{R}_i \qquad (11\text{-}8)$$

其中，$X_i$ 为投资于第 $i$ 种证券的资金占总投资额的比重，$\bar{R}_i$ 为第 $i$ 种证券的预期收益率。

多种证券投资组合的风险也不是单纯地将组合中的每种证券的标准差进行加权平均，$\sigma$ 的计算公式为

$$\sigma = \sqrt{\sum_{i=1}^{n} \sum_{j=1}^{n} X_i X_j \sigma_{ij}} \qquad (11\text{-}9)$$

$$\sigma^2 = \sum_{i=1}^{n} \sum_{j=1}^{n} X_i X_j \sigma_{ij} = \sum_{i=1}^{n} X_i^2 \sigma_i^2 + \sum_{i=1}^{n} \sum_{\substack{j=1 \\ i \neq j}}^{n} X_i X_j \sigma_{ij} \qquad (11\text{-}10)$$

其中，$\sigma_{ij}$ 为第 $i$ 种证券和第 $j$ 种证券之间的协方差。由此可见，多种证券组合的方差不仅取决于单个证券的风险和投资权重，还取决于证券之间的相关系数或协方差。

# 第三节　资本定价理论

## 一、证券组合和风险的分散化

在之前的章节我们提到过，投资者一般不会"把鸡蛋放在一个篮子里"，而是选择两种或者多种风险证券进行组合投资，这就是利用证券组合将投资风险分散化。从第二节的例题中，我们可以发现一个很有趣的现象，证券组合的标准差比组合中任一证券的标准差都要小，但投资收益却可能比组合中的某一证券更高，高风险却低收益这种现象是如何出现的呢？是不是所有的投资组合都能在降低风险的同时提高收益呢？

事实上，并不是每个证券的风险都是相关的，大部分的风险是可以分散化的，通过几种

风险证券的组合，单一证券的收益率的变动可能被其他证券收益率的波动所抵消甚至消除。这就是为什么证券组合的方差都会低于单一证券的方差。证券组合的总体风险有一大部分可以通过分散化消除，但却不能全部消除，不能消除的那一部分即为系统性风险。

根据多种证券组合的投资收益的计算公式得知，证券组合的收益率是单一证券的收益率以投资比重为权重的加权平均值，与组合数量无关，因此，投资分散化不会影响证券的收益率。但分散投资可以降低收益率的变动，即降低方差。一般来说，证券收益率之间的相关性越低，分散投资的效果就越好。证券市场上的大部分证券之间都是有一定的相关性的，只要找到相关性比较弱的风险证券，就能在保证一定收益率的情况下降低风险。

理论上来说，如果我们能够找到足够多的收益不相关的证券构建投资组合，就可能消除全部的风险，但这样的组合在现实金融市场上并不存在。这是因为各种风险证券受相同因素的影响（如经济周期、利率变化等），收益率之间一般有一定的正相关关系。因此，分散化投资不能全部消除风险，最理想的情况就是分散化投资消除了所有的非系统性风险，但系统性风险是不能消除的。

韦恩·瓦格纳（Wayne Wagner）和塞拉·劳（Sheila Lau）对这一观点进行了实证研究。他们随机抽取了 200 种在纽约股票交易所上市的股票，并分成了 6 组，再随机抽取 1~20 只股票组成投资组合，对这些证券组合的月平均收益率和标准差进行度量。最后得出以下结论：

（1）证券组合的平均收益及标准差与证券组合的数量不相关，但随着组合中数量的增加，降低风险的效果有所减弱。当组合内的股票数量由 1 增加到 10 时，组合的风险大幅下降；当组合内的股票数量超过 10 支时，风险降低的幅度就大大减弱了。

（2）随机抽取的 20 只股票构成的证券组合如果将非系统性风险全部消除，即只包含系统性风险，此时，单个证券的风险的 40%被消除。

（3）分散化投资组合的收益与市场收益率紧密联系，其收益率的变动和不确定性与市场收益率的相关系数为 0.89（当组合内股票数量为 20 只时），因此，证券组合的风险主要反映了股票市场的不确定性。

组合中证券数量与组合的风险之间的关系如图 11-2 所示。

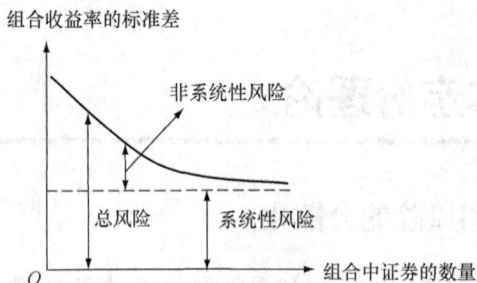

图 11-2　组合中证券数量与组合的风险之间的关系

## 二、资本资产定价模型

我们已经讨论了证券组合的方差和预期收益，本节我们将研究风险资产的定价。其中最著名的资本资产定价模型（CAPM），是 20 世纪 60 年代由夏普（Sharpe，1994）、林特勒

（Lintner，1965）和莫辛（Mossin，1966）等人在现代证券组合理论的基础上提出的，具有非常重大的意义，被广泛运用于投资决策和公司理财中。

## （一）资本资产定价模型

资本资产定价模型是建立在一系列严格的假设基础上的，以下是假设条件。

（1）市场是完备的，不存在交易成本和税收等费用。

（2）所有资产都是无限可分割的。

（3）投资者均为风险厌恶者，在其他条件一致的情况下，会选择具有较小标准差的风险资产。

（4）投资者根据证券组合在投资期内的预期收益率和方差来评价这些证券组合。

（5）所有投资者对各种风险资产的预期收益率、方差等持有相同的预期。

（6）对于所有投资者而言，资本市场上的借贷利率都是相同的。

（7）所有资产的期末价值总是大于或等于零的，所有投资者均追求期末财富的期望效用最大化。

（8）投资者的投资期限均相同。

（9）市场信息是公开的、完备的，投资者可以免费并且及时地获得。

以上的假设条件在现实的证券市场上是不存在的，与实际情形有很大的差距。但它抓住了主要因素，通过这些假设，可以很好地研究风险和收益之间的关系。

## （二）资本市场线

资本市场线（Capital Market Line）描述了均衡的资本市场上任一投资组合的预期收益率与其标准差之间的关系。所有投资者在进行最优投资选择时，都是将资金在无风险资产和证券组合之间进行合理配置。证券投资组合的收益和风险呈正相关关系，风险越高，预期收益率越高；风险越低，预期收益率越低。

用 $M$ 代表市场组合，$R_f$ 代表无风险利率，则资本市场线 $CML$ 是一条从 $R_f$ 出发的向上倾斜的经过 $M$ 的直线，如图 11-3 所示。

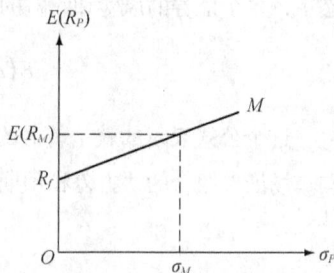

图 11-3　资本市场线

$CML$ 的斜率是有效证券组合的风险市场价格，它衡量的是单位风险的增加所引起的预期收益率的增加数量。可从图中得出：

$$CML \text{ 的斜率} = \frac{E(R_M) - R_f}{\sigma_M} \tag{11-11}$$

资本市场线的任意有效证券组合中的预期收益率都可以用风险表示，在知道斜率和截距的情况下，$CML$ 的表达式为

$$E(R_P) = R_f + \frac{E(R_M) - R_f}{\sigma_M} \sigma_P \tag{11-12}$$

其中，$E(R_P)$ 为 $CML$ 上有效证券组合 $P$ 的预期收益；$\sigma_P$ 为有效证券组合 $P$ 的标准差；$R_f$ 为无风险利率，代表的是时间报酬。$CML$ 根据证券组合的风险水平来决定预期收益，给出了每

种证券组合的风险水平应得的收益。

资本市场线没有反映出单个证券的预期收益率和标准差之间的关系，因此，我们要做进一步的分析。

根据证券组合标准差的计算公式可以得出：

$$\sigma_M = \sqrt{\sum_{i=1}^{n} \sum_{j=1}^{n} X_{iM} X_{jM} \sigma_{ij}} \tag{11-13}$$

其中，$X_{iM}$ 和 $X_{jM}$ 表示证券 $i$ 和证券 $j$ 在证券组合中的比重。将协方差的概念引入该公式，证券 $i$ 与证券组合的协方差等于该证券与证券组合中每种证券的协方差的加权平均数，经过变化得出：

$$\sigma_{iM} = \sum_{j=1}^{n} X_{iM} \sigma_{ij} \tag{11-14}$$

$$\sigma_M = \sqrt{(X_{1M}\sigma_{1M} + X_{2M}\sigma_{2M} + \ldots + X_{nM}\sigma_{nM})} \tag{11-15}$$

其中，$\sigma_{nM}$ 表示证券 $n$ 与市场证券组合的协方差。由此可知，证券组合的标准差等于所有证券与市场证券组合协方差以各种证券的比例为权重的加权平均数的平方根。

### （三）证券市场线

在考虑证券风险时，单个证券与证券组合的协方差是关键因素，而不是证券本身的风险。这也就解释了我们本章开头的疑问，风险高并不意味着预期收益率也会很高，预期收益率水平取决于其与市场证券组合的协方差。因此，在投资决策中，如果某种证券的预期收益率相对于它的协方差太低，投资者就会将这种证券剔除出组合以提高预期收益率。在均衡状态下，单个证券的风险和收益的关系可以表示为

$$E(r_i) = R_f + \left[\frac{E(R_M) - R_f}{\sigma_M^2}\right]\sigma_{iM} \tag{11-16}$$

这个公式表示的就是著名的证券市场线（Security Market Line，SML），反映了单个证券与市场证券组合的协方差和预期收益率之间的均衡关系，如图 11-4 所示。

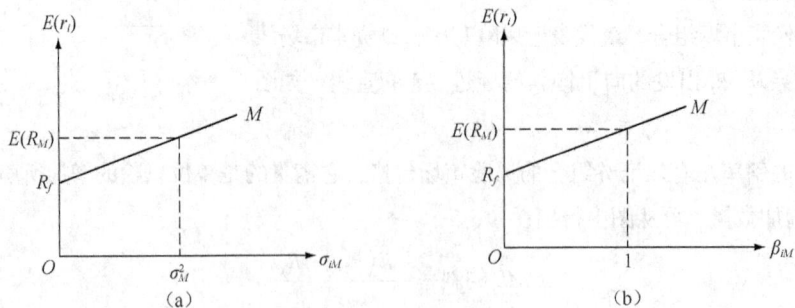

图 11-4　证券市场线

令 $\beta = \dfrac{\sigma_{iM}}{\sigma_M^2}$，上述公式可简化为

$$E(r_i) = R_f + \left[E(R_M) - R_f\right]\beta \tag{11-17}$$

考虑以下两种特殊情况：

（1）$\beta = 0$，得出 $E(r_i) = R_f$。如果某一证券的 $\beta$ 值为 0，则说明该证券对这一市场组合没有影响，其期望收益等于无风险资产的收益率。

（2）$\beta = 1$，得出 $E(r_i) = E(R_M)$。如果某一证券的 $\beta$ 值为 1，则说明该证券的风险等于市场风险，其期望收益应该等于市场的平均收益率。

## 三、多因素资本资产定价模型

在资本资产定价模型的假设条件中，我们假设投资者只关心证券未来价格的不确定性，实际上，投资者还会关心很多其他的因素，如引起未来消费能力变化的风险。因此，罗伯特·默顿拓展了资本资产定价模型，加入了一些源于市场外部的风险。这个模型也叫作多因素资本资产定价模型，计算公式为

$$E(r_p) = \beta_{pm}E(r_m) + \beta_{pF_1}E(r_{F_1}) + \beta_{pF_2}E(r_{F_2}) + \ldots + \beta_{pF_k}E(r_{Fk}) \tag{11-18}$$

其中，$k$ 为因素或者市场外部风险的个数；$\beta_{pFk}$ 为组合对第 $k$ 个因素的敏感度；$E(r_{Fk})$ 为因素 $k$ 的期望收益减去无风险收益。

$$市场外部风险因素的总收益 = \beta_{pF_1}E(r_{F_1}) + \beta_{pF_2}E(r_{F_2}) + \ldots + \beta_{pF_k}E(r_{Fk}) \tag{11-19}$$

以上公式表明，投资者希望得到除市场风险以外其他风险的补偿。如果没有市场外部因素的影响，或者说不考虑市场外部风险因素的收益，就是资本资产定价模型计算所要求获得的收益。在资本资产定价模型中，投资者通过分散持有市场组合资产来对冲风险。在多因素资本资产定价模型中，除了投资于市场组合，还可以认为投资者将资金投资于能够对冲市场外部风险的资产。

## 四、套利定价模型

1976 年，斯蒂芬·罗斯（Stephen Ross）提出了以套利理论为基础的套利定价模型（Arbitrage Pricing Theory Model，APT）。套利是指利用资产在一个市场或者多个市场上的价格差异，或者同一个市场在不同时间的价格差异，在规避风险的情况下赚取较高收益的交易活动，换而言之，套利就是利用各种价格差异的机会，买进价格被低估的资产，同时卖出价格被高估的资产来获取超额利润。套利会促使市场优化配置，提高市场的运行效率。

套利模型的假设条件比资本资产定价模型简单得多，也没有那么苛刻，主要体现为 3 点：①资本市场处于竞争均衡状态；②投资者追求更多财富；③资产的收益率可用因素模型表示。APT 模型假设证券的收益率受多种因素影响，但并没有特指是什么因素，但它假设这些因素和证券收益之间的关系是线性的。现在，我们简单地了解一下 APT 模型。假定一个市场证券组合由 3 种证券构成，并受两种因素影响，该模型认为证券的收益率可表示为

$$\overline{R}_i = E(R_i) + \beta_{i1}F_1 + \beta_{i2}F_2 + e_i \tag{11-20}$$

其中，$\overline{R}_i$ 表示证券 $i$ 的随机收益率，$E(R_i)$ 表示证券 $i$ 的期望收益率，$F_n$ 表示第 $n$ 个影响证券收益的因素，$\beta_{in}$ 表示第 $i$ 个证券对第 $n$ 个因素的敏感度，$e_i$ 表示非系统性收益。要实现市场均衡，就必须满足以下条件：不运用额外的资金；如果不增加风险，就不能创造出一个可以

增加收益的机会。因此，罗斯得出以风险溢价形式表现的风险与收益之间的关系：

$$E(r_i) = \beta_{iF_1} E(r_{F_1}) + \beta_{iF_2} E(r_{F_2}) \qquad (11\text{-}21)$$

其中，$E(r_i)$表示证券$i$超过无风险利率的超额收益，$\beta_{iF_n}$表示证券$i$对第$n$个因素的敏感度，$E(r_{F_n})$表示第$n$个系统因素超过无风险利率的超额收益或风险溢价。推广到多种因素就是APT模型了，用公式表示为

$$E(r_i) = \beta_{iF_1} E(r_{F_1}) + \beta_{iF_2} E(r_{F_2}) + \ldots + \beta_{iF_n} E(r_{F_n}) \qquad (11\text{-}22)$$

这个公式说明投资者希望所有的风险因素都能得到补偿。

## 补充阅读

### 防范以金融创新为名的套利

2014年5月10日，银监会副主席王兆星表示，在规范和监管影子银行中，如何最大限度地防范以金融创新为名的套利行为，是监管所面临的挑战。

"我不反对金融创新，也不反对金融衍生工具，更不反对资产的证券化。但我反对那些没有监管、缺乏透明的，是金融自我循环的、更加复杂的金融创新，它带来的将是金融大厦的倒塌，不会给实体经济带来更多的益处。"王兆星表示，目前需要对金融创新进行重新反思和调整。

王兆星是在首届清华大学五道口全球金融论坛上作出上述表示的，他指出，更多银行监管标准的提升，导致更多影子银行的快速发展，其活动存在监管套利和监管规避，其野蛮生长给金融的稳定和安全带来严重的威胁。

王兆星明确指出，对金融投资不能提供刚性兑付、隐形担保。他指出，存款保险制度的推出，有助于维护金融市场的稳定，但如果存保制度设计不当，也会带来严重的道德风险，弱化市场纪律的约束。

面对混业大趋势，王兆星表示，金融结构新的发展态势，既不是过去那种严重的混业状态，也不是泾渭分明的分业，未来可能会走一条中间的路线。

此外，王兆星指出，在一个高度利率市场化的环境中，金融机构的退出是必然、必要的，但要始终坚守不发生系统性风险和区域性风险的底线，不断增强对风险的识别、预警和控制能力，增强监管的前瞻性。

## 读后讨论

（1）面对金融监管套利乱像，监管机构应采取何种防范措施？

（2）近期互联网金融发展迅速，在推动金融创新的同时，它也面临比传统金融更高的风险，请具体分析它所面临的风险。

## 【本章小结】

1. 金融风险是指投资者在投资经营的过程中，由于各种事先无法预料的不确定因素带来的影响，使得投资者的最终收益和预期收益发生一定的偏差的可能性。金融风险的种类是多种

多样的，按照来源可分为货币风险、利率风险、流动性风险、信用风险、市场风险和操作风险；按照会计标准可分为会计风险和经济风险；按照功能可分为系统性风险和非系统性风险。

2. 系统性风险是指对整个金融市场都有影响的风险，如经济周期、宏观经济政策的变动、汇率和利率的变动、政局的变化，等等。这类风险来自企业外部，无法通过分散投资或者投资组合来消除或者削弱。非系统性风险是指由企业自身的原因导致的收益的变化而带来的风险。这类风险与特定的企业或行业有关，可以通过分散投资或者投资组合来降低。

3. 风险证券的收益是未知的，我们只能大概地推测可能发生的结果以及发生每种结果的可能性，即概率，因此这种情况下的收益率就可以用期望来表示。

4. 证券组合的预期收益率就是该组合中各种证券的预期收益率的加权平均数，权重为投资于各种证券的资金占总投资额的比例，证券组合的风险不仅取决于单个证券的风险，还取决于各种证券间收益率变化的相关性（用协方差表示）。

5. 证券组合的收益率是单一证券的收益率以投资比重为权重的加权平均值，与组合数量无关，因此，投资分散化不会影响证券的收益率。但分散投资可以降低收益率的变动，即降低方差。一般来说，证券收益率之间的相关性越低，分散投资的效果就越好。

6. 资本市场线描述了均衡的资本市场上任一投资组合的预期收益率与其标准差之间的关系。所有投资者在进行最优投资选择时，都是将资金在无风险资产和证券组合之间进行合理配置。证券投资组合的收益和风险呈正相关关系，风险越高，预期收益率越高；风险越低，预期收益率越低。

套利是指利用资产在一个市场或者多个市场上的价格差异，或者同一个市场在不同时间的价格差异，在规避风险的情况下赚取较高收益的交易活动，换而言之，套利就是利用各种价格差异的机会，买进价格被低估的资产，同时卖出价格被高估的资产来获取超额利润。套利会促使市场优化配置，提高市场的运行效率。

## 【重要概念】

预期收益率　金融风险　系统性风险　非系统性风险　相关系数
分散化　证券组合　风险中性　厌恶风险　资本市场线　证券市场线

## 【练习题】

1. 金融风险按功能分类可以分为哪几种？
2. 资本资产定价模型有哪些假设条件？
3. 为什么投资组合不能消除全部风险？
4. 简述资产定价模型对管理金融风险的贡献。

## 计算题

1. 计算 A 公司股票的期望收益率和标准差，资料如表 11-1 所示。

表 11-1  A 公司股票资料表

| 情况 | 发生概率 | 预期收益率（%） |
|---|---|---|
| 1 | 0.10 | -0 |
| 2 | 0.25 | 0 |
| 3 | 0.40 | 10 |
| 4 | 0.20 | 20 |
| 5 | 0.05 | 30 |

2．某一风险组合一年后的价值可能有两种情况，一种价值为 500 000 美元，概率为 50%，另一种价值为 1500 000 美元，概率也为 50%，无风险年利率为 5%。

（1）假设投资者想要获得 7%的风险溢价，则一开始投资者的初始投资是多少？

（2）假设投资者想要获得 10%的风险溢价，则上述答案有何变化？

3．某一风险资产组合的预期收益率为 10%，$\beta$ 系数为 1.5，假设无风险利率为 5%，根据资本资产定价模型：

（1）市场组合的预期收益率为多少？

（2）$\beta=0$ 的股票预期收益率为多少？

（3）某股票目前的市价为 30 美元，其 $\beta$ 值为-0.4，预计该股票一年后将支付 1 美元红利，期末除权价为 31 美元，则该股票是被高估还是被低估了？

# 第十二章 现代金融市场理论及其发展

**学习目标**

1. 掌握现代金融市场理论的四大基础理论。

2. 了解 20 世纪 90 年代以来现代金融市场理论的新发展。

3. 熟悉了解行为金融学的主要内容。

## 开篇案例

### 2013 年诺贝尔经济学奖"花落三家"

2013 年 10 月 14 日，瑞典皇家科学院将诺贝尔经济学奖同时授予尤金·法玛、拉尔斯·彼得·汉森和罗伯特·席勒，以表彰他们在"资产价格实证分析"方面作出的突出贡献。本次获奖声明称，获奖者的研究成果奠定了资产价格理论的基础。"他们三位发展出了资产定价研究新方法并将其用于对股票、债券和其他资产价格细节的研究之中。他们的方法已经成为学术研究的标准。他们的成果不仅给理论研究提供指导，更有助于专业投资应用……如果要预测未来几天或者几个星期的股票和资产价格，是不可能的。但是从长远来看，预测未来 3 年或者 5 年，却是可行的。"瑞典皇家科学院诺贝尔奖评审委员会委员在发布会上说。

### 案例导读

资料显示，诺贝尔经济学奖并非诺贝尔遗嘱中提及的五大奖励领域之一，而是由瑞典银行在 1969 年为纪念诺贝尔而增设的。作为现代经济核心的资本市场，自 20 世纪 90 年代以来不断受到评审委员会的关注。1990 年，默顿·米勒、威廉·夏普与马科维茨首次因"资本资产定价模型"理论的开创性成就而获奖；1997 年，罗伯特·默顿与迈伦·斯科尔斯因完善与补充了"布莱克—斯科尔斯"期权定价模型第二次获得诺贝尔奖。2013 年的诺奖再次眷顾资本市场，足以说明这些理论的成熟及其重要的实践指导价值。

金融是现代经济的核心，金融在现代经济发展进程中所表现的核心作用越来越明显。现代金融市场理论被公认为是从 20 世纪 50 年代开始发展的，一系列理论奠定了现代金融市场理论的基础框架；20 世纪 90 年代初以来，金融学理论发展迅速，成为现代经济学理论发展的重大突破领域。这些理论发展的突出贡献可以从随后的历届诺贝尔经济学奖中初见端倪，如 1990 年默顿·米勒（Merton M. Miller）的连续时间金融理论，马科维茨和夏普的资本资产定价模型，1997 年罗伯特·默顿、迈伦·斯科尔斯的期货—期权定价模型，2001 年阿克洛夫（G.A.Akerlof）、斯宾塞（A.M.Spence）和斯蒂格利茨（J.E.Stiglitz）的不对称信息条件下的市场分析以及市场有效性悖论，2003 年恩格尔（R.F.Engle）和格兰杰（C.W.J.Granger）提出的"自回归条件异方差（ARCH）模型"和协整模型。2013 年尤金·法玛（Eugene F. Fama）、拉尔斯·汉森（Lars Peter Hansen）和罗伯特 J. 希勒教授（Robert J. Shiller）因对"资产价格的实证分析"获得诺贝尔经济学奖。

# 第一节　现代金融市场的理论基础

20 世纪 50 年代之前的金融市场理论，被称为古典经济学中的金融市场理论，之后发展起来的被叫作现代金融市场理论，起始于马科维茨的投资组合理论。

古典金融理论在凯恩斯主义出现之前，一直是以货币与实物经济相分离的"两分法"为手段，从实物经济的层面出发对经济问题进行探讨。1936 年凯恩斯发表的《就业、利息与货币通论》对于古典金融市场理论的发展具有划时代意义，凯恩斯将货币视为一种资产，把货币资产融入实物经济中，改变了货币与实物经济相分离的状态，创立了以货币经济为特征的宏观经济学。

20 世纪 50 年代，由于直接融资的迅速发展，金融工具不断创新，出现了大量以金融市场为研究对象的微观金融理论，主要包括风险—收益理论、有效市场理论、资本结构理论和期权理论，这四大理论构建了现代金融市场理论体系的基础，并推动了金融市场理论研究由定性描述向定量分析的方向发展。

## 一、风险—收益理论

在金融市场中，几乎所有的金融资产都是风险资产。理性的投资者追求同等风险水平下的收益最大化，或是同等收益水平下的风险最小化。

美国经济学家马科维茨在 1952 年发表了一篇题为《资产组合选择》的论文，以后他又将该论文扩充为一本著作《资产组合选择：有效的分散化》，利用概率论和数理统计的有关理论，马科维茨发展了一个在不确定条件下选择资产组合的模型框架：均值—方差分析框架，这个框架成为研究金融经济学的基础。在马科维茨的模型中，证券的收益率是个随机变量，证券的价值和风险可以用这个随机变量的数学期望和方差来度量；并且根据一般的心理分析，他假定经济理性的个人都具有厌恶风险的倾向，即在他的模型中，投资者在预期收益固定时追求最小方差的投资组合。虽然模型排除了对风险爱好者的分析，但是，毫无疑问，现实中绝大多数人属于风险厌恶型，因而他的分析具有一般性。在一系列理论假设的基础上，马科维茨对证券市场分析的结论是：证券市场上存在着市场有效投资组合。所谓"有效投资组合"就是预期收益固定时方差（风险）最小的证券组合，或是方差（风险）固定的情况下预期收益最大的证券组合。这一理论为衡量证券的收益和风险提供了基本思路，为金融实务努力寻找这种组合提供了理论依据。

到了 20 世纪 60 年代，马科维茨的思想被人们广泛接受，金融界的从业人员也开始应用这些理论及其发展进行资产组合选择和套期保值决策，并用定量化的工程思想指导业务活动。同时，他的理论得到进一步发展。夏普在马科维茨对有价证券收益与风险的数学化处理的基础上，引入了无风险证券，利用数学规划的方法，分析了存在无风险证券条件下理性投资者的决策问题，并提出马科维茨模型的简化方法——单指数模型。同时，他与詹·莫辛（Jan Mossin）和约翰·林特勒（John Lintner）一起提出了资本资产定价模型。这一理论的意义在于，首先，它建立了证券收益与风险的关系，揭示了证券风险报酬的内部结构，即风险报酬是影响证券收益的各相关因素的风险贴水的线性组合；其次，它建立了单个证券的收益与市场资产组合收益之间的数量关系，并用一个系数来反映这种相关程度的大小；再次，它把证券的风险分成了系统性风险和非系统性风险。对风险的分类是夏普理论的主要贡献，与此同时，他们所提出的风险分类相关的两个著名系数——$\alpha$ 系数和 $\beta$ 系数成为华尔街投资者的常识。

由于资本资产定价模型的应用与研究存在很大局限性，罗斯于 1976 年提出了套利定价模型。该理论的核心是在完善的金融市场上，所有金融产品的价格应该使得在这个市场体系中不存在可以让投资者获得无风险超额利润的机会。如若不然，对套利机会的追寻将推动那些失衡的金融产品的价格恢复到无套利机会的状态。该理论假定，证券收益是由一个线性的多因素模型生成的；所有证券的风险残差，对每一种证券是独立的，因此大数定律是可适用的。可以说，套利定价模型在更广泛的意义上建立了证券收益与宏观经济中其他因素的联系。

资本资产定价模型和套利定价模型理论的出现和成熟标志着现代金融市场理论走向成熟。在此之前，对于金融产品的价格，特别是瞬息万变的有价证券的价格，人们一直感到一种神秘的色彩。人们认为这些价格是难以捉摸的。资本资产定价模型和套利定价模型给出了包括股票在内的基本金融工具的理论定价公式，它们既有理论依据又便于计算，从而得到了人们的广泛认同。根据这两个模型计算出来的理论价格也成为金融实务中的重要参考。

## 二、有效市场理论

效率市场假说（Efficient Market Hypothesis，EMH）是金融市场理论的一个重要部分，它主要研究信息对证券价格的影响。效率市场假说认为，证券价格已经充分反映了所有相关的信息，资本市场相对于这个信息集是有效的，任何人根据这个信息集进行交易都无法获得经济利润。效率市场假说将证券市场分为 3 个层次：弱式效率市场、半强式效率市场、强式效率市场[①]。

---

① 详见本书第九章内容。

## 三、资本结构理论

1958 年，米勒（M.Miller）与莫迪利亚尼（F.Modigliani）在《美国经济评论》发表题为《资本成本、公司财务与投资理论》的论文。该理论开创了从交易成本角度来研究资本结构的先河，并且应用套利理论证明了公司市场价值与资本结构无关，即著名的 MM 定理（Modigliani-Miller Theory）。MM 定理是现代公司资本结构理论的基石，是构成现代金融市场理论的重要支柱之一。

MM 定理讨论了在完美市场上，在没有税收、交易成本和代理成本等情况下，资本结构对公司价值的影响，提出了在不确定条件下如何分析资本结构和资本成本之间关系的新见解。该理论假设，股票持有者可以像公司一样进入同样的资本市场，因此，公司保证股东利益的最佳办法就是最大限度地增加公司财富。他认为，通过资本市场所确立的公司资本结构与分配政策之间的关系，同公司资产的市场价值与资本之间的关系，是一个事物的两个方面。因而，在完全竞争（不考虑税收）条件之下，公司的资本成本及市场价值与公司的债务比率及分配率是互相独立的。也就是说，一定量的投资，无论是选择证券融资还是借款，对企业资产的市场价值并无影响；企业的分配政策对企业股票的价值也不起作用。

但是现实中并不存在完美的金融市场，并且存在税收。1963 年，米勒与莫迪利亚尼把税收纳入其分析框架中。债券持有者收到的利息免缴所得税，而对股息支付和留存盈余则要缴纳所得税。由此企业利用债券融资可以获得避税收益，并能够通过改变融资结构而改变企业的市场价值。

## 四、期权理论

1973 年，布莱克（F. Black）和舒尔斯（M. Scholes）在美国《政治经济学期刊》发表了著名论文《期权与公司债务定价》，成功推导出期权定价的一般模型，为期权在金融工程领域内的广泛应用铺平了道路，成为在金融工程化研究领域最具革命性的成果。布莱克和舒尔斯采用无套利分析方法，构造一种包含期权和标的股票的无风险证券组合，在无套利机会的条件下，该证券组合的收益必定为无风险利率，这样就得到了期权价格必须满足的偏微分方程。可以建立无风险证券组合的原因，是标的资产价格和期权价格都受同一种不确定性的影响，即基础资产（这里指股票）价格的变动。在任意一个短时期内，看涨期权的价格与标的股票价格正相关，看跌期权价格与标的股票价格负相关。如果按适当比例建立一个标的股票和期权的证券组合，股票头寸的盈利（亏损）总能与衍生品的亏损（盈利）相抵，该组合就是无风险的。由此，布莱克和舒尔斯推出了他们的期权（不支付利息的股票欧式期权）定价公式。

布莱克和舒尔斯期权定价公式（B-S 期权定价公式）的推出，是现代金融市场理论的重大突破。默顿打破了公式中无风险利率和资产价格波动率为恒定的假设，将该模型扩展到无风险利率满足随机变动条件的情况。布莱克、舒尔斯和默顿的工作，为期权等衍生品交易提供了客观的定价依据，促进了金融衍生工具的极大发展。

布莱克—舒尔斯—默顿期权定价模型（BSM 定价模型）问世以后，随着期权交易的发展，很快被引入实际应用。此后，金融学者开展了大量的后续研究，对模型的适用条件做了更为完善的补充和修正。比如，针对该模型考虑的是价格连续变化的情况，考克斯、罗斯和鲁宾斯坦提出了用二项式方法来计算期权的价格；罗尔（Roll）运用连续时间定价法给出了证券支付红利时的看涨期权定价公式；布伦勒和盖莱研究了期权提前执行时的平价关系等。

到了 20 世纪 80 年代，达菲等人在不完全资本市场一般均衡理论方面的经济学研究，为金融工程的发展提供了重要的理论支持，将现代金融工程的意义从微观的角度推到了宏观的高度，从理论上证明了现代金融工程的合理性及其对提高社会资本资源配置效率的重大意义。他们证明了金融工程不只是有价值转移的功能，金融工程的应用还可以通过增加市场的完全性和提高市场效率而创造实际的价值。金融市场活动的工程化趋势不仅为金融业本身带来益处，而且为整个社会创造了效益。

# 第二节　连续时间金融模型

时间和不确定性是影响金融经济行为的核心要素，也正是时间和不确定性二者相互作用的复杂性，对金融市场研究提出了挑战。连续时间金融模型研究在连续时间中投资者不断调整决策的问题，该理论使金融数学和金融经济理论得到了进一步的发展。在过去的 20 多年里，连续时间模型已被证明是金融学发展中一种用途广、效能高的工具，连续时间方法已经成为金融经济学研究中不可或缺的一部分。在金融市场研究的一些核心领域，如资产定价、衍生品定价、利率期限结构和组合选择等，连续时间方法被认为是最有效的研究途径；根据连续时间方法建立的模型，不但具有丰富的经济含义，而且经得起计量经济学的各种检验。

连续时间金融在数学处理和研究上较为复杂，但是与相对应的离散时间模型对比，金融学家却喜爱用连续时间模型来解决问题。例如，在研究金融衍生产品定价问题时，要考虑风险厌恶因素，而风险厌恶可以通过概率测度的某种变换来处理。在较弱的假设条件下，连续时间中的变换只会影响到证券价格变化的漂移水平，而不会影响它的波动性；而离散时间中的变换则会影响到波动性及漂移水平，这在推导 B-S 期权定价公式时得到了证实。所以，在金融市场研究中，连续时间模型能产生更精辟的理论解释和更精练的经验假设，使用连续时间模型更有利于技术处理。此外，连续时间金融与传统的经典理论相辅相成，如它对阿罗-德布鲁（Arrow-Debreu）完全市场模型和 MM 定理进行了确认和巩固；同时，连续时间金融模型也提出了新观点，如在 B-S 期权定价模型提出之后，连续时间金融发展了一个新的称作"或有权分析"（Contingent Claim Analysis）的金融学分支。

现代连续时间金融研究的成熟主要经历了两个阶段。

## 一、1969～1980 年的主要发展

在连续时间金融领域，1969～1980 年这个时期的研究产生了许多重要的突破。其中，布莱克和舒尔斯、默顿的成果毫无疑问是最有影响力的论文。他们提出了重要的期权定价模

型，在对标的证券及其期权的特性和交易规则做了一系列假设条件之后，他们还提出一个基本假定：标的证券价格的运动是连续变化的，遵循一种带漂移的几何布朗运动：

$$\frac{\mathrm{d}S_t}{S_t} = \mu\mathrm{d}t + \sigma\mathrm{d}W_t \qquad (12\text{-}1)$$

其中，$S_t$ 为标的证券（这里考虑为股票）价格，$W_t$ 为标准布朗运动，$\mu$、$\sigma$ 为参数。B-S 模型是在严格的假设下提出的：股票价格服从对数正态分布，股票收益的方差是常数；股票不分红；买卖股票和期权没有交易费用，等等。但是这些理想假设严重偏离了实际情况，此后，许多研究者对该模型进行了扩展，主要是从跳跃、随机波动以及收益波动与资产价格的关系等几个方面进行。

这项研究为连续时间金融的发展开辟了新的观点。此外，他们认为，公司股权和债权可以看作对公司资产价值的或有权，由此引出了一个称为"或有权研究"的新研究领域，这为衍生品定价、公司金融及违约风险等方面的深入研究提供了基础。同时期的重要研究还包括跨期资产定价理论。其中，默顿为跨期资产定价理论的发展奠定了基础。默顿开创性地使用连续时间模型在随机动态条件下对投资者的跨期消费和投资组合选择问题进行研究，提出连续时间模型可以用来解释均衡资产定价问题，并对夏普和林特勒的静态均衡资产定价模型进行了扩展，提出了跨期资产定价模型，由此将资产定价理论扩展到动态领域，同时也极大地推广了连续时间方法在金融经济学中的应用。在这个意义上，连续时间模型是金融学静态和动态模型的分水岭。

后人对 B-S 模型中关于标的证券价格运动方式的基本假定提出了新的看法并展开了大量研究。默顿试图把价格连续变化和跳跃式变化的两种运动方式统一到一起，将跳跃引入 B-S 模型：

$$\frac{\mathrm{d}S_t}{S_t} = \mu\mathrm{d}t + \sigma\mathrm{d}W_t + k_t\mathrm{d}q_t \qquad (12\text{-}2)$$

其中，$q_t$ 是强度为 $\lambda$ 的泊松过程，$k_t$ 为每次跳跃的规模。跳跃的引入可以体现尖峰和波动微笑的特征，但是由于假定跳跃规模服从独立同分布的正态分布，所以并不能很好地体现收益分布的有偏性。

考克斯和罗斯（Cox & Ross，1976）通过几个简单的例子，利用不同随机过程下的期权定价对风险中性定价方法做了详细的解释；并认为收益的波动率受资产价格的影响，因而并不是固定的，但是它相对于资产价格的弹性可以是不变的：

$$\mathrm{d}S_t = \mu S_t\mathrm{d}t + \sigma S_t^\gamma\mathrm{d}W_t \qquad (12\text{-}3)$$

该模型称为方差常弹性模型（CEV），其中，$\gamma$（$0<\gamma<1$）是方差弹性（当 $\gamma=1$ 时，该模型就是 B-S 模型）。CEV 模型较 B-S 模型的优点是，解决了收益分布非对数正态的假定以及体现了波动微笑的特征。

哈里森和克雷普斯（Harrison & Kreps 从基本概念上对风险中性定价方法进行了阐述，他们的思想后来成为著名的鞅理论，鞅理论现在普遍应用于金融市场研究的许多分支。这篇文章还对均衡定价模型和无套利模型进行了比较，提出了其中的联系所在。

## 二、1981 年之后的发展

卢卡斯（Lucas）在离散时间交换经济下提出了广义均衡定价理论。之后，考克斯、英格索尔和罗斯对连续时间跨期完全竞争经济进行了完备描述，提出了连续时间生产经济下的广义均衡理论，并且通过一个偏微分方程的解给出了任意资产的均衡价格。作为对一般均衡框架的应用，限定某些特殊条件，提出了利率期限结构的一般均衡模型——CIR 模型。该模型的一个最基本特征是无风险利率变动过程的内生性，且该利率变动过程是一个连续时间的一阶自回归均值回复过程。此外，模型中所采用的各种假定非常有用，因为这些假定很好地隐含了利率的实证特性：均值回复过程保证了利率永远非负；方程中的绝对方差直接与利率自身成比例；就利率自身而言，存在一个稳定状态分布。

在 B-S 模型中，资产收益的均值和方差都是常数，但现实情况并不是这样。赫尔和怀特使用了随机波动模型（SV 模型）：

$$\frac{\mathrm{d}S_t}{S_t} = (\mu + cV_t)\mathrm{d}t + \sqrt{V_t}\mathrm{d}W_{1,t} \tag{12-4}$$

$$\mathrm{d}\ln V_t = (\alpha - \beta \ln V)\ \mathrm{d}t + \eta(\rho \mathrm{d}W_{1,t} + \sqrt{1-\rho^2}\mathrm{d}W_{2,t}$$

其中，$W_1$、$W_2$ 是相互独立的标准布朗运动，$V_t$ 为波动过程，这说明波动自身是一个随机过程；参数 $\alpha$、$\beta$、$\eta$ 体现了收益分布的高峰特征，参数 $\rho$ 体现资产收益的非对称性，即杠杆效应。之后赫斯顿（Heslon，1993）给出了在随机波动模型下，期权价格的解析解。贝茨（Bates，1996）将收益的跳跃和随机波动结合，提出了 SVJ 模型，该模型体现了有偏和高峰特征，最重要的是它改变了 SV 模型只有存在极高波动风险时才能解释波动微笑的缺点。达菲、潘和辛格尔顿（Duffie，Pan & Singleton，2000）提出收益和波动具有跳跃的两个模型：一个是收益和波动跳跃同时发生，且两者跳跃规模大小相关的模型（SVCJ）；另一个是收益和波动跳跃独立发生，规模也独立的模型（SVU）。埃拉科尔（Eraker，2004）还提出了状态非独立、相关跳跃随机波动模型（SVSCJ）。

在线性模型发展的同时，资产收益的非线性模型也得到了飞速的发展。斯考腾斯（Schoutens，2003）、尼尔森（Nielsen）和谢泼德（Shephard，2005）对正态倒数高斯（NIG）模型进行了扩展和应用。

此外，1981 年之后连续时间金融的发展还围绕下面几个问题展开。

（1）在完全市场里，动态随机最优控制问题和静态空间框架之间同等关系的建立。考克斯和黄（Cox & Huang，1989），卡拉特扎斯、勒霍斯基和施里夫（Karatzas，Lehoczky & Shreve，1987）证明，在完全市场里，利用鞅理论可以将动态跨期问题简化为静态问题。这个方法对解决跨期资产选择问题和受限条件下的资产定价问题有特殊的帮助。

（2）连续交易问题。连续时间模型是建立在市场存在"连续交易机会"的假设基础上的，但是市场并非连续开放。达菲和黄（Duffie & Huang，1985）证明，在只有较少证券的情况下，连续交易时可以达到阿罗-德布鲁均衡，但是如果有很多证券则不成立。他们从福利的角度对动态交易机会的重要性进行了分析。罗斯（Ross，1989）指出，对于金融理论家来说，如何对金融市场交易量的水平和形式进行解释是一个重要的挑战。尽管这个问题与是否采用连续时间方法无关，但这对于连续时间金融方面的学者来说，仍旧是个有趣的研究对象。这方面研究的连续时间模型从研究连续交易机会开始，市场有时会休息。有人认为估计的价格波动率与选取收盘价或是交易价格有关。交易行为本身可能会产生波动性。人们如何将这些问题放进一个连续时间模型呢？特别是当存在交易成本时，很可能会产生内生的交易间隔，只有当状态变量触及一定的触发点时交易才会发生。

（3）连续时间金融理论与一些实证现象的相符问题。例如，股权溢价之谜、股权溢价的反周期变化、资产定价中股票收益率的可测性、衍生品定价中波动率微笑和偏度等。股权溢价之谜是指现实中的股权溢价远远大于现行的资产定价模型计算出的溢价，如果使其保持一致，则得到的风险厌恶系数偏离合理水平。关于股权溢价之谜的问题首先由梅拉和普雷斯科特（Mehra & Prescott，1985）提出。学者们在致力于解决股权溢价之谜的过程中，进一步发展了连续时间模型，并将偏好因素考虑进来。孙达雷山（Sundaresan，1989）和克斯坦丁尼德斯（Constantinides，1990）发展了基于消费习惯的定价模型，进一步促进了资产定价实证工作的发展，关于实证研究可见坎贝尔和科克伦（Campbell & Cochrane，1999）的相关理论。

为了更形象地理解连续时间金融模型，我们以基于消费习惯的模型为例进行简单说明。考虑基于消费习惯的效用函数：

$$U(c) = E[\int_t^T \varphi(c_s, z_s, s) \mathrm{d}s] \tag{12-5}$$

$$(z_t = e^{-at}z_0 + \sigma \int_0^t e^{-a(t-s)} c_s \mathrm{d}s, z_0, \alpha, \sigma \geq 0)$$

其中，$c_t$表示消费流，$z_t$表示习惯，赋予过去消费水平的权重由$\alpha$表示。

（4）考虑市场摩擦的连续时间理论。当存在税收、交易成本、限制市场参与、不完全性和信息不对称等情况时，连续时间模型如何发展？

（5）连续时间金融模型的估计问题。计量经济学提出了很多方法，如矩估计、参数方法、非参数方法等来估计金融问题中的连续时间模型。达菲和辛格尔顿（Duffie & Singleton，1993）提出了矩模拟法，雅辛（Alt-Sahalia，1999）利用最大似然估计法进行估计。

（6）结合博弈论和议价问题。一些学者们开始试图结合博弈论和议价问题来研究连续时间模型，以使契约特征变成内生变量，从而加强跨期定价框架的一般性。

# 第三节　行为金融理论

现代金融市场理论有三个关键性的假设：理性经济人、有效市场和随机游走。其中理性经济人假设是后两个假设的基础。所谓理性经济人，即每个投资者都是完全理性的，都有很好的认识水平，能够准确预测未来。多数金融学者们只考虑理性投资者追求预期效益最大化，很少考虑投资者行为和心理因素对投资决策的影响。研究发现，投资者并非完全理性、市场也并非完全有效。投资者在投资行为中会表现出非理性行为，而股票市场由于受投资者各种认知偏差和心理偏差的影响，决策与投资行为并非完全理性。行为金融学开辟了金融理论的另外一个领域，从研究投资者心理和行为出发研究金融市场。

## 一、行为金融学的历史与发展

早在 19 世纪，古斯塔夫·勒本（Gustave Lebon）和麦基（Mackey）就开始研究投资市场群体行为，并出版了专著。而凯恩斯是最早强调心理预期在投资决策中作用的经济学家，他基于心理预期最早提出股市"选美竞赛"理论和"空中楼阁"理论，强调心理预期在人们投资决策中的重要性，认为决定投资者行为的主要因素是心理因素，投资者是非理性的，其投资行为是建立在所谓"空中楼阁"之上的，证券的价格决定于投资者心理预期所形成的合力，投资者的交易行为充满了"动物精神"。

1951 年，波利尔（Burell）发表了一篇名为《一种可用于投资研究的实验方法》的论文，率先提出了用实验来讨论理论的必要性，并提出构造实验来检验理论的思路，由此开拓了一个将量化的投资模型与人的行为特征相结合的金融新领域。1967 年和 1972 年，鲍曼（Bauman）和斯洛维奇（Slovic）分别发表了名为《科学投资分析：是科学还是幻想？》和《人类判断行为的心理学研究》的文章，呼吁关注投资者非理性的心理，明确地批评了金融学科片面依靠模型的治学态度，指出金融学与行为学的结合应是今后金融学发展的方向。卡尼曼（Kahneman）和特维尔斯基（Tversky）1979 年发表的文章《前景理论：风险状态下的决策分析》，为行为金融学的兴起奠定了坚实的理论基础，成为行为金融研究史上的一个里程碑。1982 年，卡尼曼、斯洛维奇和特维尔斯基的著作《不确定性下的判断：启发式与偏差》中研究了人类行为与投资决策经典经济模型的基本假设相冲突的 3 个方面：风险态度、心理账户和过度自信，并将观察到的现象称为"认知偏差"。

20 世纪 80 年代中期以后，泰勒（Thaler）、席勒（Shiller）等成为研究行为金融的第二代核心人物。1985 年德·邦德特和泰勒《股票市场过度反应了吗？》一文的发表，正式掀开了行为金融学迅速发展的序幕。泰勒主要研究了股票回报率的时间模式、投资者的心理账户，席勒主要研究了股票价格的异常波动、股票市场的羊群行为、投机价格与人群流行心态的关系等。卡尼曼和特维尔斯基（1992）的研究指出：投资者对风险的态度并不是按照传统效用理论所假设的以最终财富水平进行考量，而是以一个参考点为基准看待收益或者损失，每次的决策都会因情况不同而改变，决策并不是按照贝叶斯法则进行的，决策时会受到框定效应的影响。奥丁（Odean，1998）对于处置效应的研究，里特（Ritter，1991）对于 IPO 的异常现象的研究，卡尼曼等（1998）对过度反应和反应不足之间转换机制的研究等，对行为金融的进一步发展起到了十分重要的作用。

20 世纪 90 年代中后期行为金融学更加注重投资者心理对最优组合投资决策和资产定价的影响。谢夫林（Shefrin）和斯塔曼（Statman，1994）提出了行为资本资产定价理论（BAPM），2000 年，两人又提出了行为组合理论（BPT）。

近几年，行为金融学的发展相当迅猛，短短的几年时间，行为金融学的研究视野已从发掘金融市场异象的实证证据，延伸到理论模型的构建，从单一的投资者行为研究，拓展到涵盖投资者、公司和金融市场各个方面的研究体系，从对发达国家相对成熟的金融市场的研究，扩散到主体理性程度更低的新兴市场的研究。其研究的趋势是：越来越注重理论模型和学科体系的构建，越来越多地渗透到金融学的各个分支，越来越多地与其他学科进行交叉融合，越来越模糊与传统金融理论的边界，越来越朝着宏观化、社会化的方向发展。

## 二、行为金融学的内涵

行为金融学就是基于心理学实验结果来分析投资者各种心理特征，并以此来研究投资者的决策行为及其对资产定价影响的学科。标准金融学在投资者心理与证券市场效率上所持的观点是投资者是理性人，投资者的理性会保证市场的有效、价格的理性。然而，行为金融学则认为投资者是非理性人，情绪与认知偏差的存在使投资者无法做到理性预期和效用最大化，并且其非理性行为将导致市场的非有效，资产价格偏离其基本价值。

从根本动机与各种逻辑上讲，可以把经济人分为两种表现类型：利他主导型和利己主导型，但在分析具体经济问题时，则往往假设经济主体目标或效用函数的主要内容是自私自利。标准金融学中投资者的心理具有理性预期、风险回避和效用最大化这三个特点。行为金融学对传统金融学的基本理念进行了部分修正：投资者是有限理性的，投资者会犯错误。在绝大多数时候，市场中理性和有限理性的投资者都是起作用的，而非传统金融理论中的非理性投资者最终将被赶出市场，理性投资者最终决定价格。行为金融学修正了理性人假说的论点，指出由于认知过程的偏差和情绪、情感、偏好等心理方面的原因，使投资者无法以理性人方式对市场作出无偏估计。

## 三、金融市场中的异象

有效市场假说是以人的行为是理性的为前提，理性人总是能够最大化其预期效用，并能掌握处理所有可得的信息，形成均衡预期收益。然而，大量的实证研究和观察结果表明，股票市场存在收益异常的现象，这些现象无法用有效市场理论和现有的定价模型来解释，因此，被称为"异象"（Anomalies）。

### （一）股票溢价之谜

"股票溢价之谜"是指股票投资的历史平均收益率相对于债券投资高出很多，并且无法用标准金融理论中的"风险溢价"作出解释。

1802～2000年美国证券市场收益数据如表12-1所示。

表12-1　1802～2000年美国证券市场收益

| 时间 | 市场指数平均收益率（%） | 无风险证券平均收益率（%） | 风险溢价（%） |
|---|---|---|---|
| 1802～1998年 | 7.0 | 2.9 | 4.1 |
| 1889～2000年 | 7.9 | 1.0 | 6.9 |
| 1926～2000年 | 8.7 | 0.7 | 8.0 |
| 1947～2000年 | 8.4 | 0.6 | 7.8 |

资料来源：1802～1998年数据年来源于西格尔（1998）；1889～2000年数据来源于梅拉和普雷斯科特（1995），1926～2000年和1947～2000年数据来源于梅拉（2003）。

英国、日本、德国和法国证券市场收益如表12-2所示。

表 12-2　英国、日本、德国和法国证券市场收益

| 国家 | 时间 | 市场指数平均收益率（%） | 无风险证券平均收益率（%） | 风险溢价（%） |
|---|---|---|---|---|
| 英国 | 1947~1999 年 | 5.7 | 1.1 | 4.6 |
| 日本 | 1970~1999 年 | 4.7 | 1.4 | 3.3 |
| 德国 | 1978~1997 年 | 9.8 | 3.2 | 6.6 |
| 法国 | 1973~1998 年 | 9.0 | 2.7 | 6.3 |

资料来源：英国数据来源于西格尔（1998），其他数据来源于坎贝尔（2003）。

　　为什么股票的收益率会高于无风险证券的收益率呢？通常的解释是，股票相对于无风险证券承担了更多的风险，由于风险溢酬的存在，股票应该获得更高的收益率。根据美国过去 20 年证券市场数据，美国股票收益的标准差约为每年 20%，而同期短期国债的收益率标准差仅为 4%，这表明股票的风险确实大大超过无风险证券。但是梅拉和普雷斯科特（1985）提出风险溢价仅能解释大约 1%的股票溢价，过去 110 年中剩余的 5.9%的股票溢价是标准金融理论所无法解释的。

　　图 12-1 是西格尔（Siegel，1994）转引自耶鲁大学管理学院教授罗格·伊藤森所作的一张图。这张图随着时间的延续已经被人们分析了近 30 年。图中显示了 1926 年投资于不同金融资产的 1 美元投资回报的变化情况。1926 年的 1 美元投资于不同的金融资产上，到 1999 年12 月能获得的回报如下：

　　（1）投资于小公司股票在 1999 年年底时能够获得 6 600 美元的回报。

　　（2）投资于标准普尔股票组合（S&P stocks）能获得 3 000 美元的回报。

　　（3）投资于"股票价格研究中心"股票组合（Center for Research in Security Prices，CRSP）能获得 2 000 美元的回报。

　　（4）投资于 20 年期的国债在 1999 年年底时可以获得 40 美元的回报。

　　（5）投资于 1 个月的短期国库券在 1999 年年底时则只能得到 15 美元的回报。

　　在 1926~1999 年期间，尽管美国经历了经济大萧条和第二次世界大战，投资组合的加权平均回报率仍比国债回报率高出 7.1%。同时，从历史走势看，股票回报率的波动比国债回报率的波动大得多。例如，1926~1999 年间，小公司股票组合的标准差是 33.6%，而同期标准普尔股票组合、国债和国库券的标准差分别为 20.1%、9.3%和 3.2%。

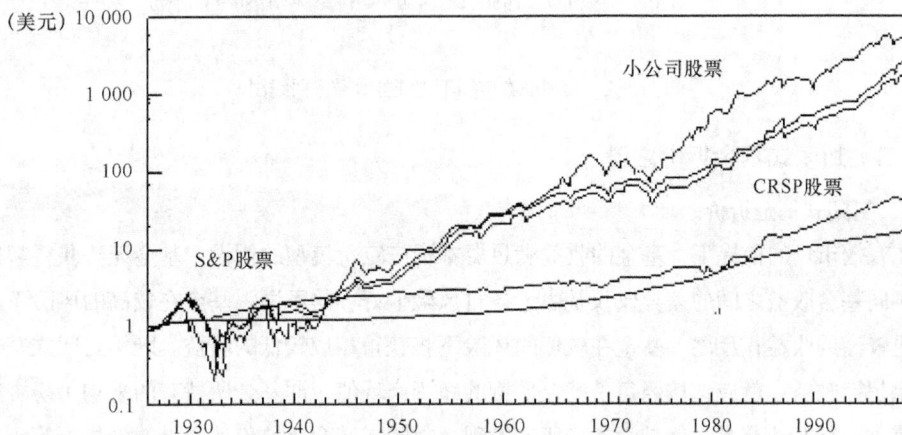

图 12-1　美国 20 世纪金融资产的相对回报

从这张统计图可以看出，投资于公司股票的收益率远远高于国债和国库券的收益率，这个收益率差异是否可以用股票的风险大于国债和国库券的收益率来加以解释？从长期投资的角度看，股票投资的风险是否大于债券投资？进一步，何以解释小公司股票的投资回报大于大公司的？为什么人们没有因为小公司股票收益率最高而将资金全部投资于小公司，而是将资产配置在不同的金融资产上？

虽然投资于股票后在短期内可能出现损失，但长期的平均收益却是十分有利的。人们不禁疑问既然股票收益高出如此之多，为什么人们还要投资于债券？现有的模型没有解释，为什么人们如此厌恶风险，为什么他们投资于看上去比较安全但注定不会为他们带来较多利息的债券？用理性行为来解释股票溢价的观点指出：短期股票市场回报率存在的风险很大，因此股票必须提供更高的回报率来吸引投资者。但股票短期风险并不能对股票溢价作出完整的解释，因为我们中的大部分人希望活几十年，他们会进行长期投资以期望用投资的未来收益来度过晚年。而在长时期内，实际上是固定收入的长期债券，而不是股票拥有更高的风险，因为消费价格指数尽管每月变动很小，但在长时间间隔里变化是很大的，因而具有很大的购买力风险。所以，从风险角度无法解释股票溢价之谜，也无法解释为什么在股票的长期收益高于债券，而长期风险低于债券的条件下，人们还会大量的投资于债券。

美国证券市场不同证券收益率曲线如图 12-2 所示。

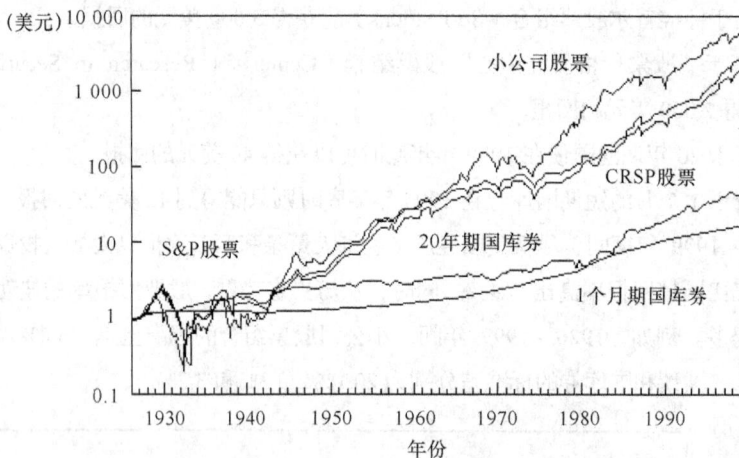

图 12-2　美国证券市场不同证券收益率曲线图

## （二）封闭式基金折价之谜

### 1. 封闭式基金折价

在有效市场的前提下，基金的收益满足资本资产定价模型的假设，基金无法获得超额收益。不同基金收益之间的差异仅仅是由于各自风险偏好 $\beta$ 的不同。基金在较高的风险下将获得相应较高的收益；反之，基金在较低的风险下将获得相应较低的收益。既然封闭式基金不能获得超额收益，就应该按照每份基金份额的净资产现值，即基金所持有的平均每份资产市场价值，进行转让交易。但是学者们研究发现，封闭式基金单位份额交易的价格不等于其净资产现值，虽然有时候基金份额与资产净值比较是溢价交易，但实证表明，折价 10%～20% 已经成为一种普遍的现象。这种与有效市场假设相矛盾的价格表现就是所谓的封闭式基金之谜（Closed-end Mutual Fund Puzzle）。

图 12-3 展示了三大陆公司（Tricontinental Corporation，TRI-CON）在 1960～1986 年之间的每年年末的基金折价率。三大陆公司是美国股票交易所最大的封闭式股票基金，其净资产在 1986 年 10 月超过 13 亿美元。

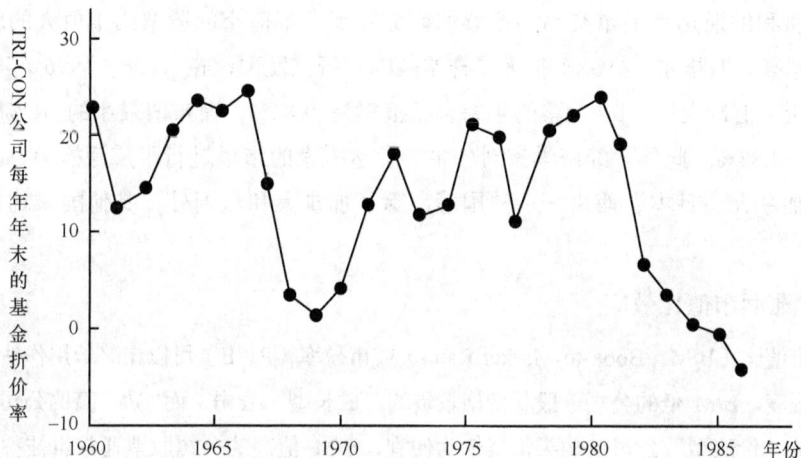

图 12-3  美国证券市场封闭式基金折价率

**2．封闭式基金之谜的传统解释**

（1）"代理成本理论"。

（2）"资产的流动性缺陷理论"（包括"限制性股票假说"和"大宗股票折现假说"）。

（3）"资本利得税理论"。

（4）"业绩预期理论"。

（5）封闭式基金的价格受投资者情绪波动的影响。

**3．封闭式基金之谜的行为金融解释**

茨威格（1973）最早认为，基金折价变化是投资者预期的结果；德隆、谢夫林、萨默斯和沃尔德曼（1990）提出基金主要投资者的交易行为都是随机性的，他们建立了"噪声交易者模型"。还有学者认为，预期的经理人的能力和表现与基金的折溢价有着联系。李、谢夫林和泰勒（简称 LST，1991）认为，基金折价率的变化反映的是个人投资者情绪的变化，由此认为具有相同投资者结构的投资品种，将会受到类似的投资者情绪的影响。

**（三）过度反应和反应不足**

证券市场中存在对信息的过度反应和反应不足的现象。过度反应是指投资者对最近的价格变化赋予过多的权重，对近期趋势的外推导致与长期平均值的不一致。人们过于重视新的信息而忽略老的信息，即使后者更具有广泛性。人们在市场上升时变得过于乐观，而在市场下降时变得过于悲观。因此，价格在坏信息下下跌过度而在好信息下上升过度。

反应不足是指证券价格对影响公司价值的基本面消息没有作出充分、及时的反应。反应不足在证券价格的变动上表现为当影响价格的消息到来后，证券价格会在最初价格反应的基础上，没有调整到其应有的水平，或者需要很长的时间才调整到其应有的水平。

### （四）规模效应

经济学家研究发现，股票收益率与公司大小有关，即存在规模效应。班茨（Banz）在1981年研究发现，美国的股票投资收益率与公司大小呈负相关关系，即股票收益率随着公司规模的增大而减少。法玛和弗伦奇（1992）对 1963～1990 年在纽约证券交易所、美国证券交易所和纳斯达克上市交易的股票的研究发现，市值小的股票比市值大的股票的年平均收益率高。西格尔（1998）扩大了样本范围，研究发现，在 1926～1996 年间，纽约证券交易所市值最大的 10%股票的年综合回报率为 9.84%，而市值最小的 10%股票的收益率则为 13.83%。此外，经济学家对各主要发达国家的市场进行了广泛检验，其中包括比利时、加拿大、日本、西班牙、法国等。除了加拿大和法国外，其他国家均存在规模效应。

### （五）账面市值比效应

账面市值比（B/M，Book-to-Market Ratio）或市盈率（P/E）可以粗略地用作估计股票价格的便宜程度。B/M 低的公司一般是价格较贵的"成长型"公司，而 B/M 高的公司则是价格较为便宜的"价值型"公司。购买价格较为便宜、B/M 值高的公司股票通常也被称作"价值投资"。法玛和弗伦奇把从 1963～1990 年在纽约证券交易所、美国证券交易所和纳斯达克市场上交易的股票每年按账面市值比 10%的间隔进行分类，然后计算出每类股票在下一年的平均收益，他们发现 B/M 最高的 10%的股票的平均收益比 B/M 最低的 10%的股票每月高1.53%。从历史数据来看，账面市值比高的公司相对于账面市值比低的公司面临的风险更小，因此无法用 $\beta$ 系数来解释高账面市值比股票的超额收益。

### （六）日历效应

股票收益率与时间有关，也就是说，在不同的时间，投资收益率存在系统性的差异，这就是所谓的日历效应。

#### 1．一月效应

证券交易的一月效应如表 12-3 所示。

表12-3　证券交易的一月效应

| 交易所 | 年份 | 一月平均收益率（%） | 其他月份平均收益率（%） | 差异（%） |
|---|---|---|---|---|
| 纽约证券交易所 | 1904～1928 | 1.30 | 0.44 | 0.86 |
| | 1929～1940 | 6.63 | -0.60 | 7.23 |
| | 1941～1974 | 3.91 | 0.70 | 3.21 |
| | 1904～1974 | 3.48 | 0.42 | 3.06 |
| 东京证券交易所 | 1952～1980 | 4.50 | 1.20 | 3.30 |

资料来源：戴军，股市效应的国际实证研究，中国证券报，2001.10.9.

## 2．周一效应

证券交易日投资收益率比较如表 12-4 所示。

表 12-4　证券交易日投资收益率比较

| 交易所 | 年份 | 周一 | 周二 | 周三 | 周四 | 周五 | 周六 |
|---|---|---|---|---|---|---|---|
| 纽约证券交易所 | 1953～1977 | -0.17 | 0.02 | 0.10 | 0.04 | 0.09 | |
| 东京证券交易所 | 1970～1983 | -0.01 | -0.06 | 0.12 | 0.03 | 0.06 | 0.10 |

资料来源：戴军，股市效应的国际实证研究，中国证券报，2001.10.9.

# 四、心理偏差与偏好

从人类心理角度分析，投资者面临不确定性条件下的决策过程出现的心理偏差和偏好。主要表现为过度自信所导致的事后聪明偏差和过度交易、损失厌恶所导致的短视偏差，以及证实偏差。同时，在不确定性决策过程中，投资者还会出现后悔厌恶、模糊厌恶、心理账户、时间偏好和禀赋效应等偏好。这些偏差和偏好的存在，影响着人类的理性决策。

## （一）过度自信

心理学家通过实验观察和实证研究发现，人们往往过于相信自己的判断能力，高估自己成功的概率，把成功归功于自己的能力，而低估运气、机遇和外部力量在其中的作用，这种认知偏差称为"过度自信"。过度自信是典型而普遍存在的一种心理偏差，并在投资决策过程中发挥重要的作用。投资者对他们的交易水平常常是过度自信的。

过度自信通常有两种形式：第一，人们在对可能性作出估计时缺乏准确性，第二，人们自己对数量估计的置信区间太狭窄。

### 1．过度自信与事后聪明偏差

"事后聪明偏差"是指，把已经发生的事情视为相对必然和明显的，而没有意识到对结果的回顾会影响人们的判断，使他们认为事件是很容易预测的，但人们无法说出是什么样的信息导致了结果的产生，过度自信是导致事后聪明偏差的心理因素。

### 2．过度自信与过度交易

过度自信在金融市场主要表现为"过度交易"。过度自信包含了对凭借个人努力获得成功的过度乐观，在许多不同的环境中都可以发现这种乐观：投资者由于过度自信，坚信他们掌握了有必要进行投机性交易的信息，并过分相信自己能获得高于平均水平的投资回报率，因此可能导致大量盲目性交易的产生。

## （二）损失厌恶

人们在面对收益和损失的决策时表现出不对称性。人们面对同样数量的收益和损失时，损失会使他们产生更大的情绪波动，这就是损失厌恶。损失厌恶反映了人们的风险偏好并不是一致的，当涉及的是收益时，人们表现为风险厌恶；当涉及的是损失时，人们则表现为风险寻求。

### 1．损失厌恶与禀赋效应

由于人们放弃他所拥有一个物品而感受的痛苦，要大于得到一个原本不属于他的物品所带来的喜悦，因而在定价方面，同一种物品在这种情况下的卖价高于买价，我们把这种现象称为"禀赋效应"。禀赋效应导致了交易惰性，交易惰性的产生，主要源于投资者对于自身所持有的股票，由于其禀赋效应的存在，需要市场更高的出价才肯卖出，从而使其不愿意进行股票交易。

### 2．短视的损失厌恶

在股票投资中，长期收益可能会周期性地被短期损失所打断，短视的投资者把股票市场视同赌场，过分强调潜在的短期损失。投资者不愿意承受这种短期损失的现象被称为"短视的损失厌恶"。

## （三）后悔厌恶

"后悔"是没有作出正确决策时的情绪体验，是认识到一个人本该做得更好而感到痛苦。后悔比受到损失更加痛苦，因为这种痛苦让人觉得要为损失承担责任。"后悔厌恶"是指当人们作出错误的决策时，对自己的行为感到痛苦。为了避免后悔，人们常常作出一些非理性行为。如投资者趋向于获得一定的信息后，才作出决策，即便是这些信息对决策来讲并不重要，没有它们也能作出决策，这主要是减少后悔对自身的精神损失。

后悔厌恶理论的核心是以下三个定理。

**定理1**：胁迫情形下采取行动所引起的后悔比非胁迫情形下的后悔要轻微。

**定理2**：没有做引起的后悔比做了错误的行动引起的后悔要轻微。

**定理3**：个体需对行动的最终结果承担责任情形下引起的后悔，比无须承担责任情形下的后悔要强烈。

## （四）模糊厌恶

"模糊"指信息能得知却不被得知的状态。模糊厌恶是指人们在熟悉的事情和不熟悉的事情之间更喜欢熟悉的那个，而回避选择不熟悉的事情去做。模糊厌恶在资本市场表现为对未知的恐惧。

## （五）心理账户

心理账户是经济金融领域中人们普遍存在的一种心理特征，并且对人的决策行为起着十分重要的影响，资产在不同的心理账户中，风险承受能力自然不一样。人们根据资金的来源、资金的所在和资金的用途等因素对资金进行归类，我们将这种现象称为"心理账户"。这对传统的经济理论假设资金是"可替代的"产生挑战。

人们通过三种心理账户对他们所面对的选择的得失进行评价。

（1）最小账户，仅仅与可选方案间的差异有关，而与各个方案的共同特性无关。

（2）局部账户，描述的是可选方案的结果与参考水平之间的关系，这个参考水平由决策的背景所决定

（3）综合账户，从更广的类别对可选方案的得失进行评价。

### （六）证实偏差

一旦形成一个信念较强的假设或设想，人们有时会把一些附加证据错误地解释为对他们有利，不再关注那些否定该设想的新信息。人们有一种寻找支持某个假设的证据的倾向，这种证实而不是证伪的倾向叫"证实偏差"。证实偏差产生的原因主要有以下几点

（1）信念坚持是导致证实偏差的心理基础，他们会坚持相信他们的假设，即使这个假设和新数据相矛盾。

（2）锚定往往也是导致证实偏差的心理因素之一。

（3）以下三方面的因素也导致了证实偏差。①证据的模糊性被广泛认为是证实偏差和过度自信的重要媒介因素。②人们通过估计不同现象间的相互关系来解释求证问题，经常假想出事件的相互关系，即使它们通常可能并不存在。③对资料的选择性收集或审查。

证实偏差也是金融市场上正反馈机制形成的推动力之一。企业经理人的证实偏差更多表现在投资决策上，对于具有信念而论证又不可行的项目，倾向于寻求正面信息而不肯放弃项目的实施，导致决策错误，甚至一错再错。

### （七）时间偏好

人们倾向于推迟执行那些需要立即投入而报酬滞后的任务，而马上执行那些能立即带来报酬而投入滞后的事情，这就是说人们表现出所谓的"时间偏好"。时间偏好有不一致倾向，在经济的各个领域中都有普遍的表现。储蓄行为的时间不一致模型，它认为人们有较高的现在消费倾向，这种情况下"自我控制"就显得十分重要。特别是对于习惯性商品的需求来讲更是如此，因为这种习惯性上瘾，意味着今天追求的消费愿望要在将来付出代价。

## 五、金融市场中的个体心理与行为偏差

### 1. 过度自信与事后聪明偏差

过度自信是导致"事后聪明偏差"的心理因素。事后聪明偏差是指，把已经发生的事情视为相对必然和明显的，而没有意识到对结果的回顾会影响人们的判断，使他们认为事件是很容易预测的，但人们无法说出是什么样的信息导致了结果的产生。

### 2. 过度自信与过度交易

过度自信在金融市场主要表现为过度的频繁交易。过度自信包含了对凭借个人努力获得成功的过度乐观。在许多不同的环境中都可以发现这种乐观。

### 3. 过度自信与"自我归因"

过度自信与"自我归因"是息息相关的，由于与期望相比，人们失败的次数要多一些，所以随着时间的推移，对理性的学习将可能消除过度自信，因为通过学习和自我提高可以改善自我归因倾向。

### 4. 损失厌恶导致的行为偏差

（1）损失厌恶导致的禀赋效应。禀赋效应是与损失厌恶相关联的现象。许多决策是在两种方案间的选择：维持现状，或者接受一个新的方案（新的方案在一些方面有利，而在另一些方面不利）。如果将现状视为参考水平，那么决策者偏爱维持现状，因为盈利的诱惑力不足

以抵消对损失的厌恶感。

人们具有不愿意放弃现状下的资产的倾向，因为损失一项资产的痛苦程度大于得到一项资产的喜悦程度，所以个体行为者为了得到资产的"支付意愿"要小于因为放弃资产的"接受意愿"。禀赋效应导致买价与卖价的价差，如果让人们对某种经济利益进行定价，则其得到这种经济利益所愿意支付的最大值，远远小于其放弃这种经济利益所愿意接受的最小补偿值。禀赋效应导致了交易惰性。

（2）短视的损失厌恶。在股票投资中，长期收益可能会周期性地被短期损失所打断，短视的投资者把股票市场视同赌场，过分强调潜在的短期损失。投资者不愿意承受这种短期损失的现象称为"短视的损失厌恶"。

短视的损失厌恶是建立在两个概念之上的：一是投资者是损失厌恶的，即决策者倾向于把损失看得要重一些，损失带来的受伤害的感受约是收益带来的良好感受的两倍多；二是投资者是"短视"的，也会经常性地评价他们的投资组合，即使长期投资的投资者，也要顾虑短期的收益和损失。这样，短视的损失厌恶可能导致人们在其长期的资产配置中过于保守。

（3）后悔厌恶导致的行为偏差。认知失调理论可以解释共同基金的一种现象，即资金流向业绩好的共同基金的速度比资金流出业绩差的共同基金的速度要快得多。也就是说，发生损失的基金持有人不愿意通过赎回他们持有的基金来面对投资失败的事实，因为人们担心赎回后，基金净值回升而给自身带来后悔。

（4）处置效应。投资人为了避免后悔，会倾向继续持有具有资本损失的股票，而去变现具有资本利得的股票，这种现象被称为"处置效应"，即投资者过长时间地持有损失股，而过早地卖出盈利股。

（5）羊群行为。金融市场中的"羊群行为"是指投资者在信息环境不确定的情况下，行为受到其他投资者的影响，模仿他人决策，或者过度依赖于舆论，而不考虑信息的行为。由于羊群行为涉及多个投资主体的相关性行为，对于市场的稳定性、投资效率、微观结构等都会有很大的影响，也与金融危机有密切的关系，它是影响资本市场价格波动的一个重要因素，是金融市场整体情绪和市场泡沫的主要推动力，对市场的有效性有着重要的影响。因此，羊群行为引起了学术界和政府监管部门的广泛关注。

羊群行为的发生可以归纳为以下几个方面的原因。

① 投资者信息不对称、不完全。模仿他人的行为以节约自己搜寻信息的成本。人们越是缺少信息，越是容易听从他人的意见。

② 推卸责任的需要。后悔厌恶心理使投资者为了避免个人决策投资失误可能带来的后悔和痛苦，而选择与其他人相同的策略，或听从一些投资经理和股评人士的建议，因为这样的话，即使投资失误，投资者从心里把责任推卸给别人，而减轻自己的后悔。

③ 减少恐惧的需要。人类属于群体动物，偏离大多数人往往会产生一种孤单和恐惧感。

④ 缺乏知识经验以及其他一些个性方面的特征，如知识水平、智力水平、接受信息的能力、思维的灵活性、自信心等，都是产生羊群行为的影响因素。一般有较高社会赞誉需要的人比较重视社会对他的评价，希望得到他人的赞许，也容易表现出从众倾向；还有高焦虑的

人从众性也比较强；女性比男性更具有从众心理与行为。

# 六、行为资产定价理论

## （一）传统定价理论的缺陷

经典资产定价理论在投资决策、评估以及公司金融领域都有广泛的运用。但是由于完全理性和有效市场假说的条件过于严格和模型过分地简化处理，导致定价模型不仅在理论上存在许多悖论，而且在实践上面临严峻的挑战。

（1）资本资产定价模型存在着两个悖论：①在资本资产定价模型框架下交易将不可能发生。按常理而论，资本市场的交易必须是在市场参与者对特定资产有不同的价值估计时才发生的。而资本资产定价模型对理性人持有完全信息以及同质预期的假设，使得人们无法在资本资产定价模型框架下看到资本市场交易的基础。②基于马科维茨投资组合理论的资本资产定价模型不能真正反映各资产项目的真正价值，原因在于为追求套期交易而购入的某项资产势必将人为地抬高此项资产的价格而使其偏离真正价值，套期保值因此变得毫无意义，这显然是与现实相违背的。

（2）随着金融实证研究的开展，越来越多的市场"异象"出现，如股权溢价之谜、无风险利率之谜、过度波动、规模效应、账面市值比效应、动量和反转效应等。而资产定价模型无法对现实金融市场中的现象作出合理解释。

对此，很多的学者对经典的定价理论进行了反思以揭示其内在矛盾的根源。

① 所谓的市场投资组合不能完全、恰当地代表真实的市场投资组合。

② 没有考虑到市场的不完全性，如借贷成本、投资比例限制、有差别的税收政策、资产不可分性以及某些资产的不可交易性等。

③ 模型的假设条件不现实。经典金融经济学分析框架中的投资者只具有效用特性，所以其资本资产定价模型也就不考虑投资者的价值取向特性，而是假设所有投资者采取"理性最大化"的行为。

实际上，资产定价模型都是经济学中供求均衡思想的产物，供求曲线既决定于消费者的理性趋利特性，也决定于消费者的价值感受。在资本资产定价模型中，供求仅仅决定于理性趋利特性下的标准 $\beta$，而事实上投资者的价值观、社会地位、生活方式、情绪波动都可能会影响资产的定价。面对资本资产定价模型中出现的异常收益与有效市场假说的矛盾，有效市场假说中关于投资者无法长期战胜市场的假设是正确的，但证券市场上的所有证券并不一定能被有效定价。投资者不同程度的非理性最大化行为集合到市场层面很可能会产生噪声交易者风险，而经典金融理论并未考虑噪声交易者风险，因此传统资产定价理论对市场的解释和估计就是不完全的。

## （二）行为资产定价理论

总体上看，股票溢价之谜等市场异象来源于经典资产定价理论使用错误的效用函数来刻画投资者的行为，没有真正理解现实的投资者行为。也就是说，在经典理论中所描述的是一个理想化的理性投资者按照效用最大化的原则进行投资，并且不会遭受各种心理和行为偏差的影响，这是极不符合现实的。随着投资者心理研究的深入，人们发现心理因素也是影响投资决策和资产定价不可或缺的重要因素。如果能够把效用函数的构造建立在对决策者心理活动规律的把握上，那么就能够恢复投资者的真实的效用函数，这些实证难题也就迎刃而解了。正如斯塔曼所说，经典金融学研究的是理性人，而行为金融学研究的是现实人。为此，通过吸收心理学、社会学等学科的基本原理，行为资产定价理论重新模型化投资者的决策行为，并把这些真实的决策行为嵌入过去的资本资产定价模型中，逐渐替代过去的资本资产定价模型，成为现代金融理论解释金融市场活动的新基石。

行为资产定价理论的研究角度多种多样。一种代表性的角度是从消费资本资产定价模型（CCAPM）出发，逐步引入各种行为因素，如财富偏好、习惯形成、追赶时髦、损失厌恶、嫉妒等。另一种研究方式是典型的行为金融学理论的运用，它们直接从投资者行为的心理基础出发，研究投资者心理对资产价格的决定，进而影响金融市场的均衡，如通过构造投资者的心理账户，来理解投资者对无风险资产和风险资产的组合投资及其定价，就是典型的一种模型方法。两种研究角度的关键差别在于前者一般假定投资者理性预期，而后者一般假定投资者有限理性，或者非理性。不过，通过许多金融学家的努力，两者已经开始逐渐相互融合。

**1．基于消费资本资产定价模型的行为资产定价模型**

巴克什（Bakshi）和陈（Chen）研究基于财富偏好的资产定价理论，通过求解基于消费偏好的消费-投资组合模型，得到了相应的资产定价模型。在这个模型中，投资者的消费和财富都是其效用函数中的变量，那么投资者不但关心其消费的波动，也关心其财富的波动。因此，投资者持有风险资产，不但要对冲资产的消费风险，而且要对冲资产的财富风险。利用财富偏好可以很好地解释无风险利率之谜，但是很难解释股票溢价之谜。

桑德里森（Sundaresan）研究了基于习惯形成的资本资产定价模型。习惯因素引入资产定价主要体现在效用函数的重新构造上。这个模型通过向效用函数中引入不同的习惯测度指标，使之可以运用现实的数据来检验习惯和资产定价之间的关系。基于习惯形成的资本资产定价模型可用于解释无风险利率之谜。

阿拜尔（Abel）提出了基于追赶时髦的资本资产定价模型，其原理是：由于此期和滞后一期的消费增长率都进入资产定价方程，所以代表性投资者的追赶时髦行为会影响经济中所有资产的均衡收益率。在基于追赶时髦的资产定价方程中，通过调整参数可以得到低水平的无风险债券收益率。因此该模型可以很好地解释股票溢价之谜和无风险利率之谜。但是研究表明，参数的调整将对该模型的稳定性造成影响。

加利（Gali）和科利尔（Collier）研究了基于嫉妒的资产定价模型。嫉妒是指投资者的效用函数定义在投资者自己的当前消费水平和当前经济的平均总消费水平之上。嫉妒与追赶时髦都具有消费外在性，只是外在性影响偏好的时间不同，追赶时髦的消费外在性是滞后的，而嫉妒型的消费外在性是即时的。

**2．基于投资者心理的行为资产定价模型**

有效市场假说认为，与基础资产相关的所有信息能够完全、充分地反映在价格上，价格是相等或相似于金融资产的价值的。但是在一个充满不确定的经济现实中，信息是纷繁复杂的，信息的收集也是花费成本的，不同投资者收集、分析信息能力是有差异的，导致投资者占有的信息也是不完全、不对称的，从而产生了"噪声"。在这一前提下，交易形成的价格是不充分、不完全的，与金融资产的价值存在着偏差。

基于对噪声交易者的考虑，谢夫林和斯塔曼（1994）提出了行为资产定价模型（BAPM）。这个理论说明资产的价格除了由基本风险决定外，还由投资者的心理因素决定。该模型假定投资者是有限理性的，进而将投资者的行为因素作为风险贴现因子之一，求得风险-收益的均衡解。

行为资产定价模型将投资者分两类：信息交易者和噪声交易者，信息交易者是严格按标准资本资产定价模型行事且不受认知偏差影响的理性投资者，只关注组合的均值方差，而且通过套利使资产价格趋于理性价值，因此也称之为理性交易者或套利交易者。噪声交易者会犯各种认知偏差错误，并且没有严格的均值方差偏好。布莱克·费舍尔（Black Fisher，1986）将噪声交易者定义为：把"噪声"视为真正的信息而交易的人。噪声交易者有着与信息交易者不同的行为特征：①错误地认为他们掌握了有关风险资产未来价格的特殊信息，这些信息可能是来自于技术分析师、股票经纪人或者经济顾问的一些虚假信息。②对未来价格表现出过分主观的错误看法。③对选择证券组合依据一种不正确的理论，等等。尽管行为表现有所不同，但他们的本质是相同的，即在信息不完全的情况下对未来价格的判断是有偏差的。

## 七、行为投资策略

行为投资策略是指利用投资者所犯系统的认知偏差所造成市场的非有效性来制定的投资策略。也就是利用股票价格的错误定价，在大多数投资者意识到自己的错误之前，投资那些价格有偏差的品种，并在价格定位合理后，平仓获利。心理学的研究已经证实，人类的心理决策特征是在长期演化过程中逐渐形成的，具有相当的稳定性，在较长的时间内都不会有明显的变异，因此投资管理者可以充分利用人们的行为偏差而长期获利。

证券市场上的各种异象以及非理性繁荣或恐慌，既反映了市场的非有效性，也为投资者提供了战胜市场的投资策略。行为金融实践家巴菲特、索罗斯、泰勒等利用市场运行的特点和投资者普遍的心理特征，各自有着独特的投资理念和投资策略，因此拥有了战胜市场的秘密武器。行为投资策略主要分为四类。

### （一）逆向投资策略与惯性投资策略

逆向投资策略是行为金融最为成熟也是最受关注的运用之一。简单地说，就是利用市场上存在"反转效应"和"赢者输者效应"，买进过去表现差的股票，而卖出过去表现好的股票来进行套利的投资方法。投资者在投资决策中，往往过分注重上市公司近期表现，并根据公司的近期表现对其未来进行预测，导致对公司近期业绩作出持续过度的反应，形成对业绩较差公司股价的过分低估和对业绩较好公司股价的过分高估现象，这就为投资者利用逆向投资策略提供了套利的机会。

惯性投资策略也称动量交易策略，或相对强度交易策略，是指利用动量效应所表现的股票在一定时期内的价格黏性，预测价格的持续走势，从而进行投资操作的策略。也就是买进开始上涨，并且由于价格黏性和人们对信息的反应速度比较慢，而预期将会在一定时期内持续上涨的股票，卖出已经开始下跌而由于同样的原因预期将会继续下跌的股票。

### （二）小盘股投资策略

小盘股投资策略是指利用这种规模效应，对小盘股进行投资的一种策略。在使用该策略时，投资者找到具有投资价值的小盘股，当预期小盘股的实际价值与将来股票价格的变动有较大的差距时，可以考虑选择该种股票；先前被低估的小盘价值股一旦有利好消息传出时，市场上可能导致投资者对新信息反应过度，从而使股票价格大幅上涨。另外，由于小盘股流通盘较小，市场上投资者所犯系统性错误对其股价波动的影响更大，从而为掌握该种投资策略的投资者带来超额投资收益。

### （三）集中投资策略

集中投资策略就是选择少数几种可以在长期投资过程中产生高于平均收益的股票，或者说选择那些目前价值被低估，但具有长远发展前景的、具有投资价值的股票，然后将大部分资本集中在这些股票上，不管股市短期涨跌，坚持持股，直到这些股票的价值得到市场的发现，导致股价的回升，为投资者带来巨大的获利空间。

投资集中于价值被低估的投资策略之所以能够获得稳定的回报，主要有两个方面的原因：一是集中投资策略有助于减少投资者的认知偏差；二是该策略能够运利用价值投资的理念而获利。

### （四）成本平均策略和时间分散策略

成本平均策略是针对投资者的损失厌恶心理，建议投资者在将现金投资于股票时，按照预定的计划以不同的价格分批买进，以备不测时摊低成本，从而规避一次性投入可能造成较大风险的策略，分批投资可以使投资者投资成本得以平均化，而避免可能带来较高的损失。

时间分散化策略是针对投资者的后悔厌恶心理，以及人们对股票投资的风险承受能力可能会随着年龄的增长而降低的特点，建议投资者在年轻时让股票占其资产组合较大的比例，而随着年龄的增长增加债券投资比例，同时逐步减少股票投资比例的投资策略。

两种策略体现了投资者的感受和偏好对投资决策的影响，属于行为控制策略。由于投资者并不总是规避风险，投资者在损失时所感受到的痛苦，通常又远大于盈利时所获得的愉悦，因此投资者在进行股票投资时，应该事先制订一个计划，在不同的时间根据不同的价格分批投资，以减少风险和降低成本。

## 补充阅读

#### 行为经济学尚待引入个体社会性

2013 年的诺贝尔经济学奖得主中，法玛和汉森的学术思想比较接近，而代表行为经济学的席勒则正好相反。

行为经济学的研究发现，参与人其实是有限理性的，决策时的情绪对个体行为有决定性的影响。假如社会经济活动的参与人都是有限理性的，存在情绪或者情感，那么市场价格的波动就不可能仅仅反映基本面。所谓过度波动，是说资产价格除了反映基本面外，还会呈现出参与人情绪的一面。而席勒正是抓住了这一点。

席勒后来在其理论研究基础上，成功地构建了检测投资者情绪的指标体系和方法，并制作成投资者情绪指数。现在这个指数已经成为各个金融市场检测市场波动的重要指标。席勒的研究甚至对从业人员也产生了深远的影响，所谓风格投资的模式就是得益于此。

如果断言"有效市场假说"过时了，或者失败了，还为时尚早。以席勒等人为代表的行为经济学家和行为金融学家，虽然发现了各种新古典范式无法解释的异象，也建立了诸多的理论模型来解释这些异象，但迄今为止还远不尽如人意。行为经济学和行为金融学，有几个弱点尚有待解决。

（1）当事人的决策受太多心理因素影响，这些心理因素相互之间是否存在某种互动关系？有没有某个最基本的、最关键的因素在起作用？迄今的建模方法，大多采用了简单的两分法，假定一个当事人的效用函数既有理性的一面，又有情绪的一面。但这种两分法受到心理学家的严厉批评，因为将情绪和理性人为割裂成两个独立单元，违背了个体的认知本质。

（2）行为经济学和行为金融学强调理性的局限，但从非理性到近似理性之间，存在一个理性不足的程度序列。不同的学者在各自研究中通常会假定一个理性不足的程度，这使得研究缺乏统一性，也就很难对研究结果进行有效对比。

（3）行为经济学和行为金融学发现了诸多异象，但迄今这些异象通过新古典范式似乎也能够予以合理解释。如法玛等人就指出，所谓异象是因为研究的样本集和方法等不同造成的。

（4）这一点是最重要的，即行为经济学和行为金融学，迄今还依赖代表性当事人的分析框架。只不过是在其中换成了两类当事人，一类理性，另一类有限理性或者非理性。而问题在于，按照行为经济学的本意，个体之所以具有情绪，在很大程度上是因为个体的社会性。如何引入个体的社会性？这可能无法通过代表性当事人的处理方式来解决。

总体来看，现在很多经济学家已经同意，市场有可能有效，但更普遍的状态是低效或者无效。如果要让市场变得有效起来，笃信自由放任就成为一个虚幻。我们更应该思考的是，如何通过看得见的手来矫正市场的波动，从而让市场真正能够为社会带来福利。2008年的次贷危机再次让人们感受到市场的脆弱，也使人们再次想起理论界围绕"有效市场假说"的争论。2013年诺贝尔经济学奖同时颁发给法玛、汉森和席勒，大概寓意于此。

## 读后讨论

1. 行为经济学的发展是对传统经济理论的挑战吗？

2. 以席勒等人为代表的行为经济学家和行为金融学家，虽然发现了各种新古典范式无法解释的异象，也建立了诸多的理论模型来解释这些异象，但迄今为止还远不尽如人意，那么是什么阻碍了行为经济学的发展呢？

## 【本章小结】

1. 现代金融理论被公认为是从 20 世纪 50 年代开始的。其中 20 世纪 50 年代至 80 年代发展起来的风险-收益理论、有效市场理论、资本结构理论和期权理论，奠定了现代金融理论的基础框架。

2. 时间和不确定性是影响金融经济行为的核心要素，也正是时间和不确定性二者相互作用的复杂性，对金融市场研究提出了挑战。连续时间金融模型研究在连续时间中投资者不断调整决策的问题，该模型已被证明是金融学发展中一种用途广、效能高的工具，连续时间方法已经成为金融经济学研究中不可或缺的一部分。

3. 行为金融就是基于心理学实验结果来分析投资者各种心理特征，并以此来研究投资者的决策行为及其对资产定价影响的学科。行为金融学修正了理性人假说的论点，指出由于认知过程的偏差和情绪、情感、偏好等心理方面的原因，使投资者无法以理性人方式对市场作出无偏估计。

## 【重要概念】

风险-收益理论　　有效市场　　资本结构理论　　期权理论　　连续时间金融
不确定性　　行为金融理论　　规模效应　　禀赋效应　　羊群效应　　集中投资策略
成本平均策略

## 【练习题】

1. 简述 MM 定理。
2. 试述连续时间金融模型的发展。
3. 简述行为金融学的内涵。
4. 行为投资策略主要有哪几种？
5. 你对现代金融市场的现状及发展有何看法？

# 参考文献

[1] 黄达. 金融学[M]. 北京：中国人民大学出版社，2004.

[2] 张亦春，郑振龙. 金融市场学[M]. 北京：高等教育出版社，2003.

[3] 朱新蓉. 金融学[M]. 北京：中国金融出版社，2005.

[4] 朱新蓉. 金融市场学[M]. 北京：高等教育出版社，2007.

[5] 郭茂佳. 金融市场学[M]. 北京：经济科学出版社，2005.

[6] 吴腾华. 金融市场学[M]. 上海：立信会计出版社，2004.

[7] 霍文文. 金融市场学教程[M]. 上海：复旦大学出版社，2005.

[8] 杜金富. 金融市场学[M]. 大连：东北财经大学出版社，2005.

[9] 何国华，韩国文，宋晓燕. 金融市场学[M]. 武汉：武汉大学出版社，2003.

[10] 王振山，王立元，金融市场学[M]. 北京：清华大学出版社，2011.

[11] 郑庆寰，金融市场学[M]. 上海：华东理工大学出版社，2011.

[12] 许文新，金融市场学[M]. 上海：复旦大学出版社，2007.

[13] 曹凤歧，贾春新. 金融市场与金融机构，北京：北京大学出版社，2002.

[14] 谢百三. 证券投资学[M]. 北京：清华大学出版社，2005.

[15] 饶育蕾，张轮. 行为金融学[M]. 上海：复旦大学出版社，2005.

[16] 董志勇. 行为金融学[M]. 北京：北京大学出版社，2009.

[17] ［挪威］拉斯·特维德. 金融心理学：掌握市场波动的真谛[M]. 周为群译，北京：中国人民大学出版社，2003.

[18] 李国平. 行为金融学[M]. 北京：北京大学出版社，2005.

[19] 瞿卫东，陆建华. 金融工程导论[M]. 上海：文汇出版社，1998.

[20] 中国人民银行货币政策司编. 货币市场知识读本[M]. 北京：中国经济出版社，2004.

[21] 陈红. 中国股票市场制度创新研究[M]. 北京：中国财政经济出版社，2004.

[22] 杨胜刚，姚小义. 国际金融[M]. 北京：高等教育出版社，2005.

[23] 王金龙. 金融国际化效应研究[M]. 北京：中共中央党校出版社，2003.

[24] 张红梅. 现代金融投资理论研究[M]. 北京：经济科学出版社，1999.

[25] ［美］米什金. 货币金融学[M]. 北京：中国人民大学出版社，1998.

[26] ［美］兹维·博迪，罗伯特 C. 莫顿. 金融学[M]. 北京：中国人民大学出版社，2010.

[27] ［美］布莱恩·克特尔. 金融经济学[M]. 北京：中国金融出版社；2005.

[28] ［美］罗伯特·齐普夫. 债券市场运作[M]. 北京：清华大学出版社，1997.

[29] ［美］弗兰克·法博齐. 金融工具手册[M]. 北京：上海人民出版社，2006.

[30] ［美］弗兰克·法博齐. 金融市场与金融机构基础[M]. 北京：机械工业出版社，2010.

[31] ［美］弗兰克·法博齐. 债券市场：分析与策略（第 7 版）[M]. 路蒙佳译，北京：中国人民大学出版社，2011

[32] ［美］安东尼·桑德斯，马西娅·米伦·科尼特. 金融市场与金融机构[M]. 人民邮电出版社，2006.

[33] ［美］安东尼·桑德斯. 金融风险管理(第 5 版) [M]. 人民邮电出版社，2012.

[34] ［美］钱斯著. 衍生金融工具与风险管理[M]. 郑磊译. 北京：中信出版社，2004.

[35] ［美］乔治 C. 查科. 金融工具与市场案例[M]. 北京：机械工业出版社，2008.

[36] ［美］约翰·赫尔. 期货期权入门[M]. 张陶伟译. 北京：中国人民大学出版社，2001.

[37] ［美］Maureen Bunn. 金融市场与金融机构导论[M]. 北京：清华大学出版社，2004.

[38] ［美］Charles W. Smiths. 管理金融风险——衍生产品、金融工程和价值最大化管理[M]. 北京：中国人民大学出版社，2003.

[39] ［英］泰勒. 外汇与货币期权：市场操作实务指南[M]. 翟卫东译. 上海：上海财经大学出版社，1999.

[40] Frank J. Fabozzi. Capital Markets Institutions and Instruments 2nd Edition [M]. Prentice Hall, 1996.

[41] Alien L. Capital Markets and Institutions; A Global View [M]. John Wiley &. Sons Inc, 1997.

[42] Black and Scholes. The Pricing of Options and Corporate Liabilities [J]. Journal of Political Economy, 1973, 81:637-659.

[43] Chance D. An Introduction to Options and Futures [M]. Orlando, PL: Dryden Press, 1989.

[44] Finnerty J. D. Financial Engineering in Corporate Finance: An Overview [J]. Financial Management, 1988, 17:14 - 33.

[45] Fred D. Arditti. Derivatives [M]. Boston: Harvard Business School Press, 1996.

[46] J. Cox, J. Ross S. and Rubinstein. Option Pricing: A Simplified Approach [J]. Journal of Financial Economics, 1999,9.

[47] Robert W. Kolb. Futures, Options and Swaps. 3rd ed.[M]. London: Blackwell Publishers, 1999.

[48] Coffee J. The Future as History: the Prospects for Global Convergence in Corporate Governance and its Implications [J]. Northwestern Law Review, 1999, 93:641 - 708.

[49] Fernandez-Arias E. The New Wave of Private Capital Inflows: Push or Pull? [J]. Journal of Development Economics, 1996, 48:389-418.

[50] Reese W. A. Jr. ,M. S. Weisbach. Protection of Minority Shareholder Interests, Cross-listing in the United States, and Subsequent Equity Offerings[J]. Journal of Financial Economics, 2002,66:1,65-104.

[51] Keith Pilbeam. Finance and Financial Markets[M]. Palgrave Macmillan; 3rd Revised edition, 2010.

# 后 记 POSTSCRIPT

从事"金融市场学"课程教学有将近十年，我与这门课程建立了深厚的情感。在教学过程中感觉这门课程的理论性、实用性和时效性都非常强，现有教材质量良莠不齐，难以满足专业课程教学要求，曾数次更换。为了使课堂变得更加有吸引力，我广泛涉猎国内外文献，积累了大量的教学资料，并在教学过程中试用新的体系和内容，教学效果良好，感觉编写适合当前本科专业教材的时机已经成熟。

编书的动因始于课堂教学改革，我非常热爱我的课堂和课堂上的每一位同学，我们在课堂上一起学习金融市场最前沿理论，一起探讨一些实践性问题，学生们的参与精神、理解领会能力、收集信息的能力经常令我惊讶不已，也受益匪浅，他们的部分观点和智慧融入了本书编写的全过程。我的部分研究生参与了本书的讨论和编著，他们是：李娅、陈雅婷（衍生证券市场）、徐诗华（抵押与资产证券化）、李维（风险与投资组合理论），是他们的帮助加快了此书出版的进程，在此表示感谢。

衷心感谢我的太太易立峰女士和我儿子王亦佳同学多年以来对我工作的理解和无私支持，他们为本书的完成承担了一定的工作任务。

感谢湘潭大学金融系谭燕芝教授多年以来对我的支持与帮助，感谢湘潭大学教务处对本书的出版资助。人民邮电出版社的老师们对全书进行了认真细致的编辑和校对，并提出许多建设性建议，在此一并感谢。

王庆安

2014 年 6 月